D1698373

Nieuw Nederlands

5/6 vwo

Ontwerp binnenwerk: Grafisch ontwerp Duko Hamminga, Assen
Conceptontwerp omslag: Fabrique, Communicatie en design, Delft
Vertaling vormgeving omslag: Grafisch ontwerp Duko Hamminga, Assen
Omslagfoto: Getty Images

In deze uitgave is de spelling gehanteerd zoals die is afgesproken in de in 2005 van kracht geworden Nieuwe Spelling, met uitzondering van geciteerde werken.

Met medewerking van: Rob Honig (Nederlands Debat Instituut), Jacqueline van Kruiningen (Rijksuniversiteit Groningen) en Marlies Schouwstra (Expert Referentieniveaus Noordhoff Uitgevers).

© 2014 Noordhoff Uitgevers bv Groningen, The Netherlands.

Behoudens de in of krachtens de Auteurswet van 1912 gestelde uitzonderingen mag niets uit deze uitgave worden verveelvoudigd, opgeslagen in een geautomatiseerd gegevensbestand of openbaar gemaakt, in enige vorm of op enige wijze, hetzij elektronisch, mechanisch, door fotokopieën, opnamen of enige andere manier, zonder voorafgaande schriftelijke toestemming van de uitgever. Voor zover het maken van reprografische verveelvoudigingen uit deze uitgave is toegestaan op grond van artikel 16h Auteurswet 1912 dient men de daarvoor verschuldigde vergoedingen te voldoen aan Stichting Reprorecht (postbus 3060, 2130 KB Hoofddorp, http:///www.reprorecht.nl). Voor het overnemen van gedeelte(n) uit deze uitgave in bloemlezingen, readers en andere compilatiewerken (artikel 16 Auteurswet 1912) kan men zich wenden tot Stichting PRO (Stichting Publicatie- en Reproductierechten Organisatie, postbus 3060, 2130 KB Hoofddorp, www.stichting-pro.nl).

All rights reserved. No part of this publication may be reproduced, stored in a retrieval system, or transmitted, in any form or by any means, electronic, mechanical, photocopying, recording, or otherwise, without the prior written permission of the publisher.

ISBN 978-90-01-82094-7

Nieuw Nederlands

5/6 vwo

Eindredactie:
Willem Steenbergen

Auteurs:
Hans Frank
Jan Erik Grezel
Monique van der Hulst
Margreet Kooiman
Willem Steenbergen
Hinke Zetstra

Noordhoff Uitgevers Groningen

Zo werk je met Nieuw Nederlands

Het vak Nederlands is opgesplitst in twee onderdelen: literatuuronderwijs en taalvaardigheidsonderwijs. *Nieuw Nederlands* is een methode taalvaardigheid. Centraal staan de vaardigheden lezen, schrijven en spreken die worden getoetst in de examens. Om die vaardigheden goed te beheersen heb je ondersteunende vaardigheden nodig als argumenteren, formuleren, spellen en documenteren. Verder is een uitgebreide woordenschat noodzakelijk. Natuurlijk bereidt *Nieuw Nederlands* je ook voor op een vervolgopleiding in het hoger beroepsonderwijs of op de universiteit. Daarom is het boek verdeeld in elf verschillende cursussen: Leesvaardigheid, Schrijfvaardigheid, Mondelinge vaardigheden, Argumentatieve vaardigheden, Formuleren, Spelling, Woordenschat, Onderzoeksvaardigheden, Taalbeschouwing, Voorbereiding op het hoger onderwijs en Eindexamen.

Hoofdstukken en paragrafen

Elke cursus bestaat uit een aantal samenhangende hoofdstukken en paragrafen. In elke paragraaf vind je eerst de theorie, pas daarna volgen de opdrachten.

- Een hoofdstukopening begint met **Afgerond**, waarin je leest welke stof je van tevoren afgerond moet hebben.
- geeft aan hoeveel **SLU** (studielasturen) voor een hoofdstuk staan. Een studielast van 10 uur betekent dat je ongeveer 10 uur nodig hebt voor de uitleg, de opdrachten, de toetsen en begeleiding door je docent.
- geeft aan aan welk **referentieniveau** je werkt.
- geeft aan dat je nog werkt aan het behalen van het vereiste niveau.
- staat voor *Extra* en geeft aan dat het om stof gaat die niet beschreven wordt in het Referentiekader.
- is de verwijzing naar **Nieuw Nederlands online (NN online)**. Hier kun je zien welk extra materiaal er bij het boek is. Let op: voor Nieuw Nederlands online schaf je een licentie aan.
- Bij deze opdracht heb je een **computer** nodig.
- Bij deze opdracht is een **audiofragment.**
- Bij deze opdracht is een **videofragment.**
- Bij deze opdracht is **extra uitleg** op NN online.
- Sommige paragrafen sluiten af met **Praktijk**, dit is een praktische opdracht waarbij je het geleerde moet toepassen. Andere paragrafen sluiten af met een **Test**.
- Bij sommige opdrachten heb je **commentaar- of feedbackformulieren** nodig. Ook die vind je op Nieuw Nederlands online of je krijgt ze van je docent.

Met grijze haakjes zoals *<zie Argumentatieve vaardigheden blz.162>* wordt in de tekst verwezen naar een andere cursus waar je andere of uitvoeriger uitleg vindt over hetzelfde onderwerp.

Inhoudsopgave

Cursus Leesvaardigheid

Cursusopening	8
1 Algemene theorie	**10**
1 Leesvaardigheid: herhaling	11
2 Mengvormen van tekstsoorten	18
3 Teksten beoordelen	24
2 Complexe teksten	**31**
1 Oefenen met complexe teksten	32

Cursus Schrijfvaardigheid

Cursusopening	50
1 Algemene schrijftheorie	**52**
1 Schrijfvaardigheid: herhaling	53
2 Schrijfdoelen en tekstvormen	**60**
1 Informeren: uiteenzetting	61
+Praktijk	63
2 Overtuigen: betoog	64
+Praktijk	69
3 Overtuigen: column	71
+Praktijk	72
4 Opiniëren: beschouwing	73
+Praktijk	76
5 Opiniëren: essay	78
+Praktijk	80
3 Brieven en e-mails	**81**
1 Zakelijke brief of e-mail	82
+Praktijk	88
2 Klachtenbrief	90
+Praktijk	91
3 Sollicitatiebrief	93
+Praktijk	100
4 Motivatiebrief	101
+Praktijk	102

Cursus Mondelinge vaardigheden

Cursusopening	104
1 Presentatie	**106**
1 Presentatie	107
+Praktijk	109
2 Opiniërende presentatie	111
+Praktijk	112
3 Speech	113
+Praktijk	114
4 Eloquentia sprekerswedstrijd	115
+Praktijk	116
2 Probleemoplossende discussie	**118**
1 Doel en discussiefasen	119
2 Discussiedeelnemers	121
+Praktijk	125
3 Debat	**126**
1 Doel, onderwerp en stelling	127
2 Schooldebat	131
+Praktijk	135
3 Parlementair debat	136
4 Gesprekken	**141**
1 Typen vragen	142
2 Onderhandelingsgesprek	143
3 Sollicitatiegesprek	144
+Praktijk	146
4 Motivatiegesprek	148

Cursus Argumentatieve vaardigheden

Cursusopening	150
1 Argumentatie	**152**
1 Soorten argumenten	153
2 Redeneringen	156
3 Argumentatiestructuren	159
4 Drogredenen	163
5 Argumentatie beoordelen	168

Cursus
Formuleren

Cursusopening 172

1 Correct formuleren 174
1 De standaardfoutenlijst 175

2 Aantrekkelijk formuleren 184
1 Aanwijzingen voor het woordgebruik 185
2 Aanwijzingen voor de zinsbouw 189
3 Het gebruik van uitdrukkingen 195
4 Het gebruik van beeldspraak 199
5 Het gebruik van stijlfiguren 205

Cursus
Spelling

Cursusopening 212

1 Spelling 214
1 Werkwoordspelling 215
2 Hoofdletters en leestekens 220
3 Meervoudsvorming en verkleinwoorden 223
4 Samenstellingen, 'sommige(n)', getallen 225
5 Liggend streepje, trema, apostrof, accenten 229
6 Probleemwoorden 233
7 Hulpmiddelen bij de spelling 235

Cursus
Woordenschat

Cursusopening 238

1 Moeilijke woorden 240
1 Griekse en Latijnse woorden en uitdrukkingen 241
2 Woorden rond het thema 'Psychologie en filosofie' 244
3 Woorden rond het thema 'Natuur en milieu' 247
4 Woorden rond het thema 'Europa' 250
5 Woorden rond het thema 'Migratie en integratie' 253

2 Woordenschat eindexamen 256
1 120 woorden uit de vwo-examens 2008-2012 257
2 30 uitdrukkingen uit de vwo-examens 2008-2012 266

Cursus
Onderzoeksvaardigheden

Cursusopening 270

1 Onderzoeksdoel en onderzoeksvraag 272
1 Wat is goed onderzoek? 273
2 Het onderzoeksdoel 275
3 De onderzoeksvraag 278

2 Gegevens verzamelen 281
1 Betrouwbaarheid, validiteit en representativiteit 282
2 Interview 285
3 Enquête 288

3 Verslaglegging 290
1 Vorm en structuur 291
2 Beschrijven van de resultaten 294
3 Conclusies trekken 297

Cursus
Taalbeschouwing

Cursusopening	302
1 Onderwerpen voor het profielwerkstuk	304
1 Talen leren	305
2 Taalproblemen	307
3 Variaties binnen een taal	309
4 Woorden	311

Cursus
Voorbereiding op het hoger onderwijs

Cursusopening	312
1 Samenvatten	314
1 Samenvatten: herhaling 4vwo	315
2 Aantekeningen maken bij lessen en colleges	320
1 Schrijven tijdens het luisteren	321
3 Nederlands in het universitaire onderwijs	324
1 Algemene vaardigheden voor het universitaire onderwijs	325
2 Letteren	327
3 Rechtsgeleerdheid	328
4 Bètaopleidingen	329
5 Geneeskunde	330
4 De taaltoets	332
1 Algemene taalvaardigheid	333
2 Woordenschat	335
3 Formuleren	337
4 Spelling en interpunctie	339
5 Basisgrammatica	340

Cursus
Eindexamen

Cursusopening	342
1 Het eindexamen: de vaardigheden analyseren, interpreteren, argumenteren en beoordelen	344
1 Het Centraal Eindexamen Nederlands	345
2 Stappenplan Eindexamen	346
3 Woorden of zinnen uit de tekst citeren	347
4 Iets uitleggen / Iets met eigen woorden zeggen	349
5 Vragen over argumentatie beantwoorden	351
6 Het taalgebruik in een tekst beoordelen	359
7 De functie van een tekstgedeelte bepalen	362
8 Een vraag over de titel van de tekst beantwoorden	370
9 De tekst indelen	371
10 De hoofdgedachte van de tekst bepalen	374
11 Het schrijfdoel of de tekstsoort vaststellen	376
12 Een tekstfragment vergelijken met de hoofdtekst	377
13 Strategie meerkeuzevragen beantwoorden	379
+Praktijk	385
2 Het eindexamen: de vaardigheid samenvatten	387
1 Een tekst reduceren tot hoofduitspraken	388
2 De Informatie in een tekst ordenen	396
3 Een samenvatting beoordelen	398
+Praktijk	400

Afsluiting

Register	401
Bronvermelding	403

Cursus

Leesvaardigheid

Lezen is voor de geest wat bewegen is voor het lichaam.

Sir Richard Steele,
Brits essayist
1672-1729

Hoofdstuk 1

Algemene theorie

Als je leest, ben je de ontvanger van de boodschap die de schrijver wil overbrengen. Naarmate je leesvaardigheid en tekstinzicht toenemen, begrijp je de boodschap van de schrijver beter en sneller. Een goede lezer studeert ook sneller. Er is dus alle reden om aandacht te besteden aan leesvaardigheid. Bovendien wordt leesvaardigheid getoetst op het Centraal Eindexamen.

Studielast

6 slu

Paragrafen

1. Leesvaardigheid: herhaling
2. Mengvormen van tekstsoorten
3. Teksten beoordelen

Referentieniveaus

- **4F** Maakt onderscheid tussen uiteenzettende, beschouwende of betogende teksten.
- **3F** Kan de hoofdgedachte in eigen woorden weergeven.
- **4F** Herkent argumentatieschema's.
- → **4F** Maakt onderscheid tussen argumenten: objectieve versus subjectieve argumenten en onderscheidt drogreden van argument.
- **3F** Kan de argumentatie in een betogende tekst op aanvaardbaarheid beoordelen.
- **4F** Kan argumentatie analyseren en beoordelen.
- **3F** Kan de tekst opdelen in betekenisvolle eenheden en kan de functie van deze eenheden benoemen.
- → **3F** Kan het doel van de schrijver aangeven als ook de talige middelen die gebruikt zijn om dit doel te bereiken.
- **3F** Trekt conclusies over de intenties, opvattingen en gevoelens van de schrijver.
- **4F** Kan een vergelijking maken met andere teksten en tussen tekstdelen.
- **4F** Kan ook impliciete relaties tussen tekstdelen aangeven.
- → **4F** Kan van een tekst een goed geformuleerde samenvatting maken die los van de uitgangstekst te begrijpen valt.

NN online

- meer oefeningen
- de Test bij Hoofdstuk 1
- alle teksten in Leeshulp
- samenvatting van dit hoofdstuk
- overzicht Ik kan-stellingen van dit hoofdstuk

Paragraaf 1

Leesvaardigheid: herhaling

Hier volgt de beknopte theorie Leesvaardigheid uit vwo 4. Het complete overzicht vind je op NN online.

Leesstrategieën

Er zijn zes leesstrategieën. Welke strategie je gebruikt, is afhankelijk van je leesdoel.

Leesdoel	Leesstrategie
Onderwerp vaststellen	Oriënterend lezen
Snel bepalen of een tekst bruikbaar of interessant is	
Deelonderwerpen vaststellen	Globaal lezen
De tekst helemaal goed begrijpen	Intensief lezen
De hoofdzaken van de tekst vinden	
Bruikbare informatie (in een tekst) vinden	Zoekend lezen
De betrouwbaarheid van de informatie en de argumentatie in een tekst beoordelen	Kritisch lezen
De inhoud van een tekst onthouden	Studerend lezen

Schrijfdoelen

Schrijfdoel		Voorbeelden
amuseren	De auteur wil zijn lezers vermaken door iets te vertellen wat leuk, spannend, aangrijpend of interessant is.	romans, verhalen, gedichten, strips
informeren	De auteur wil kennis overbrengen op zijn lezers. Hij legt iets uit, hij beantwoordt een vraag, hij draagt oplossingen aan voor een probleem of hij geeft een historisch overzicht van iets.	uiteenzetting, handleiding, gebruiksaanwijzing, instructie, recept, studieboek, informatieve folder, rapport, nieuwsbericht, familiebericht, notulen
opiniëren	De auteur geeft lezers de gelegenheid zich een mening te vormen over een onderwerp. Hij geeft bijvoorbeeld de voor- en nadelen van een verschijnsel, verschillende meningen van deskundigen en betrokkenen over de kwestie, de oorzaken en gevolgen van het probleem, verschillende oplossingen en de voor- en nadelen van die oplossingen.	beschouwing, essay, recensie (bespreking van een boek, film, toneelstuk, cd), verslag, discussiestuk
overtuigen	De auteur wil dat de lezers zijn mening (standpunt) over een bepaalde kwestie overnemen. Hij geeft argumenten voor zijn standpunt en weerlegt soms tegenargumenten.	betoog, ingezonden brief, redactioneel commentaar, column
activeren	De auteur wil de lezers ertoe aanzetten iets te gaan doen.	reclamefolder, brochure, direct mail, advertentie, affiche/poster, flyer

Tekstopbouw

Zakelijke teksten bestaan uit drie delen: inleiding, middenstuk en slot.

De inleiding van een tekst bestaat meestal uit de eerste twee à drie alinea's en geeft aan wat het onderwerp van de tekst is. De inleiding trekt de aandacht van de lezer met behulp van de actualiteit, de geschiedenis, een anekdote, een voorbeeld of het belang voor de lezer.
In een beschouwing staat in de inleiding ook een vraagstelling of probleemstelling.
In een betoog staat in de inleiding vaak de stelling (het standpunt, de mening) die de schrijver verdedigt; dat is dan meteen de hoofdgedachte van de tekst. Soms is de stelling geformuleerd als een vraag. <zie Schrijfvaardigheid blz. 64>

Het middenstuk behandelt de diverse aspecten van het onderwerp: de deelonderwerpen. Denk aan 'gevolgen', 'voordelen' of 'oplossingen'. Om vast te stellen bij welke alinea elk van de deelonderwerpen begint, gebruik je de aanwijzingen in de tekst, zoals structurerende zinnen, alineaverbanden en signaalwoorden en typografische kenmerken.

Het slot wordt gevormd door de laatste alinea('s) van een tekst. Vaak bevat het slot de conclusie van de tekst; dat is dan de hoofdgedachte.
Soms bevat het slot een samenvatting, een aanbeveling, een aansporing, een afweging (van voor- en nadelen) of een toekomstverwachting. <zie Schrijfvaardigheid blz. 54>

Tekststructuren

Er zijn zeven vaste tekststructuren. Welke structuur de auteur gebruikt, is afhankelijk van zijn onderwerp en schrijfdoel.

argumentatiestructuur	
inleiding	stelling, standpunt (eventueel als vraag)
middenstuk	argumenten voor de stelling
	tegenargumenten (+ weerlegging)
slot	herhaling stelling (of beantwoording vraag)
aspectenstructuur	
inleiding	onderwerp
middenstuk	diverse aspecten van het onderwerp
slot	samenvatting
probleem/oplossingstructuur	
inleiding	probleem
middenstuk	gevolgen (waarom is het een probleem?)
	oorzaken
	oplossingen
slot	de beste oplossing / samenvatting / aanbeveling
verklaringsstructuur	
inleiding	bepaald verschijnsel
middenstuk	kenmerken / voorbeelden
	verklaring(en) / oorzaak/oorzaken / reden(en)
slot	samenvatting
verleden/heden(/toekomst)structuur	
inleiding	onderwerp
middenstuk	situatie vroeger
	situatie nu
slot	conclusie of situatie in de toekomst

voor- en nadelenstructuur	
inleiding	vraag of stelling
middenstuk	voor- en nadelen
slot	afweging, conclusie
vraag/antwoordstructuur	
inleiding	vraag
middenstuk	antwoord(en)
slot	samenvatting of conclusie

Opdracht 1

Beantwoord de vragen bij tekst 1. Kies bij elke vraag de juiste leesstrategie.

1. Wat is het onderwerp van de tekst?
2. Welk soort aandachttrekker gebruikt de auteur in alinea 1 en 2? Kies uit:
   A de actualiteit
   B de geschiedenis
   C een voorbeeld
   D het belang voor de lezer
3. Wat is de functie van de alinea's 1 en 2? Kies uit:
   A aanleiding
   B constatering
   C probleemstelling
   D samenvatting
4. Uit welke alinea('s) bestaat de inleiding?
5. Uit welke alinea('s) bestaat het slot?
6. Welke tekstsoort verwacht je: een uiteenzetting, een beschouwing of een betoog? Licht je antwoord toe.
7. Welke structuur heeft de tekst, denk je? Kies uit:
   A argumentatiestructuur
   B aspectenstructuur
   C verklaringsstructuur
   D verleden/heden(/toekomst)structuur
   Licht je antwoord toe.

8. Noteer de betekenis van de volgende woord(groep)en. Pas een woordraadstrategie toe of gebruik een woordenboek.
   onstuimig (al. 4) – adolescentie (al. 7) – onbaatzuchtigheid (al. 7) – in zwang raken (al. 9) – (hoog)sensitief (al. 9) – korte metten maken (al. 10) – onbesuisdheid (al. 10) – zucht (al. 12) – hang (al. 12) – cognitief (al. 15) – fysiologisch (al. 18) – misbaar (al. 21) – wasdom (al. 22)
9. 'Nu kon met nieuwe middelen naar het antwoord worden gezocht op de aloude vraag.' (al. 5) Formuleer die vraag.
10. Vat het middenstuk van de tekst samen door het volgende schema aan te vullen.

    Er zijn drie verklaringen voor het (gekmakende grillige) gedrag van pubers.
    Verklaring 1: ...
    Verklaring 2: Tussen het 12de en het 25ste levensjaar ontwikkelt ons brein zich langzaam en ongelijkmatig.
          Gevolg: ...
          Gevolg: ...
    Verklaring 3: Tussen het 12de en het 25ste levensjaar ontwikkelt ons brein zich langzaam en ongelijkmatig. Het brein van pubers heeft zich al wel zodanig ontwikkeld dat ...

11. 'Maar het sluit bovendien beter aan bij het belangrijkste mechanisme van de biologie: natuurlijke selectie.' (al. 10) Waarom sluit het beeld dat het brein van pubers nog in aanbouw is, volgens de auteur minder goed aan bij de natuurlijke selectie?

12 In de alinea's 12 tot en met 23 worden vijf kenmerken van pubers en/of het puberbrein gegeven. Welke vijf kenmerken zijn dat?
13 Aan welke signaalwoorden herken je de kenmerken?
14 Welke positieve en welke negatieve kant zit er voor jongeren aan 'de hang naar nieuwe dingen'? (al. 12)
15 'Iets anders waarop jongeren dol zijn, is risico's nemen.' (al. 14) Welke verklaring geeft de tekst daarvoor?
16 '[...] risico's nemen levert in deze levensfase een evolutionair voordeel op.' (al. 17) Wat is dat 'evolutionaire voordeel'?
17 Met welk argument wordt het vermoeden van Steinberg en Casey ondersteund?
18 Geef twee verklaringen voor het feit dat pubers sterk gericht zijn op leeftijdgenoten. (al. 20)
19 Voor een puber is afgewezen worden door leeftijdgenoten levensbedreigend. (al. 21) Leg uit dat dit klopt als je de situatie bekijkt vanuit een fysiologisch perspectief.
20 'Voor het brein is [door leeftijdgenoten] afgewezen worden dus een levensbedreigende situatie.' (al. 21) Leg uit dat deze uitspraak ook klopt als je het bekijkt vanuit een evolutionair perspectief.
21 'Maar als we op jongere leeftijd slim werden, waren we een stuk dommer geweest.' (al. 24) Leg uit wat de auteur daarmee bedoelt.
22 Wat is het schrijfdoel van de auteur?
23 Wat is de hoofdgedachte van de tekst? Kies uit:
   A De idee van de jongere als kampioen aanpassing sluit heel goed aan bij het mechanisme van de natuurlijke selectie.
   B De puberteit is een nuttige aanpassingsperiode, waarbij voor het brein zowel fysiologische als evolutionaire aspecten een rol spelen.
   C Iedereen houdt van opwindende nieuwe dingen, maar tieners hebben de grootste zucht naar spanning en sensatie.
   D Tussen het 12de en het 25ste levensjaar ondergaan de hersenen een ingrijpende herstructurering, waardoor het hele brein een stuk sneller en beter gaat werken.
24 Bekijk je antwoorden op de vragen 6 en 7 nog eens. Zou je die vragen nog hetzelfde beantwoorden?

Beantwoord de vragen bij tekstfragment 1.
25 In tekstfragment 1 wordt een aantal kenmerken van pubers genoemd. Welk(e) van die kenmerken vertoont de zoon van de auteur van tekst 1, zoals blijkt uit de inleiding?
26 Welk aspect van de gerichtheid op leeftijdgenoten komt wel naar voren in tekstfragment 1, maar niet in tekst 1?
27 In tekst 1 worden drie verklaringen gegeven voor het gedrag van pubers. Welke verklaring hangt de auteur van tekstfragment 1 aan? Licht je antwoord toe.

fragment 1

In de puberteit stimuleren de hersenen via de hypofyse de productie van onze geslachtshormonen. Die hormonen werken in op de hersenen van de puber en zorgen voor opvallende en vaak ontzettend hinderlijke gedragsveranderingen. Het evolutionaire voordeel van de puberteit is duidelijk: pubers worden klaargemaakt voor de voortplanting. En het pubergedrag, met het afzetten tegen het gezin, verkleint de kans dat de voortplanting in de eigen kring zal plaatsvinden, en daardoor vermindert het risico op erfelijke afwijkingen. Bij het verlaten van het eigen nest hoort het zoeken naar nieuwe ervaringen, het nemen van grote risico's zonder enige angst en impulsief gedrag. Pubers denken alleen aan gevolgen op zeer korte termijn en ze zijn tijdens de risicovolle keuzes ongevoelig voor straf. Dat komt door de onrijpe prefrontale cortex. Hierdoor is er ook een verhoogde kans op het misbruik van verslavende middelen die aan het onrijpe puberbrein permanente schade kunnen aanrichten.

Naar: Dick Swaab, Wij zijn ons brein. Uitgeverij Contact, Amsterdam 2010

Tekst 1

Wat bezielt dat kind?

1 Op een ochtend belt mijn oudste zoon me op: hij heeft een paar uur op het politiebureau gezeten. Hij heeft 'een beetje te hard' gereden. 'Hoe hard dan?' vraag ik. Waarop ik te horen krijg dat het product van mijn genen en mijn liefdevolle verzorging, dat ik met pijn en moeite heb opgevoed tot de 17-jarige, bijna volwassen vent die hij nu is, met 182 kilometer per uur over de snelweg heeft gescheurd. 'Dat is wel meer dan een beetje te hard.'

2 Hij spreekt me niet tegen. Hij lijkt zelfs spijt te hebben. Hij protesteert niet als ik zeg dat hij zelf zijn bekeuring moet betalen. Toch maakt hij tegen één ding bezwaar: dat hem roekeloos rijgedrag wordt verweten. 'Roekeloos is als je niet oplet', zegt hij doodkalm. 'Maar ik lette wél op. Er was niemand op de weg, het was droog en de zon scheen, dus ik had prima zicht. Ik was echt niet als een gek aan het jakkeren. Ik wist precies wat ik deed.'

3 De wegpiraterij van mijn zoon riep bij mij de vraag op die sinds mensenheugenis wordt gesteld door iedereen die zich bezighoudt met het menstype dat we puber noemen: wat bezielt dat kind? Meer wetenschappelijk gezegd: welke verklaring is er voor dit gedrag?

4 In het verleden werd het antwoord vaak gezocht in duistere krachten. 'De jeugd is van nature net zo onstuimig als mannen worden van wijn', constateerde Aristoteles ruim 2300 jaar geleden. En in *Een wintervertelling* laat Shakespeare een herder verzuchten: 'Bestond er maar geen leeftijd tussen 10 en 23, of versliep de jeugd die maar, want in de tussentijd is het niets dan meiden bezwangeren, ouderen op de ziel trappen, stelen en vechten.'

5 Dat bleef de heersende gedachte tot eind vorige eeuw, toen dankzij moderne scantechnieken de psychische ontwikkeling en de activiteitenpatronen in de hersenen nauwkeurig zichtbaar konden worden gemaakt. Nu kon met nieuwe middelen naar het antwoord worden gezocht op de aloude vraag. Het antwoord was voor bijna iedereen een verrassing. De ontwikkeling van onze hersenen blijkt veel langer door te gaan dan gedacht. Dat biedt stof voor twee verschillende verklaringen voor het gekmakende gedrag van pubers: een eenvoudige en weinig vleiende, en een ingewikkelde die een stuk positiever is.

6 De eerste complete reeks scans van de ontwikkeling van het puberbrein – een project uit de jaren negentig van de Amerikaanse geneeskundige dienst NIH, waarbij ruim honderd jongeren werden gevolgd – toonde aan dat de hersenen tussen het 12de en het 25ste levensjaar sterk veranderen. Groeien doen ze in die periode nauwelijks meer. Wel ondergaan de hersenen een ingrijpende herstructurering, een soort upgrade van netwerk en bedrading, waardoor het hele brein een stuk sneller en beter gaat werken.

7 Dit rijpingsproces, waarvan vroeger werd gedacht dat het na de basisschool wel voltooid was, gaat in de hele adolescentie door. Op scans die sinds de jaren negentig worden gemaakt, is te zien dat de veranderingen zich in een langzame golfbeweging voltrekken: van achteren naar voren, van de hersengebieden die een rol spelen bij ons elementaire handelen – zien, bewegen en het nemen van intuïtieve beslissingen – naar de complexe denkcentra aan de voorkant. Verloopt deze ontwikkeling normaal, dan leren we een evenwicht vinden tussen impulsen, verlangens, doelstellingen, eigenbelang, regels, normen en zelfs onbaatzuchtigheid, en wordt ons gedrag complexer en soms verstandiger. Maar zeker in het begin gaat het met vallen en opstaan. Al die nieuwe radertjes grijpen niet meteen probleemloos in elkaar.

8 De langzame, ongelijkmatige ontwikkelingscurve die op de scans zichtbaar wordt, maakt het verleidelijk om naar makkelijke verklaringen te grijpen voor typisch pubergedrag als met 182 over de snelweg jakkeren, ouderen op de kast jagen en meiden zwanger maken (of het zelf worden): hun brein is nog niet af! Volgens deze gedachtegang, die terug te vinden is in tal van wetenschappelijke en popu-

laire artikelen over het 'puberbrein', zijn jongeren 'nog in aanbouw' en hebben ze 'onrijpe hersenen'.

9 Maar het stuk dat u nu leest, geeft een andere wetenschappelijke kijk op de puberhersenen. Want terwijl het brein-in-aanbouwverhaal de afgelopen vijf jaar steeds meer in zwang raakte, stond de hersenwetenschap niet stil. Onderzoekers die vanuit het perspectief van de evolutietheorie naar de recente ontdekkingen op het gebied van de hersenen en erfelijkheid zijn gaan kijken, schetsen een veel positiever beeld van de puber. In hun opvatting – kort samengevat de idee van de jongere als kampioen aanpassing – is de puber niet een soort halffabricaat, maar een hoogsensitief wezen dat zich prima kan aanpassen en het best denkbare brein heeft om de stap van het veilige huis naar de ingewikkelde buitenwereld te zetten.

10 Dit beeld sluit vast beter aan bij de belevingswereld van de pubers zelf. Maar het sluit bovendien beter aan bij het belangrijkste mechanisme van de biologie: natuurlijke selectie. Dat mechanisme maakt korte metten met eigenschappen die goed functioneren in de weg staan. Als pubers vooral dat soort eigenschappen zouden hebben – levensangst, dwaasheid en onbesuisdheid; impulsiviteit, egoïsme en roekeloosheid – zouden ze nooit door de selectie komen. Niet als dat dit de belangrijkste kenmerken van de puberteit zouden zijn.

11 Dat zijn ze dan ook niet: het *lijkt* zo. 'We zijn nu eenmaal gewend om de puberteit als een probleem te zien', zegt B.J. Casey, een neurowetenschapper die door een neurologisch-genetische bril naar pubers kijkt. 'Maar hoe meer we over deze unieke fase te weten komen, hoe beter we begrijpen dat de puberteit juist een zeer nuttige aanpassingsperiode is. Er gebeuren precies die dingen die je op dat moment nodig hebt.'

12 Om het wonder van het aanpassingsvermogen te ontdekken dat in pubers verborgen zit, moeten we niet letten op de rare en soms gevaarlijke dingen die ze doen, maar kijken naar de algemene eigenschappen waaruit dat gedrag voortkomt. Om te beginnen is er de typisch puberale voorkeur voor kicks. Iedereen houdt natuurlijk van opwindende nieuwe dingen, maar tieners hebben de grootste zucht naar spanning en sensatie. Die hang naar nieuwe dingen ontaardt soms in gevaarlijk gedrag, maar kan ook positief uitpakken. Zo kun je – dankzij de behoefte om nieuwe mensen te leren kennen – een grote vriendenkring opbouwen, en dat is doorgaans bevorderlijk voor je gezondheid, humeur, sociale vangnet en succes.

13 Die positieve kant verklaart waarschijnlijk waarom openstaan voor nieuwe dingen – ook al loopt het soms finaal verkeerd af – zo enorm belangrijk is in de ontwikkeling. Nieuwsgierigheid ligt aan de basis van allerlei nuttige ervaringen. In bredere zin geeft het verlangen naar spanning jongeren het nodige zetje om 'uit te vliegen' en nieuwe terreinen te verkennen, zegt Jay Giedd van de NIH, die baanbrekend onderzoek heeft gedaan naar de ontwikkeling van het puberbrein.

14 Iets anders waarop jongeren dol zijn, is risico's nemen. In de leeftijdsgroep van 15 tot 25 jaar komen vrijwel alle soorten ongelukken dan ook veelvuldig voor. Mensen die langdurig aan drank of drugs verslaafd zijn, zijn vaak in hun tienerjaren begonnen, en ook volwassenen die matig drinken, hebben als jongere vaak te diep in het glaasje gekeken. Vooral in landen waar je al jong mag autorijden, heeft dat dramatische gevolgen. In de Verenigde Staten wordt een op de drie sterfgevallen onder tieners veroorzaakt door een auto-ongeluk, en vaak is daarbij drank in het spel.

15 Zijn die kids soms niet goed wijs? Dat is inderdaad de standaardverklaring: ze gebruiken hun verstand niet, of ze hebben, volgens het 'brein-in-aanbouwmodel', nog zwak ontwikkelde hersenen. Toch houdt die verklaring geen stand. Volgens de ontwikkelingspsycholoog Laurence Steinberg van de Temple University gebruiken pubers tussen de 14 en 17, de grootste durfallen, dezelfde cognitieve strategieën als volwassenen en lossen ze problemen op dezelfde manier op.

16 Maar als dat zo is, waarom nemen pubers dan vaker risico's? Het probleem is hier niet zozeer dat pubers iets tekortkomen ten opzichte van volwassenen, maar juist dat ze ergens méér van hebben. Dat is een derde kenmerk van pubers. Ze nemen niet meer risico's omdat ze geen gevaar zien, maar omdat ze meer genieten van de beloning: in situaties waarin ze door een bepaald risico te nemen iets kunnen krijgen dat ze graag willen hebben, telt die beloning – bijvoorbeeld de waardering van leeftijdgenoten – voor hen zwaarder dan voor volwassenen.

17 De onderzoekers Steinberg en Casey vermoeden dat deze neiging is voortgekomen uit natuurlijke selectie: risico's nemen levert in deze levensfase een evolutionair voordeel op. Immers, wie iets wil bereiken, moet het nest durven verlaten en zich in onzekere situaties begeven. 'Hoe nieuwsgieriger je bent en hoe meer risico je durft te nemen,' aldus Steinberg, 'hoe verder je het kunt schoppen.'

18 Uit een onderzoek van Steinberg blijkt dat pubers grote waarde hechten aan sociale beloningen. Daarvoor zijn naast evolutionaire ook fysiologische verklaringen te geven. In de puberteit zijn de hersenen extra ontvankelijk voor dopamine, een neurotransmitter die een rol speelt bij het activeren van het beloningscircuit en helpt bij het aanleren van patronen en het nemen van beslissingen. Dat is een van de oorzaken waardoor pubers zo snel leren, zo gevoelig zijn voor beloningen en soms zo overdreven heftig reageren als iets lukt of juist mislukt.

19 Puberhersenen zijn ook sterk ontvankelijk voor oxytocine, een ander neurohormoon, dat onder meer ervoor zorgt

dat sociale contacten als plezieriger worden ervaren. De neurale netwerken die een rol spelen bij beloningen en sociale contacten, overlappen elkaar sterk. Wordt het een geactiveerd, dan treedt vaak ook het ander in werking. En bij een puber is het helemaal bingo.

20 Dat speelt mee bij een andere typische pubereigenschap: de sterke gerichtheid op leeftijdgenoten. Die valt deels te verklaren uit de voorkeur voor alles wat nieuw is. Logischerwijs zijn andere pubers interessanter dan de oude, vertrouwde familie. Toch is er een nog belangrijkere reden om leeftijdgenoten op te zoeken: het is slimmer om in de toekomst te investeren dan in het verleden. Je wordt geboren in de wereld van je ouders. Maar je zult jezelf uiteindelijk moeten waarmaken in een wereld waarin je generatiegenoten het voor het zeggen hebben. Je succes is dan voor een groot deel afhankelijk van hoe goed je ze kent en hoe makkelijk je contact legt.

21 Daardoor zijn relaties met leeftijdgenoten geen bijzaak, maar hoofdzaak. Uit diverse scanstudies blijkt dat de hersenen praktisch hetzelfde reageren op uitsluiting door leeftijdgenoten als op bedreigingen van de gezondheid of de voedselaanvoer. Voor het brein is afgewezen worden dus een levensbedreigende situatie. Die wetenschap maakt de woede-uitbarsting van een 13-jarige die zich bedrogen voelt of het verdriet van een 15-jarige die niet op een feestje mag komen ineens een stuk begrijpelijker. Aanstellers, foeteren we: bij elk wolkje aan de vriendschapshemel maken ze een misbaar alsof hun leven ervan afhangt. Maar ze hebben gelijk: dat is ook zo.

22 Er is nog een laatste kenmerk van het puberbrein dat zowel de onhandigheid als het fenomenale aanpassingsvermogen verklaart. Het voorste deel van de hersenen, dat er het langst over doet om tot wasdom te komen, blijft ook het langst flexibel. Dit deel van het brein wordt het laatst voorzien van een vettig laagje – myeline – dat voor een snellere informatieoverdracht zorgt. Op het eerste gezicht lijkt dat een nadeel: als we dat deel van de hersenen nodig hebben om de ingewikkelde buitenwereld te ontdekken, waarom functioneert het dan nog niet op volle snelheid?

23 Het antwoord is dat snelheid ten koste gaat van flexibiliteit. Door dat myelinelaagje wordt de aangroei van nieuwe vertakkingen beperkt. 'De periode dat er in een bepaald deel van de hersenen myeline wordt gevormd, is daardoor een cruciale leerperiode – de bedrading wordt weliswaar verbeterd, maar het wordt daarna lastiger om nog wat te veranderen', zegt neurowetenschapper Douglas Fields, die al jaren onderzoek doet naar myeline.

24 De langzame ontwikkelingsgolf van achteren naar voren, die pas rond het 25ste levensjaar is voltooid, komt vermoedelijk alleen bij mensen voor, en het zou weleens de belangrijkste eigenschap kunnen zijn die we hebben. Het lijkt misschien gek dat ons verstand pas met de jaren komt. Maar als we op jongere leeftijd slim werden, waren we een stuk dommer geweest.

Naar: David Dobbs, National Geographic, oktober 2011

Ik kan:

→ **3F** het doel van de schrijver aangeven.
  3F de tekst opdelen in betekenisvolle eenheden en de functie van deze eenheden benoemen.
→ **4F** van een tekst een goed geformuleerde samenvatting maken die los van de uitgangstekst te begrijpen valt.
  4F onderscheid maken tussen uiteenzettende, beschouwende of betogende teksten.
  4F een vergelijking maken met andere teksten en tussen tekstdelen.

Paragraaf 2

Mengvormen van tekstsoorten

Niet elke tekst kun je benoemen als beschouwing, betoog of uiteenzetting. Er bestaan ook mengvormen van tekstsoorten.

Bij een mengvorm van tekstsoorten heeft de schrijver meer dan één schrijfdoel. Hij wil zijn lezers bijvoorbeeld niet alleen overtuigen, zoals bij een betoog, maar probeert zijn publiek ook aan het denken te zetten, zoals bij een beschouwing, of te informeren, zoals bij een uiteenzetting.

Bij een mengvorm van tekstsoorten gaat het meestal om twee tekstsoorten, waarvan er een overheerst. Bijvoorbeeld:
- een beschouwende tekst met betogende elementen;
- een betogende tekst met beschouwende elementen;
- een betogende tekst met activerende elementen;
- een uiteenzettende tekst met beschouwende elementen.

Voorbeeld van een beschouwende tekst met betogende elementen
In een tekst over meer macht voor burgers wil de schrijver zijn lezers laten nadenken over de gebreken van de democratie (= beschouwen) en hen ervan overtuigen dat de democratie op een aantal punten verbeterd moet worden (= betogen).

Voorbeeld van een betogende tekst met activerende elementen
In een tekst over dierenactivisme wil de schrijver zijn lezers ervan overtuigen dat dierenactivisten een verkeerde zienswijze hebben (= betogen). Daarbij roept hij de lezers op tot een andere houding ten aanzien van dierenleed (= activeren).

Zo bepaal je met welke mengvorm van tekstsoorten je te maken hebt:

1 Stel eerst het hoofddoel vast (en daarmee de hoofdtekstsoort). Vraag je dus eerst af: wat wil de schrijver bij jou als lezer bereiken? Wil hij je vooral …

– vermaken:	dan is het hoofddoel amuseren;
– iets uitleggen:	dan is het hoofddoel uiteenzetten/informeren;
– over iets laten nadenken:	dan is het hoofddoel beschouwen/opiniëren;
– zijn eigen mening laten overnemen:	dan is het hoofddoel betogen/overtuigen;
– aanzetten om iets te gaan doen:	dan is het hoofddoel activeren.

2 Kijk voor het vaststellen van het hoofddoel ook naar de hoofdgedachte van de tekst. Stel op basis daarvan het schrijfdoel en/of de tekstsoort vast. Er is immers een verband tussen hoofdgedachte, tekstdoel en tekstsoort. Zo heeft een betoog altijd een mening (standpunt) als hoofdgedachte; bij een uiteenzetting is de hoofdgedachte vaker een constatering; bij een beschouwing is de hoofdgedachte meestal dat er meer oplossingen/antwoorden/meningen enz. over het onderwerp (mogelijk) zijn.

3 Stel vast welke middelen (elementen) de schrijver gebruikt om zijn hoofdgedachte te ondersteunen of toe te lichten. Let vooral op de functie van tekstgedeelten: argumenten of bewijzen duiden meestal op betogen/overtuigen, onderzoeksresultaten of toelichtingen zijn een aanwijzing voor uiteenzetten/informeren en aan meningen, kanttekeningen of nuanceringen kun je vaak zien dat de tekst een beschouwend karakter heeft.

Let op: het gaat bij mengvormen slechts om kleine verschillen met de hoofdtekstsoort. Als in een betoog enkele argumenten met feitelijke uitleg worden ondersteund, maakt dat van de tekst niet automatisch een 'betoog met uiteenzettende elementen'. Dat is wel het geval wanneer in zo'n betoog veel uiteenzettende toelichting nodig is.

Opdracht 2

Beantwoord de vragen bij tekst 2. Kies bij elke vraag de juiste leesstrategie.

1 Wat is het onderwerp van de tekst?
2 Uit welke alinea('s) bestaat de inleiding?
3 Welk soort aandachttrekker gebruikt de auteur in alinea 1? Kies uit:
   A de actualiteit
   B de geschiedenis
   C een voorbeeld
   D het belang voor de lezer
4 Wat is de functie van alinea 2? Kies uit:
   A bewijs
   B constatering
   C mening
   D stelling
5 Uit welke alinea('s) bestaat het slot?
6 Welke tekstsoort verwacht je: een uiteenzetting, een beschouwing of een betoog? Licht je antwoord toe.
7 Welke structuur heeft de tekst, denk je? Kies uit:
   A argumentatiestructuur
   B aspectenstructuur
   C probleem/oplossingstructuur
   D verklaringsstructuur
   Licht je antwoord toe.

Het middenstuk van de tekst kan worden onderverdeeld in vijf delen, die van de volgende kopjes kunnen worden voorzien:
   1 *Gelukkiger*
   2 *Gezonder*
   3 *Allebei een baan*
   4 *Meer familie en vrienden*
   5 *Goed voor ouders én kinderen*
8 Met welke alinea begint deel 2 *Gezonder*?
9 Met welke alinea begint deel 3 *Allebei een baan*?
10 Met welke alinea begint deel 4 *Meer familie en vrienden*?
11 Met welke alinea begint deel 5 *Goed voor ouders én kinderen*?

12 Noteer de betekenis van de volgende woord(groep)en. Pas een woordraadstrategie toe of gebruik een woordenboek.
   stuiptrekking (al. 1) – ten dode opgeschreven (al. 1) – demograaf (al. 3) – onderschrijven (al. 6) – in de hand houden (al. 9) – vertalen (al. 9) – veerkracht (al. 10) – op grote voet leven (al. 12) – een onverdeeld genoegen (al. 14) – permanent (al. 16) – uit en te na (al. 16) – binnen de perken blijven (al. 18) – geborgen (al. 19)
13 'Zo'n langdurige relatie heeft nog steeds heel wat te bieden.' (al. 3) Bij welk standpunt is dit een argument?
14 'Zo'n langdurige relatie heeft nog steeds heel wat te bieden.' (al. 3) Met welk argument wordt deze uitspraak ondersteund?
15 Welk verband is er tussen de laatste zin van alinea 3 enerzijds en alinea 4 tot en met 13 anderzijds? Licht je antwoord toe.

16 'Een punt dat zeker door psychologen wordt onderschreven.' (al. 6) Welk punt is dat?
17 Wat is de kernzin van alinea 7?
18 Lees de zinnen a tot en met h (uit alinea 9) en vul op basis daarvan onderstaand schema van oorzaak en gevolg in. Noteer alleen de letters.

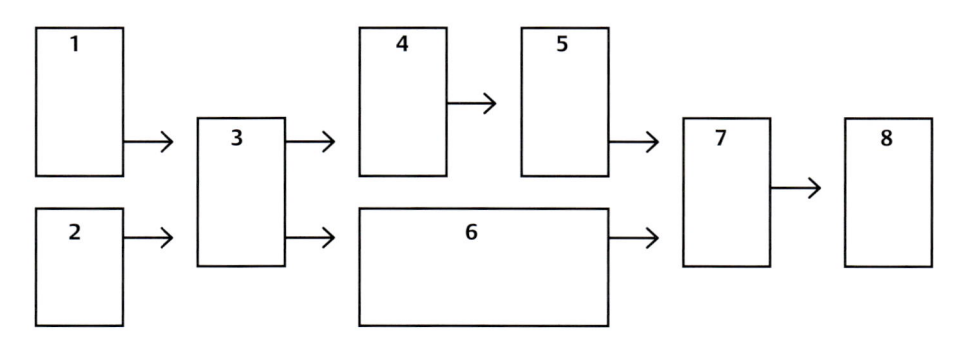

a In een vaste relatie let een vrouw niet alleen op haar eigen gezondheid, maar ook op die van haar partner.
b Mannen blijven gezonder.
c Mannen houden ongezonde gewoontes beter in de hand.
d Mannen leven langer.
e Vrouwen bemoeien zich met de leefstijl van hun partner.
f Vrouwen gaan eerder naar de dokter als er iets mis lijkt te zijn.
g Vrouwen letten meer op hun gezondheid dan mannen.
h Vrouwen sporen hun partner aan om naar de dokter te gaan als dat nodig lijkt.

19 Lees de woordgroepen a tot en met f (gebaseerd op alinea 10) en vul op basis daarvan onderstaand schema van oorzaak en gevolg in. Noteer alleen de letters.

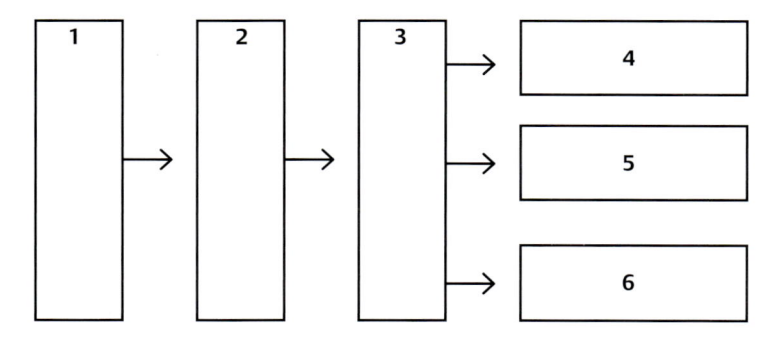

a betere omgang met tegenslagen
b een betere gezondheid
c een langer leven
d meer lichamelijke en geestelijke veerkracht
e minder stress
f wederzijdse steun en troost bij stress en verdriet

20 'Het extra inkomen kan immers worden ingezet voor een welvarender bestaan.' (al. 11) Bij welk standpunt is deze zin een argument?
21 Wat is het impliciete verband tussen de laatste en voorlaatste zin van alinea 11?
22 Wat is de kernzin van alinea 12? Noteer alleen de eerste twee en de laatste twee woorden.
23 'Meer geld is niet het enige voordeel dat tweeverdieners halen uit hun beide banen.' (al. 13) Welk voordeel is er nog meer?

24 'Ouders geven met een goed huwelijk hun kinderen een enorm startkapitaal mee', volgens Ed Spruijt van de Universiteit Utrecht (al. 18). Uit welke twee dingen bestaat dat startkapitaal?

25 Waarmee sluit de auteur de tekst af? Kies uit:
A een aanbeveling
B een afweging
C een conclusie
D een toekomstverwachting

26 Wat is het standpunt van de auteur over het onderwerp dat ze in deze tekst bespreekt?

27 In de tekst kunnen meerdere schrijfdoelen onderscheiden worden. Welke combinatie van schrijfdoelen geeft de beste typering? Kies uit:
A betogen en activeren
B betogen en informeren
C informeren en activeren
D informeren en beschouwen

28 Welke van de twee schrijfdoelen overheerst? Licht je antwoord toe.

29 Bekijk je antwoorden op de vragen 6 en 7 nog eens. Zou je die vragen nog hetzelfde beantwoorden?

Tekst 2

Gezond, rijk en gelukkig, met dank aan het huwelijk

1 Leve het huwelijk! Wie dit vijftien jaar geleden hardop durfde te zeggen, liep kans om uitgemaakt te worden voor een sukkel. Wat nou lief en leed delen, bij elkaar blijven in voor- en tegenspoed? Vrijheid en blijheid, daarom ging het in het leven. Je was wel gek als je je leven lang aan dezelfde man of vrouw gekoppeld wilde blijven. Dat er nog steeds volop werd getrouwd, zagen de critici niet als het bewijs dat het instituut waarde had en zich daarom niet zomaar liet afschaffen, maar als de laatste stuiptrekking van een ten dode opgeschreven traditie.

2 Hoe anders is het tegenwoordig. Zet een stel twintigers bij elkaar, laat ze praten over hun toekomstwensen en geheid dat de meesten aankomen met 'een goed huwelijk'. Daarmee bedoelen ze: een langdurige relatie die is gebaseerd op liefde, seks, respect, plezier en nauwe samenwerking om van het leven iets moois te maken. Ineens is het geen schrikbeeld meer, maar een ideaal.

3 Het muffe is eraf, om met Jan Latten te spreken, hoofddemograaf van het Centraal Bureau voor de Statistiek (CBS) en tevens hoogleraar aan de Universiteit van Amsterdam. 'Ruim 80 procent van de jongeren rond de twintig streeft naar een prettige, langdurige partnerrelatie, meestal in combinatie met samenwonen en trouwen, en met een of meer kinderen erbij', stelt Latten. 'En ze hebben gelijk', zegt hij er meteen bij. 'Zo'n langdurige relatie heeft nog steeds heel wat te bieden.' Inderdaad is uit studies in binnen- en buitenland gebleken dat een goed huwelijk – met of zonder boterbriefje, heteroseksueel of homoseksueel – een mens gelukkiger, gezonder en welvarender blijkt te maken dan een slecht huwelijk of helemaal géén huwelijk.

4 Uit de onderzoeken wereldwijd komt naar voren dat mensen met een vaste partnerrelatie het hoogste scoren op de schaal van geluk en welbevinden. Ze zijn gemiddeld gelukkiger dan de jonge, zogeheten 'happy singles' of oudere alleenstaanden, gelukkiger dan degenen die een slecht huwelijk achter zich hebben en gelukkiger dan weduwen en weduwnaars.

5 In oktober 2010 liet het CBS weten dat gemiddeld negen van de tien Nederlanders van 20 jaar en ouder naar eigen zeggen gelukkig of tevreden zijn met hun leven. Boven aan de lijst van blije mensen prijken de pasgetrouwde stellen, van wie 95 procent zegt gelukkig te zijn. Na het romantische eerste jaar neemt hun score iets af, maar het percentage gelukkigen blijft onder getrouwde mensen hoger dan gemiddeld in Nederland.

6 Zelfs onder jonge mensen, die nog alle tijd hebben om een partner te vinden, zijn de singles naarmate ze ouder worden minder gelukkig dan de jongens en meisjes met verkering, zo blijkt uit de Panelstudie Sociale Integratie in Nederland, waarin 1.775 jongvolwassen langdurig worden gevolgd. Jan Latten waarschuwt wel dat bij onderzoeken naar geluk en tevredenheid de oorzaken en gevolgen niet altijd even duidelijk zijn: 'Misschien maakt een partner gelukkig, maar het kan ook omgekeerd zo zijn dat iemand die zich happy voelt, eerder een partner vindt, meer openstaat voor een vaste relatie en er ook beter in slaagt om die relatie goed te houden.' Een punt dat zeker door psychologen wordt onderschreven. Uit hun onderzoeken blijkt namelijk dat vooral mensen met een tamelijk stabiele persoonlijkheid, een goed gevoel van eigenwaarde en een positieve, optimistische instelling kans van slagen hebben op de relatiemarkt.

7 Hoe dan ook: geluk en tevredenheid zijn niet de enige positieve aspecten van een vaste relatie. Ook wat gezondheid betreft is het beter om prettig gehuwd te zijn dan alleenstaand. Dat geldt voor zowel mannen als vrouwen: uit onderzoeken in Nederland en andere landen naar depressie en verslaving blijkt bijvoorbeeld dat alleenstaande vrouwen gemiddeld vaker last hebben van een burn-out. Alleenstaande mannen hebben vaker een drankprobleem. Suïcide komt meer voor bij mensen zonder vaste partner.

8 De positieve effecten van het huwelijk zijn zo sterk dat gehuwde mannen en vrouwen zelfs langer leven, zo meldt het CBS. Getrouwde mannen van 50 hebben gemiddeld vier levensjaren meer dan ongetrouwde mannen en drie levensjaren meer dan gescheiden mannen. Vijftigjarige gehuwde vrouwen worden gemiddeld twee jaar ouder dan ongehuwde, gescheiden of verweduwde leeftijdgenoten.

9 Hoe valt dit te verklaren? In de geneeskunde is algemeen bekend dat vrouwen meer op hun gezondheid letten dan mannen en ook eerder naar de dokter gaan als er iets mis lijkt te zijn. In een vaste relatie let een vrouw niet alleen op haar eigen gezondheid, maar ook op die van haar partner. Ze zal zich dus met zijn leefstijl bemoeien, waardoor hij ongezonde gewoontes beter in de hand houdt. Ook zal ze hem aansporen om naar de dokter te gaan als haar dat nodig lijkt. Dat alles levert gezondheidswinst op, die zich vertaalt in een langer leven.

10 Maar er is meer. Uit onderzoeken naar de oorzaken van stress blijkt dat mannen en vrouwen in een goed huwelijk elkaar steunen en troosten in tijden van stress en verdriet. Door tegenslagen in het leven samen op te vangen, kunnen partners die beter dragen en sneller oplossen. Gedeelde stress is halve stress en dat vertaalt zich in meer lichamelijke en geestelijke veerkracht, een betere gezondheid en een langer leven. Zelfs helemaal aan het einde van het leven blijft er bij gelukkige echtparen sprake van gezondheidswinst. Ze zorgen goed voor elkaar, vangen elkaars gebreken op, blijven samen zoeken naar manieren om van het leven te genieten. Uit onderzoek naar eenzaamheid aan de Vrije Universiteit in Amsterdam komt naar voren dat ouderen met partners zich minder eenzaam, angstig en onzeker voelen dan ouderen die er helemaal alleen voor staan.

11 Een goed huwelijk levert meer welvaart op. Nu het heel normaal is geworden dat mannen en vrouwen beiden blijven werken, ook als ze kinderen krijgen, kan een vaste relatie worden gezien als 'inkomensverdubbelaar', zoals Jan Latten zegt. Het heeft enorme financiële voordelen om als tweeverdieners door het leven te gaan. Het extra inkomen kan immers worden ingezet voor een welvarender bestaan. Prettig wonen, leuke vrijetijdsbestedingen, goede scholen voor de kinderen – van die dingen.

12 Tweeverdieners hebben nog een ander financieel voordeel boven alleenverdieners. Als ze niet op al te grote voet leven, dan zijn financiële tegenslagen, zoals verlies van inkomen, verlies op een huis, onverwachte schulden of faillissement beter op te vangen. Korten op pensioenen? Het is makkelijker te verdragen als er twee zijn. In de lijst van 855.000 huishoudens die in 2010 langdurig afhankelijk waren van een uitkering, waren alleenstaanden en eenoudergezinnen oververtegenwoordigd.

13 Meer geld is niet het enige voordeel dat tweeverdieners halen uit hun beide banen. Waar vroeger meestal alleen de man over vakmanschap, werkervaring en een netwerk van contacten en collega's beschikte, zijn er nu twee mensen in de relatie die dat hebben. Als het goed is, vraagt niet alleen zij tegenwoordig aan het einde van de dag 'hoe was het op je werk?' maar doet hij dat ook. De ervaringen die worden uitgewisseld, het praten over ambities en problemen, het delen van kennis en inzicht, het helpen met contacten leggen – daar kunnen beide partners iets aan hebben.

14 Daarmee komen we bij nóg een pluspunt van een goed huwelijk: een groter sociaal netwerk. Wie zich langdurig bindt aan een partner, krijgt er doorgaans ook gratis zijn of haar familieleden en vrienden bij. Niet altijd een onverdeeld genoegen, maar meestal toch wel. Hoewel schoonmoedergrappen populair blijven, blijken de familiebanden in Nederland nog altijd behoorlijk sterk te zijn.

Verjaardagen, sinterklaas, Kerstmis – we komen er voor bij elkaar.

15 Een goed huwelijk is dus ook een 'familieverdubbelaar'. Nu gezinnen en families kleiner worden, worden die paar extra schoonzusters en zwagers een steeds kostbaarder goed. Vooral omdat het bloed toch kruipt waar het niet gaan kan, zo valt te herleiden uit de vele onderzoeken naar familierelaties in de grootschalige Netherlands Kinship Panel Study (NKPS). In tijden van nood vallen de meeste mensen nog altijd het liefst terug op familieleden.

16 Maar het allergrootste voordeel van een goed huwelijk – bijna van onschatbare waarde – is wat het voor het hele gezin betekent, en dus ook voor de kinderen. De ravage die permanente conflicten en echtscheiding aanrichten in een gezin, is uit en te na onderzocht en beschreven. Iedereen lijdt eronder op alle denkbare manieren.

17 Kinderen die opgroeien in de gifdampen van een slechte ouderrelatie (ook ná een echtscheiding!) kunnen daarvan hun leven lang last houden. Ze krijgen meer stemmings- en gedragsproblemen, presteren slechter op school, hebben meer moeite om intieme relaties aan te gaan. De kans verdubbelt dat ze later zelf een slecht huwelijk hebben en scheiden.

18 Ouders geven met een goed huwelijk hun kinderen een enorm startkapitaal mee, beaamt Ed Spruijt van de Universiteit Utrecht, als scheidingsonderzoeker deskundige bij uitstek wat betreft de gevolgen van conflicthuwelijken en echtscheiding voor kinderen. 'Met een goed huwelijk bedoel ik niet dat ouders voortdurend dolgelukkig moeten zijn, maar wel dat ze tevreden zijn met elkaar. Ze mogen best een beetje mopperen en af en toe ruziemaken, maar het moet binnen de perken blijven. Een kind moet zich niet onzeker en onveilig gaan voelen door de conflicten van zijn ouders.'

19 Dankzij een goed huwelijk kan een kind zich thuis geborgen voelen, wat een basisvoorwaarde is om sterk in het leven te kunnen staan. Ook krijgt het minstens achttien jaar lang het goede voorbeeld voorgeschoteld, benadrukt Spruijt. Het leert dag in dag uit hoe je als twee volwassenen met liefde, respect en plezier nauw kunt samenwerken aan een goed leven. Hoe je conflicten oplost, compromissen sluit, en af en toe slikt in plaats van stikt.

20 Natuurlijk zijn er een heleboel zaken die het tegenwoordig moeilijker maken dan vroeger om een huwelijk goed te houden: van behoefte aan individuele ontplooiing tot gebrek aan heldere regels, en van een onduidelijke taakverdeling tot romantische misvattingen over de liefde. Maar als partners in goede harmonie bij elkaar weten te blijven, levert dat niet alleen een stabiele omgeving voor henzelf en hun kinderen op – met alle positieve gevolgen van dien – maar ook geluk, gezondheid, welvaart en een groot sociaal netwerk. Dat het huwelijk en andere langdurige relaties de laatste jaren steeds maar populairder worden, is dus zeker geen verkeerde ontwikkeling.

Naar: José van der Sman, Elsevier, 11 februari 2012

Ik kan:

- (3F) de tekst opdelen in betekenisvolle eenheden en de functie van deze eenheden benoemen.
- (3F) het doel van de schrijver aangeven.
- (3F) conclusies trekken over de intenties, opvattingen en gevoelens van de schrijver.
- (4F) mengvormen van tekstsoorten onderscheiden.
- (4F) impliciete relaties tussen tekstdelen aangeven.
- (4F) argumentatiestructuren herkennen.

Paragraaf 3

Teksten beoordelen

Als je een tekst moet beoordelen, let je op de auteur, de publicatieplaats, de actualiteit van de tekst, de gebruikte bronnen, de objectiviteit en de correctheid van de argumentatie.

Auteur

- Wie is de auteur?
- Geeft de tekst informatie over zijn opleiding of werkkring?
- Kun je daaruit afleiden of hij een autoriteit is op het gebied waarover hij schrijft?

Publicatieplaats (bron)

- In welk (dag)blad of tijdschrift of op welke website is de tekst verschenen?
- Op welk publiek is die bron gericht?
- Welke conclusie kun je daaraan verbinden?

Actualiteit

- Wanneer is de tekst geschreven?
- Is de informatie in de tekst nog actueel of is ze misschien achterhaald doordat er inmiddels nieuwe gegevens of andere inzichten zijn?

Gebruikte bronnen

- Noemt de auteur zijn bronnen (personen, artikelen, onderzoeken)? Zo ja, welke?
- Zijn de door de auteur geraadpleegde personen deskundig?
- Zijn de door de auteur geraadpleegde bronnen betrouwbaar?

Objectiviteit (alleen bij beschouwingen)

- Is de informatie niet eenzijdig?
- Gaat de auteur behalve op de voordelen ook in op de nadelen?
- Besteedt hij aandacht aan alle oplossingen of legt hij het accent op één oplossing?
- Zet hij voldoende meningen tegenover elkaar, of belicht hij slechts één standpunt?

Correctheid van de argumentatie (alleen bij betogen)

- Is het standpunt van de auteur duidelijk genoeg verwoord (expliciet) of moet je het 'tussen de regels door' (impliciet) uit de tekst afleiden?
- Onderbouwt de auteur zijn mening met voldoende goede argumenten?
- Worden de argumenten voldoende onderbouwd met feiten?
- Is de informatie in de argumentatie recent, volledig en controleerbaar (zie 'Actualiteit' en 'Gebruikte bronnen')?
- Noemt de auteur tegenargumenten en weerlegt hij die? *<zie Schrijfvaardigheid blz. 64>*
- Volgt het standpunt wel uit de argumenten? Spreekt de auteur zichzelf tegen? Kun je een redeneerfout aanwijzen in het betoog? *<zie Argumentatieve vaardigheden blz. 152>*

Opdracht 3

Beantwoord de vragen bij tekst 3. Kies bij elke vraag de juiste leesstrategie.
1. Wat is het onderwerp van de tekst?
2. Welke tekstsoort verwacht je: een uiteenzetting, een betoog of een beschouwing?

Het middenstuk van de tekst kan worden onderverdeeld in vier delen, die van de volgende kopjes kunnen worden voorzien:
 1 De feiten
 2 Jongens benadeeld in het onderwijs
 3 Veranderde samenleving
 4 Aanbevelingen

3. Met welke alinea begint deel 1 *De feiten*?
4. Met welke alinea begint deel 2 *Jongens benadeeld in het onderwijs*?
5. Met welke alinea begint deel 3 *Veranderde samenleving*?
6. Met welke alinea begint deel 4 *Aanbevelingen*?

7. Noteer de betekenis van de volgende woord(groep)en. Pas een woordraadstrategie toe of gebruik een woordenboek.
   bagatelliseren (al. 1) – latent (al. 4) – manifest (al. 4) – empathie (al. 5) – steevast (al. 6) – consciëntieus (al. 6) – patriarchaal (al. 10) – infantilisering (al. 10) – discipline (al. 12) – feedback (al. 13) – het tij keren (al. 14) – intrinsiek (al. 16) – doubleren (al. 18)
8. De titel van de tekst luidt: 'Jongens, wat is er aan de hand?' Wat is het antwoord op deze vraag?
9. 'Mogelijk hebben veel jongens in het primair onderwijs al een "latente schoolhekel" ontwikkeld, die pas in het voortgezet onderwijs manifest wordt.' (al. 5) Zeg in eigen woorden wat hier bedoeld wordt.
10. Formuleer de hoofdgedachte van alinea 5. Gebruik niet meer dan 25 woorden.
11. 'Rekensommen zijn verwerkt in lappen tekst. Hierdoor zijn jongens ook daar in het nadeel.' (al. 5) Welke verklaring wordt daarvoor gegeven?
12. 'Het onderwijs is meisjesvriendelijker geworden.' (al. 5) Zet de argumentatie hierbij in een blokjesschema.
13. Van welke argumentatiestructuur is hier sprake?
14. Welk verband bestaat er tussen de tweede en derde zin van alinea 6?
15. Wat is de kernzin van alinea 7?
16. 'Zolang mannen hun nieuwe plaats nog zoeken, is het voor jongens onduidelijk wat er van hen wordt verwacht.' (al. 10) Leg dit uit.
17. 'De emancipatie van de vrouw leidt dus tot een nieuw probleem.' (al. 10) Wat was het oude probleem?
18. Zet de argumentatie van alinea 14 in een blokjesschema.
19. Van welke argumentatiestructuur is hier sprake?
20. 'We mogen onderbevoegde leerkrachten en zijinstromers niet blijvend accepteren.' (al. 15) Noteer het argument dat de auteurs hiervoor geven.
21. Welke drogreden herken je hier?
22. 'Het onderzoek leverde tips op voor jongensvriendelijk onderwijs.' (al. 16) Geven de auteurs tips? Zo ja, welke?
23. Leg uit dat maatregel 4 'Herwaardeer discipline' (al. 17) in strijd is met wat in alinea 7 gezegd is.
24. Alinea 17 gaat niet alleen over de herwaardering van discipline. Welke maatregel ten aanzien van jongens kun je ook uit deze alinea halen?
25. 'Onderpresterende jongens moeten niet meteen worden doorverwezen naar een lager onderwijsniveau, maar gewoon blijven zitten.' (al. 18) Noteer het argument dat de auteurs hiervoor geven.

26 Welke drogreden herken je hier?
27 Welke van de vijf maatregelen die de auteurs bepleiten, heeft/hebben weinig tot niets met het probleem van de onderpresterende jongens te maken? Licht je antwoord toe.
28 Deze tekst valt uiteen in twee delen met verschillende tekstdoelen. Noteer de alineanummers en het tekstdoel van beide delen.
29 Zijn de schrijvers deskundig? Licht je antwoord toe.
30 Hebben de schrijvers belang bij hun standpunt? Licht je antwoord toe.
31 Is de tekst afkomstig uit een betrouwbare bron? Licht je antwoord toe.
32 Welke van onderstaande uitspraken is het meest van toepassing op tekst 3?
Kies uit:
A *Jongens, wat is er aan de hand?* is een aanvaardbaar betoog, want de schrijvers gebruiken goede argumenten en weerleggen de belangrijkste tegenargumenten.
B *Jongens, wat is er aan de hand?* is een betwistbaar betoog, want de schrijvers geven nauwelijks goede argumenten en weerleggen de belangrijkste tegenargumenten niet.
C *Jongens, wat is er aan de hand?* is een redelijk betoog, want de schrijvers gebruiken goede argumenten, maar weerleggen de belangrijkste tegenargumenten niet.
D *Jongens, wat is er aan de hand?* is een redelijk betoog, want de schrijvers weerleggen de belangrijkste tegenargumenten, maar geven zelf weinig goede argumenten.

Lees tekst 4, 5 en 6.
33 In welke tekst wordt inhoudelijk het meest ingegaan op tekst 3? Licht je antwoord toe.
34 In welke tekst wordt inhoudelijk het minst ingegaan op tekst 3? Licht je antwoord toe.
35 Van welke tekst is de auteur het het meest oneens met de auteurs van tekst 3? Licht je antwoord toe.

Tekst 3

Jongens, wat is er aan de hand

1 Middelbare scholen, hogescholen en universiteiten worstelen met de studiehouding van jongens. Deze leidt voor leerkrachten, ouders en de jongens zelf tot teleurstellende resultaten. Ze belanden op lagere onderwijsniveaus, doen langer over hun studie en vallen uit. De Universiteit van Amsterdam en de Hogeschool van Amsterdam organiseerden in het afgelopen semester een unieke collegereeks over dit nogal eens gebagatelliseerde onderwerp. In dit artikel belichten wij oorzaken en oplossingen aan de hand van de gegevens uit deze colleges, in combinatie met onze eigen (onderwijs)ervaring.

2 In 2011 slaagden 2.600 meer meisjes dan jongens voor het vwo-examen. Al sinds 1996 worden jongens door meisjes gepasseerd, onder meer doordat jongens meer en meer afzakken naar de havo. Ook universiteiten en hogescholen hebben te maken met een grote uitval van jongens. Bovendien studeren meisjes sneller af én met hogere cijfers.

3 Als we de grotere uitstroom van jongens naar het speciaal onderwijs niet meetellen, hebben jongens tot en met groep acht op de basisschool nog geen achterstand, integendeel. Ze maken de Cito-toets een fractie beter dan meisjes. Wel hebben ze gemiddeld meer gedragsproblemen.

4 De achterstand van de jongens begint in de onderbouw van de middelbare school. Lauk Woltring, deskundige op het gebied van de ontwikkeling van jongens: 'Mogelijk hebben veel jongens in het primair onderwijs al een "latente schoolhekel" ontwikkeld, die pas in het voortgezet onderwijs manifest wordt.'

5 De hersenontwikkeling bij jongens verloopt in de regel anders dan bij meisjes. Op sommige terreinen (empathie, taal, sociale vaardigheden, fijne motoriek en planning) lopen jongens achter, op andere terreinen (visueel-ruimtelijke ontwikkeling en grove motoriek) lopen ze voor. Niet alleen komen meisjes eerder in de puberteit, ze kunnen ook al op jongere leeftijd beter plannen, organiseren en reflecteren op samenwerken. Precies deze vaardigheden worden de jongste decennia gevraagd bij het maken van werkstukken, vooral in de tweede fase van het Studiehuis. Het onderwijs is meisjesvriendelijker geworden. Rekensommen zijn verwerkt in lappen tekst. Hierdoor zijn jongens ook daar in het nadeel.

6 Meisjes vragen gemakkelijker om hulp en volgen veel meer bijlessen en examentrainingen. Gemiddeld scoren de dames voor het schoolexamen voor alle vakken tezamen 0,2 tot 0,3 punt hoger dan de jongens. De heren scoren steevast 0,1 punt hoger voor het Centraal Eindexamen. Meisjes zijn gehoorzamer en consciëntieuzer. Biopsycholoog Martine Delfos: 'Jongens kiezen voor plezier nú, terwijl meisjes kiezen voor het voorkomen van narigheid later.' Rens Koole van de particuliere school Luzac: 'Jongens beginnen niet met leren en meisjes stoppen niet met leren.' Of, zoals een van onze mannelijke leerlingen eens vroeg: 'Wat denkt u dat we gemiddeld zouden scoren voor het Centraal Eindexamen als wij net zo hard zouden werken als de meisjes?'

7 Jongens zijn beweeglijk. De gedragsregels in de klas frustreren hen in hun behoefte aan stoeien en donderjagen. Jongens leren liever door doen en uitproberen en ze houden van competitie. Ze worden er meer uitgestuurd en blijven in de onderbouw vaker zitten. Omdat dit voor de beoordeling van de school niet goed staat, besluiten scholengemeenschappen te snel om vwo-jongens af te laten dalen naar de havo. Vroeger hadden ze het een jaartje mogen overdoen.

8 Op de havo blijken deze jongens zich (nog) minder te hoeven inspannen. Ze klieren zich vrolijk naar het eindexamen havo toe. Doordat ze geen noodzaak voelen om een goede werkhouding aan te leren, valt op het hbo opnieuw een te groot deel uit. Sommige jongens redden het ook niet op de havo en dalen verder af, naar het vmbo. Daar sluit de onderwijsaanpak nog minder aan bij hun manier van leren, met verregaande desinteresse als gevolg.

9 Natuurlijk beantwoorden niet alle jongens aan het geschetste beeld, zomin als alle meisjes voorbeeldige leerlingen zijn. Maar de cijfers zijn hard.

10 Door de tweede emancipatiegolf en de individualisering van de maatschappij is de patriarchale samenleving aan het verdwijnen. De rol van de man verandert. Vaders zijn vaak afwezig. Mannen verliezen hun rol als beschermer en kostwinner. Zolang mannen hun nieuwe plaats nog zoeken, is het voor jongens onduidelijk wat er van hen wordt verwacht. De emancipatie van de vrouw leidt dus tot een nieuw probleem. Als mannen geen duidelijke rol hebben, dreigt infantilisering: de man is alleen nog nodig voor de voortplanting en kan zich verder blijvend kinderlijk gedragen.

11 Die traditionele, disciplinerende vader is nagenoeg verdwenen, net als de zondagsrust en het gedwongen stilzitten in de kerk en de militaire dienstplicht. Echtscheidingen vormen een bron van onrust. De opmars van sociale media en het uren per dag in uitgezakte houding de tijd weg-gamen houden jongens af van een gedisciplineerd leven.

12 Sinds de jaren zestig heeft discipline een slechte naam gekregen. Volgens socioloog Bowen Paulle zijn zelfdiscipline en emotionele zelfbeheersing nuttig en moeten we deze waarden weer terugbrengen in de opvoeding. Deze waarden waren in de jaren vijftig alom aanwezig. Kinderen hebben baat bij warmte, persoonlijke aandacht, voorspelbaarheid, rust, reinheid en regelmaat, maar kinderen moeten ook duidelijk en consequent op hun fouten gewezen worden.

13 Ouders en leraren onderhandelen liever dan dat ze het conflict aangaan. Door te weinig negatieve feedback denken jongens dat ze bijzonder zijn en dat ze alles al kunnen zonder zich te hoeven inspannen. Deze trend kan leiden tot meer jeugdwerkloosheid en zelfs criminaliteit.

14 Wij bepleiten vijf maatregelen om het tij te keren. Zet meer mannen voor de klas. Jongens missen op school het mannelijke rolmodel. Op de basisschool is 85 procent van leerkrachten vrouw, op de middelbare school 65 procent. Op beoordeelmijnleraar.nl zeggen jongens dat ze liever les hebben van een man dan van een vrouw. Mannen zouden namelijk veel meer humor hebben. Psycholoog Louis Tavecchio: 'Mannen zijn meer dan vrouwen in staat tot *tough love* – een stevige, maar warme aanpak. Ook dat is goed voor jongens.'

15 Verhoog het niveau van leraren. We mogen onderbevoegde leerkrachten en zijinstromers niet blijvend accepteren – al hun gewaardeerde inzet ten spijt. We laten zelfs

de beste loodgieter na een cursus fijne motoriek toch ook geen hartoperatie verrichten?

16 Maak het onderwijs jongensvriendelijker. Afgelopen jaar onderzochten onderwijsadviesbureau APS en het Kohnstamm Instituut scholen waar jongens het wel goed doen. Die scholen waren zich er niet van bewust dat ze het goed deden. Wat ze gemeen hebben, is dat er duidelijke regels zijn, in een persoonlijke en veilige sfeer. Er is een goede zorgstructuur voor gedragsproblemen en spijbelen. Ook worden leerlingen bij de school betrokken, als coach van jongere leerlingen of pleinwacht. Er is aandacht voor leren leren en er zijn keuzemogelijkheden en variatie in werkvormen. Het onderzoek leverde tips op voor jongensvriendelijk onderwijs. Volgens psycholoog Eveline Crone hoeven jongens als ze intrinsiek gemotiveerd zijn, geen last van hun latere rijping te hebben.

17 Herwaardeer discipline. Ouders moeten van jongs af aan grenzen stellen én consequent handhaven. Dit betekent dat ze soms vermoeiende conflicten moeten aangaan. Het gemiddelde mediagebruik van dertien- tot zestienjarigen loopt op tot zes en een half uur per dag. Meisjes gebruiken de computer vooral om nieuwtjes te bespreken. Een beetje jongen is verslaafd aan de dopamine die vrijkomt na elk hoger level bij het gamen. Delfos: 'Het scherm is voor de jongens van nu net zo gevaarlijk als de kruistochten in de middeleeuwen.' Ouders en scholen moeten paal en perk stellen aan beeldschermgebruik. Op school horen mobieltjes niet in de les.

18 Gun jongens meer tijd. Onderpresterende jongens moeten niet meteen worden doorverwezen naar een lager onderwijsniveau, maar gewoon blijven zitten. Menig mannelijke professor heeft gedoubleerd op de middelbare school. De overstap van havo naar vwo moet gemakkelijker worden.

19 Nederland, wees zuinig op je jongens!

Naar: Lydia Sevenster en Ingrid Schouten, NRC Handelsblad, 5 & 6 januari 2013

Lydia Sevenster is docent biologie aan het Stedelijk Gymnasium Haarlem. Ingrid Schouten is oud-docent en actief in de huiswerkbegeleiding.

Tekst 4

Goed onderwijs pint een leerling niet vast op sekse

Moeten we niet voorzichtig zijn met aannames over aangeboren talenten? (Opinie & Debat, 5 januari). Niet lang geleden werden meisjes geacht geen wiskundeknobbel te hebben. Inmiddels is deze achterstand weggewerkt.

Ik zou dus uitkijken met conclusies trekken over wat specifiek voor jongens is op basis van hun hersenontwikkeling. Hersens ontwikkelen zich in interactie met hun omgeving. Het gedrag dat je de meeste aandacht geeft en beloont, ontwikkelt zich het beste.

De verschillen tussen jongens onderling (en meisjes onderling) zijn vele malen groter dan de verschillen tussen jongens als groep en meisjes als groep. En voor schoolsucces is niet sekse de beste voorspeller, maar nog steeds het opleidingsniveau van de ouders.

Wat is er dan gaande met jongens in het onderwijs? Sommige van die vaak intelligente jongens zijn niet te motiveren en zijn gevoelig voor de straatcultuur die een overzichtelijke macho-identiteit biedt, waarbij school niet cool is.

Goed onderwijs pint een leerling niet vast op sekse en de hierbij behorende stereotypen. We doen jongens tekort als we geen hoge verwachtingen van hen hebben, maar ook als we alleen echte mannen voor de klas zetten en hun 'het feminiene gezemel' onthouden. Hersens zijn vet flexibel, weet je wel!

Loes Lauteslager, Amsterdam

NRC Handelsblad, 12 & 13 januari 2013 (ingezonden brief)

Tekst 5

Jongens maken hun achterstand later goed

In hun stuk over het achterblijven van jongens in het middelbaar onderwijs reppen Sevenster en Schouten niet over het feit dat jongens hun achterstand in hun werkzame leven weer ruimschoots goedmaken.

Nog altijd worden hoge posten binnen het bedrijfsleven en openbaar bestuur voornamelijk ingenomen door mannen. Deze maatschappelijke werkelijkheid is ook in het middelbaar onderwijs zichtbaar – de havo-hbo opgeleide leraar wordt schoolleider, de gymnasium-universiteit opgeleide lerares blijft voor de klas staan.

Hoewel dit voor een school een zegen is – leerlingen krijgen les van hoogopgeleide docenten – lijkt het mij niettemin belangrijk dat bij meisjes voldoende zelfvertrouwen gekweekt wordt om hun te laten inzien dat zij wel degelijk geschikt zijn voor hoge maatschappelijke posten. Ik bepleit meer aandacht voor meisjes in het middelbaar onderwijs.

Drs. A.M. Rappange, Amsterdam
NRC Handelsblad, 12 & 13 januari 2013 (ingezonden brief)

Tekst 6

Realiteit over jongens en meisjes is heel anders

De werkelijkheid is volstrekt anders dan Sevenster en Schouten beweren. De prestaties van jongens in het basis- en middelbaar onderwijs zijn de afgelopen decennia nauwelijks veranderd of zijn vooruitgegaan.

Vergeleken met vroeger blijven leerlingen – en dus ook jongens – minder zitten en gaan ze naar hogere niveaus. De examenprestaties van jongens op het Centraal Eindexamen blijven al decennialang op peil. Meisjes hebben juist een inhaalslag gemaakt: ze lopen hun achterstand in en behouden hun voorsprong op het gebied van studiesnelheid en zittenblijven. Meisjes krijgen hiervoor evenwel geen waardering. De aandacht gaat eenzijdig uit naar 'de achterstand van jongens'. Relatief kleine verschillen worden tot een probleem gemaakt en leiden tot een enorme stereotypering.

Karin Bügel, Horssen
NRC Handelsblad, 12 & 13 januari 2013 (ingezonden brief)

Maak nu de Test op Nieuw Nederlands online.

Ik kan:

- **3F** de tekst opdelen in betekenisvolle eenheden en de functie van deze eenheden benoemen.
- **3F** de hoofdgedachte in eigen woorden weergeven.
- **3F** het doel van de schrijver aangeven.
- **3F** de argumentatie in een betogende tekst op aanvaardbaarheid beoordelen.
- → **4F** onderscheid maken tussen argumenten: objectieve versus subjectieve argumenten en drogreden van argument onderscheiden.
- **4F** argumentatiestructuren herkennen.
- **4F** argumentatie analyseren en beoordelen.

Controle hoofdstuk 1

- Welke zes leesstrategieën zijn er?
- Welke vijf schrijfdoelen zijn er?
- Geef bij elk schrijfdoel een beknopte nadere omschrijving.
- Noem bij elk schrijfdoel een aantal passende tekstsoorten.
- Aan welke inhoudelijke kenmerken herken je de inleiding van een tekst?
- Welke aanwijzingen in een tekst helpen je om de deelonderwerpen te vinden?
- Aan welke inhoudelijke kenmerken herken je het slot van een tekst?
- Welke zeven vaste tekststructuren zijn er?
- Hoe is elk van die structuren opgebouwd?
- Hoe bepaal je met welke mengvorm van tekstsoorten je te maken hebt?
- Op welke punten moet je letten als je de betrouwbaarheid van een tekst beoordeelt?
- Op welke specifieke punten moet je letten als je de objectiviteit van een beschouwing beoordeelt?
- Op welke specifieke punten moet je letten als je de correctheid van een betoog beoordeelt?

Hoofdstuk 2

Complexe teksten

De inhoud van een tekst goed begrijpen is een vaardigheid die je alleen leert door te oefenen. Dat ga je in dit hoofdstuk doen. Daarbij zul je merken dat veel teksten niet zo'n heldere structuur hebben.

Afgerond	• Cursus Leesvaardigheid hoofdstuk 1 • Cursus Argumentatieve vaardigheden
Studielast	15 slu
Paragrafen	1 Oefenen met complexe teksten
Referentie- niveaus	→ **3F** Kan het doel van de schrijver aangeven als ook de talige middelen die gebruikt zijn om dit doel te bereiken. **3F** Kan de tekst opdelen in betekenisvolle eenheden en kan de functie van deze eenheden benoemen. → **4F** Kan een tekst beoordelen op consistentie. → **4F** Herkent ironisch taalgebruik. **4F** Herkent argumentatieschema's. **4F** Kan ook impliciete relaties tussen tekstdelen aangeven. **4F** Maakt onderscheid tussen uiteenzettende, beschouwende of betogende teksten. **4F** Kan taalgebruik beoordelen. **4F** Kan van een tekst een goed geformuleerde samenvatting maken die los van de uitgangstekst te begrijpen valt. **4F** Kan argumentatie analyseren en beoordelen. **4F** Kan een vergelijking maken met andere teksten en tussen tekstdelen. **4F** Maakt onderscheid tussen argumenten: objectieve versus subjectieve argumenten en onderscheidt drogreden van argument. **4F** Kan persoonlijke waardeoordelen herkennen en als zodanig interpreteren.
NN online	• meer oefeningen • de Test bij Hoofdstuk 2 • alle teksten in Leeshulp • overzicht Ik kan-stellingen van dit hoofdstuk

Paragraaf 1

Oefenen met complexe teksten

De inhoud van een tekst goed begrijpen is een vaardigheid die je alleen leert door te oefenen. Dat ga je in deze paragraaf doen, als voorbereiding op de toetsen Leesvaardigheid en het Centraal Eindexamen. Als je deze paragraaf én de extra teksten op NN online hebt gemaakt, ben je toe aan de cursus Eindexamen.

Bij het oefenen met de teksten in deze paragraaf zul je – net als eerder in deze cursus – merken dat niet iedere tekst een heldere structuur en een duidelijk schrijfdoel heeft. Ook komt het voor dat een tekst niet mooi is afgerond, bijvoorbeeld doordat een echte slotalinea ontbreekt of doordat er in het slot een conclusie wordt getrokken die niet goed uit de tekst volgt.

Opdracht 1

Beantwoord de vragen bij tekst 1. Kies bij elke vraag de juiste leesstrategie.
1 Wat is het onderwerp van de tekst?
2 Welk soort aandachttrekker gebruikt de auteur in alinea 1? Kies uit:
   A de actualiteit
   B de geschiedenis
   C een voorbeeld
   D het belang voor de lezer
3 Welke tekstsoort verwacht je: een uiteenzetting, een beschouwing of een betoog?
   Licht je antwoord toe.
4 Welke structuur heeft de tekst, denk je? Kies uit:
   A argumentatiestructuur
   B aspectenstructuur
   C verklaringsstructuur
   D verleden/heden(/toekomst)structuur
   Licht je antwoord toe.

Het middenstuk van de tekst kan worden onderverdeeld in zes delen, die van de volgende kopjes kunnen worden voorzien:
   1 Flitslichtherinneringen
   2 Wat slaan we op?
   3 Markeermoment
   4 Onthouden door waar te nemen
   5 Technieken helpen niet
   6 Pleidooi voor onthouden

5 Met welke alinea begint deel 1 *Flitslichtherinneringen*?
6 Met welke alinea begint deel 2 *Wat slaan we op?*?
7 Met welke alinea begint deel 3 *Markeermoment*?
8 Met welke alinea begint deel 4 *Onthouden door waar te nemen*?
9 Met welke alinea begint deel 5 *Technieken helpen niet*?
10 Met welke alinea begint deel 6 *Pleidooi voor onthouden*?

11 Noteer de betekenis van de volgende woord(groep)en. Pas een woordraadstrategie toe of gebruik een woordenboek.
   wegbereider (al. 1) – pathologisch (al. 3) – repercussie (al. 3) – afstomping (al. 4) – vergetelheid (al. 4) – traumatisch (al. 6) – detecteren (al. 7) – fundamentalistisch (al. 8) – exponentieel (al. 15) – paradoxaal (al. 17) – schetsen (al. 19)
12 'De gebeurtenis op 22 juli zou Sherashevsky wellicht niet eens als afwijkend [...] zijn opgevallen.' (al. 3) Hoe komt dat?

13 Welke twee verklaringen zijn er voor de 'flitslichtherinnering'?
14 Geef de argumentatie uit alinea 6 weer in een blokjesschema.
15 Van welke argumentatiestructuur is hier sprake? Kies uit:
   A enkelvoudige argumentatie
   B meervoudige argumentatie
   C nevenschikkende argumentatie
   D onderschikkende argumentatie
   E meervoudig onderschikkende argumentatie
16 Er zijn vier categorieën gebeurtenissen die je je gemakkelijk herinnert (al. 9) Tot welke categorie behoren de herinneringen uit het volgende citaat? 'Vervelende herinneringen waarin hij zelf een schaamtevolle rol had, bleken jaren later het makkelijkst oproepbaar.' (al. 10) Licht je antwoord toe.
17 'Verder is het [...] schuiven in elkaar.' (al. 11) Citeer de zin uit alinea 9 die bij deze uitspraak van Douwe Draaisma aansluit.
18 'Dat we aan het einde van ieder jaar terugkijken, is volgens Draaisma behoorlijk onnatuurlijk. Echt een verzinsel van de media.' (al. 12) Hoe kun je de rest van de alinea typeren? Kies uit:
   A als een constatering
   B als een nuancering
   C als een tegenwerping
   D als een uitwerking

Om de functies van alinea's aan te duiden worden onder andere de volgende functiewoorden gebruikt: *alternatief, beoordeling, constatering, definitie, nuancering, samenvatting, toelichting, toepassing, verklaring(en)* en *voorwaarde*.
De alinea's 13 en 14 hebben een eigen functie ten opzichte van elkaar.

19 Welke functie heeft alinea 13? Kies een van de bovenstaande functiewoorden.
20 Welke functie heeft alinea 14? Kies een van de bovenstaande functiewoorden.
21 Hoe komt het dat bijna niemand zich iets herinnert van voor zijn derde of vierde jaar? Baseer je antwoord op alinea 14.
22 'Een andere verklaring is [...].' (al. 14) Voor welk verschijnsel is dit 'een andere verklaring'?
23 'Zullen wij ons daardoor ons leven beter herinneren dan de vorige generaties?' (al. 16) Wat is volgens Douwe Draaisma het antwoord op die vraag? Licht je antwoord toe.
24 Hoe komt het volgens Douwe Draaisma dat we juist die gebeurtenissen vergeten die we als foto of als dagboekfragment hebben opgeslagen?
25 Hoewel alinea 19 de slotalinea is, sluit deze ook goed aan bij een alinea eerder in de tekst. Bij welke? Licht je antwoord toe.
26 Wat is het schrijfdoel van de auteur?
27 Leg uit waarom de titel en de slotalinea niet goed bij de tekst passen.
28 Op welke impliciete hoofdvraag geeft tekst 1 antwoord? Kies uit:
   A Waarom vergeten en verdraaien we herinneringen?
   B Waarom, wat en hoe onthouden we?
   C Wat kunnen we van herinneringen leren?
   D Welke gebeurtenissen worden het beste in ons geheugen opgeslagen?
29 Bekijk je antwoorden op de vragen 3 en 4 nog eens. Zou je die vragen nog hetzelfde beantwoorden?

Tekst 1

Herinneringen maken de mens

1 Enig idee waar je je bevond op de zomernamiddag van 22 juli 2011? Gordon Bell (77) zou het beslist weten. Ook als het een meer toevallige datum betrof. Bell is een Amerikaanse computerdeskundige in dienst van Microsoft. Hij ziet zichzelf als wegbereider van de geheugenrevolutie die op komst is. Bell doet aan *lifelogging*: alles wat hem overkomt, legt hij vast in een extern geheugen. Op zijn buik hangt een videocamera die alles wat hij doet, opneemt. Een ingenieus zoeksysteem verschaft hem toegang tot ieder mogelijk detail.

2 Al die angsten dat internet ons brein en ons geheugen aantast! Dat zei men in de Klassieke Oudheid al over het schrift. En later over de boekdrukkunst, de fotografie, film... Het zijn gewoon manieren om onze vergeetachtigheid te slim af te zijn, vindt Bell. Maar wel manieren die veel krakkemikkiger zijn dan zijn eigen totale overwinning op het biologische geheugen. 'Wat als je nooit iets hoefde te vergeten, als je volledige controle zou hebben over wat je je herinnert?' jubelt hij in zijn boek *Total Recall*.

3 'Dan zou je gek worden', zegt Douwe Draaisma, hoogleraar in Groningen en expert op het gebied van onderzoeken naar het geheugen en naar vergeten. 'Herinneringen vergeten en verdraaien zijn juist nuttige overlevingsstrategieën.' In zijn boek *Waarom het leven sneller gaat als je ouder wordt* voert hij Solomon Sherashevsky op, een Russische jood die een absoluut geheugen had – 'pathologische perfectie' noemt Draaisma het. Want hoewel geheugenwonder Sherashevsky alles onthoudt – van eindeloze cijfer- en woordlijsten tot nonsensformules – lijkt hij geestelijk gehandicapt. Hij kan nauwelijks verbanden leggen, niet logisch redeneren en geen moeilijke gesprekken voeren. Om hoofd- en bijzaken te kunnen scheiden, is het blijkbaar handig om dingen te vergeten. Wie alles onthoudt, vindt de echt belangrijke informatie niet terug. De gebeurtenis op 22 juli zou Sherashevsky wellicht niet eens als afwijkend, als iets met enorme repercussies, zijn opgevallen.

4 Op 22 juli 2011 opende Anders Breivik om 17.30 uur het vuur op zevenhonderd jongeren die bijeen waren bij een jeugdkamp van de sociaal-democratische partij op het Noorse eiland Utoya. 69 jongeren vonden de dood. De schok was groot; het leek een vreselijke horrorfilm. Een half jaar later schokt het evenzeer dat ik me niet herinner waar ik was toen ik het hoorde, en wie het me vertelde, zoals bij de aanslagen op Theo van Gogh, Pim Fortuyn en 9/11. Kwam dat niet-herinneren van nu door afstomping? Wat van een jaar zakt de diepe aardlagen van de vergetelheid in, wat kunnen we makkelijk opspitten en wat steekt er torenhoog bovenuit?

5 De herinneringen die ik wel had bij de aanslagen op Theo van Gogh, Pim Fortuyn en 9/11, heten flitslichtherinneringen. Ze ontstaan bij emotionele gebeurtenissen; je weet precies waar je was toen je het hoorde, vaak compleet met rare details, zoals wat je op dat moment at of de kleur trui van degene die het je vertelde. Alsof er een flitser is afgegaan in je hoofd en iemand op dat moment op een cameraknopje drukte waardoor alles wat toen gebeurde is vastgelegd – belangrijk of onbelangrijk. Dat je je alles tot in detail herinnert, zou volgens sommige wetenschappers te maken hebben met de neiging van mensen om emotionele gebeurtenissen eindeloos aan elkaar te vertellen, waardoor je de herinnering repeteert alsof het Duitse woordjes zijn.

6 Een andere verklaring is dat het brein hyperalert is en meer details opslaat dan anders. 'Ik vind die laatste verklaring veel aannemelijker', zegt Draaisma. 'Want hoewel je veel over traumatische gebeurtenissen praat, vertel je er niet de hele tijd bij waar je was toen je het hoorde. En juist dat soort details zijn zo kenmerkend voor flitslichtherinneringen.'

7 Volgens hersenwetenschapper Dick Swaab zorgt het stresshormoon cortisol er op dat moment voor dat de amygdala (de amandelkern diep in de hersenen die emotionele gebeurtenissen detecteert) een soort emotioneel stempel op de herinnering drukt, waardoor die voorgoed in het langetermijngeheugen wordt opgeslagen. 'Dat is evolutionair gezien handig,' aldus Swaab, 'omdat je een volgende keer bij een vergelijkbare gebeurtenis onmiddellijk kunt reageren of er zelfs op vooruitlopen.'

8 Dat het Noorse drama niet tot een flitslichtherinnering leidde, heeft mogelijk te maken met de afwezigheid van een acute schok. Het nieuws kwam in golven. Eerst was er zelfs sprake van een aanslag in Oslo die het werk zou zijn van een fundamentalistische moslimorganisatie. Pas later die dag drong tot ons door dat Breivik een voor een jongeren afschoot op een geïsoleerd eilandje.

9 Emotionele gebeurtenissen worden beter opgeslagen dan die waar je minder bij voelt. Ook vrolijke dingen blijven beter hangen, zoals een behaald diploma of de geboorte van een kind. Unieke ervaringen en eerste keren (eerste schooldag, kus, baan, het bedwingen van de top van de Kilimanjaro) blijken net zo goed verankerd. Of vernederingen – die staan volgens Draaisma echt 'in onuitwisbare inkt' in het geheugen gegrift.

10 We weten dat uit dagboekstudies. De Leidse hoogleraar Willem Wagenaar hield jarenlang een dagboek bij en voorzag zijn aantekeningen van een soort *cues* (bijvoorbeeld: wie was erbij betrokken, waar was het en wanneer) die hem later zouden kunnen helpen met herinneren. Vervelende herinneringen waarin hij zelf een schaamtevolle rol had, bleken jaren later het makkelijkst oproepbaar. Dit omdat ze volgens Wagenaar niet overeenstemmen met het zelfbeeld. Ze kwamen sneller opborrelen dan fijne herinneringen, die op hun beurt weer makkelijker kwamen bovendrijven dan de onaangename waarin hij geen leidende rol had.

11 Jaren later bleek bijna iedere herinnering van Wagenaar oproepbaar, al had hij soms meerdere cues nodig om erop te komen. Alleen de cue 'wanneer' leverde vrijwel nooit wat op. 'Onze herinneringen zijn niet op datum opgeslagen', zegt Draaisma. 'Verder is het jammer dat we de dingen die we leuk vinden, zo vaak mogelijk proberen te doen, maar dat we er juist daardoor weinig herinneringen aan zullen bewaren: al die herinneringen schuiven in elkaar.'

12 Dat we aan het einde van ieder jaar terugkijken, is volgens Draaisma behoorlijk onnatuurlijk. Echt een verzinsel van de media. 'Maar aan de andere kant zijn kerst en oud en nieuw momenten die je goed kunt afbakenen en het is de ideale tijd om nieuwe plannen te maken en goede voornemens te formuleren. Daarvoor reflecteer je, kijk je terug. Het lezen van interviews met mensen die op het jaar terugkijken, kan dan helpen. We halen immers herinneringen op om ergens nog eens van te genieten of ervan te leren. Voor samenlevingen geldt hetzelfde. Bij het collectief herinneren aan het eind van het jaar komen vragen naar boven, die op het moment dat bepaalde dingen gebeurden, niet gesteld konden worden.'

13 Toch zijn er veel betere cues om herinneringen op te halen dan het 'wanneer': het zintuiglijke memoreren. De beroemdste is natuurlijk het Proustfenomeen – de herinneringsstroom die bij de hoofdpersoon uit Marcel Prousts romancyclus *À la recherche du temps perdu* (*Op zoek naar de verloren tijd*) op gang komt als hij de geur opsnuift en de smaak op zijn tong proeft van lindebloesemthee met een madeleinecakeje. Lang heeft men geprobeerd om wetenschappelijk aan te tonen dat het Proustfenomeen ook echt bestaat. Het lijkt in ieder geval zo te zijn dat veel oude herinneringen – die uit de kindertijd – worden opgeroepen door een geur.

14 Mogelijk komt dat doordat het reukzintuig directe verbindingen met de hippocampus heeft (waar herinneringen worden opgeslagen). 'Anders dan bij de meeste herinneringen zijn ze buiten de taal om opgeslagen,' zegt Draaisma, 'terwijl de opslag van herinneringen meestal talig is.' Een andere verklaring is dat veel van de oude luchtjes inmiddels verdwenen zijn en je ze dus lang niet meer hebt geroken. De herinnering eraan wordt dus ook niet 'overschreven' door een herinnering van recenter datum.

15 Maar andere zintuiglijke waarnemingen, zoals een bepaald geluid of een bepaalde smaak die je lang niet hebt geproefd, kunnen eveneens een herinneringsstroom op gang brengen. En ook beelden – foto's en filmpjes – spelen mogelijk een rol. Waar we geuren moeilijk in een flesje kunnen opvangen en bewaren of bepaalde levensmiddelen lastig goed kunnen houden, is de mogelijkheid om onze belevenissen op beeld vast te leggen exponentieel gegroeid. Daarbij twittert de halve wereld zich een ongeluk, en plaatst de andere helft iedere scheet die hij laat op Facebook – we zijn eigenlijk allemaal een beetje Gordon Bells geworden.

16 Zullen wij ons daardoor ons leven beter herinneren dan de vorige generaties? Dat is twijfelachtig. Elise van den Hoven wilde een apparaat ontwikkelen waarmee je makkelijk herinneringen zou kunnen oproepen. Ze deed promotieonderzoek naar de opslag van herinneringen. Voor een experiment nam ze proefpersonen een dag mee uit naar het openluchtmuseum Archeon. Een maand later kregen de deelnemers een vragenlijst. De ene groep met cues, de andere zonder. Totaal onverwacht had de groep die geen aanwijzingen kreeg, veel meer herinneringen.

17 Uit dagboekstudies blijkt iets vergelijkbaars, zegt Douwe Draaisma. Als je iets opschrijft in een dagboek of op Facebook, of je maakt een foto, dan schuift die vastgelegde herinnering voor de echte herinnering en herinner je je dus de foto of het dagboekfragment in plaats van de gebeurtenis. 'Paradoxaal genoeg vergeten we meer gebeurtenissen naarmate we meer technieken ontwikkelen om ze vast te houden.'

18 Is het dus mogelijk dat we minder herinneringen zullen hebben dan de voorbije generaties, die meer geoefend waren om dingen te onthouden? Dat is waarvoor Joshua Foer vreest. In zijn boek *Het geheugenpaleis* bestudeert hij de werking van het geheugen en doet hij een poging het Amerikaanse kampioenschap geheugensport te winnen. Juist in een tijd waarin technologie het geheugen definitief overbodig lijkt te maken, roept hij op tot een nieuwe waardering van de kunst van het onthouden. Het uitbesteden van ons geheugen heeft zijn grenzen. Immers: 'Hoe we de

wereld waarnemen en hoe we erin handelen,' schrijft hij, 'komt voort uit hoe we onthouden en wat we onthouden. Wij mensen zijn niet meer dan een bundel gevormd door onze herinneringen.'

19 Wij zijn onze herinneringen. Herinneringen bepalen onze identiteit. Reflecteren op het afgelopen jaar zou dus best een poging kunnen zijn om onze gezamenlijke herinneringen vast te stellen – een voorzichtig verder schetsen aan onze gezamenlijke identiteit. Zoals dat trouwens al sinds mensenheugenis gebeurt.

Naar: Daphne van Paassen, Opzij, januari 2012

Opdracht 2

Beantwoord de vragen bij tekst 2. Kies bij elke vraag de juiste leesstrategie.

1. Wat is het onderwerp van de tekst?
2. Uit welke alinea('s) bestaat de inleiding?
3. Uit welke alinea('s) bestaat het slot?
4. Welke tekstsoort verwacht je: een uiteenzetting, een beschouwing of een betoog? Licht je antwoord toe.
5. Welke structuur heeft de tekst, denk je? Kies uit:
   A argumentatiestructuur
   B aspectenstructuur
   C verklaringsstructuur
   D verleden/heden(/toekomst)structuur
   Licht je antwoord toe.

Het middenstuk van de tekst kan worden onderverdeeld in zes delen, die van de volgende kopjes kunnen worden voorzien:
   1 Niet bespoten?
   2 Gezonder?
   3 Dichterbij beter?
   4 Niet betaalbaar
   5 Invloed op het klimaat
   6 Lekkerder?

6. Met welke alinea begint deel 2 *Gezonder?*?
7. Met welke alinea begint deel 3 *Dichterbij beter?*?
8. Met welke alinea begint deel 4 *Niet betaalbaar*?
9. Met welke alinea begint deel 5 *Invloed op het klimaat*?
10. Met welke alinea begint deel 6 *Lekkerder?*?

11. Noteer de betekenis van de volgende woord(groep)en. Pas een woordraadstrategie toe of gebruik een woordenboek.
    plofkip (al. 1) – pesticiden (al. 2) – ecologisch (al. 3) – regulier (al. 4) – consensus (al. 4) – nutriënt (al. 5) – conventioneel (al. 5) – relevant (al. 6) – vuistregel (al. 7) – vergen (al. 8) – mondiaal (al. 14) – claim (al. 18) – onmiskenbaar (al. 18) – respectabel (al. 20) – consistent (al. 20) – significant (al. 20)

12. Citeer uit alinea 2 een zinsgedeelte en uit alinea 3 een zin waaruit blijkt dat natuurlijke bestrijdingsmiddelen niet altijd goed en chemische bestrijdingsmiddelen niet altijd slecht zijn voor mens en milieu.

13. 'De wetenschap probeert al ruim vijftig jaar een antwoord te vinden op de vraag of biologisch voedsel gezonder is.' (al. 5) Wat is het antwoord op die vraag? Licht je antwoord toe.

14. 'Het is onzin om appels uit Nieuw-Zeeland te laten overvliegen als we ze ook in de Betuwe kweken.' (al. 7) Wiens mening is dat?

15. Wanneer is het geen onzin om appels uit Nieuw-Zeeland te laten overvliegen als we ze ook in de Betuwe kweken?

16 'Dichtbij is dus lang niet altijd beter.' (al. 11) Noteer twee argumenten bij deze uitspraak.
17 Geef de argumentatie uit alinea 12 weer in een blokjesschema.
18 'Ook als rijke mensen in het Westen meer biologisch voedsel eten, krijgen 's werelds armste mensen minder te eten.' (al. 13) In welk geval zal deze uitspraak niet opgaan?
19 Wat is de functie van alinea 15 ten opzichte van alinea 13 en 14? Kies uit:
    A beschrijving
    B constatering
    C nuancering
    D stelling
20 Welke houding ten opzichte van (voorstanders van) biologisch voedsel spreekt het meest uit woorden als 'wereldverbeteraar met winkelwagen' (al. 7) en 'mag dan blij en gelukkig door de wei huppelen' (al. 16)? Kies uit:
    A afkeer
    B bewondering
    C ironie
    D vertedering
21 Wat koopt een consument waarschijnlijk eerder: een biologische krop sla van twee dagen oud op de boerenmarkt of een regulier geteelde krop sla van een dag oud in de supermarkt? Baseer je antwoord op alinea 19. Licht je antwoord toe.
22 Welk deel van de tekst gaat niet specifiek over biologische voeding, maar meer over voeding in het algemeen?
23 Vat de tekst samen door het volgende schema in te vullen. Formuleer in volledige zinnen. Gebruik voor de argumenten maximaal 5 woorden en voor de weerleggingen maximaal 20.

Standpunt:
Biologisch voedsel is niet beter voor mens en milieu dan reguliere voeding.
Vaak genoemd argument voor biologische voeding 1:
...
    Weerlegging:
    ...
Vaak genoemd argument voor biologische voeding 2:
...
    Weerlegging:
    ...
Vaak genoemd argument voor biologische voeding 3:
...
    Weerlegging:
    ...

24 Op welk type argumentatie zijn de weerleggingen gebaseerd? Op een argumentatie op basis van:
    A een algemeen waardeoordeel.
    B een onderzoek.
    C een vergelijking.
    D een vermoeden.
25 Verklaar de titel van de tekst.

Tekst 2

Groene sprookjes

1 Progressieve wereldburgers eten bij voorkeur biologisch. Het is wel duurder, maar dat hebben ze uiteraard graag over voor een betere wereld. Biologisch vlees is immers veel diervriendelijker dan gewoon vlees en biologische landbouw is een stuk duurzamer dan andere vormen van landbouw. Zo voeren ze nog wel meer argumenten aan om biologische kip te eten in plaats van plofkip en biologische hamburgers in plaats van die uit de snackbar. Onderzoek wijst echter uit dat een aantal van die argumenten helemaal niet opgaat.

2 Voor 95 procent van de consumenten die biologisch eten kopen, is het idee dat het onbespoten is, de belangrijkste reden, blijkt uit Brits onderzoek. Maar biologisch eten is helemaal niet onbespoten. De richtlijnen voor het EKO-keurmerk (de Europese standaard) staan een groot aantal pesticiden toe. Er zit dus toch gif op biologische groenten. Het verschil met reguliere landbouw is dat de bestrijdingsmiddelen natuurlijk zijn, en niet chemisch, maar dat zegt niets: chemische bestrijdingsmiddelen zijn lang niet altijd ongezond en natuurlijke kunnen dodelijk zijn. Zo is arsenicum – dat gebruikt wordt om insecten te doden – een honderd procent biologisch product, maar desondanks zeer schadelijk.

3 Biologische bestrijdingsmiddelen hebben als voordeel dat ze over het algemeen sneller afgebroken worden dan chemische. Sommige chemische middelen zijn pas na decennia volledig afgebroken en zo kunnen ze het grondwater langdurig vervuilen of via de voedselkringloop aan de andere kant van de aarde opduiken (via trekvogels die insecten opeten). Evengoed kunnen natuurlijke bestrijdingsmiddelen giftiger zijn dan hun chemische concurrenten. Canadees onderzoek vergeleek een synthetisch en een biologisch bestrijdingsmiddel tegen bladluis op sojaplanten. Het synthetische middel bleek effectiever te zijn, waardoor er minder van nodig was. Bovendien veroorzaakte het biologische gif meer ecologische schade. In tegenstelling tot de chemische variant doodde het niet alleen de bladluis, maar ook de dieren die bladluis aten.

4 En als het eten op ons bord ligt, zitten er dan op of in regulier voedsel meer restanten van chemische bestrijdingsmiddelen? Ja, maar die percentages liggen ver beneden de wettelijke eisen. De wetenschappelijke consensus is dat biologisch voedsel niet veiliger of onveiliger is dan regulier voedsel.

5 De wetenschap probeert al ruim vijftig jaar een antwoord te vinden op de vraag of biologisch voedsel gezonder is. Britse wetenschappers analyseerden de uitkomsten van 162 onderzoeken die tussen 1958 en 1998 werden uitgevoerd en in totaal 3.558 vergelijkingen bevatten tussen biologisch en gewoon voedsel. Ze vonden geen verschillen voor vijftien belangrijke nutriënten, zoals vitamine C en calcium. Conventionele groenten bevatten meer nitraten, terwijl biologische weer meer fosfor in zich dragen, maar dit betekende geen grote verschillen voor de voedselkwaliteit. Ook in vlees en zuivel werden geen noemenswaardige verschillen gemeten. Op één aspect na: biologisch voedsel bevat meer vetten, met name de meest ongezonde: onverzadigde vetten.

6 Biologisch voedsel is genetisch niet anders dan regulier voedsel. Een biologische sinaasappel bevat evenveel vitamine C als een reguliere en in een antroposofisch geteelde tomaat zit niet meer of minder kalium dan in een waterbom uit een gasgestookte kas. Volgens hoogleraar voedingsleer Martijn Katan kunnen er kleine verschillen zijn, maar deze zijn niet relevant. In zijn boek *Wat is gezond?* schrijft hij: 'Het gaat er voor je voorziening van voedingsstoffen meer om wát je eet dan hoe het verbouwd is. Wat die keuze van voedingsmiddelen betreft, kunnen we wél wat leren van de biologische landbouw, want bonen en volkorenbrood zijn gezonder dan hamburgers en roomijs. Dat geldt echter ongeacht of die bonen met kunstmest en bestrijdingsmiddelen of met koeienmest en zonder chemische bestrijdingsmiddelen zijn verbouwd.'

7 Als één vuistregel voor de wereldverbeteraar met winkelwagen onomstreden lijkt, is het deze: koop lokaal gekweekt voedsel. Het is onzin om appels uit Nieuw-Zeeland te laten overvliegen als we ze ook in de Betuwe kweken. 'Voedselkilometers' moeten tot een minimum beperkt worden.

8 Helaas, soms is het tegengestelde waar. Amerikaans onderzoek berekende de calorieën die het kost om voedsel te kweken, transporteren, bewaren, kopen en koken. Daarbij bleek dat de vervoerskilometers bijna te verwaarlozen zijn. Een pond sla kweken vergt bijvoorbeeld een kleine 5000 calorieën, en deze per vrachtwagen 2500 kilometer (van Nederland naar Zuid-Spanje) vervoeren

kost 175 calorieën. Doordat de kroppen sla met duizenden tegelijk in een vrachtwagen gaan, is de benodigde energie per krop gering. Veruit de meeste energie wordt verbruikt door consumenten bij het halen, bereiden en bewaren van het voedsel. Een koelkast verbruikt in een week bijvoorbeeld 9000 calorieën. Een autoritje van 15 kilometer naar die gezellige boerenmarkt kost al snel 10.000 calorieën – twee keer meer dan het kost om de sla te kweken. De meeste voedselkilometers per product worden dan ook door de consument zelf gemaakt, namelijk als hij boodschappen doet.

9 Brits onderzoek berekende dat sperziebonen die per vliegtuig worden ingevlogen uit Kenia minder milieubelastend kunnen zijn dan die van een Britse akker. Ook al is het aantal voedselkilometers naar een Britse consument veel groter, de productiemethoden in Kenia kunnen minder belastend zijn omdat boeren in Kenia natuurlijke mest gebruiken in plaats van kunstmest en omdat het werk met de hand wordt gedaan in plaats van met diesel slurpende tractors. In de woorden van Gareth Thomas, Brits minister van Handel en Ontwikkelingssamenwerking toen het onderzoek werd gepubliceerd: 'Met de auto 10 kilometer naar een winkel rijden kost meer CO_2 dan een pak sperziebonen uit Kenia laten vliegen.'

10 Dit kan ook voor Hollandse appels gelden. Ze worden in de nazomer geoogst en de rest van het jaar in koelcellen bewaard. Als ze tien maanden in een koelcel hebben gelegen, hebben ze meer energie verbruikt dan het kost om verse appels in te vliegen uit Nieuw-Zeeland. Ook biologische kiwi's uit Nieuw-Zeeland kunnen dankzij hun productiemethode het milieu minder belasten dan niet-biologische kiwi's die minder (vlieg)kilometers hebben afgelegd.

11 Dichtbij is dus lang niet altijd beter. Zelfs groenten die nul voedselkilometers afleggen – die uit eigen moestuin – kunnen het milieu zwaarder belasten dan groenten van verafgelegen akkers. U hoeft maar een keer met de auto een zak (kunst)mest te halen en de CO_2-uitstoot per kilo groente overstijgt die van groente die in de supermarkt ligt, zo leert Australisch onderzoek. Grote boerenbedrijven gaan over het algemeen efficiënter om met mest, water en andere grondstoffen dan u dat thuis kunt – ook al moeten hun groenten nog een paar honderd kilometer vervoerd worden.

12 Als iedereen biologisch zou eten, zou dat een ramp zijn: honderden miljoenen mensen zouden van de honger sterven. Biologisch voedsel is namelijk gemiddeld drie keer duurder dan gewoon voedsel. Ruim een miljard – meestal zeer arme – mensen besteedt meestal de helft tot twee derde van het inkomen aan voedsel. Een verdrievoudiging van de voedselprijzen zou voor hen catastrofaal zijn.

13 Ook als rijke mensen in het Westen meer biologisch voedsel eten, krijgen 's werelds armste mensen minder te eten. Biologische boeren produceren per vierkante kilometer slechts tachtig procent van wat de akkers van reguliere bedrijven opleveren, en volgens sommige onderzoeken zelfs vijftig procent. Om evenveel voedsel te produceren, hebben biologische bedrijven dus aanzienlijk meer land nodig. Het Hudson Institute's Center for Global Food Issues schat dat moderne, efficiënte landbouwtechnieken de wereld 39 miljoen vierkante kilometer aan natuurgebied hebben bespaard, oftewel vijf keer de oppervlakte van het Amazoneregenwoud. Als de wereld zou overgaan op biologisch boeren, zou echter nog eens 26 miljoen vierkante kilometer aan onontgonnen bos tegen de vlakte moeten.

14 Als meer mensen biologisch gaan eten zonder dat er meer landbouwgrond bijkomt, daalt de totale mondiale productie en stijgen de prijzen, wat in de sloppenwijken van Tunis, New Delhi en Rio de Janeiro gevolgen zal hebben. Totdat de opbrengst van biologisch voedsel per oppervlakte-eenheid is verbeterd, is het niet goed voor de wereld om biologisch voedsel massaal te promoten.

15 Misschien is het wel goed hier nog te wijzen op wat Michael Pollan, auteur van invloedrijke voedselboeken als *The Omnivore's Dilemma,* heeft gezegd. Volgens hem wordt een groot deel van het voedsel, met name in arme landen, zeer inefficiënt verbouwd. Als al het voedsel in de wereld biologisch zou worden verbouwd, stijgt volgens hem de opbrengst met vijftig procent. Deens onderzoek gaat zelfs verder, en stelt dat als heel de wereld biologisch zou verbouwen, er genoeg voedsel voor iedereen zou zijn zonder dat daar extra land voor hoeft te worden ontgonnen. Wel moeten arme boeren dan toegang hebben tot voldoende mest, en dat is niet altijd het geval.

16 Aan biologisch voedsel kleven nog meer nadelen. Zo leidt biologisch vlees tot meer klimaatverandering dan gewoon vlees. Biologisch vee mag dan blij en gelukkig door de wei huppelen, het produceert wel meer klimaatgassen. Per liter geproduceerde melk stoten biologische koeien minder CO_2 uit dan hun zusters in de reguliere veehouderij, maar ze produceren weer veel meer methaan en lachgas, die veel schadelijker zijn (de oorzaak is een verschil in dieet). In totaal levert dit meer klimaatverandering op.

17 Als u het lekkerder vindt, eet dan vooral biologisch voedsel. Maar de vraag is of u geblinddoekt het verschil proeft. In Brits onderzoek zei twee derde van de ondervraagden dat biologisch voedsel beter smaakt. Maar bijna niemand kon zonder etiket het verschil proeven tussen reguliere en biologische producten. Ook in Amerikaans onderzoek konden consumenten het verschil niet proeven tussen biologisch en regulier fruit en groenten. Smaken verschillen, bovendien. Zo vonden proefpersonen in het Britse onderzoek biologisch sinaasappelsap lekkerder,

terwijl in het Amerikaanse onderzoek regulier sinaasappelsap juist weer smaakvoller werd gevonden.

18 De claim dat 'biologisch voedsel beter smaakt' is in algemene zin dus niet houdbaar. Wel zijn er per product verschillen. Een biologische kip van een goed ras, die geleefd heeft zoals in grootmoeders tijd normaal was, smaakt onmiskenbaar beter dan een industriële plofkip. Maar de smaakverschillen tussen een Puur & Eerlijk-kippenbout van Albert Heijn en een reguliere in dezelfde winkel zijn een stuk kleiner. En het verschil tussen biologische en gewone gehaktballen is verwaarloosbaar.

19 Uiteraard is het mogelijk dat u sla van die biologische markt met al die blije boerinnen achter de kraam lekkerder vindt dan die van een grote supermarktketen. Hier zijn echter andere factoren dan de biologische teelwijze voor verantwoordelijk. In voornoemd Amerikaans onderzoek kon alleen versheid de voorkeuren van de consumenten verklaren. Of een product volgens de eisen van een biologisch keurmerk is geteeld, maakt voor de smaak niet uit.

20 Kortom, als we alle mythen over biologisch voedsel nauwkeurig onderzoeken, kunnen we de conclusie uit een onderzoeksrapport van het respectabele Zwitserse Forschungsinstitut für biologischen Landbau volledig onderschrijven: 'Er is brede overeenstemming dat (...) er geen bewijs voor is dat biologisch voedsel gezonder en veiliger is, en de meeste studies die de smaak en de zintuiglijke kwaliteit van biologische en conventionele voeding vergelijken, rapporteren geen consistente of significante verschillen.'

Naar: Evert Nieuwenhuis, www.vn.nl, 23 juli 2012

Opdracht 3

Beantwoord de vragen bij tekst 3 en 4. Kies bij elke vraag de juiste leesstrategie.

1 Wat is het onderwerp van tekst 3?
2 Welke tekstsoort verwacht je: een uiteenzetting, een beschouwing of een betoog? Licht je antwoord toe.
3 Welke structuur heeft de tekst, denk je? Kies uit:
   A argumentatiestructuur
   B probleem/oplossingstructuur
   C verklaringsstructuur
   D verleden/heden(/toekomst)structuur
   Licht je antwoord toe.

Het middenstuk van tekst 3 kan worden onderverdeeld in drie delen, die van de volgende kopjes kunnen worden voorzien:
   1 *Niet-stemmers en wel-stemmers*
   2 *Redenen om wel of niet te stemmen*
   3 *Mobilisering niet-stemmers*

4 Met welke alinea begint deel 1 *Niet-stemmers en wel-stemmers*?
5 Met welke alinea begint deel 2 *Redenen om wel of niet te stemmen*?
6 Met welke alinea begint deel 3 *Mobilisering niet-stemmers*?

7 Noteer de betekenis van de volgende woord(groep)en. Pas een woordraadstrategie toe of gebruik een woordenboek.
coulissen (al. 3) – *homogeen* (al. 3) – *representatief* (al. 4) – *pregnant* (al. 5) – *aanzien* (al. 5) – *impliceren* (al. 6) – *prominenten* (al. 7) – *vliegen afvangen* (al. 7) – *substantieel* (al. 8) – *establishment* (al. 8) – *verstek laten gaan* (al. 9) – *egalitair* (al. 9) – *geënt zijn op* (al. 12) – *zo niet* (al. 12) – *gemêleerd* (al. 14) – *legitimiteit* (al. 15) – *cordon sanitaire* (al. 16) – *fiducie* (al. 17) – *politiseren* (al. 17) – *aanjagen* (al. 17) – *populisme* (al. 18) – *soelaas bieden* (al. 18) – *polariseren* (tekst 4)

8 Waarom wordt er weinig onderzoek gedaan naar niet-stemmers? (al. 2) Noem twee redenen.
9 In alinea 3 geeft Godfried Engbersen een verklaring voor het aantal afhakers in oude stadswijken. Vat zijn verklaring in maximaal 30 woorden samen.
10 'Stemmen wordt aldus steeds meer iets voor Ons Soort Mensen.' (al. 4) Wie zijn Ons Soort Mensen?

11 Leg uit waarom de eerste zin van alinea 7 niet goed aansluit bij wat ervoor (in al. 6) en erna (in al. 7) gezegd wordt.
12 Wat is de functie van alinea 8 ten opzichte van de alinea's 5 tot en met 7? Alinea 8 vormt ten opzichte van de alinea's 5 tot en met 7 een
   A bewijs.
   B conclusie.
   C gevolg.
   D toepassing.
13 'Dit is koren op de molen van de niet-stemmers.' (al. 9) Wat betekent dat?
14 'Of botst hier een officiële ideologie van gelijkwaardigheid op een praktisch onderscheid dat maar niet erkend wil worden?' (al. 9) Om welk praktisch onderscheid gaat het in deze zin?
15 Uit alinea 10 blijkt dat Kees Aarts' bevindingen over niet-stemmers overeenkomen met die van Godfried Engbersen (al. 3) Wat is de overeenkomst?
16 Uit alinea 10 blijkt dat Kees Aarts' bevindingen over niet-stemmers voor een deel niet overeenkomen met die van André Krouwel (al. 7) Wat is het verschil?
17 Noteer op basis van alinea 12 wat er in het onderstaande blokjesschema in de vakjes a, b, c en d moet staan.

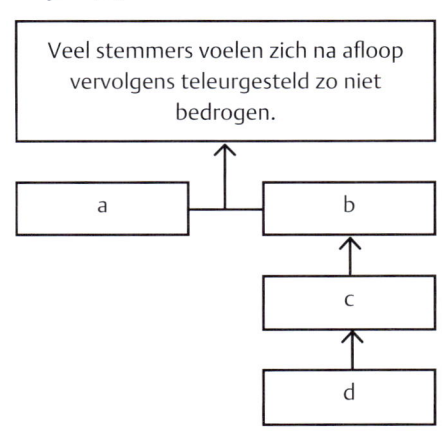

```
        ┌─────────────────────────────┐
        │ Veel stemmers voelen zich na afloop │
        │ vervolgens teleurgesteld zo niet    │
        │ bedrogen.                           │
        └─────────────────────────────┘
               ↑              ↑
         ┌─────────┐     ┌─────────┐
         │    a    │─────│    b    │
         └─────────┘     └─────────┘
                              ↑
                        ┌─────────┐
                        │    c    │
                        └─────────┘
                              ↑
                        ┌─────────┐
                        │    d    │
                        └─────────┘
```

18 'Het onderscheid tussen stemmen en niet stemmen is flinterdun', schreef het Sociaal en Cultureel Planbureau al in 2002. (al. 13) Zeg in eigen woorden wat het SCP daarmee bedoelt.
19 Godfried Engbersen spreekt over 'een wenkend perspectief'. (al. 16) Wat bedoelt hij daarmee?
20 Vat de alinea's 15 tot en met 18 samen door het volgende schema in te vullen. Formuleer in volledige zinnen.

Constatering:
Er zijn verschillende mogelijkheden om het bestaansrecht van de politiek te verhogen.

Mogelijkheid 1:
… (max. 8 woorden)

   Bezwaren/Argumenten die hiertegen in te brengen zijn:
   1 … (max. 8 woorden)
   2 … (max. 15 woorden)

Mogelijkheid 2:
… (max. 25 woorden)

↓   Mogelijkheid 3:
... (max. 15 woorden)

Mogelijkheid 4:
... (max. 20 woorden)

Bezwaar/Argument dat hiertegen in te brengen is:
... (max. 20 woorden)

21 Welk van onderstaande omschrijvingen geeft het beste het doel van tekst 3 weer? Het doel van de tekst is:
A de lezer aanzetten tot politieke participatie en/of tot in ieder geval het uitbrengen van zijn stem.
B de lezer ervan overtuigen dat onze democratie gebaat is bij politieke participatie uit alle delen van de samenleving.
C de lezer informeren over het fenomeen niet-stemmers door uiteen te zetten wie ze zijn en waarom ze niet stemmen.
D de lezer laten nadenken over het feit dat veel mensen niet stemmen en over mogelijkheden om daarin verandering te brengen.

22 Bekijk je antwoorden op vragen 2 en 3 nog eens. Zou je die nog hetzelfde beantwoorden?
23 Vind je tekst 3 betrouwbaar? Leg je antwoord uit met verwijzingen naar de publicatieplaats, de actualiteit, de gebruikte bronnen en de objectiviteit.
24 Mark Bovens in tekst 3 en de auteur van tekst 4 hebben dezelfde opvatting over het democratisch gehalte van onze samenleving. Welke opvatting is dat?
25 Op welk feit is deze opvatting gebaseerd?
26 Welke factor die een rol speelt bij het afhaken van kiezers wordt in tekst 4 wel genoemd, maar komt in tekst 3 niet aan de orde?

Tekst 3

Het is toch één pot nat

1 Volgens de media gaat het er in verkiezingstijd vooral om welke van de partijen in ons land de grootste wordt. Daarbij vergeten ze echter dat die grootste partij al lang vaststaat: dat is de partij van de niet-stemmers. Al in 2010 vormden zij de grootste fractie, en volgens mensen die het weten kunnen, groeit hun aantal stevig door. Maar in politiek Den Haag heeft niemand het erover. Rondom niet-stemmen hangt een taboe, ook al 'bezondigt' inmiddels dertig procent van de bevolking zich eraan. Zijn het soms spelbedervers die niet meedoen aan het feestje dat verkiezingen heet, en die daarom kunnen worden stilgezwegen? Of is er meer aan de hand?

2 Over niet-stemmers is bar weinig bekend. Het inzicht in hun motieven en achtergronden is ronduit gebrekkig. Feitelijke onderzoeken zijn op de vingers van één hand te tellen – en staan in geen verhouding tot het aantal onderzoeken dat betrekking heeft op de daadwerkelijke stembusuitslag. Maar dit is niet alleen een blijk van beperkte belangstelling; onderzoek naar niet-stemmers is ook heel lastig, onder andere omdat zij zich moeilijk laten ondervragen.

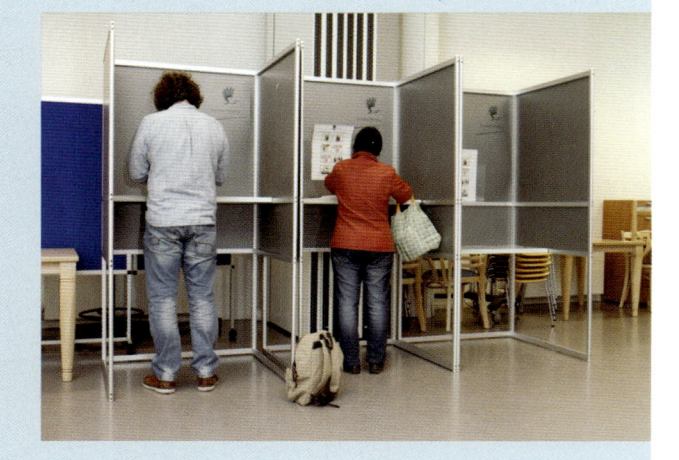

3 Desondanks wordt er wel geprobeerd het gedrag van niet-stemmers te verklaren. De Rotterdamse socioloog Godfried Engbersen vroeg tien jaar geleden al aandacht

voor het groeiende aantal afhakers in oude stadswijken, die zich steeds vaker 'verschuilen achter sociale coulissen'. Ze houden zich onbereikbaar en hebben bijvoorbeeld vaak een geheim telefoonnummer. 'Dat heeft te maken met de buurt waar ze wonen', zegt Engbersen. 'Van cultureel homogene arbeiders- of middenklassewijken werden deze buurten een multi-etnische lappendeken, waar uiteenlopende en soms conflicterende regels en omgangsvormen heersen. Het leidt ertoe dat mensen zich terugtrekken uit de sociale ruimte en zich gaan verschuilen. Niet stemmen is gedrag dat daarin past.'

4 Niet-stemmers behoren meestal tot de onderlaag in Nederland. Want al is niet stemmen een individuele beslissing, er zijn wel degelijk bepaalde groepen die vaker dan gemiddeld afhaken. Het Nationaal Kiezersonderzoek, een representatieve steekproef van alle leerstoelen politicologie, spreekt duidelijke taal. Niet-stemmers zijn vaker jong, laag tot zeer laag opgeleid, ongehuwd en/of allochtoon. Hoe hoger de opleiding, hoe vaker men naar de stembus komt. Stemmen wordt aldus steeds meer iets voor Ons Soort Mensen.

5 De Utrechtse bestuurskundige Mark Bovens heeft voor dit verschijnsel een pregnante formulering gevonden: de diplomademocratie. Met collega Anchrit Wille stelde hij dit fenomeen eerder al aan de kaak. De politiek is in steeds meer opzichten het domein geworden van hoogopgeleide professionals. Er zit geen arbeider of anderszins waarneembaar laagopgeleid persoon meer in de Tweede Kamer. Belangengroepen worden geleid door beroepsbestuurders die in bestuurdersjargon met elkaar in discussie gaan bij *Nieuwsuur*. De representatie heeft een ander aanzien gekregen.

6 Dit proces is al sinds 1970 aan de gang en versterkt zichzelf, meent Bovens. Hij schreef: 'In 1967, voor de afschaffing van de opkomstplicht, was bij de verkiezingen voor de Tweede Kamer het opkomstcijfer van de kiezers met alleen maar lager onderwijs vrijwel gelijk aan dat van de kiezers met een hbo- of wo-opleiding – respectievelijk 93 en 97 procent. De geleidelijk dalende opkomstcijfers in ons land sinds de afschaffing van de opkomstplicht in 1970 impliceren in feite een sterke stijging van het gewicht van de hoogopgeleide stem.'

7 Het is een herkenbaar beeld op televisie: politiek is amusement geworden in *late night shows* waarin hoogopgeleide insiders – veelal Kamerleden en partijprominenten – elkaar goed gebekt vliegen afvangen. Politiek wetenschapper André Krouwel formuleerde het in een rapport uit 2009 over de verkiezingsopkomst in Almere: 'Er is een zeer sterke relatie tussen opleiding en politieke participatie.' Bovens spreekt zelfs van een 'nieuw breukvlak' tussen hoger- en lageropgeleiden. Beide groepen leven in sterk gescheiden werelden en verschillen aanmerkelijk in welvaart en welbevinden. Maar waar hogeropgeleiden onder elkaar verkeren in gelijksoortige wijken en stadsdelen is de groep lageropgeleiden alleen maar diverser geworden. Algemeen geldende normen, zoals een morele stemplicht, zijn vaak ver te zoeken: 'De groep lageropgeleiden is heterogener, minder goed georganiseerd en minder zelfbewust.'

8 De boodschap van Bovens is duidelijk: onze parlementaire democratie is veel minder democratisch dan wij doen voorkomen. Het parlement biedt geen getrouwe afspiegeling van de bevolking als geheel. Een substantieel maar niettemin bepaald deel van het volk laat er zijn stem horen. En de professionele politiek lijkt dit nauwelijks te deren. Volgens Kees Aarts, hoogleraar politicologie aan de Universiteit Twente en deskundig op het gebied van verkiezingsonderzoek, is dit geen toeval: 'Het establishment weet best dat het geen baat heeft bij een hogere opkomst. Niet de middenpartijen, maar de partijen op de flanken groeien als niet-stemmers alsnog naar de stembus komen. Daarom vinden middenpartijen het eigenlijk wel best.'

9 Dit is koren op de molen van de niet-stemmers. Ze zien hun gelijk bevestigd. Godfried Engbersen zegt: 'Er leeft bij hen sterk wantrouwen tegen de politiek. Den Haag heeft toch geen oog voor ons, zeggen ze dan, en daarom laten ze verstek gaan.' Voor een van oudsher egalitair land als Nederland is dat een vreemde uitkomst: politici en niet-stemmers die elkaar bevestigen in hun verwijdering van elkaar. Of botst hier een officiële ideologie van gelijkwaardigheid op een praktisch onderscheid dat maar niet erkend wil worden?

10 Misschien dat je daarom nog steeds hoort verkondigen dat niet-stemmers over het algemeen best tevreden zijn en daarom niet de moeite zouden nemen om naar de stembus te komen. Maar dat is een groot misverstand. Volgens André Krouwel is de verhouding juist andersom: 'De kans dat iemand gaat stemmen, wordt groter naarmate hij of zij meer tevreden is.' Dat klopt met de bevindingen van Kees Aarts: 'Mensen met een duidelijke opvatting over hun eigen rol in de samenleving brengen sneller hun stem uit. Dat is niet per se een kwestie van inkomen of opleiding. Mensen die sociaal geïsoleerd zijn en daardoor eenzaam, stemmen vaker niet.'

11 Natuurlijk zijn er altijd mensen geweest die zich niet verbonden voelden met het parlementaire systeem. Een onderzoek uit begin jaren zestig, toen stemmen nog een plicht was, leert dat een vijfde van de Nederlandse bevolking het functioneren van het parlementaire stelsel ronduit slecht vond. Maar dat aantal ligt nu beduidend hoger en groeit vermoedelijk door zolang er niets verandert.

12 Dat brengt het Nederlandse systeem, met zijn vele partijen en zijn lage kiesdrempel, met zich mee. Het is geënt op coalitievorming: geen enkele partij haalt namelijk de

absolute meerderheid. Partijen moeten compromissen sluiten en standpunten aanpassen als ze na de verkiezingen willen meeregeren. Maar kiezers, zo weet Kees Aarts, houden daar bij hun stemgedrag meestal geen rekening mee. 'Slechts een handjevol mensen stemt strategisch, ik schat hun aantal op maximaal vijf procent. De rest kiest voluit voor een bepaalde partij.' Veel stemmers voelen zich na afloop vervolgens teleurgesteld zo niet bedrogen als de partij van hun keuze bepaalde beloftes niet nakomt.

13 Uit een onderzoek van Aarts blijkt overigens dat steeds meer mensen steeds langer aarzelen over hun stem. De keuze spreekt niet meer vanzelf. Dan wordt het gemakkelijker om maar eens een keertje over te slaan, vooral als het regent of als de file maar niet opschiet. 'Het onderscheid tussen stemmen en niet stemmen is flinterdun', schreef het Sociaal en Cultureel Planbureau al in 2002.

14 Het politieke aanbod spreekt niet meer voor zich. Kees Aarts: 'De opkomst is hoog als er iets te kiezen valt, kijk maar naar het referendum over de Europese grondwet.' Het is een variant op de kritiek van socioloog Willem Schinkel, net als Engbersen van de Erasmus Universiteit, dat politieke partijen niet wezenlijk maar enkel relatief van elkaar verschillen. Aarts onderschrijft dit: 'Voor steeds meer mensen is de politiek één pot nat, één grote puinhoop. Het gaat om een grote, groeiende, gemêleerde groep, met als gemeenschappelijk kenmerk dat ze steeds minder boodschap hebben aan de politiek. En de vraag is: Waar eindigt dit? Hoe hou je ze erbij? Of zullen ze, als het zo doorgaat, hun eigen emancipatie met veel rumoer komen opeisen?'

15 De legitimiteit van de politiek is onvermijdelijk in het geding. Het is nu al moeilijk verdedigbaar dat een kwart van de burgers niet stemt – temeer als het gaat om de zwakkere groepen in de samenleving. Maar hoe valt zo'n trend te keren? Voor Mark Bovens ligt het antwoord voor de hand; we zouden de stemplicht opnieuw kunnen invoeren. Deze plicht werd in 1970 afgeschaft omdat hij niet handhaafbaar was; we konden het niet over ons hart verkrijgen om mensen die niet kwamen stemmen, zwaar te beboeten. Maar nu is er een ander kwaad, zegt Bovens, namelijk dat lageropgeleiden zich steeds minder herkennen in de parlementaire democratie. In België en Australië is de opkomstplicht nog steeds van kracht. En al stemmen sommigen blanco, ze komen wel opdagen.

16 Maar veel andere sociale wetenschappers twijfelen. Godfried Engbersen: 'Gaat het in België zoveel beter? De oude partijen houden de gevestigde belangen in stand. Met een *cordon sanitaire* hebben ze het Vlaams Blok op afstand gehouden, en de kabinetsformatie heeft anderhalf jaar geduurd.' Volgens hem is het echte probleem dat 'de hele onderkant uit het oog is verdwenen. Pim Fortuyn wist mensen nog op grote schaal naar de stembus te krijgen, ook allochtonen, zeker in Rotterdam. Nu voelen mensen zich weer gewoon speelbal, ook jongeren: die hebben behoefte aan een zekere bescherming, zodat ze het gevoel krijgen dat wij er ook voor hen zijn, en aan een wenkend perspectief, niet aan een stemplicht.'

17 Willem Schinkel zoekt de oplossing in een radicale aanpassing van het systeem. Ook hij heeft weinig fiducie in de huidige politieke partijen. In zijn pas verschenen boek *De nieuwe democratie, naar andere vormen van politiek* pleit hij voor een ander politiek debat: hij stelt voor een nieuw soort adviesorgaan op te richten, dat als een tegenkracht kwesties opnieuw gaat politiseren en deze aanjaagt in het parlement. Deze nieuwe 'Raad van State' moet het publiek achter zich kunnen krijgen en mensen kunnen mobiliseren. Want aan echt politiek debat ontbreekt het nu en dat vindt Schinkel het grote gemis.

18 Er is te weinig moeite gedaan om burgers te betrekken bij de werking van de democratie, zegt Kees Aarts. Politiek burgerschap stelt in Nederland weinig voor. Op school is het vak sinds een paar jaar verplicht, maar de invulling wordt overgelaten aan wie er toevallig lol in heeft. Het zou meer een 'echt' vak moeten worden. Als mensen zich niet realiseren dat de politiek compromissen moet sluiten, wordt het lastig. Datzelfde punt maakte SCP-directeur Paul Schnabel onlangs. Recent onderzoek wijst uit dat de helft van het Nederlandse electoraat het sluiten van compromissen afwijst. Het is de erfenis van het populisme, vindt Schnabel. Daarom opperde hij om, in navolging van de Duitse filosoof Habermas, burgers onderling met elkaar in gesprek te brengen op basis van argumenten; een deliberatieve methode. Maar dat, zegt Mark Bovens, zal de onderlaag zeker geen soelaas bieden. Op basis van feiten argumenten uitwisselen is typisch een methode voor hogeropgeleiden.

19 Om niet-stemmers te mobiliseren, zo lijkt de conclusie, zal de politiek juist minder ons-kent-ons moeten worden en de burgers meer keuzes moeten voorleggen die er in hun ogen werkelijk toe doen.

Naar: Yvonne Zonderop en Reinier Bijman, De Groene Amsterdammer, 6 september 2012

Tekst 4

Die journalistieke formats resulteren in cynisme

In tijden van verkiezingen heeft iedereen het voortdurend over politici, en maar zelden over journalisten. Op televisie worden politici – in de strijd om de kijkcijfers – in een journalistiek format gedwongen waarin ze in enkele seconden moeten uitleggen hoe we in de crisis zijn terechtgekomen en er ook weer uit moeten komen. Dit format verleidt tot halve waarheden. Daarna roepen andere journalisten die politici weer ter verantwoording of zetten hen zelfs voor schut.

Ondertussen gaat het nergens over. Vluchten naar andere massamedia biedt de kijkers ook al geen soelaas. Die volgen de televisie steeds meer op de voet. Zelfs in de kwaliteitskranten wint de vorm het steeds vaker van de vent, de inhoud, de feiten. Het is een show waarin op het oog het polariseren, het elkaar leugens aftappen en het elkaar wantrouwen en voor rotte vis uitmaken centraal staan, maar waar politici en journalisten achteraf, in de coulissen, gezamenlijk en in goede sfeer een pilsje drinken.

Het mag lijken alsof de kiezer heeft geaccepteerd dat het allemaal een vorm van vermaak is, maar de uitkomst ervan is dat kijkers en lezers steeds cynischer worden, de samenleving de samenleving laten en zich terugtrekken in eigen kring. Dit is funest voor de democratie.

Naar: Paul Ophey, historicus en docent maatschappijwetenschappen, Nijmegen NRC Handelsblad, 11 september 2012 (ingezonden brief)

Opdracht 4

Beantwoord de vragen bij tekst 5. Kies bij elke vraag de juiste leesstrategie.

1 Wat is het onderwerp van de tekst?
2 Welk soort aandachttrekker gebruikt de auteur in alinea 1? Kies uit:
 A de actualiteit
 B de geschiedenis
 C een voorbeeld
 D het belang voor de lezer
3 Uit welke alinea(s') bestaat de inleiding?
4 Uit welke alinea(s') bestaat het slot?
5 Welke tekstsoort verwacht je: een uiteenzetting, een beschouwing of een betoog? Licht je antwoord toe.

Het middenstuk van de tekst kan worden onderverdeeld in vier delen, die van de volgende kopjes kunnen worden voorzien:
 1 Stilstand
 2 Beheren in plaats van dromen
 3 Foto en schets
 4 Nieuwe utopie

6 Met welke alinea begint deel 2 *Beheren in plaats van dromen*?
7 Met welke alinea begint deel 3 *Foto en schets*?
8 Met welke alinea begint deel 4 *Nieuwe utopie*?

9 Noteer de betekenis van de volgende woord(groep)en. Pas een woordraadstrategie toe of gebruik een woordenboek.
minnekozen (al. 1) – visioen (al. 3) – in een notendop (al. 4) – zwelgen (al. 4) – utopie (al. 4) – prototype (al. 5) – technocratie (al. 7) – ideologie (al. 9) – blauwdruk (al. 9) – dystopie (al. 9) – empirisch (al. 11) – armoedeval (al. 17) – an sich (al. 19) – afschieten (al. 19)

Leesvaardigheid > 2 Complexe teksten > 1 Oefenen met complexe teksten

10 De auteur noemt in het eerste en tweede deel van de tekst drie oorzaken voor het feit dat er niet meer van een betere maatschappij gedroomd wordt. Welke drie oorzaken zijn dat?
11 'Maar als één gelovige oproept tot geweld, dan brengt dat toch niet alle gelovigen in diskrediet?' (al. 6) Welke drogreden wordt hier door de auteur bekritiseerd?
12 Wat bedoelt de auteur met 'de moord op de Grote Verhalen'? (al. 7)
13 In de alinea's 7 tot en met 9 bespreekt de auteur het consumentisme/liberalisme. Door welke van onderstaande beschrijvingen wordt zijn houding ten opzichte van deze ideologie het beste getypeerd? Kies uit:
   A afwijzend
   B cynisch
   C nuchter
   D opstandig
14 'De Amerikaanse historicus Russell Jacoby heeft een belangrijk onderscheid gemaakt tussen twee vormen van utopisch denken.' (al. 10) Wat is het verschil tussen deze twee vormen?
15 Welk type argumentatie wordt gehanteerd in alinea 12?
   Een argumentatie op basis van:
   A autoriteiten.
   B normen en waarden.
   C oorzaak-gevolg.
   D voorbeelden.
16 Vat de redenering in de alinea's 15 tot en met 18 samen. Gebruik voor je antwoord maximaal 70 woorden.
17 'Ook zou er een eind komen aan ongelijkheid: de emancipatie van vrouwen en ouderen wordt er immers mee voltooid. Vrouwen kunnen evenveel gaan werken als mannen, en ouderen kunnen zo lang doorgaan als ze willen. Een pensioenleeftijd van zo'n tachtig jaar zou met de 25-urige werkweek en de stijgende levensverwachting geen probleem moeten zijn.' (al. 18) Geef deze argumentatie weer in een blokjesschema.
18 'We hebben de utopie levend begraven.' (al. 20) Welke van de twee vormen van utopisch denken, zoals door Russell Jacoby beschreven, bedoelt de auteur hier?
19 Wat is het schrijfdoel van de auteur?
20 Bekijk je antwoord op vraag 5 nog eens. Zou je die vraag nog hetzelfde beantwoorden?

Beantwoord de vragen bij de tekstfragmenten 1 en 2. Kies bij elke vraag de juiste leesstrategie.
21 Citeer uit tekstfragment 1 een zin die aansluit bij alinea 8 van tekst 5.
22 De auteur van tekst 5 en de in tekstfragment 2 genoemde Joep Dohmen delen een bepaalde opvatting over de huidige maatschappij. Welke opvatting is dat?

Tekst 5

Dromen is niet eng

1 Gedurende meer dan 99 procent van de wereldgeschiedenis was meer dan 99 procent van de mensheid arm, hongerig, bang, vies, dom, lelijk, ziek en ongelukkig. Niet zo gek dus dat er vroeger nog wel werd gedroomd van betere tijden. Neem de middeleeuwse droom van Luilekkerland. Gebraden ganzen vliegen rechtstreeks je mond in, pannenkoeken groeien aan de bomen en de rivieren zitten vol met wijn en limonade. Boer, ambachtsman en klerk – iedereen is gelijk aan elkaar en ligt heerlijk te luieren en te minnekozen in het gras.

2 Zouden we een middeleeuwer vragen wat hij vindt van het moderne Nederland – waar de honger is omgeslagen in overgewicht, iedereen gelijk is voor de wet en porno onbeperkt voorradig – hij zou ongetwijfeld aan

Luilekkerland moeten denken. Wij zijn immers rijk, veilig én gezond.

³ In ons Luilekkerland aan de Noordzee valt dan ook weinig meer te dromen. Een procentje extra koopkracht, wat minder CO_2-uitstoot en misschien een nieuwe gadget – veel verder reiken onze visioenen niet meer. De politicoloog en filosoof Francis Fukuyama voorspelde het al in 1989: we zijn in het tijdperk beland waarin alleen de 'economische berekening, het eindeloze oplossen van technische problemen, bezorgdheid om het milieu, en de bevrediging van de steeds verfijndere wensen van de consument' nog resten.

⁴ Dit is, in een notendop, de geestelijke armoede die er heerst aan het einde van de geschiedenis. We zwelgen er nu al ruim twintig jaar in. Ironisch is het wel: juist op het moment dat we voor de kolossale en wereldhistorische taak staan om zin te geven aan ons rijke, veilige en gezonde leven, hebben we de utopie doodverklaard. Een nieuwe droom van Luilekkerland is er niet, simpelweg omdat we ons geen betere wereld meer kunnen voorstellen.

⁵ *De Groene Amsterdammer* publiceerde onlangs een versie van het essay dat de Britse intellectueel John Gray al jaren schrijft. Gray is het prototype van wat tegenwoordig als een 'denker' wordt beschouwd. Het enige wat hij daarvoor hoeft te doen, is glashard ontkennen dat er zoiets als 'vooruitgang' bestaat, tegen al het bewijs van toenemende rijkdom, veiligheid en gezondheid in de wereld in.

⁶ Ergens heeft hij echter wel gelijk: de vooruitgang bestaat voor ons, inwoners van Luilekkerland, niet *meer*, want in Luilekkerland wordt niet langer gedroomd. Iedereen met idealen loopt nu het risico als gevaarlijke utopist te worden weggezet. Natuurlijk, er zijn gewelddadige vormen van utopisch denken – fascisme, communisme, nazisme – zoals ook iedere religie gewelddadige stromingen kent. Maar als één gelovige oproept tot geweld, dan brengt dat toch niet alle gelovigen in diskrediet? Waarom zou dat wel gelden voor de utopisten? Moeten we dan maar helemaal stoppen met nadenken over een betere wereld?

⁷ Zonder de utopie rest slechts de technocratie; politiek is dan weinig meer dan bedrijfsmanagement. Met de moord op de Grote Verhalen hebben juist de (linkse) intellectuelen de weg vrijgemaakt voor het laatste grote verhaal, dat van de Markt. Optimisme en pessimisme zijn synoniem geworden aan het consumentenvertrouwen, of meestal het gebrek daaraan. Een betere wereld kan alleen nog worden gerealiseerd door – zoals ik laatst iemand hoorde zeggen – meer badkuipen te kopen.

⁸ Het enige wat intellectuelen dan nog hoeven te doen, is kritisch zijn, bij voorkeur in de kantlijnen van een krant. Radicale ideeën over een betere wereld zijn letterlijk ondenkbaar geworden. Het aloude maakbaarheidsgeloof is immers overgesprongen op het individu. Succes is nu een eigen keuze, mislukken trouwens ook. Baan verloren? Dan heb je vast niet genoeg *human capital* vergaard. Ziek? Dan heb je een ongezonde levensstijl. Ongelukkig? Tja, de overheid is geen geluksmachine. De samenleving is niet maakbaar, maar jij bent dat wel.

⁹ De bijbehorende ideologie durven ze bij de VVD nog 'liberalisme' te noemen: lekker jezelf zijn, gewoon je ding doen, dan zetten wij de poorten van het consumentisme wel open. Het is de ideologie die stelt dat we eindelijk van alle ideologieën af zijn. Inmiddels zouden we de zaken 'realistisch' onder ogen zien. De overheid hoeft alleen nog maar het heden te repareren – als de tuinman van Luilekkerland. En mocht je niet voldoen aan de blauwdruk van een echt succesvol leven, dan pakt de tuinman zijn heggenschaar er wel bij. Want als het om het bestrijden van onkruid gaat (controlestaat, surveillance, repressie), dan gelooft hij nog heilig in de maakbaarheid. Dat is de dystopie waar we nu in leven.

¹⁰ De Amerikaanse historicus Russell Jacoby heeft een belangrijk onderscheid gemaakt tussen twee vormen van utopisch denken. De eerste is het utopisme van de blauwdruk, die geen abstracte idealen biedt, maar keiharde richtlijnen waar in geen geval van mag worden afgeweken. De andere vorm van utopisch denken noemt Jacoby de 'iconoclastische utopie'. Als de blauwdruk een haarscherpe foto is, dan biedt deze utopie niet meer dan een vage schets. Ze is zoals profetische dromen behoren te zijn: geen precies beeld van de toekomst, maar wel

een bron van inspiratie. 'Iconoclastisch' betekent immers: beeldenbestormend.

11 Veel mensen zijn echter bang voor alles wat abstract en dromerig is. In het minst erge geval zijn de utopieën niet 'empirisch bewezen' of slechts 'taalspelen'. Maar in het ergste geval leiden ze tot massamoord, aldus de standaardriedel.

12 Maar dat een idee abstract en dromerig is, betekent toch nog niet dat ze de werkelijkheid niets te zeggen heeft? Er zijn heel wat abstracties – vrijheid, gelijkheid, broederschap – die op grote schaal gerealiseerd zijn en nog steeds worden. De grootste helden van de vorige eeuw, van Mahatma Gandhi tot Martin Luther King, lieten zich door zulke dromen inspireren. Sterker nog, de fundamenten van wat we nu 'beschaving' noemen, zijn ooit bedacht door wereldvreemde utopisten. De Franse dromer Abbé de Saint-Pierre (1658-1743) filosofeerde als eerste over de mogelijkheid van 'Eeuwige Vrede' door een 'Europese Unie'. De zweverige Nicolas de Condorcet (1743-1794) droomde over een universele gelijkheid van blank en zwart en was de voorzitter van de eerste Franse antislavernij-organisatie. De wereldvreemde John Stuart Mill (1806-1873) vond dat zelfs vrouwen en mannen aan elkaar gelijk zijn. Zonder alle wereldvreemde wetenschappers, politici en intellectuelen die de geschiedenis rijk is, zouden we nu nog steeds arm, hongerig, bang, vies, dom, lelijk, ziek en ongelukkig zijn.

13 Dus nu concreet – er valt immers nog heel wat te sleutelen aan wat ons Luilekkerland had moeten zijn. Toegegeven, dat 'lekker' zit wel snor. De meesten van ons realiseren zich overigens niet hoe uitzonderlijk het is dat we ons de hele dag kunnen volproppen. Maar wat het 'luie' betreft, is er werk aan de winkel.

14 Mill schreef al in 1848 dat rijkdom op den duur het beste kan worden omgezet in meer vrije tijd. De econoom John Maynard Keynes voorspelde in 1930 een vijftienurige werkweek in 2030. En tot voor kort was minder werken ook een politiek ideaal. Maar wat is er werkelijk gebeurd in de afgelopen dertig jaar? In het hele Westen zijn mensen harder gaan werken. We besteden minder tijd aan hobby's, vrienden en familie. Het aantal burn-outs stijgt in rap tempo. Op papier hebben Nederlanders misschien een korte werkweek, maar dankzij overwerk hebben we het alleen maar drukker gekregen (aldus het Sociaal en Cultureel Planbureau). Al dertig jaar zetten we onze welvaart om in meer consumptie, in plaats van meer vrije tijd.

15 En dat terwijl er zoveel is te zeggen voor een kortere werkweek. Toen Engeland in 1974 twee maanden overging op de driedaagse werkweek, nam de industriële productie slechts zes procent af. Toen Frankrijk tussen 2000 en 2008 de 35-urige werkweek had, zei de overgrote meerderheid dat hun leven zo beter in balans was. Toen de Amerikaanse staat Utah tussen 2008 en 2009 de vierdaagse werkweek kende, zei driekwart gelukkiger te zijn, nam het ziekteverzuim af en werden er forse besparingen gerealiseerd op brandstof.

16 Zo wereldvreemd is de utopie van minder werken dan ook niet. Uit allerlei peilingen blijkt dat Nederlanders naar een kortere werkweek verlangen. Daar willen ze ook best wat koopkracht voor inleveren, als ze hun baanzekerheid maar behouden.

17 Een werkweek van ongeveer 25 uur per week is een mooi streven. Niet in één klap, als een blauwdruk die door een tijdspolitie wordt doorgevoerd, maar stapje voor stapje. Wetenschappers, politici en burgers zullen samen moeten werken én denken om alle valkuilen – want die zijn er – te ontwijken. Een armoedeval voor laagbetaalden en werklozen zou wellicht kunnen worden voorkomen met een basisinkomen voor iedereen. Werken kan aantrekkelijk blijven door de belasting op arbeid radicaal te verlagen, en die op consumptie te verhogen.

18 Minder werken zou een oplossing kunnen zijn voor vele problemen: stress, overconsumptie en werkloosheid. Ook zou er een eind komen aan ongelijkheid: de emancipatie van vrouwen en ouderen wordt er immers mee voltooid. Vrouwen kunnen evenveel gaan werken als mannen, en ouderen kunnen zo lang doorgaan als ze willen. Een pensioenleeftijd van zo'n tachtig jaar zou met de 25-urige werkweek en de stijgende levensverwachting geen probleem moeten zijn.

19 Natuurlijk, deze utopie is maar een voorbeeld. Het gaat me niet eens om die kortere werkweek, dat basisinkomen of die omvorming van ons belastingregime *an sich*. Waar het me om gaat, is dat zulke ideeën tegenwoordig bijna ondenkbaar zijn geworden. De democratie lijdt daaronder. Intellectuelen lanceren nauwelijks nieuwe ideeën meer, ze zijn veel te druk met het afschieten van de bestaande. Fukuyama had gelijk: zonder nieuwe droom van Luilekkerland verwordt politiek tot technocratie, tot gerommel in de marge.

20 We hebben de utopie levend begraven. Zolang dat zo blijft, kunnen we slechts het heden repareren. Niet dat dit heden slecht is, integendeel. Maar treurig is het wel, omdat het niet meer beter wordt. De Britse filosoof Bertrand Russell schreef jaren geleden: 'De mens heeft voor zijn geluk niet alleen het plezier van de dingen nodig, maar ook hoop, verandering en vooruitgang. (...) Het is geen afgerond Utopia waar we naar moeten verlangen, maar een wereld waarin de verbeeldingskracht en de hoop levend en actief zijn.'

Naar: Rutger Bregman, De Groene Amsterdammer, 16 mei 2013
Rutger Bregman (1988) is historicus en schrijver.

fragment 1

1 Er is meer keuzevrijheid dan ooit. Wie vanaf eind jaren zestig is geboren, weet niet beter. Vrouwen zijn nu baas in eigen buik. Mensen trouwen met wie ze willen. Ze geloven, vallen van hun geloof of geloven helemaal niet. Kortom: ze kunnen zelf zin en richting geven aan hun leven. Dat is heerlijk, maar lang niet altijd eenvoudig. Een belangrijk fundament voor de keuzes van de moderne mens is namelijk de persoonlijke identiteit. Hij wil niet zomaar keuzes maken, maar authentieke, eigen keuzes. Iets schijnbaar eenvoudigs als de keuze voor koffie of thee kan al een identiteitsvraagstuk met een verlammend effect worden.

2 Nog veel ingewikkelder wordt het als het om keuzes met meer impact op het persoonlijke leven gaat. Studie, carrière, vrienden, relaties, kinderen, familie, persoonlijke ontwikkeling, genieten, politiek, natuur en de wereld; de lijst lastige keuzes is in principe eindeloos.

3 En dan geldt in de westerse cultuur ook nog dat iedereen uitsluitend zelf verantwoordelijk is voor het slagen van zijn eigen authentieke leven. Een druk die iedereen in meer of mindere mate voelt, bewust of onbewust. Voeg daarbij de enorme toename van informatie en mogelijkheden en het recept voor stress is daar. Niet voor niets zijn de begrippen 'keuzestress' en 'dertigersdilemma' uitgevonden in deze tijd.

Naar: Paulien Boogaard en Reine Rek, Human, nummer 2, 2013

fragment 2

1 Na de oorlog nam de invloed van traditie en religie verder af en de impact van media, technologie, wetenschap en de markt groeide. In de jaren zestig en zeventig kwamen vrouwen, arbeiders, patiënten, studenten en homo's in verzet tegen rolpatronen en gezagsverhoudingen en eisten invloed en keuzevrijheid. Ethicus en levenskunstfilosoof Joep Dohmen (Universiteit voor Humanistiek) constateert dat traditionele autoriteit en inmenging steeds minder werden geaccepteerd. Iedereen wilde 'iemand zijn' en 'zelf beslissen'. Vrijheid betekende vooral zelfbeschikking: geen dwang en voorschriften van kerk, staat en anderen over hoe iemand zijn leven moet leiden. Het ging in de jaren zestig en zeventig om 'vrij zijn van'. Mensen wilden kiezen in plaats van volgen.

2 Maar bevrijd zijn van door anderen opgelegde leefregels, betekent nog niet dat mensen geen leefregels nodig hebben. Invulling geven aan 'de vrijheid om' vraagt iets anders dan verzet. Autonoom zijn betekent 'zichzelf de wet stellen', eigen waarden en doelen formuleren. Het ontbreekt mensen tegenwoordig echter aan richting, stelt Joep Dohmen. Er zijn geen 'grote verhalen' meer, zoals religie en ideologieën; het is vooral de markt die aan mensen trekt. Vrijheid betekent begin eenentwintigste eeuw vooral: doen waar je zin in hebt, 'anything goes'.

Naar: Paulien Boogaard en Reine Rek, Human, nummer 2, 2013

Maak nu de Test op Nieuw Nederlands online.

Ik kan:

- 3F het doel van de schrijver aangeven.
- 3F de tekst opdelen in betekenisvolle eenheden en de functie van deze eenheden benoemen.
- → 4F een tekst beoordelen op consistentie.
- → 4F ironisch taalgebruik herkennen.
- 4F onderscheid maken tussen uiteenzettende, beschouwende of betogende teksten.
- 4F argumentatiestructuren herkennen.
- 4F argumentatie analyseren en beoordelen.
- 4F onderscheid maken tussen argumenten: objectieve versus subjectieve argumenten en drogreden onderscheiden van argument.
- 4F een vergelijking maken met andere teksten en tussen tekstdelen.
- 4F ook impliciete relaties tussen tekstdelen aangeven.
- 4F taalgebruik beoordelen.
- 4F persoonlijke waardeoordelen herkennen en deze als zodanig interpreteren.
- 4F van een tekst een goed geformuleerde samenvatting maken die los van de uitgangstekst te begrijpen valt.

Cursus
Schrijfvaardigheid

Verba volant,
scripta manent.
Woorden vervliegen,
het geschrevene blijft.

Latijnse spreuk

Hoofdstuk 1

Algemene schrijftheorie

Voordat je een tekst gaat schrijven, moet je goed nadenken over het doel dat je met je tekst wilt bereiken. De inhoud van een tekst wordt namelijk mede bepaald door het doel. Een goed geschreven tekst bestaat uit drie delen: inleiding, middenstuk en slot.

Studielast	4 slu
Paragrafen	**1 Schrijfvaardigheid: herhaling**
Referentie-niveaus	→ **4F** Kan goed gestructureerde teksten schrijven over allerlei onderwerpen uit de (beroeps)opleiding en van maatschappelijke aard.
	→ **4F** Kan relevante kwesties benadrukken, standpunten uitgebreid uitwerken en ondersteunen met redenen en voorbeelden.
NN online	• commentaarformulieren
	• samenvatting van dit hoofdstuk
	• overzicht Ik kan-stellingen van dit hoofdstuk

Paragraaf 1

Schrijfvaardigheid: herhaling

Hier volgt de beknopte theorie Schrijfvaardigheid uit vwo 4. Het complete overzicht vind je op NN online.

Schrijfdoel
Je wilt als schrijver met je tekst iets bereiken bij de lezer. Er zijn verschillende schrijfdoelen:
- amuseren: de lezer vermaken door te schrijven over iets wat leuk, spannend of ontroerend is;
- informeren: de lezer uitleggen hoe iets in elkaar zit, hoe iets is;
- opiniëren: de lezer zelf een mening laten vormen;
- overtuigen: de lezer jouw mening laten overnemen;
- activeren: de lezer aanzetten iets te gaan doen.

Hoofdgedachte
Elke tekst heeft een hoofdgedachte. De hoofdgedachte van een tekst is het belangrijkste wat je over het onderwerp wilt vertellen, datgene wat de lezer absoluut moet onthouden. De hoofdgedachte is één mededelende zin (dus géén vraag).

Bouwplan
Een bouwplan zorgt voor samenhang in de tekst. Tijdens het maken van een bouwplan bepaal je, voordat je gaat schrijven, welke deelonderwerpen je in de tekst aan de orde stelt en in welke volgorde. Ook leg je de inhoud van de verschillende alinea's vast.

Inleiding
Een goed geschreven tekst bevat een inleiding van één of enkele alinea's. Een inleiding heeft twee functies:
- de aandacht van de lezer trekken, hem motiveren de hele tekst te gaan lezen;
- het onderwerp van de tekst introduceren.

De aandacht van de lezer trekken
Je moet ervoor zorgen dat de inleiding van je tekst pakkend is. Je wilt immers bereiken dat de lezer verder leest. In de eerste alinea maak je de lezer nieuwsgierig met behulp van:
- de actualiteit;
- de geschiedenis;
- een voorbeeld/anekdote;
- het aangeven van het belang voor de lezer.

De introductie van het onderwerp
In het tweede deel van de inleiding maak je duidelijk wat het onderwerp van de tekst is. Dat kun je doen door:
- één of meerdere vragen te stellen;
- de opbouw van de tekst aan te kondigen;
- een mening (standpunt) te verkondigen;
- een probleem te formuleren.

Middenstuk
In het middenstuk werk je het onderwerp uit door de vragen uit de inleiding te beantwoorden, oplossingen en/of verklaringen voor het probleem te geven of de argumenten bij het standpunt te geven. Het middenstuk bevat meerdere deelonderwerpen die in een bepaalde tekststructuur passen.

Tekststructuren
De belangrijkste tekststructuren zijn: vraag/antwoordstructuur, aspectenstructuur, verleden/heden(/toekomst)structuur, verklaringsstructuur, probleem/oplossingstructuur, voor- en nadelenstructuur, argumentatiestructuur.

Deelonderwerpen
Je kunt je deelonderwerpen bij de voorbereiding het best formuleren als vragen. Die vragen kun je dan gebruiken wanneer je je documenteert. Een deelonderwerp kan uit één of uit meer alinea's bestaan. Je bouwt elke alinea op rond een kernzin, de belangrijkste uitspraak in die alinea. Die kernzin zet je op een voorkeursplaats.

Slot
Een goed geschreven tekst wordt afgerond met een slot. Het slot bevat altijd de hoofdgedachte (de conclusie) van de tekst. Naast de hoofdgedachte kan het slot (een combinatie van) de volgende elementen bevatten:
- een toekomstverwachting;
- een aansporing;
- een aanbeveling;
- een afweging;
- een samenvatting in enkele zinnen (alleen bij lange teksten).

Je kiest de afronding die het beste bij de tekst past. Dat wordt onder meer bepaald door het schrijfdoel, de tekstsoort en de gekozen tekststructuur. Soms kun je in het slot aansluiten bij de aandachttrekker uit de inleiding. Op die manier maak je je tekst rond.

Afronding
Lay-out
De netversie van de tekst ziet er als volgt uit:
- titel tegen de linker kantlijn met vette letters;
- regel wit (= witregel) tussen titel en schrijver;
- naam van de schrijver;
- twee witregels tussen schrijver en inleiding;
- inleiding;
- twee witregels tussen inleiding en middenstuk;
- tussen de deelonderwerpen van het middenstuk steeds één witregel;
- eventuele tussenkoppen met vette letters; geen witregel na een tussenkop;
- bij een nieuwe alinea inspringen met Tab (maar niet na een witregel);
- binnen een alinea doorschrijven (dus niet elke zin op een nieuwe regel);
- zo min mogelijk cursiveringen, geen onderstrepingen;
- twee witregels tussen middenstuk en slot.

Titel en tussenkoppen
Er zijn twee soorten titels: informerende en motiverende titels. Een aantrekkelijke (motiverende) titel maakt de lezer nieuwsgierig naar de inhoud van de tekst.
Je kunt boven de deelonderwerpen een (informerende) tussenkop zetten.

Nakijken
Kijk de eerste netversie van je tekst goed na, of nog beter, laat die door iemand anders nakijken. Dat kan met behulp van het commentaarformulier. Schrijf op basis van dit commentaar de definitieve versie van je tekst.

Schrijfvaardigheid > 1 Algemene schrijftheorie > 1 Schrijfvaardigheid: herhaling

Opdracht 1

Lees tekst 1 tot en met 3.
1 Wat is het onderwerp van de teksten?
2 Noteer van elke inleiding op welke manier de auteur de aandacht van de lezer probeert te trekken. Met behulp van
   A de actualiteit
   B de geschiedenis
   C een voorbeeld/anekdote
   D het aangeven van het belang voor de lezer
3 Noteer van elke inleiding hoe de auteur het onderwerp introduceert. Dat doet hij door
   A één of meerdere vragen te stellen.
   B de opbouw van de tekst aan te kondigen.
   C een mening (standpunt) te verkondigen.
   D een probleem te formuleren.
4 Noteer bij elke inleiding welke tekstsoort er het best bij past. Licht je antwoord toe.
5 Welke inleiding vind jij het meest aantrekkelijk? Licht je antwoord toe.
6 Welke inleiding vind jij het minst aantrekkelijk? Licht je antwoord toe.

Tekst 1

De functie van Zwarte Piet

Zwarte Piet werd als Moorse knecht van Sinterklaas in 1850 door de onderwijzer Jan Schenkman geïntroduceerd in het boekje *Sint Nicolaas en zijn Knecht*. In de eerste druk van het prentenboekje werd hij afgebeeld als een rustige gekleurde jongeman, gekleed als page, die niet op de voorgrond trad. Wat Schenkmans idee daarbij was, zal wel nooit bekend worden, want hij heeft zich er niet over uitgelaten. Wel is het zo dat hij zijn boek publiceerde op het moment dat de tijdgeest aan het veranderen was: de slavernij stond onder druk of werd al afgeschaft. Schenkman heeft zich mogelijk laten inspireren door publicaties uit zijn tijd. Zo publiceerde Heinrich Hoffmann vijf jaar eerder *Struwwelpeter*, waarin een zwarte jongen door een figuur Nikolas, die uiterlijke overeenkomsten vertoont met Sinterklaas, beschermd wordt voor pesterijen van blanke kinderen. Een ander verhaal dat hem kan hebben beïnvloed, werd in het tijdschrift *Timotheus* gepubliceerd, en ging over een gewezen slavenbezitter, een edele en voorname oude man met witte haren, die zich op zijn ziekbed verzoent met zijn bediende, de zoon van een van zijn ex-slaven, en oproept tot afschaffing van de slavernij.

Toch is er in de loop van de tijd een element in de rol van Zwarte Piet geslopen dat door sommigen als racistisch wordt ervaren. Aanvankelijk hanteerde Sinterklaas de roede, maar met de introductie van Zwarte Piet werd het straffen van kinderen hoe langer hoe meer zijn taak, en de aanvankelijk neutrale uitbeelding van de knecht veranderde in de loop der tijd in een karikaturale weergave van een zwarte man. In dit artikel kijken we eerst naar de rol van Zwarte Piet in de periode tot de Tweede Wereldoorlog. Vervolgens wordt ingegaan op de functie die Zwarte Piet na de oorlog is gaan vervullen. Aandacht is er ten slotte ook voor de verandering van één piet naar een klein legertje pieten, die allemaal hun eigen rol hebben.

Tekst 2

Minder klachten over Zwarte Piet

Minder Amsterdammers hebben dit jaar een klacht ingediend over Zwarte Piet bij het Meldpunt Discriminatie Regio Amsterdam (MDRA). Dat werd vandaag door het meldpunt in een persbericht bekendgemaakt. Tot nu toe kwamen er 80 klachten binnen, vorig jaar was dat aantal 134. Het MDRA wijst het gebrek aan incidenten aan als oorzaak van de opvallende daling. Vorig jaar nog droegen mensen een T-shirt met de tekst 'Zwarte Piet is Racisme' tijdens de officiële intocht van Sinterklaas in Dordrecht. In Amsterdam pakte de politie tijdens de intocht vijf mensen op die met behulp van pamfletten de knechten van Sinterklaas aan discriminatie koppelden. De eerste openlijke bezwaren tegen de rol van Zwarte Piet werden al in de jaren zestig van de twintigste eeuw geuit. Het eerste protest uit de gekleurde gemeenschap kwam in 1981.

Het is een golfbeweging: om de zoveel jaar neemt het verzet tegen zwarte pieten toe, om daarna weer enkele jaren een sluimerend bestaan te leiden. Hoe is dat te verklaren? Is het mee laten spelen van zwarte pieten in het sinterklaasfeest echt zo beledigend voor donkere mensen? Worden er bij kinderen door de zwarte pieten allerlei vooroordelen ingepompt? Er zijn veel (zelfbenoemde) deskundigen, die het bepaald niet met elkaar eens zijn.

Naar: Algemeen Dagblad, 5 december 2012

Tekst 3

Black is beautiful

Ik weet nog goed hoe we naar de komst van Sinterklaas uitkeken. Als de dagen wat korter werden en de kachel weer alle dagen brandde, dan begon het sinterklaasgevoel als vanzelf weer te leven. Op school werden er alleen nog sinterklaasliedjes gezongen. Van allerlei winkels kwamen er reclamefolders met daarin zeer begerenswaardige cadeaus. Op basis daarvan maakten we ambitieuze verlanglijstjes. Vaak al voor de officiële intocht gingen we op woensdagmiddag naar de Bijenkorf om ons daar te vergapen aan de klimmende zwarte pieten. We waren daar niet weg te slaan. Menig kind begon te huilen als het uiteindelijk weer met zijn moeder mee moest. Dat die pieten zwart waren, was voor ons een gegeven waar we geen enkel kwaad in zagen.

Nou, dat zagen we dus niet goed. Bijna elk jaar is er wel een actiegroep, een minderheid of een politicus die wil scoren, die ons komt vertellen dat het vieren van sinterklaas met zwarte pieten verkeerd is. En als het niet verkeerd is, dan is het wel imperialistisch, onderdrukkend, vernederend, discriminerend of racistisch. Ik word daar helemaal niet goed van. Is het nou niet mogelijk om deze jaarlijks terugkerende, onzinnige 'discussie' in de ban te doen? Laten we alsjeblieft een van de weinige tradities die we nog hebben, onveranderd in stand houden.

Naar: Hans Kooiberg, Hollands Dagblad, 14 november 2013

Opdracht 2

Kies een van de volgende onderwerpen:
- een wereldreis maken;
- op kamers wonen;
- studiefinanciering;
- sociale media;
- gameverslaving;
- dyslexie;
- echtscheiding.

1. Noteer bij dat onderwerp een hoofdgedachte voor een informerende tekst.
2. Noteer bij dat onderwerp een hoofdgedachte voor een overtuigende tekst.
3. Noteer bij dat onderwerp een hoofdgedachte voor een opiniërende tekst.
4. Noteer bij de hoofdgedachte van de informerende tekst drie deelonderwerpen in vraagvorm.
5. Kies bij deze hoofdgedachte en deze deelonderwerpen een geschikte tekststructuur.

6 Noteer bij de hoofdgedachte van de overtuigende tekst drie deelonderwerpen in vraagvorm.
7 Kies bij deze hoofdgedachte en deze deelonderwerpen een geschikte tekststructuur.
8 Maak een bouwplan voor een tekst met de informerende of de overtuigende hoofdgedachte.
9 Werk het middenstuk uit in minstens zes alinea's.
10 Schrijf één deelonderwerp uit dat uit meerdere alinea's bestaat.
11 Schrijf bij het bouwplan een inleiding van minstens 100 woorden.
12 Schrijf bij het bouwplan een slot van minstens 60 woorden.
13 Noteer een informerende en een motiverende titel voor de tekst.

Opdracht 3

Lees tekst 4.
De volgende tekst is geschreven door een leerling uit 5 vwo. De leerlingen moesten een uiteenzetting schrijven over het wapenbezit in de Verenigde Staten. Tekst 4 is een eerste versie.
Je krijgt van je docent een kopie van de tekst en het commentaarformulier zakelijke teksten op blz. 58-59 of je downloadt het op NN online.
Kijk de tekst na aan de hand van het commentaarformulier.
Geef ook tips ter verbetering.

Tekst 4

Steeds meer misbruik Amerikaanse wapenwet

Dim Dros

Het gebeurt steeds meer, een (ex) student die op zijn eigen school zijn medestudenten en/of docent(en) doodschiet en hierna zelfmoord pleegt. Zo ook in Illinois, een ex-student kwam binnen tijdens een college en begon te schieten, hij vermoorde 5 leerlingen en een docent, 10 leerlingen raakte gewond en hierna pleegde hij zelfmoord.

De negatieve effecten van de Amerikaanse wapenwet worden steeds duidelijker. Het bezitten van vuurwapens voor bescherming is ontaard in het makkelijker maken van (massa)moord pogingen.

In Amerika is het sinds 1791 legaal om wapens bij je te dragen ter bescherming van jezelf en je familie. Dit geeft de Amerikaanse bevolking de mogelijkheid om makkelijk aan vuurwapens te komen. Zo bevinden zich in Amerika per 100 bewoners 89 vuurwapens, met deze cijfers staat Amerika heel ver aan kop op basis van het aantal vuurwapens. Natuurlijk betekend dit niet dat 89 van de 100 mensen ook echt een vuurwapen bezitten, 40% van de huishoudens zegt minimaal één vuurwapen in bezit te hebben.

Jaarlijks komen er in Amerika meer dan 30.000 mensen om door vuurwapengeweld en daarvan 15.000 door zelfmoord met een wapen. De Slachtoffers is de hoofdreden dat president Barack Obama het Wapenbezit probeert terug te dringen of in ieder geval in toon te houden. Hiertegen staat fel protest van de NRA (National Rifle Association) die in Amerika probeert de wapenwet te behouden zoals hij door hun voorvaders geschreven is.

De NRA is met 4 miljoen leden de grootste wapen aanhangende groep van Amerika en heeft ook in de politiek veel invloed. Zij zeggen dat het recht om zichzelf te beschermen wanneer de overheid dat niet kan zwaarder weegt dan de 30.000 moorden die het jaarlijks met zich mee brengt. Ook gebruikt de NRA het argument dat het aantal wapens in Amerika al zo groot is dat het niet meer terug te dringen is.

Toch probeert Obama iets tegen de hoeveelheid wapens in Amerika te doen. Hij zegt begrip te hebben voor de mensen die traditiegetrouw een jachtgeweer bezitten en hiermee de weekenden in het bos spenderen, maar dat er een groot verschil is tussen het wapengebruik op het platteland en in de stad en het wapenbezit in de stad wel degelijk schade maakt. Obama is al goed op weg met zijn strijd tegen de wapenbezitters, op 15 januari kwam hij met een wet naar buiten die semi-automatische aanvalswapens en grote magazijnen verbied, in deze wet stond ook dat er voortaan beter naar de achtergrond van de koper gekeken zal worden.

De strijd tegen de wapen misbruikers is ingezet en zal waarschijnlijk nog wel even duren, de hoeveelheid wapens is zo groot dat het misschien nooit tot een redelijk aantal zal terugkomen. Misschien dat de verkiezingen ook roet in het eten van Obama gooit, de Republikeinen zijn tenslotte altijd al betere aanhangers van wapens geweest dan de Democraten.

Formulier F

Commentaarformulier zakelijke teksten

Tekst van ....
Nagekeken door ....

Wanneer je een hokje aanvinkt, geef dan na punt 30 (zo mogelijk) aan hoe de schrijver de tekst kan verbeteren.

Titel
☐ 1 De titel maakt niet duidelijk waarover de tekst gaat.
☐ 2 De titel is onaantrekkelijk.

Inleiding
☐ 3 De eerste alinea nodigt niet uit tot verder lezen.
☐ 4 Uit de inleiding wordt niet duidelijk wat het onderwerp van de tekst is.

Middenstuk
☐ 5 De deelonderwerpen van het middenstuk zijn niet duidelijk herkenbaar aan structurerende zinnen en/of tussenkopjes.
☐ 6 Sommige alinea's hebben geen kernzin, nl. alinea ....
☐ 7 Sommige alinea's hebben meer dan één kernzin, nl. alinea ....
☐ 8 In sommige alinea's staan de kernzinnen niet op een voorkeursplaats, nl. alinea ....
☐ 9 Sommige alinea's binnen een deelonderwerp worden niet met elkaar verbonden door signaalwoorden, nl. alinea ....

Slot
☐ 10 Het slot bevat geen zin waarin de hoofdgedachte van de tekst staat.
☐ 11 Het slot bevat veel nieuwe informatie.
☐ 12 Het slot bevat een te lange samenvatting.
☐ 13 De tekst heeft geen krachtige slotzin (uitsmijter).

De hele tekst
☐ 14 Het is niet duidelijk om welke tekstsoort het gaat.
☐ 15 Het is niet de tekstsoort die het volgens de opdracht moest zijn.
☐ 16 De betrouwbaarheid van de tekst wordt nergens ondersteund door verwijzingen naar bronnen en/of citaten van deskundigen.

Taalgebruik

Je geeft hier aan of onderstaande fouten in de tekst voorkomen.
Streep die fouten ook aan in de tekst.

- ☐ 17 De tekst bevat spel- en/of typefouten.
- ☐ 18 De tekst bevat interpunctiefouten.
- ☐ 19 De tekst bevat formuleringsfouten.
- ☐ 20 De tekst bevat zinnen die duidelijk niet van de schrijver zelf zijn.
- ☐ 21 Sommige zinnen zijn te lang.
- ☐ 22 Er wordt te populaire taal gebruikt.
- ☐ 23 *Men*, *je* en *u* worden door elkaar gebruikt.
- ☐ 24 Er is te weinig variatie in woordkeuze.
- ☐ 25 Er is te weinig variatie in zinslengte.

Lay-out

- ☐ 26 De titel en/of de naam van de schrijver staan niet op de juiste plaats.
- ☐ 27 De tekst is niet geschreven in een zakelijk lettertype.
- ☐ 28 Er staan geen twee witregels tussen inleiding, middenstuk en slot.
- ☐ 29 Er staan geen witregels tussen de deelonderwerpen.
- ☐ 30 Er is niet ingesprongen bij de tweede en volgende alinea's van één deelonderwerp.

Geef hieronder aan hoe de schrijver zijn tekst kan verbeteren.

....
....

Ik kan:

→ **4F** goed gestructureerde teksten schrijven over allerlei onderwerpen uit de (beroeps)opleiding en van maatschappelijke aard.

→ **4F** relevante kwesties benadrukken, standpunten uitgebreid uitwerken en ondersteunen met redenen en voorbeelden

Controle hoofdstuk 1

– Welke schrijfdoelen ken je?
– Welke twee functies heeft de inleiding van een tekst?
– Welke elementen kan een slot bevatten?

Hoofdstuk 2

Schrijfdoelen en tekstvormen

Informerende teksten schrijf je om iets uit te leggen, om verslag te doen over wat er gebeurd is of om instructies te geven.

Overtuigende teksten schrijf je met de bedoeling de lezers ervan te overtuigen dat jouw standpunt het juiste is. In dergelijke teksten spelen niet alleen feiten maar ook argumenten een grote rol.

In opiniërende teksten geef je veel informatie en verschillende standpunten van deskundigen. Met behulp daarvan kan de lezer zelf zijn mening vormen.

Afgerond
- Cursus Formuleren
- Cursus Spelling
- Cursus Onderzoeksvaardigheden

Studielast
- 40 slu

Paragrafen
1. **Informeren: uiteenzetting**
2. **Overtuigen: betoog**
3. **Overtuigen: column**
4. **Opiniëren: beschouwing**
5. **Opiniëren: essay**

Referentieniveaus
- → **4F** Kan verslagen, werkstukken en artikelen schrijven over complexe onderwerpen en relevante punten daarin benadrukken met gebruikmaking van verscheidene bronnen.
- **4F** Kan teksten schrijven met een uiteenzettend, beschouwend of betogend karakter waarin verbanden worden gelegd tussen afzonderlijke onderwerpen.
- **4F** Kan in een betoog standpunten vrij uitvoerig uitwerken en ondersteunen met ondergeschikte punten, redenen en relevante voorbeelden.
- **4F** Geeft duidelijk aan wat de hoofdzaken zijn en wat ondersteunend is in het betoog
- **4F** Geeft relevante argumenten voor het betoog inzichtelijk weer.
- **4F** Geeft een complexe gedachtegang goed en helder weer.
- **4F** Het woordgebruik is rijk en zeer gevarieerd.
- **4F** Kan schrijven in een persoonlijke stijl die past bij een beoogde lezer.
- **4F** Kan verschillende registers hanteren en heeft geen moeite om het register aan te passen aan de situatie en het publiek.
- **4F** Kan schrijven voor zowel publiek uit de eigen omgeving als voor een algemeen lezerspubliek (bijvoorbeeld instanties, media).

NN online
- commentaarformulieren
- samenvatting van dit hoofdstuk
- overzicht Ik kan-stellingen van dit hoofdstuk

Paragraaf 1

Informeren: uiteenzetting

Een uiteenzetting is een informatieve en objectieve tekst. In een uiteenzetting geef je veel feiten en daarnaast uitleg. De uitleg speelt een belangrijke rol. Omdat het schrijfdoel informeren is, blijf je objectief.

De hoofdgedachte van een uiteenzetting is een constatering.
Bijvoorbeeld:
- *Sinds de komst van allochtonen in Nederland zijn er veel meer specerijen en groenten te verkrijgen.*
- *Er zijn tegenwoordig veel alternatieven voor het eten van vlees.*

De volgende tekststructuren zijn vooral geschikt voor uiteenzettingen:
- vraag/antwoordstructuur
- verklaringsstructuur
- aspectenstructuur
- verleden/heden(/toekomst)structuur

<zie Leesvaardigheid blz. 12-13>

Aandachtspunten voor het schrijven van een uiteenzetting:
- Zorg ervoor dat je je goed documenteert.
- Vraag je af wat je lezer al wel weet en wat niet.
- Geef in je tekst voldoende feiten.
- Geef in je tekst voldoende uitleg met behulp van voorbeelden.
- Blijf objectief.

Als er in je uiteenzetting meningen staan, dan geef je hierover geen oordeel. Je noemt ze om aan te geven hoe iemand anders over het onderwerp denkt. Jouw mening is in de uiteenzetting niet van belang.

Opdracht 1

Lees tekst 1, een uiteenzetting van een leerling uit 5 vwo.
1. Op welke manier trekt de auteur in de inleiding de aandacht van de lezers?
2. Op welke manier introduceert de auteur het onderwerp van de tekst?
3. Wat is het onderwerp van de tekst?
4. Wat is de hoofdgedachte van de tekst?
5. Welke tekststructuur herken je? Kies uit: vraag/antwoordstructuur, verklaringsstructuur, aspectenstructuur en verleden/heden(/toekomst)structuur.
6. Noteer voor elk deelonderwerp een informatieve tussenkop.

Tekst 1

Drone: het onbemande vliegtuig

Mathijs Duin

In het begin van 2013 hebben de Verenigde Staten een aanval gepleegd in Jemen. Bij deze aanval zijn ten minste dertien mensen om het leven gekomen, waaronder zeker twee strijders van de Jemenitische tak van Al Qaida. De aanval is gepleegd met een onbemand vliegtuig: een drone. De Verenigde Staten vallen de laatste jaren steeds vaker aan met drones. Er zijn niet alleen militaire drones. Waarvoor worden ze ingezet? Welke voor- en nadelen zitten er aan het gebruik ervan?

In 1915 vlogen de eerste drones al. Het waren niet gevechtsvliegtuigen zoals de VS die nu inzetten. Nee, het waren kleiduiven voor de jachtsport. De eeuwen daarvoor was het woord gereserveerd voor een hommel of dar, met het bijbehorende gezoem. Tegenwoordig worden er andere prikacties mee uitgevoerd. In 1935 werd het eerste schaalmodel gemaakt, toch ging het nog lang duren voordat drones echt werden ingezet. Ze waren jarenlang onderwerp van spionage en militaire geheimhouding.

Het bekendste doel waarvoor drones worden ingezet, is het uitschakelen van belangrijke terroristische leiders. Dit wordt vooral gedaan door de Verenigde Staten. Eerst wordt uitgezocht waar de terrorist woont. De drones vliegen naar het huis toe, bombarderen het en keren weer om.
Drones worden ook vreedzaam ingezet. Ze kunnen boven in de dampkring vliegen voor onderzoek, extreem laag vliegen onder de radar of door rook vliegen bij brandbestrijdingen en vulkaanuitbarstingen.
De Nederlandse politie gebruikt wel eens een drone bij evenementen. De drone vliegt boven de mensenmassa en maakt opnames die op de grond door de politie bekeken worden. De politie kan zo eerder zien of er ongeregeldheden zijn, waardoor ze sneller kan ingrijpen. De politie zet ook drones in bij de achtervolging en opsporing van inbrekers, overvallers of andere criminelen.

Het grootste voordeel van de inzet van drones dat militairen noemen, is dat er geen levens van eigen manschappen op het spel worden gezet. Dat is niet alleen prettig voor die manschappen, ook kan een regering makkelijker haar leger ergens inzetten zonder dat er veel protest tegen is. We hebben zelf gezien dat pas toen er in Afghanistan Nederlandse slachtoffers vielen, de publieke opinie zich tegen de Nederlandse aanwezigheid daar keerde.
Een ander belangrijk voordeel van de inzet van drones is de kostenbesparing. Zo is een beveiligingssysteem voor de bemanning bij een drone niet nodig. De afmetingen van een bemand vliegtuig zijn afgestemd op de maten van het menselijk lichaam. Een drone daarentegen kan in principe een miniatuurvliegtuigje zijn. Ook hoeven drones niet van een vliegveld op te stijgen. Kleine drones kunnen zelfs in een rugzak gepakt worden en op elke willekeurige plaats opstijgen.
De Nederlandse politie vindt drones erg geschikt voor achtervolgingen, omdat ze minder zichtbaar zijn. Bovendien is het veiliger om een crimineel te volgen met een drone in het geval dat criminelen hun achtervolgers zouden kunnen gaan beschieten.

Het grote voordeel dat de militairen in het gebruik van drones zien, is meteen ook een enorm nadeel. De drempel om een drone in te zetten in een militaire actie is lager omdat er geen levens van het eigen leger op het spel worden gezet. Daarmee is ook de drempel om een conflict op een gewelddadige manier op te lossen (in plaats van met praten) een stuk lager geworden. Als een oorlog geen eigen mensenlevens kost, maar alleen maar geld, dan zal het voor grootmachten als de VS een stuk makkelijker worden om in een conflict te stappen.
In Nederland zijn nu al meerdere malen drones ingezet bij grote manifestaties. De beelden die daarvan gemaakt zijn, zijn zo gedetailleerd dat iedereen geïdentificeerd kan worden. Of dat gebeurt, is en blijft onduidelijk. Net zo onduidelijk als wat er met die beelden gebeurt. Diverse organisaties spreken al van ernstige schending van de privacy.

Het gebruik van de drone is de laatste jaren sterk gegroeid. Zo heeft Nederland het afgelopen jaar vier drones aangeschaft en heeft de VS inmiddels minstens 6000 exemplaren in voorraad. In de toekomst zal het gebruik van drones waarschijnlijk alleen maar toenemen. Er zijn nu al 51 landen die drones kunnen inzetten. Dat zullen er snel meer worden. Drones veranderen de manier van oorlogvoeren. Er vallen minder slachtoffers aan de 'dronekant'. Daardoor wordt de drempel voor een militaire actie verlaagd en zullen conflicten sneller worden uitgevochten in plaats van dat er naar een vreedzame oplossing wordt gezocht.

Opdracht 2

Welke tekststructuren verwacht je bij de volgende drie titels en ondertitels van uiteenzettingen?

1 *De grote verleiding*
   Steeds meer vrouwen slachtoffer van vrouwenhandel
2 *Fietsen naar school? Ja, dáág*
   Jongeren bewegen steeds minder
3 *Eens per vier jaar gehoord*
   De werking van de Nederlandse democratie

Praktijk

- Kies A, B of C.
- Documenteer je.
- Noteer je hoofdgedachte.
- Kies een geschikte tekststructuur.
- Maak een bouwplan voor een uiteenzetting bij je hoofdgedachte. Noteer minstens drie deelonderwerpen.
- Schrijf een uiteenzetting van 600 à 750 woorden.
- Laat je uiteenzetting door een klasgenoot nakijken met behulp van het commentaarformulier zakelijke teksten. <zie blz. 58-59>
- Maak op basis van het commentaar de definitieve versie.

A Computercriminaliteit/Internetcriminaliteit

Met het grootschalige gebruik van computers heeft ook computercriminaliteit haar intrede gedaan. Het kan downloaden betreffen, maar er verdwijnen ook miljoenen euro's door frauduleuze handelingen met behulp van de computer en het internet. Nigeriaanse bendes sturen honderdduizenden valse mails de wereld in met daarin de meest aantrekkelijke voorstellen. Als je enkele honderden euro's notariskosten betaalt, kom je in bezit van een enorme erfenis.

Er zijn verschillende soorten computercriminaliteit. Die zijn niet allemaal even gemakkelijk te bestrijden, mede doordat de slachtoffers vaak meewerken. De gevolgen zijn zowel op kleine schaal als op grote schaal merkbaar.

B Gehoorschade

Doorgewinterde concertbezoekers weten het: oordopjes mee, en als je ze vergeten hebt: onmiddellijk bij de garderobe nieuwe aanschaffen. Mensen die een concert zonder oordopjes in bezoeken, komen er zeer waarschijnlijk met een vreselijke piep in hun oren uit. Die piep verdwijnt meestal, maar hun gehoor is wel degelijk beschadigd, een beschadiging die niet meer overgaat. Hetzelfde geldt voor een bezoek aan een discotheek.

In de toekomst zullen er veel mensen op jonge leeftijd al slechthorend zijn. Dat zal grote gevolgen hebben, voor de mensen zelf, voor hun omgeving en voor de maatschappij. Er zijn verschillende manieren om de situatie te verbeteren. Ook de overheid kan hierin een rol spelen.

C Vergrijzing

Nederlanders worden gemiddeld ouder en een steeds groter deel van de Nederlandse bevolking behoort tot de zestigplussers. Ook jongeren hebben te maken met de vergrijzing, al was het alleen maar omdat zij voor een deel de kosten van de zorg en de AOW zullen moeten betalen.

Op veel verschillende vlakken is er nu al iets van de vergrijzing te merken. Dat zal in de nabije toekomst nog veel sterker het geval zijn. We zullen manieren moeten vinden om hiermee om te gaan. Dat geldt voor zowel de ouderen als de jongeren.

Ik kan:

4F artikelen schrijven over complexe onderwerpen en relevante punten daarin benadrukken met gebruikmaking van verscheidene bronnen.

Paragraaf 2

Overtuigen: betoog

Een betoog is een tekst waarmee je als schrijver de lezers wilt overtuigen van jouw standpunt.

Een betoog bevat:
- het standpunt (de mening) van de schrijver over een bepaalde kwestie;
- feitelijke en/of niet-feitelijke argumenten voor dat standpunt;
- feiten die de niet-feitelijke argumenten ondersteunen.

<zie Argumentatieve vaardigheden blz. 159-160>

De hoofdgedachte van een betoog is de mening / het standpunt van de schrijver. Bijvoorbeeld:
- *Naar mijn mening is iedereen voor zijn eigen ziektekosten verantwoordelijk.*
- *Het Suikerfeest moet voor alle Nederlanders een vrije dag zijn.*

De volgende tekststructuren zijn vooral geschikt voor betogen:
- argumentatiestructuur;
- voor- en nadelenstructuur.

<zie Leesvaardigheid blz. 12-13>

Opbouw

De opbouw van een betoog hangt af van het vermoedelijke standpunt van de lezers. Je moet dus vooraf bepalen hoe je publiek waarschijnlijk over de kwestie denkt. Bijvoorbeeld: bij een nieuw, nog onbekend onderwerp hebben je lezers vaak nog geen standpunt bepaald, ze staan er neutraal tegenover (standpunt van twijfel). Maar als je in een artikel betoogt dat vrouwen geen stemrecht moeten hebben, zijn je lezers het waarschijnlijk niet met je eens (negatief standpunt).

Voor het standpunt van het publiek zijn er twee mogelijkheden:
- het publiek heeft een standpunt van twijfel;
- het publiek heeft een negatief (tegenovergesteld) standpunt.

Publiek met een standpunt van twijfel

Zo werk je als de lezers vermoedelijk een standpunt van twijfel hebben:
- Introduceer in de inleiding van het betoog het onderwerp en presenteer je standpunt (mening, stelling).
- Geef in het middenstuk de argumenten voor dat standpunt. Ondersteun je argumenten met feiten. Let op: je hoeft bij een publiek met een standpunt van twijfel geen tegenargumenten te geven.
- Herhaal in het slot je standpunt in iets andere bewoordingen.

Je kunt ook werken met de voor- en nadelenstructuur.
<zie Leesvaardigheid blz. 13>
In dat geval hoef je geen nadelen te noemen. In schema:

Tekststructuren bij een publiek met een standpunt van twijfel

	Structuur 1: meervoudige onderschikkende argumentatie	Structuur 2: argumentatie op basis van voordelen
Inleiding	introductie onderwerp *stelling*	introductie onderwerp *stelling*
Middenstuk	argument 1	voordeel 1
	ondersteuning 1	
	argument 2	voordeel 2
	ondersteuning 2	
	...	...
	argument x	voordeel x
	ondersteuning x	
Slot	conclusie	conclusie

Publiek met een negatief standpunt

Zo werk je als de lezers waarschijnlijk een negatief standpunt hebben:
- Presenteer in de inleiding je standpunt als een vraag (die je in de tekst beantwoordt).
  Voorbeeld: *Valt er iets te zeggen voor het verhogen van de pensioenleeftijd?*
  Let erop dat je in de titel niet meteen je standpunt verraadt.
- Geef in het middenstuk naast de (voor)argumenten ook tegenargumenten, maar weerleg die meteen: laat zien dat ze niet kloppen of minder zwaar wegen dan de argumenten vóór je standpunt.
- Beantwoord in het slot de vraag uit de inleiding. Dat is je conclusie, je eigen standpunt. Voordat je jouw standpunt (mening) geeft, kun je kort de argumenten tegen elkaar afwegen: welke argumenten wegen het zwaarst, de voorargumenten (voordelen) of de tegenargumenten (nadelen) en waarom.

Als je de voor- en nadelenstructuur gebruikt, noem je wél de nadelen en toon je aan dat die minder belangrijk zijn dan de voordelen. In schema:

Tekststructuren bij een publiek met een negatief standpunt

	Structuur 3: meervoudige onderschikkende argumentatie	Structuur 4: argumentatie op basis van voor- en nadelen
Inleiding	introductie onderwerp *vraag*	introductie onderwerp *vraag*
Middenstuk	argument 1	voordeel 1
	ondersteuning 1	
	argument 2	voordeel 2
	ondersteuning 2	
	...	...
	argument x	voordeel x
	ondersteuning x	
	tegenargument 1	nadeel 1
	weerlegging 1	
	...	...
	tegenargument x	nadeel x
	weerlegging x	
Slot	conclusie (= beantwoording vraag = standpunt)	afweging + conclusie (= beantwoording vraag = standpunt)

> NB Je kunt de opbouw van het middenstuk ook omkeren. In dat geval geef je eerst de tegenargumenten (of de nadelen) en pas daarna de argumenten vóór het standpunt (of de voordelen).

Een heel andere opbouw voor een betoog
De volgende opbouw is met name geschikt als het publiek een negatief standpunt heeft. De tekstsoort is een mengvorm: een betoog met beschouwende elementen.

Inleiding	vraag / probleem / verschijnsel
Middenstuk	antwoord 1 / oplossing 1 / verklaring 1 (met voor- en nadelen, haalbaarheid etc.)
	antwoord 2 / oplossing 2 / verklaring 2 (met voor- en nadelen, haalbaarheid etc.)
	...
	antwoord x / oplossing x / verklaring x (met voor- en nadelen, haalbaarheid etc.)
Slot	afweging: antwoord y / oplossing y / verklaring y is het beste

Opdracht 3

Lees tekst 2, een betoog van Johannes uit 6 vwo.

Deze tekst is Johannes' uitwerking van een schrijfopdracht voor het schoolexamen gedocumenteerd schrijven. (NB Zijn fouten zijn uit de tekst gehaald.) De opdracht luidde:
De exameneisen zijn opnieuw zwaarder geworden door de eis dat er slechts één vijf voor de kernvakken gehaald mag worden. Schrijf voor de schoolkrant een betoog voor of tegen deze verzwaring. Gebruik 600 tot 800 woorden.

1. Op welke manier trekt de schrijver in de inleiding de aandacht van de lezers?
2. Op welke manier wordt het onderwerp van de tekst geïntroduceerd?
3. Wat is het onderwerp van de tekst?
4. Bekijk de opbouw van het betoog. Is de schrijver uitgegaan van een publiek met een standpunt van twijfel of van een publiek met een tegenovergesteld standpunt? Licht je antwoord toe.
5. Waarom zou hij voor dit publieksstandpunt gekozen hebben?
6. In welke alinea geeft de schrijver zijn standpunt? Noteer dat standpunt.
7. Welke drie argumenten tegen de verzwaring van de eindexameneisen geeft de schrijver?
8. Hoe weerlegt de schrijver elk van deze drie argumenten?
9. Welke argumenten geeft hij voor de verzwaring van de eindexameneisen?
10. Welke elementen van een goed slot vind je hier?

Tekst 2

Maar één vijf voor de kernvakken

Johannes van der Meer

Sinds het schooljaar 2012-2013 zijn de eindexameneisen strenger geworden: er mag maar één vijf voor één van de kernvakken Nederlands, Engels en wiskunde gehaald worden en er moet voor het Centraal Eindexamen gemiddeld een voldoende worden gehaald. Deze eisen moeten er- voor zorgen dat het gehaalde diploma meer voorstelt dan voorheen. Toch sputteren verschillende partijen tegen. Zo zouden de nieuwe eisen onnodig én onrechtvaardig zijn. Laten we de belangrijkste voor- en tegenargumenten eens op een rijtje zetten.

Het meest gehoorde tegenargument betreft taalzwakke en dyslectische leerlingen. Zij zouden door deze eisen het nog veel moeilijker krijgen. Het zou voor hen moeilijker zijn om voor Engels en Nederlands voldoendes te scoren. Misschien kan er voor deze leerlingen een uitzondering gemaakt worden. Daar staat overigens tegenover dat ook deze leerlingen in hun latere studie en beroep niet langer beschermd worden met speciale regels en uitzonderingen. Met andere woorden: ze zullen later ook tegen deze problemen aanlopen en er dan ook mee moeten kunnen omgaan. Dus ze zouden daar ook al op school mee kunnen beginnen.
Een ander veel genoemd argument tegen de nieuwe exameneisen is dat het Centraal Eindexamen slechts een momentopname is en dus niet te zwaar moet tellen. Leerlingen met concentratieproblemen en/of faalangst zullen hierdoor minder makkelijk een diploma halen, terwijl ze er wel de intellectuele capaciteiten voor hebben. De druk is tijdens het Centraal Eindexamen erg groot, en een of twee *offdays* kunnen fataal zijn. Dit is vervelend, maar het is onmogelijk om het Centraal Eindexamen dan maar af te schaffen of gemakkelijker te maken. Het is immers zo dat men niet alleen tijdens het Centraal Eindexamen, maar gedurende het hele leven in situaties zal terecht komen waar opeens onder druk moet worden gepresteerd. Leerlingen zullen moeten leren met dit soort situaties om te gaan, omdat het de rest van hun leven van pas zal komen. Ten slotte voorspellen tegenstanders dat er op de lange termijn minder leerlingen een havo- of vwo-diploma zullen halen. De resultaten van het eerste jaar wijzen daar duidelijk niet op!

Wat pleit er dan voor om de exameneisen zwaarder te maken? Tot voor kort was het zo dat leerlingen na het afronden van het schoolexamen al bijna geslaagd waren, dat wil zeggen: ze konden bijna niet meer zakken. Veel leerlingen hadden hun papiertje te danken aan het feit dat ze belabberd lage prestaties voor het Centraal Eindexamen konden compenseren met hoge cijfers voor makkelijker schoolexamens. Veel scholen gaven namelijk veel te hoge cijfers voor de schoolexamens.
Behalve dat de schoolexamens veel te makkelijk zijn, speelt er ook iets anders. Leerlingen leren niet meer om te leren. Voor de schoolonderzoeken die weinig stof aan de orde stellen, wordt veel hoger gescoord dan voor het eindexamen, dat veel meer van leerlingen vraagt. Als de eisen voor het eindexamen strenger zijn, zullen de leerlingen vanzelf harder moeten leren. Behalve dat ze dan meer van de stof opnemen, leren ze ook nog eens wat leren nou eigenlijk écht is, én hoe het is om echt te moeten ploeteren en plannen. Die laatste vaardigheid is ontzettend handig bij een vervolgopleiding en zal hun ook de rest van hun leven van pas blijven komen, als ze goed willen presteren. Ten slotte zullen ook universiteiten en hogescholen blij zijn met de nieuwe exameneisen, met name die voor Nederlands. Horen we die instellingen immers niet steeds vaker klagen, over hoe slecht de eerstejaarsstudenten de Nederlandse taal beheersen? De nieuwe exameneisen zullen ervoor zorgen dat de eerstejaars die niet kunnen spellen, nauwelijks meer zullen voorkomen.

Het is duidelijk: de hogere eisen voor het Centraal Eindexamen zullen vooral positieve effecten hebben. Met alleen goede cijfers voor het schoolexamen zullen leerlingen het niet meer redden, dus leerlingen zullen eindelijk weer eens hard moeten leren. Ze zullen beter leren omgaan met potentieel stressvolle situaties, aangezien dat noodzakelijk wordt door de nieuwe eisen. Daar komt bij dat universiteiten en hogescholen de nieuwe studenten weer met open armen zullen ontvangen als ze de Nederlandse taal goed beheersen. Hoe meer men vraagt, hoe meer men krijgt.

Opdracht 4

Lees tekst 3, een betoog van Frans Deelstra uit 6 vwo.
1. Op welke manier trekt de schrijver in de inleiding de aandacht van de lezers?
2. Op welke manier introduceert de schrijver het onderwerp van de tekst?
3. Over welk probleem gaat de tekst?
4. Welke oplossingen voor het probleem worden in de tekst behandeld?
5. Welke oplossingen zullen volgens de schrijver niet zo goed werken?
6. Noteer bij elke oplossing die niet zo goed zal werken, welke argumenten de schrijver daarvoor geeft.
7. Welke oplossing is volgens de schrijver de beste?
8. Welke argumenten geeft de schrijver daarvoor?
9. Welke elementen van een goed slot vind je hier?

Tekst 3

Jongeren verzuipen

Frans Deelstra

In het uitgaansgebied van Naaldwijk werden afgelopen zondag in de vroege ochtend een 14-jarig meisje uit Wateringen en een 16-jarige Rotterdammer aangehouden. Het meisje kreeg in een horecagelegenheid aan de Havenstraat ruzie met een 15-jarig meisje en sloeg het slachtoffer met een fles op het hoofd. De 15-jarige is voor behandeling naar de dokterspost gebracht en de 14-jarige dader is aangehouden. De 16-jarige jongen gedroeg zich agressief tegenover de politie en weigerde te luisteren. Hierop is besloten de jongen ook aan te houden. Beide arrestanten waren onder invloed van alcohol. Door de aanhouding ontstond onrust in het gebied rondom de uitgaansgelegenheden. De agenten hebben pas na de inzet van de hondenbrigade een eind aan de ongeregeldheden kunnen maken.

Dit incident staat niet op zichzelf. Uit een recent onderzoek van de Universiteit van Amsterdam blijkt dat Nederlandse jongeren de grootste drinkers van Europa zijn. Dat onderzoek is gehouden onder jongeren in alle landen van de Europese Unie. Niet alleen drinken de Nederlandse jongeren het meest en het vaakst, ze beginnen gemiddeld ook het jongst. Dat alcohol ongezond is en voor jongeren extra slecht, is inmiddels algemeen bekend. Hoe kunnen we het alcoholgebruik onder jongeren verminderen? Welke mogelijkheden zijn er om er wat tegen te doen?

Veel mensen zien een oplossing in goede voorlichting. Die voorlichting zou vooral op school gegeven moeten worden. Dat men hierbij aan scholen denkt, ligt voor de hand, omdat op deze manier alle jongeren bereikt kunnen worden. Tijdens speciale lessen kunnen de gevaren van alcohol aan leerlingen duidelijk gemaakt worden.
Toch is het niet goed om hierin de oplossing te zoeken, want dit soort lessen wordt al jarenlang gegeven, hetzij in reguliere lessen van vakken als biologie of maatschappijleer, hetzij in speciale lessen gegeven door de plaatselijke GG en GD. Op het drinkgedrag van jongeren hebben die lessen zoals we kunnen constateren weinig tot geen invloed gehad – integendeel: jongeren drinken steeds meer. Uit onderzoek van Utrechtse pedagogen is ook gebleken dat alleen educatieve maatregelen niet leiden tot gedragsverandering.

Een andere oplossing is het verhogen van de leeftijd waarop alcohol gekocht en gedronken mag worden. Die leeftijd was vroeger niet wettelijk bepaald. Later werd die 16 en nu moet je 18 jaar zijn om alcohol te kunnen kopen. Er gaan de laatste tijd zelfs stemmen op om de leeftijdsgrens naar 21 te verhogen.

De argumenten om de leeftijdgrens naar 21 jaar te brengen hebben te maken met de verkeersveiligheid en de ontwikkeling van de hersenen. Het blijkt dat bijzonder veel ernstige ongelukken in het verkeer veroorzaakt worden door jongeren tussen de 18 en 21 die te veel gedronken hebben. Boven de 21 zijn die getallen 'normaal', dat wil zeggen dat een 22-jarige dezelfde kans heeft om bij een ongeval door alcohol betrokken te raken als een 30-jarige of een 40-jarige. Hersenwetenschappers zijn erachter gekomen dat de ontwikkeling van de hersenen doorgaat tot ongeveer het 21ste levensjaar. Alcohol belemmert de groei van hersencellen en zorgt ervoor dat bepaalde verbindingen in de hersenen niet of minder goed tot stand worden gebracht. Het vervelende van deze op zich goede oplossing is dat die heel moeilijk te handhaven is. In de Verenigde Staten is die grens van 21 er al jaren, maar de jongeren laten zich daardoor niet weerhouden. Bijna elke 16-jarige heeft een ID met een leeftijd van 21 erop. Daar komt bij dat het uiterlijk van een 18-jarige moeilijk te onderscheiden is van het uiterlijk van een 21-jarige. Ook zal de bereidheid in de horeca om zich aan deze grens te houden gering zijn, in verband met de inkomsten die men misloopt.

Sommigen zien zwaardere straffen als de manier om het alcoholgebruik van jongeren terug te dringen. Geef jongeren die alcohol gebruikt hebben en nog geen 18 zijn, een veel zwaardere straf dan nu gangbaar is. Veel zwaarder wil zeggen: een forse geldboete of een flinke taakstraf.
Of dit de jongeren zal treffen, is de vraag. Omdat de jongeren bijna altijd nog op school zitten, hebben ze niet veel geld en zal de boete navenant zijn. De uitvoering van een stevige taakstraf zal vaak bemoeilijkt worden doordat de gestrafte ook nog leerplichtig is.

Ik denk wel dat zwaardere straffen goed gaan werken, maar alleen als je de juiste personen treft: de ouders! Dat zijn namelijk de hoofdschuldigen. Heel veel ouders staan op zijn minst oogluikend toe dat hun kinderen al jong drin-

ken. Een glaasje wijn aan tafel, een paar biertjes op een feestje. 'Moet toch kunnen', 'Kan toch niet zoveel kwaad' en 'We drinken zelf toch ook.' Ouders die hun kinderen dit verbieden, worden als een beetje vreemd gezien.
Het meeste gedrag is terug te leiden tot de opvoeding. Waarom zou het drinken van jongeren hierop een uitzondering zijn? Ouders stellen zich, als het alcohol betreft, zeer toegeeflijk op. Laatst was op tv een vader te zien die kratten (!) bier voor zijn zoon ging kopen, omdat de zoon in verband met zijn leeftijd ze nog niet kon kopen. Ouders vinden het prima dat hun kinderen van 15 of 16 in de zomervakantie naar een feest- en zuipbestemming vertrekken.
Hier moet wat aan veranderen en dat kan ook. Ik denk dat ouders niet meer vriendelijk om de dronkenschap van hun kinderen lachen als zij daar een boete van 500 euro voor moeten betalen en bij herhaling een hogere boete. Twee keer zo'n boete zal voor veel mensen betekenen dat er flink bezuinigd moet worden op bijvoorbeeld de vakantie. Op deze manier ligt de verantwoordelijkheid voor het gedrag van kinderen waar die hoort te liggen: bij de opvoeders. Ouders hebben de taak hun kinderen fatsoensregels bij te brengen. Ook moeten ouders hun kinderen beschermen, ook tegen de kwalijke gevolgen van alcohol.

Kortom, van alle oplossingen voor het probleem van de te jonge, te veel drinkende jongeren is er één die goed zal werken: stel de ouders van jongeren die alcohol gebruiken strafbaar. We zullen zien dat het aantal gevallen van comazuipen en alcoholvergiftiging en het aantal verkeersongelukken veroorzaakt door jongeren onder invloed, sterk zullen dalen. Dat is goed voor iedereen, de jongeren en de maatschappij. Opvoeden houdt niet op bij de puberteit.

Opdracht 5

Schrijf op basis van het onderstaande blokjesschema een betoog van ongeveer 300 woorden.

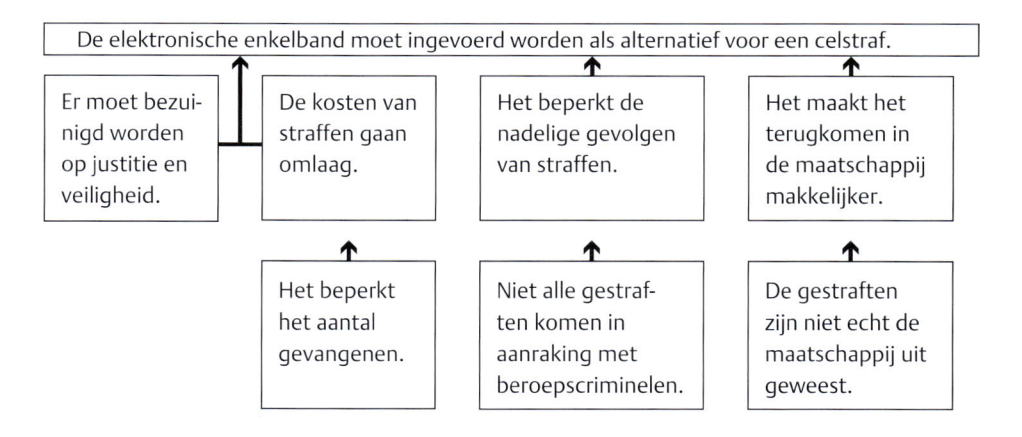

De elektronische enkelband moet ingevoerd worden als alternatief voor een celstraf.

- Er moet bezuinigd worden op justitie en veiligheid.
- De kosten van straffen gaan omlaag.
  - Het beperkt het aantal gevangenen.
- Het beperkt de nadelige gevolgen van straffen.
  - Niet alle gestraften komen in aanraking met beroepscriminelen.
- Het maakt het terugkomen in de maatschappij makkelijker.
  - De gestraften zijn niet echt de maatschappij uit geweest.

Praktijk P

- Kies A, B of C.
- Documenteer je.
- Noteer je hoofdgedachte.
- Kies een tekststructuur die past bij het publieksstandpunt. Als je zelf vóór de stelling bent, ga je uit van een publiek met een negatief standpunt. Als je zelf tegen de stelling bent, ga je uit van een publiek met een standpunt van twijfel.
- Maak een bouwplan voor een betoog bij je hoofdgedachte.
- Schrijf een betoog van 600 à 750 woorden.
- Laat de eerste netversie van je betoog door een klasgenoot nakijken met behulp van het commentaarformulier zakelijke teksten.
- Maak op basis van het commentaar de definitieve versie.

A Leerlingen met een label
In elke middelbareschoolklas zit een aantal leerlingen met wie 'iets' is: ze zijn dyslectisch, ze hebben last van dyscalculie, ze zijn autistisch, ze hebben PDD-NOS. In het onderwijs wordt steeds meer rekening met dergelijke leerlingen gehouden. De vraag is in hoeverre

↓ dat altijd terecht is: moet iemand die niet goed kan rekenen met andere normen beoordeeld worden dan iemand die wel goed kan rekenen?

Schrijf een betoog voor of tegen de stelling 'In het onderwijs wordt te veel rekening gehouden met leerlingen met een label'.

B Roken verbieden
Enkele tientallen jaren geleden rookte de meerderheid van de Nederlanders. Toen steeds meer vrouwen gingen roken, werd dat als een teken van emancipatie gezien, niet als iets slechts of ongezonds. Inmiddels is dat wel anders: mensen wordt het steeds moeilijker gemaakt om te roken. Is het niet beter om zowel roken als de verkoop van tabak helemaal te verbieden?

Schrijf een betoog voor of tegen de stelling 'Roken moet helemaal verboden worden'.

C Studie zelf betalen
In de Verenigde Staten is het de gewoonte dat (groot)ouders bij de geboorte van een (klein)kind een spaarrekening openen om later de studie van dat kind te kunnen betalen. In Nederland vindt men het de gewoonste zaak van de wereld dat onderwijs zo goed als gratis is. Universitaire studies kosten veel geld en degenen die afgestudeerd zijn, gaan in de regel vrij veel verdienen. Zou het niet beter zijn als studenten zelf de kosten van hun studie voor hun rekening nemen?

Schrijf een betoog voor of tegen de stelling 'Studenten moeten hun eigen studie betalen'.

Ik kan:
- (4F) in een betoog standpunten vrij uitvoerig uitwerken en ondersteunen met ondergeschikte punten, redenen en relevante voorbeelden.
- (4F) relevante argumenten voor het betoog inzichtelijk weergeven.
- (4E) anticiperen op het standpunt van het publiek en een bewuste keuze maken voor een passende tekststructuur.
- (4E) zelfstandig een bouwplan maken en daarbij gebruik maken van een vaste tekststructuur.
- (3E) mijn tekst herschrijven op basis van feedback.
- (4F) duidelijk aangeven wat de hoofdzaken zijn en wat ondersteunend is in het betoog.
- (4F) een betoog schrijven op basis van verschillende bronnen.

Schrijfvaardigheid > 2 Schrijfdoelen en tekstvormen > 3 Overtuigen: column

Paragraaf 3

Overtuigen: column

Een column is een korte tekst waarin de auteur zijn commentaar geeft op een recente gebeurtenis of ontwikkeling. Dat kan uiteenlopen van huishoudelijke voorvallen tot incidenten op het wereldtoneel.

De column is verwant aan het essay <zie Schrijfvaardigheid blz. 11>, dat een onderwerp breder en meer diepgravend behandelt. Een column blijft bijna altijd luchtig, ook als de auteur zich opwindt over een zaak.

Een column bevat vaak:
- de mening van de schrijver over een bepaalde zaak of gebeurtenis;
- een persoonlijke kijk of invalshoek van de schrijver op een bepaalde gebeurtenis of zaak;
- humor (met name ironie).

Tips voor het schrijven van een column:
- Beschrijf de gebeurtenis die de aanleiding vormt voor je column.
- Geef je commentaar op die gebeurtenis.
- Als je humor gebruikt: blijf mild en vermijd bijtende spot.

Opdracht 6

Lees tekst 4 en beantwoord de vragen.
1. Wat is het onderwerp van deze column?
2. Naar aanleiding van welke twee zaken is deze column geschreven?
3. Wat is de mening van de schrijver over het onderwerp en de aanleidingen?
4. Waaruit bestaat de persoonlijke invalshoek van de schrijver?
5. Noteer enkele gevallen van ironie.

Tekst 4

Een ruitje inschieten met een bal. Dat vinden wij mannen lekker!

Aangezien ik uit een gezin kom waarin Theo Thijssen hoog in aanzien stond, besloten mijn ouders, met name mijn moeder die zelf les gaf, dat ik onderwijzer zou worden. En zo voltooide ik de kweekschool. Met hoofdakte, zodat ik ook nog gymnastiek- en muziekles mag geven. 'Kweekschool' heb ik altijd een mooi woord gevonden. Maar net als het bijna aangrijpende 'lagere school' is het gesneuveld onder de messen van de onderwijsvernieuwers. De kweekschool heet tegenwoordig: Pedagogische Academie voor het Basisonderwijs.
Lang heeft mijn carrière als onderwijzer niet geduurd. Mijn eerste les was meteen mijn laatste. Ik moest invallen op een school in een Amsterdamse achterstandswijk, toen nog gewoon aangeduid met 'achterbuurt'. Het was een zesde klas. De kinderen waren bijna even oud als ik, want het zittenblijverspercentage was erg hoog. De jongens waren schoffies en de meisjes hadden al borsten. In de pauze werden melkflesjes uitgedeeld. Een van de jongens prikte met zijn rietje door de aluminium dop, zoog zijn rietje vol en spoot de melk in de nek van het meisje voor hem. Snel werd dit voorbeeld nagevolgd en even later breidde het melkgevecht zich uit tot de hele klas. Op het hoogtepunt zwaaide de deur open en stapte het hoofd der school binnen om te kijken hoe ik het ervan afbracht. Ik werd naar huis gestuurd – de kinderen niet – en ik ben nooit meer teruggegaan. Van de kweekschool herinner ik mij dat er ongeveer evenveel aankomende onderwijzers als onderwijzeressen in mijn klas zaten. Die verhouding is totaal veranderd. Deze week stond in *Het Parool* een paginagrote advertentie van de Hogeschool Pabo, waarin de afgestudeerde studenten werden gefeliciteerd. Ik telde zo'n tweehonderd namen. Veel Bianca's, Daniëlles, Liannes en Maaikes. Jongens kwam ik in de lange lijst nauwelijks tegen. Na lang zoeken vond ik er vijf: Dave, Jeroen, Joost, Robbert en Sten. Gefeliciteerd, boys!
Ik probeer mij voor te stellen hoe het is als enige jongen in een klas met meisjes te zitten. Heerlijk! Dat is de eerste reactie, maar hoe langer je erover nadenkt, hoe ellendiger het wordt. Er gaat niets boven het gezelschap van vrouwen, maar de man die uitsluitend door vrouwen wordt omringd, zal aan de knuffeldood ten onder gaan.

Waarschijnlijker is het dat hij zich al eerder heeft opgeknoopt, omdat al die bazigheid hem te veel werd.
U kunt misschien ook invoelen hoe het voor jongetjes moet zijn om op de basisschool – ik krijg dat woord nauwelijks uit mijn strot – nooit een mannelijke onderwijzer te hebben gehad. Mijn zoon (11) gaat dat overkomen. Altijd maar vrouwen die jonge kinderen lesgeven, en nooit eens een échte kerel, dat moet op den duur rampzalige sporen nalaten. Onlangs onderzochten Jantine Split, Helma Koomen en Suzanne Jak voor de gezamenlijke Amsterdamse universiteiten 'de invloed van het geslacht van de leerkracht en leerling op de kwaliteit van de onderlinge relatie'. Zij kwamen tot de conclusie dat onderwijzeressen zowel met meisjes als met jongens 'een betere affectieve relatie' onderhouden. Bij een affectieve relatie horen steekwoorden als 'genegenheid, warmte en open communicatie', alsmede 'strijd, negatieve gevoelens en vragen om hulp en aandacht'.
Met alle respect, maar ik geloof die uitkomst niet. In de eerste plaats zijn het altijd weer vrouwen die dit soort onderzoek verrichten. Die hebben toch een heel ander idee van wat wij onder affectieve relaties moeten verstaan. Lekker duwen en trekken, een ruit inschieten met een bal, met schaken je tegenstander vernederen, fijn de kussens stukslaan op schoolreisjes, dat soort activiteiten behoren bij vrouwen al snel tot het domein van het negatieve, terwijl mannen die eerder zullen beschouwen als een enorme bevrijding waarmee het juk van de dagelijkse gehoorzaamheid wordt afgeworpen.

Het is goed verklaarbaar dat vrouwen het lager onderwijs praktisch geheel hebben overgenomen. Leerkrachten worden slecht betaald. Voor mannen biedt het onderwijzerschap kennelijk weinig carrièremogelijkheden. Voor vrouwen – die meer behoefte hebben aan deeltijdbanen – is het lager onderwijs ideaal. Mijn zoon heeft niet één juf, maar altijd twee en soms zelfs drie. Kennelijk zit die versplintering de affectieve relaties van Jantine Split en de haren niet in de weg. Vooruit Dave, Jeroen, Joost, Robbert en Sten, zet een nieuwe trend! En loop niet weg, zoals ik dat heb gedaan. Zonder jullie geen hoop.

Naar: Max Pam, de Volkskrant, 20 juli 2012

Opdracht 7

Zoek in een krant, een tijdschrift of op internet drie columns van één auteur.
Print ze en neem ze mee.

1. Noteer de onderwerpen waar de columns over gaan.
2. Zie je een verband tussen de verschillende onderwerpen?
3. Op welke wijze begint de auteur zijn columns?
4. Is hier een overeenkomst aan te wijzen?
5. Welke vormen van humor gebruikt de auteur in zijn columns?
6. Als je deze auteur zou willen nadoen, welke elementen zou je dan gebruiken?

Praktijk P

- Kies A, B, C of D.
- Schrijf een column van ongeveer 500 woorden naar aanleiding van de gebeurtenis.
- Laat de eerste netversie van je column door een klasgenoot nakijken met behulp van het commentaarformulier zakelijke teksten. *<zie Schrijfvaardigheid blz. 58-59>*

    A een actuele gebeurtenis
    B een voorval tijdens een (buitenlandse) excursie
    C (het nut van) eindexamenstunts
    D open dagen

Ik kan:

- **4F** in een column standpunten vrij uitvoerig uitwerken en ondersteunen met ondergeschikte punten, redenen en relevante voorbeelden.
- **4F** schrijven in een persoonlijke stijl die past bij een beoogde lezer.
- **4F** een ruime en zeer gevarieerde woordenschat inzetten.

Paragraaf 4

Opiniëren: beschouwing

Een beschouwing is een tekst die de lezer aan het denken wil zetten over een bepaalde kwestie.

Het onderwerp van een beschouwing is een probleem of kwestie. In je tekst maak je duidelijk om welk probleem of welke kwestie het gaat, en belicht je het onderwerp van verschillende kanten.
Je geeft net als in een uiteenzetting veel feiten, maar je doet meer. Je geeft bijvoorbeeld:
- uitleg waarom iets een probleem is;
- verschillende verklaringen/oorzaken voor het probleem;
- verschillende oplossingen voor het probleem;
- de voor- en nadelen van de voorgestelde oplossingen;
- verschillende meningen van deskundigen (over de kwestie, over de oplossingen);
- verschillende meningen van betrokkenen.

In een beschouwing staan – net als in een betoog – meningen. Het verschil is echter dat je de lezer niet wilt overtuigen van jouw mening. In een beschouwing laat je het oordeel aan de lezer over. Je geeft de lezer de mogelijkheid tot het vergelijken van verschillende opvattingen, zodat hij een *eigen* conclusie kan trekken: een *eigen* standpunt over de kwestie kan bepalen.

De hoofdgedachte van een beschouwing is vaak een uitspraak die in het meervoud staat. Bijvoorbeeld:
- *Er zijn veel mogelijkheden om een geschikte partner te vinden.*
- *Er zitten zowel voor- als nadelen aan het aanleggen van extra rijbanen bij de snelwegen in de Randstad.*
- *De meningen over de oplossing van het conflict in het Midden-Oosten lopen ver uiteen.*

De volgende tekststructuren zijn geschikt voor een beschouwing:
- voor- en nadelenstructuur;
- probleem/oplossingstructuur;
- verklaringsstructuur.
  <zie Leesvaardigheid blz. 12>

Aandachtspunten voor het schrijven van een beschouwing:
- Zorg ervoor dat je je goed documenteert.
- Blijf objectief.
- Als je de meningen van personen weergeeft, geef de functie en/of betrokkenheid van die personen dan duidelijk aan.
- Als je je eigen mening geeft, zorg er dan voor dat je de lezer niet probeert te overtuigen van de juistheid van jouw mening.

Opdracht 8

Lees tekst 5, een slot van een beschouwing over de grote media-aandacht voor gezinsdrama's.
1 Dit slot past niet goed bij een beschouwing. Leg dat uit.
2 Wat heeft de schrijver in dit slot nog meer niet goed gedaan?

Tekst 5

Gezinsdrama's in de media

Ik vind het weliswaar begrijpelijk dat de media veel aandacht schenken aan de zogenaamde gezinsdrama's, maar dat daar uiteindelijk niemand mee gediend is. De belangrijkste reden die de media hebben om maar eindeloos andermans leed uit te venten, is geld. Hoe meer ellende, hoe meer kijkers, hoe meer reclame, hoe meer inkomsten. Nogmaals: begrijpelijk, maar wel afkeurenswaardig. En er is nog een argument dat nog niet eerder genoemd is: door dergelijke gezinsdrama's tot in detail op het scherm te brengen, gaan de media anderen misschien ook nog op verkeerde ideeën brengen. Ik pleit dus voor dezelfde terughoudendheid van de media ten aanzien van gezinsdrama's als die er al is ten aanzien van zelfmoorden.

Opdracht 9

Lees tekst 6 en beantwoord de vragen.
1. Op welke manier trekt de auteur in de inleiding de aandacht van de lezers?
2. Wat is het onderwerp van de tekst?
3. Wat is de hoofdgedachte van de tekst?
4. Welke tekststructuur herken je? Kies uit: voor- en nadelenstructuur, probleem/oplossingstructuur en verklaringsstructuur.
5. Welke bronnen heeft de auteur geraadpleegd?
6. Geeft de auteur voldoende informatie over het onderwerp? Licht je antwoord toe.
7. Wordt het onderwerp van voldoende kanten belicht? Licht je antwoord toe.
8. Is de auteur objectief? Licht je antwoord toe.
9. Welke elementen van een goed slot vind je hier?

Tekst 6

Is er genoeg vlees voor alle Chinezen?

Mogen de Chinezen net zoveel vlees gaan eten als wij westerlingen? Of beter: kan de planeet dat aan? In 2050 zullen de wereldbevolking en het welvaartsniveau zo hard zijn gestegen dat de vraag naar voedsel zal verdubbelen. En miljoenen extra mensen zullen zich vlees kunnen veroorloven, wat veel meer grondstoffen vergt dan een vegetarisch dieet. De landbouw kan dat alleen leveren als we verder intensiveren, zei Aalt Dijkhuizen, bestuursvoorzitter van Wageningen Universiteit, vorige week in *Trouw*. De Nederlandse landbouw is het duurzaamst en een voorbeeld voor de wereld, betoogde hij.

Het kwam hem op een storm van kritiek te staan. Want hoe kon een invloedrijke wetenschapper de plofkip accepteren – voor tegenstanders het symbool van alles wat er mis is met de intensieve veehouderij? 'Ik werd aan de schandpaal genageld', zegt Dijkhuizen. Ook in eigen kring klonk protest. Tien Wageningse hoogleraren schreven een brief aan de krant waarin zij afstand namen van Dijkhuizens uitspraken, die volgens hen eenzijdig waren.

Als het rumoer van de afgelopen week iets laat zien, is het wel dat het debat over het voedselvraagstuk vol spraakverwarring zit en is vergeven van de ideologische stellingnames. Ondertussen blijft de vraag staan: hoe gaan we de wereldbevolking voeden? Uit een rondgang langs zes Wageningse deskundigen, onder wie Aalt Dijkhuizen, wordt het volgende duidelijk: ze zijn het nergens met zijn allen over eens, behalve dat de nood om meer te produceren hoog is.

Neem de vraag waar de discussie over begon: moet de landbouw intensiever? Met andere woorden: moeten we streven naar een zo hoog mogelijke productie per hectare, ook als dat nadelig kan zijn voor het milieu en het dierenwelzijn? Dijkhuizen zegt daar nu over: 'Iedereen heeft recht op zijn eigen keuze, maar je moet er wel bij vertellen wat de consequenties zijn. Als je een kip meer ruimte

geeft, verhoog je het dierenwelzijn, maar hij heeft meer voer nodig omdat hij langzamer groeit. Als de Chinezen al hun kippen zo gaan houden, kost dat heel veel extra land voor de productie van voer. Waar moeten ze dat zoeken? In Brazilië, in de Ardennen, in Tanzania? De kip zal bovendien meer CO_2 uitstoten doordat hij langer leeft. En het vlees zal duurder zijn. Niet iedereen kan dat betalen.'
'Het zou goed zijn als we zouden erkennen dat de situatie met de plofkip is doorgeschoten', zegt Krijn Poppe. Hij is econoom aan het Landbouw Economisch Instituut van de universiteit. 'In het verleden zijn er ook fouten gemaakt met het mestbeleid. In Nederland zijn er organisaties en een kritische stadsbevolking die helpen de landbouw op zulke onderwerpen scherp te houden. Na verloop van tijd zie je dan dat er een corrigerend mechanisme in werking treedt, zoals nu met de acties tegen de plofkip.'
De situatie kan ook de andere kant op doorslaan, merkt Poppe. 'De hele wereld kan niet bestaan uit biologische landbouw. In delen van Afrika en Oost-Europa is de grond zo uitgemergeld dat kunstmest noodzakelijk is. Je kunt ook heel onduurzaam biologisch eten, als je met kerst biologische aardbeien laat invliegen uit Chili.'

In sommige gevallen vindt Poppe de Nederlandse intensieve landbouw een voorbeeld voor de wereld. 'Nederlandse boeren zijn hoogprofessioneel en verspreiden hun kennis over de hele wereld, bijvoorbeeld op het gebied van kassenbouw. Nederland is een innovatielab voor de landbouw.' Dat vindt Dijkhuizen ook. 'Met behulp van computers kunnen we nauwkeuriger kunstmest toedienen, of krachtvoer, of het oogstmoment bepalen. Kortom, meer produceren met minder input. Die kennis kunnen we dan weer exporteren. Als we de landbouw in Nederland extensiveren, zoals de tendens is, houden we die innovatiestroom niet op gang. We moeten niet het licht uitdoen.'
Volgens Cees Leeuwis, hoogleraar kennis, innovatie en technologie, is een tekort aan technologische kennis niet het grootste probleem. De meeste winst in productiviteit is te halen in ontwikkelingslanden, waar de graanoogsten vaak lager zijn dan een ton per hectare, terwijl een hectare in onze streken tien tot twaalf ton oplevert. 'In ontwikkelingslanden zit het probleem vaak in kwesties als landrechten, de beschikbaarheid van krediet of de toegang tot de markt. Daar is ontzettend veel winst te boeken.'
Vaak zijn laagtechnologische methodes geschikter om de voedselproductie in die landen te verhogen, meent Leeuwis. 'Ik kom net terug uit Ecuador. Daar zijn hacienda's waarvan de bodem sterk is gedegradeerd. Toch lukt het om bepaalde delen weer in oases te veranderen, bijvoorbeeld met behulp van waterconservering.

Dat is ook intensivering, maar dan heel anders dan in Nederland. Het levert een enorme verbetering in de productiviteit op.'

Pablo Tittonell, hoogleraar ecologie van landbouwsystemen, wil een stap verder. Volgens hem moet het teveel aan kunstmest, pesticiden en water dat in de noordelijke landen zorgt voor milieuproblemen en landbouwoverschotten, worden gebruikt om de landbouw in de zuidelijke landen een 'kickstart' te geven. Dat betekent dus extensivering van de landbouw in het noorden. Dat hoeft niet te betekenen dat de productiviteit lager wordt. Er is een biologische boer in Zeeland die negen ton tarwe van een hectare haalt. Er is alleen meer onderzoek nodig om zulke oogsten vaker te bereiken.
Tittonell wijst er verder op dat er nog veel winst kan worden behaald met het tegengaan van voedselverspilling. 'Waarschijnlijk kunnen we het voedselaanbod zo al met 20 procent verhogen. Een voorbeeld: als een boer een krop sla oogst, haalt hij de buitenste bladeren eraf omdat dat er mooier uitziet. De supermarkt doet hetzelfde, en de consument thuis ook. Zo gooien we de helft weg.'

Volgens Han Wiskerke, hoogleraar rurale sociologie, gaat het niet alleen om productieverhoging, maar ook om de toegang tot dat voedsel. 'In veel ontwikkelingslanden werkt 70 tot 80 procent van de beroepsbevolking in de landbouw. Als je daar grootschalig en intensief gaat produceren, kan dat ten koste gaan van veel werkgelegenheid in de landbouw, en er is onvoldoende ander werk om dat op te vangen. Het gevolg is onvoldoende koopkracht en geen terugvalmogelijkheid op zelfverbouwd voedsel. Zo kan intensivering zelfs tot meer honger leiden.'
Duurzaamheid is geen absoluut begrip, vervolgt Wiskerke. 'Het is altijd tijd- en plaatsgebonden. De definitie is niet beperkt tot de laagste ratio van input en kilogram eindproduct. Voor de intensieve dierhouderij in Nederland is veel landbouwgrond in het buitenland nodig. Je onttrekt mineralen daar en creëert overmatige emissies hier. Je kunt natuurlijk het mestoverschot verwerken en verrijkte mest terugsturen naar die landen. Maar dierenwelzijn speelt ook een rol. Persoonlijk vind ik dat plofkip niet kan. Het is ook niet te eten trouwens.'

Rudy Rabbinge, emeritus hoogleraar duurzame ontwikkeling en voedselzekerheid, vindt de hele intensiveringsdiscussie verkeerd. 'Het is de verkeerde uitdrukking', zegt hij. 'Externe inputs zoals kunstmest en bestrijdingsmiddelen moeten niet het uitgangspunt zijn. Je moet kijken naar wat er geproduceerd moet worden, en dan op welke grond en op welke wijze dat het beste kan. Aan de hand daarvan bepaal je welke externe hulpmiddelen er nodig zijn. Twintig jaar geleden heb ik hier al een studie over gedaan op Europees niveau. Toen bleek dat we met 60 procent van de landbouwgrond, met minder dan 20 procent van de gebruikte pesticiden en met minder dan 40 procent van de gebruikte kunstmest konden voldoen aan de voedselvraag binnen Europa.' Wereldwijd is dat ook haalbaar, zegt Rabbinge. 'Met China als uitzondering. Dat heeft 8 procent van het wereldwijde landbouwareaal en 20 procent van de wereldbevolking.'

De Nederlandse landbouw strekt zonder meer tot voorbeeld voor de wereld, vindt Rabbinge. 'Veel bedrijfstakken binnen de landbouw scoren hoog op het gebied van concurrentiekracht en duurzaamheid, zoals de productie van pootaardappelen en groentezaden. De paardenfokkerij is beroemd. Maar op een aantal plekken zijn we uit de bocht gevlogen, zoals bij de intensieve varkenshouderij. Die sector is alleen gericht op kostenbesparing en gaat niet uit van de kwaliteit van het eindproduct.'
Bestuursvoorzitter Dijkhuizen is en blijft echter bang dat het allemaal niet snel genoeg gaat. 'We realiseren ons niet hoeveel er moet gebeuren. Elk jaar is er 2 tot 3 procent meer voedsel nodig en je haalt het niet meer in als je achterloopt. We kunnen wel zeggen dat we gewoon minder moeten eten in het Westen, maar gedragsverandering is moeilijk. De Chinezen zullen daar hun kaarten niet op durven zetten.' Ecoloog Tittonell denkt dat de Chinese vraag naar vlees best eens kan gaan meevallen. 'Veel mensen kijken naar China als een veelkoppig monster', zegt hij. 'Maar het debat over vlees zal daar ook gevoerd gaan worden. Nu al worden miljoenen hectares in China milieuvriendelijker bebouwd dan vroeger.'

De geleerden zijn het dus eens over het feit dat er iets moet gebeuren om de wereldbevolking van voedsel te voorzien, omdat het op de huidige manier met een gestaag groeiend aantal mensen mis moet lopen. Maar daar houdt hun eensgezindheid op: over de manier waarop er in de nabije toekomst voedsel geproduceerd moet worden, denkt men, zachtjes uitgedrukt, zeer uiteenlopend. Misschien dat de redding niet uit Wageningen maar uit China moet komen. Tittonell: 'China wordt de volgende agrarische supermacht. Over vijftig jaar moeten we misschien naar China toe om nieuwe landbouwtechnieken te leren.'

Naar: Hanneke Chin-A-Fo, NRC Handelsblad, 14 september 2012

Praktijk

- Kies A, B of C.
- Documenteer je.
- Noteer je hoofdgedachte.
- Kies een geschikte tekststructuur.
- Maak een bouwplan voor een beschouwing bij je hoofdgedachte. Noteer minstens drie deelonderwerpen.
- Schrijf een beschouwing van 700 à 900 woorden.
- Laat je beschouwing door een klasgenoot nakijken met behulp van het commentaarformulier zakelijke teksten.
- Maak op basis van het commentaar de definitieve versie.

A E-readers
Steeds meer boeken zijn verkrijgbaar als e-book. Heb je thuis een e-reader of een tablet, dan kun je eenvoudig een boek downloaden en dat dan op dat apparaat lezen. Voor lezers biedt een e-reader op het eerste gezicht alleen maar voordelen. Voor schrijvers en uitgevers is dat niet zo. Er zijn vele duizenden boeken te downloaden zonder dat daarvoor betaald hoeft te worden – en dat is natuurlijk niet de bedoeling.

Niet iedereen is dus even blij met deze nieuwe mogelijkheden. Er zijn zelfs mensen die beweren dat het e-book een bom onder het uitgeefvak is. Er zijn ook uitgevers die juist vele nieuwe mogelijkheden zien. Zal het papieren boek over dertig jaar nog bestaan, zullen er nog 'ouderwetse' boekwinkels zijn? Zullen er veel meer of juist veel minder titels verschijnen?

B Oude moeders
In Friesland werd een alleenstaande vrouw op 63-jarige leeftijd moeder. In Italië is een arts werkzaam die vrouwen ongeacht hun leeftijd helpt zwanger te worden. Deze vrouwen

hebben de leeftijd waarop veel vrouwen al grootmoeder zijn. Dat de medische wetenschap het op hoge leeftijd zwanger raken mogelijk heeft gemaakt, betekent voor vrouwen dat zij eerst carrière kunnen maken en daarna pas een gezin stichten. Kinderen van deze moeders zullen waarschijnlijk vrij jong wees worden.

Veel mensen keuren het af dat vrouwen op hogere leeftijd nog kinderen krijgen, terwijl niet veel mensen vallen over oudere vaders. Hoe zou dat komen? Als vrouwen pas 'later' kinderen krijgen, welke gevolgen heeft dat dan? Zouden er misschien grenzen gesteld moeten worden aan de leeftijd waarop vrouwen kinderen mogen krijgen?

C Tradities

Op bijna elk gebied bestaan er tradities. Alles wat gevierd wordt, wordt mede gevierd omdat het een traditie is, omdat 'het zo hoort'. Sinterklaas, Bevrijdingsdag, luilak zijn bekende voorbeelden. Tradities die dreigen te verdwijnen, worden door speciale comités levend gehouden. Bijna verdwenen tradities blijken na jaren weer springlevend. Sommige tradities worden zelfs officieel beschermd door ze tot cultuurgoed te bestempelen.

Tradities hebben verschillende functies, zoals het bevorderen van de sociale cohesie en het in stand houden van de maatschappelijke stabiliteit. Tegelijkertijd houdt het in stand houden van tradities veranderingen, en dus ook vooruitgang, tegen. Wat is het nut van het hebben van tradities? Welke voor- en nadelen zitten er aan?

Ik kan:
- 3E mijn tekst herschrijven op basis van feedback.
- 3F een beschouwing schrijven op basis van verschillende bronnen.
- 4E zelfstandig een bouwplan maken en daarbij gebruikmaken van een vaste tekststructuur.
- 4F een tekst schrijven met een beschouwend karakter waarin verbanden worden gelegd tussen afzonderlijke onderwerpen.

Schrijfvaardigheid > 2 Schrijfdoelen en tekstvormen > 5 Opiniëren: essay

Paragraaf 5

Opiniëren: essay

Een essay is een beschouwende tekst over een literair, maatschappelijk of wetenschappelijk onderwerp. De schrijver geeft zijn weldoordachte en goed beargumenteerde opinie over dat onderwerp op basis van eigen of andermans onderzoek.

Het essay onderscheidt zich van de column door zijn grotere omvang en door de diepgang die in een column niet gerealiseerd kan worden. Het onderscheidt zich van de beschouwing door het persoonlijke element. Een essay is meestal niet gericht op de actualiteit.

Tips voor het schrijven van een essay:
– Laat duidelijk zien wat de achtergrond en de aanleiding voor je verhandeling is.
– Gebruik alleen relevante persoonlijke ervaringen ter illustratie.

Opdracht 10

Lees tekst 7 en beantwoord de vragen.
1 Wat is het onderwerp van dit essay?
2 Naar aanleiding waarvan is dit essay geschreven?
3 'Het zou mooi zijn als het onderwijs de bonobo in ons stimuleerde.' (slot) Leg uit wat de schrijver hiermee bedoelt.
4 Waarom vinden de schrijver en Robert Kennedy morele moed zo'n belangrijke eigenschap?

Tekst 7

Stamp het stamdenken er niet in

'Leerlingen uit een klas vormen samen een groep. Maar ze horen ook bij andere groepen.' Het is bladzijde één van *Team*, de methode maatschappijleer voor het vmbo. Op het tekstje volgt een opdracht: 'Noem vijf groepen waar jij bij hoort.'
In de speech die ik gisteren in de plenaire zaal van de Tweede Kamer mocht houden op de Docentendag Maatschappijleer wilde ik het al over groepsdenken hebben. Toen ik ter voorbereiding lesboeken maatschappijleer doornam, besefte ik hoe indringend groepsdenken wordt gestimuleerd in de maatschappij waarover deze docenten lesgeven. Op bladzijde 11 van *Team*, onder het kopje 'Cultuur', lezen we: 'Mensen leven in groepen. Cultuur is de manier waarop mensen in een groep samenleven.' Opdracht 23 luidt: 'Elke groep heeft eigen normen en waarden. Als je bij die groep wilt horen, moet je je aanpassen aan die normen en waarden.' Een hoofdstuk over opvoeding in het gezin: 'Om niet buiten de groep te vallen pas je je aan.' En: 'Wie zich niet aan deze regels houdt, gedraagt zich niet "normaal" en wordt niet geaccepteerd.'
Ik noem hier lang niet alles, er komt geen eind aan: 'Je wilt erbij horen', staat er. 'En daarvoor moet je je op een bepaalde manier gedragen.'

Een welwillende lezing zou kunnen zijn dat *Team* de leerling slechts aanspoort om zich netjes te gedragen tegenover anderen. Maar dat is niet terug te vinden onder het kopje 'Erbij horen': 'Om bij een groep te horen, houd je rekening met wat anderen in de groep vinden. Je gedraagt je zoals er van je verwacht wordt. (...) Wanneer je je niet aanpast, treedt de groep of een groepslid op als agent die jou een bekeuring geeft. "Doe eens normaal!", "Dat doe je toch niet?"'
We leren: 'Mensen die veel overeenkomsten hebben, delen we in groepen in, bijvoorbeeld: Marokkanen, Duitsers,

moslims, christenen, jongeren, ouderen, blondjes, skaters, hardrockers en ga zo maar door.'

Goed, er wordt gewaarschuwd voor stereotypen, vooroordelen en generalisaties. En andere lesboeken zijn minder rigide. Maar nergens wordt dat indelen in groepen op zichzelf uitdrukkelijk ter discussie gesteld. Of gevraagd: zijn er ook mensen die niet de hele tijd bij een groep horen? Er niet bij wíllen horen? Individualisme kwam ik al lezend vooral tegen als iets lastigs. Een mogelijke bedreiging voor de normen en waarden bijvoorbeeld. Een probleem bij de afweging tussen verscheidene grondrechten.

Een docente bezweert mij dat de aannames in het boek bij de behandeling in de klas onderuit worden gehaald. Hopelijk. Hoe dan ook zijn ze een adequate verwoording van een breder mens- en maatschappijbeeld. In het vmbo-boek zien we dat het duidelijkst, omdat het daarin het eenvoudigst is verwoord.

Ik had in elk geval weinig moeite om in de instructies voor de vmbo-leerlingen de richtlijnen te herkennen voor de mensen die normaal de blauwe Kamerzetels bezetten. Niet dat ik me verzet tegen partijvorming – uiteraard niet – maar er is wel wat aan de hand met hoe die partijen functioneren: als sektes. Op mijn netvlies staat nog altijd wat er gebeurde toen ik ooit Jeanine Hennis interviewde, nu minister van Defensie en toen VVD-Kamerlid. In dat interview had ze open en direct geantwoord op mijn vragen – een zeldzaamheid aan het Binnenhof, weet ik inmiddels – en gepleit tegen het dragen van religieuze symbolen in openbare functies. Christelijke partijen waarmee de VVD toen samenwerkte, waren niet blij. Maar hun openlijke reactie viel in het niet bij de interne schrobbering die ze kreeg. Ze mocht van de VVD-top geen dingen meer zeggen die geen partijstandpunt waren en buiten haar 'portefeuille' vielen. En ze zou voortaan altijd een persvoorlichter meekrijgen.

Onbeantwoord bleef hoe je van je eigen standpunt ooit een partijstandpunt kunt maken met een spreekverbod.

Stilstaand water

Maar het is de conventionele wijsheid in Den Haag: een verdeelde partij wint geen verkiezingen en onder verdeeldheid wordt niet slechts persoonlijke ruzie verstaan maar ook verschil van mening, hetgeen toch eigenlijk de kern van de democratie zou moeten zijn. Voorbeelden van gedisciplineerde partijen met mooie uitslagen bij de stembus worden graag aangehaald. Dat die partijen na zo'n periode van succes meestal weer ten onder gaan in de stank van stilstaand water, wordt genegeerd. Het idee dat je ook interessant kunt zijn door levendige discussie – zie een poos lang de neoconservatieven in de VS of dichterbij de PvdA van Den Uyl – heeft weinig aanhang.

Nu is die groepsvorming in de Tweede Kamer ten minste nog geformaliseerd. Het gekke is, als we buiten die plenaire zaal kijken, in het publiek debat – op opiniepagina's, tv of Twitter – is het niet veel anders.

Want wat zie je? Er komt iets in het nieuws. Direct beginnen deelnemers aan dat publieke debat de gegevens eruit te pikken waarmee zij de ideeën kunnen bekrachtigen die ze toch al hadden. En listen te verzinnen om onwelgevallige informatie juist weg te redeneren. Er wordt alleen maar gescand op munitie: zit er iets in wat je opstelling kan versterken of die van een ander kan verzwakken? Het is niet een inhoudelijk standpunt bepalen, dat door nieuwe inzichten steviger kan worden óf kan wijzigen, maar een persoonlijke positie innemen. Niet: wat vind ik en waarom? Maar: bij wie hoor ik en hoe kan ik dat aantonen? Ben ik links of rechts? Islamofiel of islamofoob? Pro-Europa of anti? Elite of volk? Publiek of commercieel?

Veel informatie is vaak niet nodig. Hoe minder, des te beter eigenlijk. Als we over verdachten die een grensrechter hebben doodgeschopt slechts twee dingen weten: dat ze voetballen en welke etnische afkomst ze hebben, is dat genoeg. De ene groep zal zonder verdere feiten van de zaak te kennen de verhuftering in het voetbal hekelen. De andere groep ziet er voldoende basis in om het Marokkanenprobleem aan de kaak te stellen.

De Amerikaanse filosoof en activist Austin Dacey heeft mij daar eens een term voor aangereikt: tribalism. Stamdenken. Het publiek debat is verworden tot een stammenstrijd.

Tv versterkt dit proces. Als Israël een bombardement begint in de Gazastrook, hoeven ze op de redactie van Pauw & Witteman niet lang na te denken. Ze bellen die ene zelfde Palestijnse politicoloog en iemand van Likoed Nederland, zetten beiden aan tafel, gooien er 50 eurocent in en húp, daar komen de welbekende teksten. Duren de bombardementen langer dan een dag? Dan zijn ook Anja Meulenbelt en Leon de Winter nog nodig om de zendtijd te vullen.

Ook internet en sociale media – al zijn het verrijkingen van onschatbare waarde – werken het stamdenken in de hand. Internet kan een tunnel zijn. Zelfs in de meest partijdige krant van Nederland kun je bij het bladeren nog weleens onwelgevallige berichten tegenkomen, die je aan het twijfelen brengen. Op tv zap je daar misschien eens langs. Op internet kun je het jezelf makkelijker maken en je alleen maar laven aan alles wat je verwachtingen inlost.

Een onderzoek van de Berkeley Universiteit toont aan dat mensen die eenmaal informatie op een blog hebben gelezen die aansluit bij wat ze toch al vonden, niet meer van hun mening zijn af te brengen, ook al krijgen ze direct daarna te horen dat de informatie onjuist was en worden ze van correcties voorzien. Feiten helpen dus vaak niet.

↓

En op Twitter is de verleiding groot – ik bezwijk daar zelf ook voor – om onmiddellijk iets te vinden van wat er gebeurt. Niet laten bezinken, niet heroverwegen, meteen kleur bekennen. En probeer maar eens, nadat je je eenmaal publiekelijk hebt uitgesproken, terug te komen van je standpunt.

Bonobo's
Het schijnt dat dat groepsgedrag, waaraan het lesboek zoveel aandacht besteedt, ons mensen niet eens hoeft te worden aangeleerd. Volgens biologen zijn we van nature groepsdieren. Toch hebben we een keus. De bioloog Frans de Waal wijst erop dat we daarin wel bijzonder zijn. We verschillen van de meeste andere groepsdieren doordat we vaak in een klein gezelschap opereren of zelfs alleen. Dat kan óók worden aangemoedigd. We schijnen dat gemeen te hebben met bonobo's. Of misschien aansprekender: met dolfijnen.
De meeste scholen zullen keurig onderwijzen dat je groepen niet mag discrimineren: zwarten, gelovigen, homo's of wie dan ook. Maar hoeveel aandacht is er voor mensen die geheel van de groepsnorm afwijken? Hoe goed kan de jongere zich in discussies over groepen herkennen wiens familie uit een heleboel verschillende etniciteiten bestaat? Hoe goed de jongere met een moslimachtergrond die in zijn hart Allah heeft verworpen? Hoe goed de leerlinge die in het mooiemeisjesgroepje zit om met jongens te flirten, maar ook omdat ze die andere meisjes zo mooi vindt? En wat doen docenten? Houden ze de buitenbeentjes voor dat die zich moeten aanpassen aan de normen en waarden van de groep, om erbij te horen? Of leren ze hun dat afwijken van waarde kan zijn?
Het zou mooi zijn als het onderwijs de bonobo in ons stimuleerde. Of de dolfijn dus. Zodat de spraakmakende gemeente een generatie verder niet langer uit stamdenkers bestaat, indachtig het citaat van Robert Kennedy: 'Weinigen zijn bereid om de afkeuring van hun metgezellen te trotseren, de kritiek van hun kompanen, de gramschap van hun samenleving. Morele moed is een zeldzamer goed dan dapperheid op het slagveld of grote intelligentie. Terwijl juist die essentiële eigenschap nodig is voor degenen die een wereld willen veranderen, een wereld die zich slechts met veel pijn en moeite laat veranderen.'

Naar: Kustaw Bessems, de Volkskrant, 2 februari 2013

Praktijk
P

- Kies A, B, C of D.
- Schrijf een essay van 1000-1200 woorden.
- Maak een bouwplan.
- Laat de eerste netversie van je essay door een klasgenoot nakijken met behulp van het commentaarformulier zakelijke teksten.
   - A Een goede buur is beter dan een verre vriend
   - B Met de stroom mee of ertegenin?
   - C Bekende Nederlanders (die bijna niemand kent)
   - D Een nieuwe omgeving, een nieuwe start?

Ik kan:

- **4F** schrijven in een persoonlijke stijl die past bij een beoogde lezer.
- **4F** verschillende registers hanteren en heb geen moeite om het register aan te passen aan de situatie en het publiek.
- **4F** een complexe gedachtegang goed en helder weergeven.

Controle hoofdstuk 2

- Wat is het schrijfdoel van een uiteenzetting?
- Welke tekststructuren zijn geschikt voor een uiteenzetting?
- Welke tekststructuren kun je gebruiken als je een betoog schrijft voor een publiek met een standpunt van twijfel?
- Welke tekststructuren kun je gebruiken als je een betoog schrijft voor een publiek met een negatief standpunt?
- Welke elementen bevat een column?
- Wat is het schrijfdoel van een beschouwing?
- Welke tekststructuren zijn geschikt voor een beschouwing?
- Wat is het kenmerkende verschil tussen een beschouwing en een essay?

Hoofdstuk 3

Brieven en e-mails

De vorm, de toon en de inhoud van een brief of een e-mail worden bepaald door het doel ervan. In veel beroepen is het van belang dat je goede zakelijke brieven en e-mails kunt schrijven.

Afgerond	• Cursus Formuleren • Cursus Spelling
Studielast	20 slu
Paragrafen	1 **Zakelijke brief of e-mail** 2 **Klachtenbrief** 3 **Sollicitatiebrief** 4 **Motivatiebrief**
Referentie- niveaus	**3F** Kan adequate brieven en e-mails schrijven, gevoelens genuanceerd uitdrukken en een standpunt beargumenteren. → **4F** Kan zich duidelijk en precies uitdrukken in persoonlijke correspondentie, en daarbij flexibel en effectief gebruik maken van de taal, inclusief gevoelens, toespelingen en grappen. **4F** Kan met gemak complexe zakelijke correspondentie afhandelen. **4F** Kan verschillende registers hanteren en heeft geen moeite om register aan te passen aan de situatie en het publiek. **4F** Kan schrijven in een persoonlijke stijl die past bij een beoogde lezer. **4F** Handhaaft consequent een hoge mate van grammaticale correctheid, fouten zijn zeldzaam. **4F** Lange, meervoudig samengestelde zinnen zijn goed te begrijpen. **4F** Er zijn geen merkbare beperkingen in het woordgebruik. **4F** Het woordgebruik is rijk en zeer gevarieerd. **4F** Lay-out en paragraafindeling zijn bewust en consequent toegepast om het begrip bij de lezer te ondersteunen.
NN online	• meer voorbeeldteksten met oefeningen • commentaarformulier • samenvatting van dit hoofdstuk • overzicht Ik kan-stellingen van dit hoofdstuk

Paragraaf 1

Zakelijke brief of e-mail

Zakelijke brieven en e-mails zijn veel formeler van vorm en toon dan persoonlijke brieven of mails.

Voor zakelijke brieven en e-mails zijn vier zaken van belang: ze moeten gericht, duidelijk, aantrekkelijk en correct zijn.

Gericht wil zeggen dat je goed rekening moet houden met de lezer: welke informatie heeft hij al, welke informatie heeft hij nog nodig en wat zijn zijn belangen?
Je brief moet ook *duidelijk* zijn: naar aanleiding waarvan schrijf je en wat verwacht je van de lezer?
Je brief is *aantrekkelijk* als hij niet te lang is en zorgvuldig en zakelijk geformuleerd.
Ten slotte mag je brief geen spel- en formuleringsfouten bevatten: je brief moet *correct* zijn.

Vaste opbouw
De zakelijke brief of e-mail heeft een vaste opbouw:
- de eerste alinea maakt duidelijk wat de aanleiding is;
- de volgende alinea's geven uitleg of toelichting bij het onderwerp;
- de laatste alinea maakt het doel van de brief duidelijk en geeft aan wat er van de lezer verwacht wordt (welke reactie of welke vervolgstappen).

Vaste lay-out
De onderdelen van een brief staan op vaste plaatsen. Tussen de deelonderwerpen staan witregels. Er zijn ruime marges, zowel links als rechts van de tekst. Daarin kan de ontvanger desgewenst aantekeningen maken.

Bekijk de voorbeeldbrief (tekst 1) en lees de toelichting. Let op het aantal witregels tussen de diverse tekstdelen.

Toelichting
1 Het briefhoofd
   De brief begint met de afzender. Het briefhoofd bevat in ieder geval de naam van het bedrijf, de instelling of de afzender en het adres.

2 De geadresseerde
   Zowel op de envelop als in de brief staat de geadresseerde. Wees in de adressering zo precies mogelijk: noem niet alleen de naam van een bedrijf of instelling, maar ook de afdeling en/of de naam van degene aan wie de brief gericht is. Je mag de afkorting 't.a.v.' (ter attentie van) gebruiken om de brief te richten aan een persoon of afdeling binnen een bedrijf, maar dat hoeft niet.
   Zet een spatie tussen de vier cijfers van de postcode en de twee letters; zet twee spaties tussen de twee letters en de plaatsnaam.
   De geadresseerde is een persoon in een bedrijf of instelling, bijvoorbeeld:
   Natuurmonumenten
   De heer R. van den Hoofdakker
   Emmastraat 7
   8011 AE Zwolle

Tekst 1

① Technische Universiteit Eindhoven
Communicatie Expertise Centrum
Postbus 513
5600 MB Eindhoven
040 2474845

② OSG De Hogeberg
t.a.v. dhr. Van der Werff
Haffelderweg 20
1791 AS Den Burg

③ Eindhoven, 24 februari 2013

④ Betreft: Open dagen van de Technische Universiteit Eindhoven (TU/e)

⑤ Geachte heer Van der Werff,

⑥ Graag willen we uw leerlingen uit 3, 4, 5 en 6 vwo samen met hun ouders uitnodigen voor de Open dagen van de Technische Universiteit Eindhoven (TU/e) op vrijdag 5 en zaterdag 6 april 2013.

⑦ Tijdens de Open dagen volgen vwo'ers een uitgebreid dagprogramma dat is afgestemd op hun wensen. Ze kunnen uitvoerig kennismaken met het bacheloronderwijs dat georganiseerd is in het TU/e Bachelor College.

Naast de Open dagen organiseert de TU/e twee extra informatieavonden: een ervan is speciaal gericht op de ouders, de andere op de meisjes.

Ouders kunnen op maandag 18 maart op de TU/e terecht voor de informatieavond 'Ouder als keuzecoach'. Tijdens deze avond horen ouders hoe zij hun kind kunnen begeleiden bij hun studiekeuze en ontvangen ze praktische informatie over studeren aan de TU/e.

Voor meisjes organiseert de TU/e op donderdag 25 april de Girls Night Out. De stap om voor een technische studie te kiezen is voor meisjes vaak groter dan voor jongens. Studentes vertellen deze avond hoe het is om aan een technische universiteit te studeren en oud-studentes delen hun werkervaring.

⑧ Graag wil ik u vragen bijgevoegde posters en uitnodigingskaarten op uw school te verspreiden en uw leerlingen op de Open dagen te attenderen. Vwo'ers kunnen zich aanmelden via www.tue.nl/opendagen.

Hartelijk dank voor uw medewerking!

⑨ Met vriendelijke groet,

⑩ *[handtekening]*

Drs. Sabine van Gent
Directeur Communicatie Expertise Centrum

⑪ Bijlagen: posters Open dagen TU/e
uitnodigingskaarten Open dagen TU/e

De geadresseerde is een afdeling van een bedrijf of instelling, bijvoorbeeld:
Meertens Instituut
t.a.v. Afdeling Nederlandse Etnologie
Joan Muyskensweg 25
1096 CJ Amsterdam

3 Plaats en datum
Het is belangrijk dat bekend is wanneer de brief geschreven is. In een reactie op een brief wordt vaak naar de datum verwezen. Achter de plaatsnaam zet je een komma. Vervolgens noteer je dag (cijfers), maand (voluit) en jaar (vier cijfers).

4 Betreft
Achter 'Betreft' staat een dubbele punt met daarachter het specifieke onderwerp van de brief. Begin na de dubbele punt met een kleine letter.
– *Betreft: locatie buurtbarbecue*

5 De aanhef
Wees zorgvuldig bij het aanspreken van de geadresseerde. Controleer of alle namen goed zijn gespeld.
Onthoud:
– Eindig de aanhef met een komma.
– De aanduidingen 'mevrouw', 'meneer' of 'heer' schrijf je niet met een hoofdletter.
– Voorzetsels bij namen schrijf je voluit.
– In de aanhef staat alleen de achternaam, zonder voorletters.
– Begint de achternaam met een voorvoegsel, schrijf dat voorvoegsel dan met een hoofdletter.

Aan een bedrijf of instelling:
– *Geachte dames en heren,*
– *Geachte directie,*

Aan personen in een bedrijf of instelling van wie naam en geslacht bekend zijn:
– *Geachte mevrouw Van Nimwegen,*
– *Geachte heren Bredero en Hooft,*

Let op: schrijf de namen zonder voorletter:

Aan een persoon in een bedrijf of instelling van wie naam en geslacht niet bekend zijn:
– *Geachte mevrouw, geachte heer,*
– *Geachte mevrouw/heer,*

6 De eerste alinea
Hoewel de aanhef eindigt met een komma, begint de eerste alinea met een hoofdletter. Alle nieuwe alinea's beginnen tegen de linker kantlijn.
Veel mensen vinden het onbeleefd om een brief met 'ik' te beginnen. Dat probleem is op te lossen door bijvoorbeeld te beginnen met zinnen als:
– *Uit een telefoongesprek dat ik met een van uw medewerkers heb gevoerd, bleek ...*

– *Hierbij wil ik u hartelijk bedanken voor ...*
– *Enkele weken geleden heeft uw medewerker mij de toezegging gedaan dat ...*

In de rest van de brief mag je een zin wel met 'ik' beginnen.

7 De tweede en volgende alinea
In deelonderwerpen wordt het onderwerp van de brief uitgewerkt. Gebruik voor elk deelonderwerp een nieuwe alinea.

8 De laatste alinea
In de laatste alinea staat (nogmaals) expliciet het doel van de brief: wat verwacht je van de ontvanger. Daarna volgt de afronding, waarvoor vaak standaardzinnen gebruikt worden als:
– *Alvast vriendelijk bedankt voor uw medewerking.*
– *Ik zie uw reactie met belangstelling tegemoet.*

9 De afsluiting
De meest gebruikte formules voor de afsluiting zijn:
– *Hoogachtend,*
– *Met vriendelijke groet(en),*

De eerste is formeler dan de tweede. Let erop dat de aanhef en de afsluiting bij elkaar passen. Na de afsluiting volgt een komma.

10 De ondertekening
Door de handtekening onder de brief krijgt deze rechtsgeldigheid. Wordt een brief namens een bedrijf geschreven, dan noemt de afzender eerst de bedrijfs- of instellingsnaam en zet daaronder zijn handtekening. Onder de handtekening staat de naam van de afzender uitgeschreven, met eventueel zijn functie:
Hoogachtend,
namens de afdeling Renaissance

J. van den Vondel

11 Bijlagen
Soms moet je een bijlage meesturen met een brief, zoals een curriculum vitae <zie Schrijfvaardigheid blz. 97>, een bon of een foto. Vermeld onder aan de brief altijd welke bijlagen zijn toegevoegd en nummer ze. Stuur nooit originele documenten mee, maar alleen kopieën. Vermeld het nummer van de bijlage op de kopie, bijvoorbeeld:
– *Bijlage 1: kopie van de nota*
– *Bijlage 2: foto van de gescheurde mouw*

Indeling zakelijke e-mail
De inhoud van een zakelijke e-mail is dezelfde als die van een zakelijke brief. De indeling van een e-mail lijkt veel op de indeling van een brief. Niet zo vreemd, want veel zakelijke e-mails worden door de ontvanger(s) geprint. De indeling wijkt op enkele details af. Namelijk:
– De afzender staat niet vermeld in het briefhoofd, maar onderaan bij de ondertekening.

Schrijfvaardigheid > 3 Brieven en e-mails > 1 Zakelijke brief of e-mail

- De gegevens van de geadresseerde worden weggelaten.
- In plaats van een betreft-regel wordt het onderwerp genoemd in de onderwerp-regel van je mailprogramma.
- Er staat geen handtekening.
- De bijlagen van een e-mail zijn attachments. Noem ze wel in de mail.

Voorbeeld:

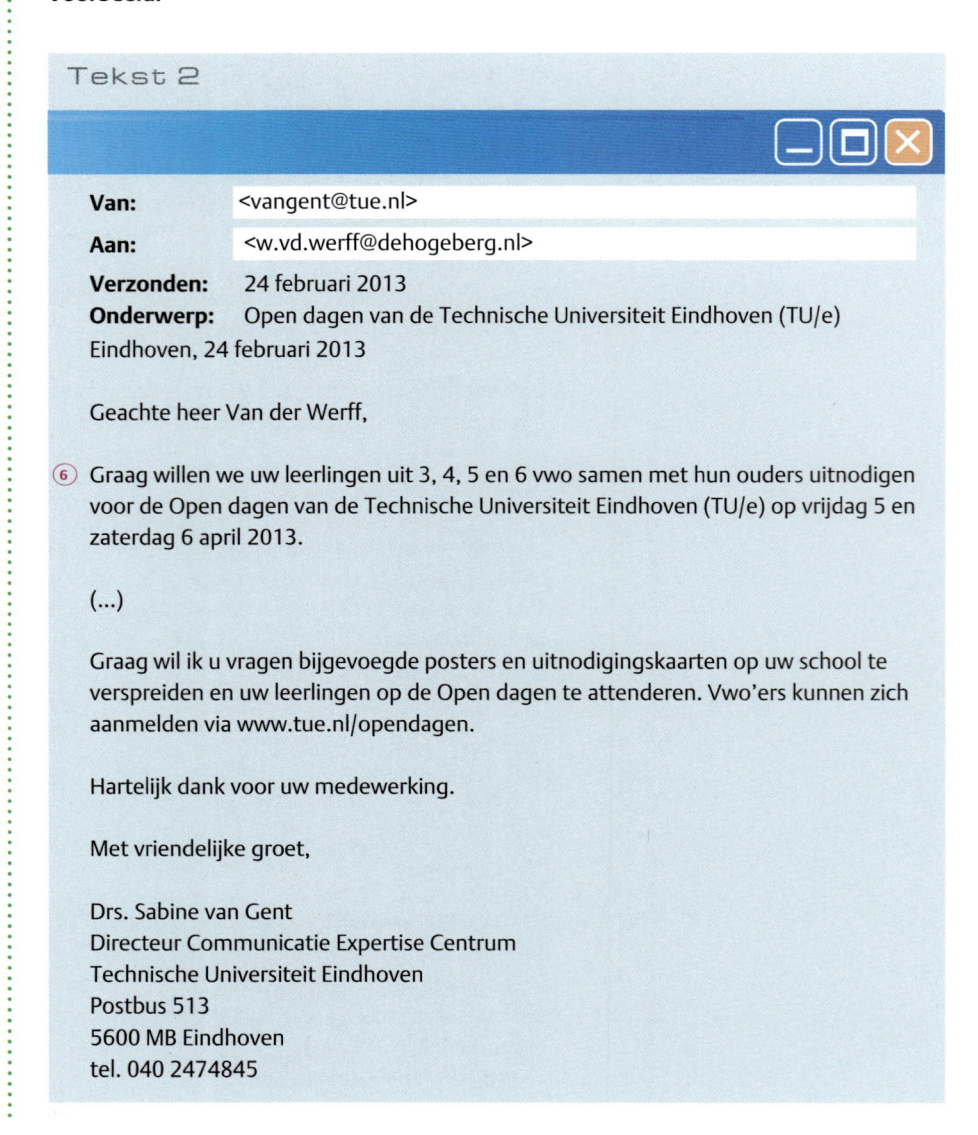

Tekst 2

Van:	<vangent@tue.nl>
Aan:	<w.vd.werff@dehogeberg.nl>
Verzonden:	24 februari 2013
Onderwerp:	Open dagen van de Technische Universiteit Eindhoven (TU/e)

Eindhoven, 24 februari 2013

Geachte heer Van der Werff,

(6) Graag willen we uw leerlingen uit 3, 4, 5 en 6 vwo samen met hun ouders uitnodigen voor de Open dagen van de Technische Universiteit Eindhoven (TU/e) op vrijdag 5 en zaterdag 6 april 2013.

(...)

Graag wil ik u vragen bijgevoegde posters en uitnodigingskaarten op uw school te verspreiden en uw leerlingen op de Open dagen te attenderen. Vwo'ers kunnen zich aanmelden via www.tue.nl/opendagen.

Hartelijk dank voor uw medewerking.

Met vriendelijke groet,

Drs. Sabine van Gent
Directeur Communicatie Expertise Centrum
Technische Universiteit Eindhoven
Postbus 513
5600 MB Eindhoven
tel. 040 2474845

Opdracht 1

Lees tekst 3.
1 Kijk de brief na met behulp van het commentaarformulier zakelijke brief of e-mail op blz. 87-88. Je krijgt van je docent een kopie of je downloadt hem op NN online.
2 Schrijf aan de hand van je commentaar een verbeterde versie van de brief.

Tekst 3

Meander College
Postbus 557
8000 AN Zwolle

24 september 2012

Beste mensen,

In deze brief wil ik u en u leerlingen een aantrekkelijk voorstel doen.

Sinds drie jaar organiseren mijn collega's van SnowFun schoolreizen naar de sneeuw om aldaar te skiën en te snowboarden. U heeft dan met u collega's en u leerlingen een onvergetelijke werkweek in de sneeuw. Overdag zijn jullie actief op de verschillende pistes. 's Avonds moe maar voldaan kan de dag bijgepraat worden. Gezellig en goed voor de onderlinge band!

Er kunnen ook een aantal activiteiten voor de avond speciaal voor u geselecteerd worden, zoals bijvoorbeeld een fakkelwandeling, een rodelavond, disco of dollen in het zwembad.

U kunt kiezen uit Frankrijk, Duitsland en Oostenrijk. Afhankelijk van het aantal deelnemers en het gekozen vervoer variëren de kosten vanaf 400 euro. Ook maakt het natuurlijk uit wanneer en hoelang u en u leerlingen gaan.

Ik hoop van u te horen!

Met een vriendelijke groet,

David Mulder namens
SnowFun
d.mulder@snowfun.com

Formulier F

Commentaarformulier zakelijke brief of e-mail

Brief van ....
Nagekeken door ....

Vaste lay-out
De volgende gegevens staan niet op de juiste plaats of zijn niet juist:
- ☐ 1 gegevens van de afzender
- ☐ 2 gegevens van de geadresseerde
- ☐ 3 plaats en datum
- ☐ 4 betreft-regel / onderwerpregel
- ☐ 5 de aanhef
- ☐ 6 de afsluiting
- ☐ 7 de ondertekening
- ☐ 8 de bijlage(n) / attachment(s)

↓

Schrijfvaardigheid > 3 Brieven en e-mails > 1 Zakelijke brief of e-mail

Gericht en duidelijk
- ☐ 9 De aanleiding van de brief is niet duidelijk.
- ☐ 10 Het onderwerp van de brief is niet duidelijk.
- ☐ 11 De brief bevat niet de relevante informatie.
- ☐ 12 De brief bevat overbodige informatie.
- ☐ 13 Het is niet duidelijk wat er van de lezer(s) verwacht wordt.

Aantrekkelijk
- ☐ 14 De toon en/of de woordkeus is niet zakelijk.
- ☐ 15 De feiten zijn niet kort en overzichtelijk weergegeven.

Correct
Je geeft hier aan of onderstaande fouten in de brief voorkomen.
Streep die fouten ook aan in de tekst.
- ☐ 16 De tekst bevat spel- en/of typefouten.
- ☐ 17 De tekst bevat interpunctiefouten.
- ☐ 18 De tekst bevat formuleringsfouten.

Geef hieronder aan hoe de schrijver zijn tekst kan verbeteren.

....
....
....

- Kies onderwerp A of B.
- Je krijgt van je docent het commentaarformulier zakelijke brief of e-mail of je downloadt het op NN online. Kijk daar goed naar, voordat je je brief gaat schrijven.
- Schrijf de brief.
- Laat de eerste netversie van je brief door een klasgenoot nakijken met behulp van het commentaarformulier zakelijke brief of e-mail.
- Maak op basis van het commentaar de definitieve versie.

Praktijk

A Stageplaats
Je denkt erover om later de journalistiek in te gaan. Omdat je je niet helemaal kunt voorstellen wat journalist zijn in de praktijk betekent, wil je graag enkele weken bij de plaatselijke of regionale krant meelopen met een journalist en een redacteur.

Schrijf een brief naar de plaatselijke krant en vraag daarin of je enkele weken in een schoolvakantie bij die krant een stageplaats kunt krijgen. Schrijf iets over jezelf, onder andere waarom je overweegt de journalistiek in te gaan. Zoek zelf het adres van de plaatselijke of regionale krant.

B Lowlands in het klein
Jij en een aantal vrienden zijn bezig om de komende zomer een multicultureel festival te organiseren. Op dat festival ligt de nadruk op nieuwe bands, maar er treedt ook een gevestigde groep op. Daarnaast zijn er optredens van schrijvers, dichters, cabaretiers en enkele toneelgezelschappen. Alle artiesten komen uit de buurt. Alle optredens, apparatuur en podia zijn geregeld, de financiën zijn op orde door sponsoring en subsidiëring. Het enige wat er nog niet is, is een plek om het festival te houden.

Schrijf een brief aan de plaatselijke voetbal- of hockeyclub met daarin het verzoek of het festival (tegen een kleine vergoeding) op hun terrein gehouden kan worden. Leg in de brief onder andere uit wat de bedoeling en het belang van het festival is. Zoek zelf het adres op van de sportvereniging.

Ik kan:
- **3E** een gerichte, duidelijke, aantrekkelijke en correcte zakelijke brief of e-mail schrijven
- **4F** de regels die gelden voor opbouw en lay-out van de zakelijke brief en e-mail toepassen.
- **3E** mijn tekst herschrijven op basis van feedback.

Schrijfvaardigheid > 3 Brieven en e-mails > 2 Klachtenbrief

Paragraaf 2

Klachtenbrief

Een klachtenbrief is een zakelijke brief waarin geklaagd wordt over iets of iemand. Het doel van de brief is dat de ontvanger de klacht serieus neemt en een oplossing probeert te vinden.

Opbouw
Een klachtenbrief heeft een vaste opbouw.
De eerste alinea bevat:
– de aanleiding voor de klacht;
– een precieze beschrijving van de klacht.
De volgende alinea's bevatten:
– de waarschijnlijke oorzaak van de klacht;
– wat er voorafgegaan is (vermeld eerdere gesprekken of brieven).
De laatste alinea bevat:
– de gewenste maatregelen: geef aan wat er moet gebeuren;
– de gewenste termijn voor het verhelpen van de klacht.
Heel vaak heeft een klachtenbrief bijlagen: kopieën van aankoopbonnen en/of van voorafgaande correspondentie.

Toon
Om met de klachtenbrief je doel te bereiken – het oplossen van het probleem – moet je de juiste toon kiezen. Voorkom harde beschuldigingen en scheldwoorden, zelfs als je boos of verontwaardigd bent. Gepaste verontwaardiging heeft in de meeste gevallen meer effect.

Tips voor het schrijven van een effectieve klachtenbrief:
– Plaats de oplossing centraal en niet het probleem.
– Gebruik weinig of geen negatieve woorden.
– Confronteer de lezer niet te veel met zijn fout.

Opdracht 2

Lees tekst 4, een klachtenbrief van Juul ter Steege over een mobiele telefoon die niet naar behoren werkt.
1 Wordt in de eerste alinea de klacht duidelijk beschreven?
2 Welke relevante gegevens noemt Juul niet?
3 Wordt duidelijk wat er van de ontvanger verwacht wordt?
4 Welke bijlage hoort bij deze brief?
5 De toon van de brief is niet goed. Geef daarvan minstens drie voorbeelden.
6 Welke spelfouten zitten er in de brief?
7 Herschrijf de brief met behulp van het commentaarformulier zakelijke brief of e-mail op blz. 87-88. Zorg er ook voor dat de toon neutraal wordt.

Tekst 4

Juul ter Steege
Lindenlaan 73
1902 EG Castricum

T-mobiel
Waldorpstraat 60,
2521 CC Den Haag   16 December 2013

Beste mensen,

ik heb drie maanden bij jullie een abbonnement afgesloten omdat ik dan zo'n vette nieuwe iPhone kon krijgen. Nou daar heb ik wel onwijs spijt van, want die bevalt echt niet.

Het is een gaaf apparaat, daar niet van, maar de batterij loopt als een gek leeg en jullie doen daar helemaal niets aan. Ik ben al drie keer in de winkel geweest en de mensen daar zeggen dat ze het ook niet weten en jullie helpdesk, of wat daar voor door moet gaan, reageerd ook al niet echt.

Ik probeer het nu maar met een brief, misschien dat ik dan wat van jullie zal horen, want die batterij is nog steeds snel leeg.

Het zal mij benieuwen.

[handtekening]

Juul ter Steege

PS Ik vind dit geen reklame voor jullie!

Praktijk

Je bent met drie vrienden op vakantie geweest naar een resort in Turkije. De reis duurde acht dagen en kostte 399 euro per persoon. Jullie hebben je ontzettend vermaakt, maar dat lag meer aan jullie zelf dan aan de geboekte accommodatie.
Wat was er mis:
- In plaats van een appartement kregen jullie twee tweepersoonskamers op verschillende etages.
- Je had volpension geboekt, maar er was geen lunch(buffet).
- Het strand was meer dan een kilometer ver, terwijl het hotel aan het strand zou liggen.
- Er waren geen uitgaansgelegenheden in de buurt.
- Het was niet mogelijk om scooters te huren.

- Schrijf een brief aan het reisbureau waar je de reis geboekt hebt (adres: Turkey Travels, Velperplein 26, 6811 BB Arnhem), waarin je je beklag doet en vraagt om een gedeeltelijke terugbetaling van de reissom.
- Gebruik de tips voor een effectieve klachtenbrief.

↓ – Laat de eerste netversie van je brief door een klasgenoot nakijken met behulp van het commentaarformulier zakelijke brief.
– Maak op basis van het commentaar de definitieve versie.

Ik kan:
- **3F** een adequate klachtenbrief schrijven.
- **4F** de regels die gelden voor opbouw en lay-out van de klachtenbrief toepassen.
- **3E** mijn tekst herschrijven op basis van feedback.
- **4F** me duidelijk en precies uitdrukken in correspondentie en daarbij flexibel en effectief gebruik maken van de taal.
- **4F** verschillende registers hanteren en heb geen moeite om register aan te passen aan de situatie en het publiek.

Paragraaf 3

Sollicitatiebrief

In een sollicitatiebrief moet je in het kort een overzicht van je studie en carrière kunnen geven. Het doel van een sollicitatiebrief is uitgenodigd worden voor een sollicitatiegesprek.

Als je solliciteert, schrijf je een duidelijke brief met als bijlage je cv (curriculum vitae: korte levensbeschrijving). Zorg zowel in je brief als in je cv voor een nette opmaak en controleer brief en cv op fouten in zinsbouw en spelling. Laat zo nodig een ander je brief nakijken. Gebruik voor je cv en je sollicitatiebrief hetzelfde lettertype: ze vormen dan nog duidelijker een eenheid.

Opbouw
De sollicitatiebrief heeft de opbouw van een zakelijke brief. Na de eerste alinea moet je in ieder geval de volgende drie deelonderwerpen behandelen:
- de reden voor je sollicitatie;
- je motivatie voor juist deze functie;
- de uitleg waarom jij een goede kandidaat bent.

Lees de advertentie (tekst 5), de voorbeeldsollicitatiebrief (tekst 6) en de toelichting.

Tekst 5

HF Bioscopen is een van de snelst groeiende bioscoopconcerns van Europa en is zeer vooruitstrevend op het gebied van film, comfort, gastgerichtheid en beeld en geluid.

De missionstatement:
HF Bioscopen wil een onderscheidend bioscoopconcern zijn, waar voor alle doelgroepen, in een gastvrije omgeving, een persoonlijke belevenis wordt geboden.

HF Bioscopen heeft voor diverse bioscopen in Nederland een vacature voor een:

Traineeship theatermanager
(fulltime)

HF Bioscopen | Standplaats Amersfoort

Functieomschrijving theatermanager i.o.:
Als theatermanager in opleiding volg je een traineeship waarbij je, uiteindelijk, binnen vastgestelde kaders, verantwoordelijk bent voor de bioscoopexploitatie en je zelf zorg draagt voor een professionele, gastgerichte dienstverlening. Als theatermanager begeleid en coach je het personeel van het theater. Je bent verantwoordelijk voor een efficiënte en optimale bedrijfsvoering in de bioscoop. Je organiseert in samenspraak met de marketingafdeling special events, waaronder Ladies Nights, Men's Nights, sneakpreviews en seniorenvoorstellingen.

Het is de bedoeling de geschikte kandidaten via een uniek opleidingsplan klaar te stomen voor de positie. Zo zal er in een periode van 1 jaar meegewerkt worden op het hoofdkantoor (Marketing & Finance), maar ook in verschillende theaters en zullen er diverse workshops bijgewoond worden.

Functie-eisen

Het profiel:
- Een representatieve, ambitieuze en flexibele teamplayer die ook goed zelfstandig kan werken.
- wo/hbo-opleidingsniveau (bij voorkeur in hospitality).
- Werkervaring in een leidinggevende functie is een pre maar niet noodzakelijk.
- Een gast- en servicegerichte instelling.
- Sterke organisatorische vaardigheden.
- Je hebt uitstekende communicatieve en sociale vaardigheden.
- Je bent accuraat, commercieel vaardig en hebt een proactieve houding.
- Bereidheid tot verhuizen.

Arbeidsvoorwaarden
HF Bioscopen biedt:
- Een afwisselende en uitdagende baan in een ontspannen sfeer.
- Salariëring conform cao voor het bioscoopbedrijf.
- De eerste arbeidsovereenkomst wordt aangegaan voor een periode van 1 jaar met, bij gebleken geschiktheid, uitzicht op verlenging.

Aanvullende informatie
Solliciteren op de vacature Traineeship theatermanager bij HF Bioscopen:
Je schriftelijke reactie met cv kun je o.v.v. de vacature sturen naar:
HF Bioscopen B.V.
t.a.v. Marsha Zetman
Postbus 1824
3800 BV Amersfoort
Naar: vacaturekrant.nl

Tekst 6

Aram van Noort
Vredenburg 31
3114 BC Utrecht
06 48946737
aramvannoort@kpn.nl

① HF Bioscopen B.V.
t.a.v. Marsha Zetman
Postbus 1824
3800 BV Amersfoort

Utrecht, 24 september 2013

② Betreft: vacature Traineeship theatermanager

Geachte mevrouw Zetman,

③ Op de site www.vacaturekrant.nl las ik met interesse de personeelsadvertentie waarin u aangeeft een theatermanager i.o. te zoeken. Graag solliciteer ik naar deze functie.

④ Op enkele formaliteiten na heb ik mijn masteropleiding Hospitality Management aan de Hogere Hotelschool in Den Haag afgerond. Ik heb deze opleiding met veel succes en plezier gedaan en ik zou nu ook heel graag in deze richting beroepsmatig verder willen gaan.

⑤ De baan waarvoor u iemand zoekt, is precies iets voor mij. Het traineeship dat u biedt, heeft voor mij veel aantrekkelijke kanten. Ik vind namelijk dat ik nog helemaal niet uitgeleerd ben. Ik hoop dan ook tijdens het jaar opleiding nog veel kennis en ervaringen op te doen. Het feit dat ik al snel verantwoordelijkheden zal moeten dragen, trekt mij ook: het geeft mij het gevoel serieus genomen te worden.

⑥ Ik heb tijdens mijn studie meerdere stages gelopen. Zo heb ik een half jaar de assistent mogen zijn van de productiemanager van het Koninklijk Theater Carré. Daar heb ik ervaren hoeveel verschillende kwaliteiten voor een dergelijke functie nodig zijn. De belangrijkste zaken die ik daar geleerd heb, zijn dat je zeer flexibel moet zijn (artiesten die op het laatste moment cancelen) en je vooral het hoofd te allen tijde koel moet zien te houden. Ik heb het idee dat beide zaken mij goed afgaan.
Een andere stage heb ik gelopen bij Eyeworks. Ik was daar gedurende drie maanden productieassistent bij de verfilming van het boek *Niemand in de stad*. Ik ben daar terechtgekomen onder andere vanwege mijn interesse in films. Productieassistent betekende in de praktijk dat ik van alles moest regelen: vervoer van acteurs en materiaal, catering, overleg met gemeentes over vergunningen en locaties enzovoorts.

⑦ Voor een overzicht van mijn stages, vaardigheden en interesses verwijs ik naar mijn curriculum vitae. Ik hoop dat u in deze brief een positief beeld van mij heeft gekregen en dat we binnenkort in een gesprek nader kennis zullen maken.

Met een vriendelijke groet,

Aram van Noort

Bijlage 1: curriculum vitae

Toelichting

1 Adressering
De adressering staat vermeld in de advertentie. Let op aan wie de brief gericht moet zijn: wie is het, en wat is zijn functie en afdeling?

2 Betreft
Noem in de betreft-regel de vacature waarop je reageert. Bijvoorbeeld: vacature assistent-bedrijfsleider, of: sollicitatie naar de functie van assistent-bedrijfsleider. Als er in de advertentie een vacaturenummer wordt gegeven, vermeld dit dan hier.

3 Eerste alinea
Maak in de eerste alinea het doel van de brief direct duidelijk:
- Noem de vindplaats van de advertentie en de aangeboden functie.
- Schrijf expliciet dat je naar de genoemde functie solliciteert. Let op: in een advertentie is sprake van een 'vacature', maar je solliciteert naar een 'functie'.
- Probeer met je eerste zin de aandacht van de lezer te trekken. Wees echter altijd voorzichtig met de toon en stijl.

Mogelijke openingszinnen zijn:
- *Op de site www.vacaturebank.nl las ik met interesse de personeelsadvertentie waarin u aangeeft een medewerker voor de technische dienst te zoeken. Graag solliciteer ik naar deze functie.*
- *In de Echo van 27 september jl. las ik uw advertentie waarin u aangeeft op zoek te zijn naar kandidaten voor de functie van personeelsfunctionaris. Ik zou graag daarvoor in aanmerking komen.*
- *Uw advertentie in de NRC van 10 juli jl. is voor mij aanleiding om te solliciteren naar de functie van docent wiskunde.*

4 Tweede alinea
In de tweede alinea leg je uit waarom jíj naar deze functie solliciteert:
- Beschrijf kort je huidige situatie en waarom je die wilt veranderen.
- Vermijd opmerkingen over geld of inkomsten.

Voorbeelden van redenen om te solliciteren:
- Je zit op school en je hebt in het weekend veel vrije tijd om een bijbaantje te nemen; zo kun je werkervaring opdoen.
- Je bent (bijna) klaar met je studie en je wilt beginnen op de arbeidsmarkt.
- Je hebt een baan, maar je wilt iets nieuws: je zoekt mogelijkheden om je verder te ontwikkelen of door te groeien.

5 Derde alinea
Leg in de derde alinea uit waarom je juist naar déze functie solliciteert. Noem een of meerdere aspecten van de baan die jou aanspreken. Je motiveert hier je sollicitatie.

6 Vierde (en eventueel volgende) alinea
In de vierde alinea maak je duidelijk dat je beschikt over de kwaliteiten voor de functie. Geef aan waarom jíj een heel geschikte kandidaat bent.
In het functieprofiel worden vaak verschillende eigenschappen genoemd waarover de kandidaat moet beschikken. Neem deze niet letterlijk over (*Ik ben zelfstandig én een teamplayer*), maar geef voorbeelden waaruit blijkt dat je over een of meerdere van deze eigenschappen beschikt.
Beschrijf jezelf en je eigenschappen positief en wees enthousiast. Overdrijf echter niet; blijf realistisch.

7 Laatste alinea
De laatste alinea is toekomstgericht. Vermeld hier expliciet wat je wilt: uitgenodigd worden voor een nadere kennismaking, het sollicitatiegesprek. Verwijs naar je cv.

Curriculum vitae
Het curriculum vitae is de (neutrale) informatiebron naast je (wervende) brief. Je neemt hierin relevante feiten op waaruit blijkt dat jij een geschikte kandidaat bent. Welke informatie relevant is, hangt af van de functie. In een cv bij een sollicitatiebrief voor de functie van docent Engels is een lijst van vroegere bijbaantjes (afwasser, pizzabezorger etc.) minder relevant dan in een brief waarin je solliciteert naar een vakantiebaan op een camping. Een cv is een overzichtelijk schema. Het bevat in ieder geval je persoonlijke gegevens en informatie over je opleiding(en) en je werkervaring.

Lees het voorbeeld (tekst 7) met de toelichting.

Tekst 7

Curriculum vitae

① Persoonlijke gegevens

Naam	Van Noort
Voornamen	Aram
Adres	Bos en Lommerweg 83 III
	1055 DP Amsterdam
Telefoon	06 30135655
E-mailadres	aramvannoort@planet.nl
Geboortedatum en -plaats	15 juli 1990, Leeuwarden
Burgerlijke staat	ongehuwd

② Opleiding en diploma's

2008-2013	Master Hospitality Management
	Hogere Hotelschool Den Haag
2002-2008	Vwo op het Nicolaaslyceum in Amsterdam
Profiel:	Economie en maatschappij

③ Werkervaring

2012	assistent productiemanager Koninklijk Theater Carré, Amsterdam
2011	productieassistent Eyeworks, Amsterdam

④ Vaardigheden

Goede typevaardigheid (*ypediploma)
In bezit van rijbewijs

⑤ Vrije tijd

vanaf 2011 — Bestuurslid Stichting Marathon van Amsterdam

⑥ Referenties

Mevr. M. de Groot, Hoofd producties Koninklijk Theater Carré, tel. 0641907888,
e-mail: mdegroot@carre.nl
Dhr. J. van den Bergh, regisseur,
tel. 0654581535, e-mail: joop@eyeworks.nl

Toelichting bij het curriculum vitae:

1 Persoonlijke gegevens
Als uit je voornamen niet duidelijk wordt of je van het mannelijke of van het vrouwelijke geslacht bent, voeg dan onder 'Burgerlijke staat' 'Geslacht' toe. Heb je een buitenlandse nationaliteit, voeg dan ook toe: 'Nationaliteit'.

2 Opleiding
Je basisschoolopleiding neem je alleen op als deze afwijkt van normaal, bijvoorbeeld omdat je deze in het buitenland in een andere taal hebt gevolgd. Vermeld bij elke opleiding de jaren waarin je deze hebt gevolgd.

3 Werkervaring
Noem alle relevante werkervaring, ook vakantie- of weekendbaantjes als die ter zake doen. Geef van eerdere banen en stages kort weer wat je belangrijkste taken waren.

4 Vaardigheden
Hier som je op welke vaardigheden je hebt. Relevante vaardigheden zijn cursussen of een degelijke talenkennis. Ook kan het van belang zijn te melden dat je een rijbewijs hebt.

5 Vrije tijd
Noem hobby's en sporten die iets zeggen over je kwaliteiten of eigenschappen.

6 Referenties
Referenties zijn verwijzingen naar personen die inlichtingen over je kunnen geven. Je referenten zijn bereid vragen te beantwoorden over jouw functioneren. Vraag iemand vooraf of je hem op je referentielijst mag plaatsen. Noteer zijn functie en geef aan waar hij telefonisch te bereiken is. NB Kies geen familieleden als referent.

Opdracht 3

Lees tekst 8, Maaike Speckmanns sollicitatiebrief.
1 Staan alle gegevens op de juiste plek? Geef eventueel aan wat er anders moet.
2 Welke gegevens ontbreken er?
3 Denk je dat Maaike naar aanleiding van deze brief uitgenodigd zal worden voor een gesprek? Waarom (niet)?
4 Herschrijf de brief. Gebruik hiervoor de theorie uit deze paragraaf en het commentaarformulier zakelijke brief of e-mail op blz. 87-88.

Tekst 8

Le garage
t.a.v. Joop Braakhekke
Ruysdaelstraat 54
1071XE
Amsterdam

Maaike Speckmann
Kijkduinstraat 7
1055XP
Amsterdam

24 09 2013

Betreft: vacature

Geachte heer,

Ik las dat u op zoek was naar representatieve hosts voor in uw restaurant. Ik heb al jaren ervaring op dit gebied en denk dat ik wel geknipt voor deze baan ben.

Ik ben Maaike Speckmann en heb een aantal jaren in Amsterdam en Utrecht gestudeerd. Tijdens mijn studie (en daarvoor) heb ik veel horeca-ervaring opgedaan. Ik heb zomers op Texel bij strandpaviljoen Paal 17 terras gelopen. Daarna heb ik zowel in Utrecht als in A'dam in verschillende coffeeshops gewerkt.

Men zegt dat ik een representatief uiterlijk heb, dus dat zit wel goed. Ik houd enorm van lekker eten en ben daarom voor u de juiste persoon op de goede plaats.

Ik hoop dat wij elkaar spoedig zullen spreken en dat u mij dan ook aanneemt.

Met een vriendelijk groet,

Maaike

Bijlage 1: curriculum vitae

Opdracht 4

Bekijk tekst 9, het cv van Margo Stam. Beantwoord daarna de vragen.
1 Welke kritiek kun je hebben op het e-mailadres?
2 Wat kan er nog meer verbeterd worden aan Persoonlijke gegevens? Noem twee dingen.
3 Wat kan er verbeterd worden aan Opleiding en diploma's? Noem minstens drie dingen.
4 Geeft het onderdeel Werkervaring duidelijk weer wat Margo heeft gedaan? Moet er wat toegevoegd worden? Zo ja: wat?
5 Welke kritiek kun je hebben op de referenties?

Schrijfvaardigheid > 3 Brieven en e-mails > 3 Sollicitatiebrief

Tekst 9

Curriculum vitae

Persoonlijke gegevens

Naam	Stam
Voornamen	Margo J
Adres	Dreef 34
	1943 DE Beverwijk
Telefoon	06 88121240
E-mail	margootjeyeah@hotmail.com
Geboren	28 november 1990
Burgerlijke staat	single

Opleiding en diploma's

Middelbare school	VWO
Vervolgopleiding	Sociaal Cultureel Werk

Werkervaring

2012-	medewerker Het baken
2011-2012	telefonische hulpdienst
2009-2010	stageplaats De Vlinder

Vaardigheden   mode ontwerpen

Referenties
- Robert Muis, collega bij Het baken, 0656871795
- Kees Stam, aardappelboer, 0693681682

Praktijk

- Zoek op een van de vele vacaturebanken op internet of in de zaterdagkrant een personeelsadvertentie die jou aanspreekt. Het hoeft niet per se een functie te zijn die je nu zou kunnen doen; je mag achtergrondinformatie verzinnen: toekomstige opleiding, werkervaring e.d.
- Schrijf een sollicitatiebrief waarin je reageert op de vacature in de advertentie.
- Voeg je cv toe.
- Bewaar de originele advertentie bij je tekst.
- Laat de eerste netversie van je brief door een klasgenoot nakijken met behulp van het commentaarformulier zakelijke brief of e-mail. <zie Schrijfvaardigheid blz. 87-88>
- Maak op basis van het commentaar de definitieve versie.

Ik kan/weet:

- **3F** een adequate sollicitatiebrief en curriculum vitae schrijven.
- **4F** de regels die gelden voor opbouw en lay-out van een sollicitatiebrief en curriculum vitae toepassen.
- **3E** mijn tekst herschrijven op basis van feedback.
- **4F** schrijven in een persoonlijke stijl die past bij een beoogde lezer.

Paragraaf 4

Motivatiebrief

Een motivatiebrief schrijf je bijvoorbeeld als je toegelaten wilt worden tot een bepaalde studie of als je een aantrekkelijke stageplaats wilt bemachtigen.

Het schrijven van een motivatiebrief wordt steeds vaker gevraagd. Je moet zo'n brief bijvoorbeeld schrijven om
- toegelaten te worden tot een vervolgopleiding;
- een stageplaats te krijgen;
- mee te mogen doen aan een cursus;
- een speciale studiebeurs te krijgen;
- een jaar naar een school in het buitenland te gaan.

Als je een sollicitatiebrief schrijft, heb je een advertentie met daarin een omschrijving van de functie en de eisen die aan een sollicitant gesteld worden. Dat geeft je houvast voor de inhoud van je sollicitatiebrief. Bij het schrijven van een motivatiebrief heb je dat niet. Vaak wordt er alleen gevraagd *Geef in maximaal 400 woorden aan waarom jij toegelaten wilt worden*. Je moet dan in een kort bestek duidelijk maken wat jou beweegt om die opleiding of die cursus te gaan volgen. Je moet ambitieus (maar niet té) en gemotiveerd overkomen. Daarnaast moet je je onderscheiden van de anderen die ook toegelaten willen worden: wat maakt jou anders, geschikter dan hen?

Vorm
De brief of e-mail moet voldoen aan de eisen van de zakelijke brief of e-mail. *<zie Schrijfvaardigheid blz. 82>* Dat betekent onder andere dat de brief een overzichtelijke indeling heeft en niet te lang is.
Een motivatiebrief heeft altijd een curriculum vitae als bijlage.

Inhoud
In een motivatiebrief staan
feiten, zoals
- persoonlijke gegevens als naam, adres, leeftijd;
- gegevens die voor deze brief van belang zijn, bijvoorbeeld welke opleiding je volgt of hebt gevolgd;

motieven en argumenten, zoals
- waarom jij deze opleiding wilt gaan doen of deze cursus wilt gaan volgen;
- welke persoonlijke vaardigheden en talenten jij hebt;
- wat jíj belangrijk vindt.

Tips voor een goede motivatiebrief
- Informeer je goed voordat je schrijft. Zorg ervoor dat je veel weet over de instantie waaraan je schrijft, of het nu om een opleiding, een cursus of een stageplaats gaat. Hoe meer je erover weet, des te beter kun je inhoudelijk reageren. Bovendien werkt het in je voordeel als blijkt dat je je er al in verdiept hebt.
- Toon enthousiasme, laat zien dat je er echt zin in hebt.
- Onderbouw je motieven en argumenten zo mogelijk met feiten.
- Maak duidelijk dat de inhoud precies aansluit bij jouw vooropleiding, talenten, planning.
- Blijf geloofwaardig.
- Onderscheid je door origineel te zijn en een eigen stijl te gebruiken.
- Geef de brief een persoonlijk element.
- Gebruik correcte zinnen, maar word niet formeel.
- Vermijd clichés.
- Gebruik korte zinnen.
- Sluit je brief positief af.

Schrijfvaardigheid > 3 Brieven en e-mails > 4 Motivatiebrief

Praktijk P

De opleiding die jij vanaf komend jaar wilt doen heeft al jaren veel meer aanmeldingen dan plaatsen. Aankomende studenten wordt gevraagd om een motivatiebrief van ongeveer 400 woorden te schrijven. Op basis van die brief worden mensen al dan niet toegelaten tot het eerste studiejaar.

- Kies zelf een opleiding.
- Schrijf een brief aan die opleiding waarin je je aanmeldt en waarin je jouw motivatie en geschiktheid weergeeft.
- Gebruik de tips voor een goede motivatiebrief.
- Laat de eerste netversie van je brief door een klasgenoot nakijken met behulp van het commentaarformulier zakelijke brief of e-mail. *<zie Schrijfvaardigheid blz. 87-88>*
- Maak op basis van het commentaar de definitieve versie.

Ik kan/weet:

- **3F** een adequate motivatiebrief schrijven.
- **4F** de regels die gelden voor opbouw en lay-out van een motivatiebrief toepassen.
- **3E** mijn tekst herschrijven op basis van feedback.
- **4F** me duidelijk en precies uitdrukken in persoonlijke correspondentie, en daarbij flexibel en effectief gebruik maken van de taal.
- **4F** verschillende registers hanteren en heb geen moeite om register aan te passen aan de situatie en het publiek
- **4F** schrijven in een persoonlijke stijl die past bij een beoogde lezer.

Controle hoofdstuk 3

- Aan welke eisen moet een zakelijke brief of e-mail voldoen?
- Welke verschillen zijn er tussen een zakelijke brief en een zakelijke e-mail?
- Wanneer is een klachtenbrief efficiënt?
- Wat zijn de drie vaste inhoudelijke onderdelen van een sollicitatiebrief?
- Wat is een curriculum vitae?
- Welke elementen bevat een goede motivatiebrief?

Cursus

Mondelinge vaardigheden

Spreken leert men door te spreken.

*Marcus Tullius Cicero,
Romeins staatsman en schrijver*

106 - 43 v.Chr.

Hoofdstuk 1

Presentatie

Bij mondelinge communicatie is het belangrijk dat je de inhoud goed afstemt op je publiek. Verder moet je je ervan bewust zijn dat het publiek niet alleen luistert, maar ook kijkt. Een deel van de boodschap wordt bepaald door de non-verbale communicatie.

Afgerond
- Cursus Formuleren hoofdstuk 2
- Cursus Onderzoeksvaardigheden

Studielast
- 15 slu

Paragrafen
1. **Presentatie**
2. **Opiniërende presentatie**
3. **Speech**
4. **Eloquentia sprekerswedstrijd**

Referentieniveaus

- **4F** Kan duidelijke, gedetailleerde monologen en presentaties houden over tal van onderwerpen uit de (beroeps)opleiding en van maatschappelijke aard. Kan daarbij subthema's integreren, specifieke standpunten ontwikkelen en het geheel afronden met een passende conclusie.
- **4F** Kan uitgebreide verhalen vertellen, beschrijvingen geven en een argumentatie ontwikkelen waarin belangrijke punten extra aandacht krijgen.
- **4F** Kan goed gestructureerde gesproken taal voortbrengen, die getuigt van beheersing van ordeningspatronen, verbindingswoorden en cohesiebevorderende elementen.
- **4F** Kan een goed gestructureerde presentatie geven en daarbij gezichtspunten ondersteunen met redenen en relevante voorbeelden.
- **4F** Kan in een monoloog of presentatie verschillende doelen nastreven zonder hieromtrent in verwarring te raken of verwarring te veroorzaken.
- **4F** Houdt contact met het publiek door te reageren op zowel non-verbale als verbale reacties: kan bijvoorbeeld bij het signaleren van onrust vragen of het publiek iets anders had verwacht.
- **4F** Beschikt over een breed repertoire aan woorden, idiomatische uitdrukkingen en uitdrukkingen uit de spreektaal.
- **4F** Kan de intonatie variëren en de juiste nadruk in zinnen leggen om ook fijnere betekenisnuances uit te drukken. Slechts een begripsmatig moeilijk onderwerp kan een natuurlijke, vloeiende taalstroom hinderen.
- **4F** Handhaaft consequent een hoge mate van grammaticale correctheid; fouten zijn zeldzaam, onopvallend en worden snel hersteld.

NN online
- meer oefeningen
- videofragmenten
- observatie- en feedbackformulieren
- samenvatting van dit hoofdstuk
- overzicht Ik kan-stellingen van dit hoofdstuk

Paragraaf 1

Presentatie

Als je een presentatie moet houden, is het van belang dat je weet waar je over praat en dat je jezelf goed presenteert. Een goede voorbereiding is van essentieel belang. Bedenk goed wat je met je presentatie wilt bereiken en hoe je je verhaal kunt afstemmen op je publiek.

In onderstaand schema zijn de kenmerken van de informerende en overtuigende presentatie op een rijtje gezet.

	informerende presentatie	overtuigende presentatie
doel	informatie geven	overtuigen
hoofdgedachte	constatering	mening
inhoud	feiten, cijfers en constateringen	argumenten, mening(en) van de spreker

Stel bij de voorbereiding van een presentatie altijd eerst zo veel mogelijk 5w+h-vragen. Geef uitgebreid antwoord op deze vragen, zodat je een overzicht krijgt van wat er allemaal te vertellen valt. Bepaal vervolgens wat het publiek al weet over het onderwerp en wat nog niet. Bekijk ook welke informatie past bij het doel van de presentatie.

Volg bij de verdere voorbereiding van de presentatie dit stappenplan:

1. Documenteer je over het onderwerp. *<zie Onderzoeksvaardigheden blz. 273>*
2. Formuleer op basis van de documentatie een hoofdgedachte voor je presentatie. *<zie Schrijfvaardigheid blz. 253>*
3. Kies een bijpassende structuur. *<zie Schrijfvaardigheid blz. 54>*
4. Bepaal welke deelonderwerpen in de presentatie aan de orde moeten komen. Houd daarbij rekening met de voorkennis van je publiek.
5. Formuleer de deelonderwerpen als vragen en geef met behulp van je documentatie in steekwoorden de antwoorden op deze vragen.
6. Maak een bouwplan. *<zie Schrijfvaardigheid blz. 253>*
7. Bepaal welke hulpmiddelen je gaat gebruiken.
8. Maak een spiekbriefje.
9. Oefen de presentatie een paar keer hardop.

Tips voor het spreken voor publiek

Stemgebruik

- Tempo: spreek niet te snel. Probeer voor je gevoel iets te langzaam te spreken, dan is het voor het publiek waarschijnlijk precies goed.
- Intonatie: spreek niet de hele tijd op dezelfde toon. Leg accenten waar ze horen. Overdrijf dit een beetje, dan is het voor het publiek precies goed.
- Volume: spreek niet te hard en niet te zacht. Variatie in volume is goed, maar overdrijf niet.
- Articulatie: spreek de woorden goed uit. Oefen moeilijke woorden van tevoren.

Taalgebruik

- Kies woorden die passen bij het publiek. Leg moeilijke begrippen uit.
- Gebruik spreektaal, geen formele taal. Wees echter ook niet te informeel.
  <zie Schrijfvaardigheid blz. 253 en Formuleren blz. 2185>

↓
- Gebruik signaalwoorden om verbanden aan te geven.
  <zie Leesvaardigheid blz. 12>
- Probeer stopwoorden (= een (betekenisloos) woord dat je steeds herhaalt) en te veel 'eh' zeggen te voorkomen.

Houding
- Sta rechtop. Ga niet leunen of wiebelen.
- Let op je handen. Maak levendige gebaren om te ondersteunen wat je zegt. Blijf hierin jezelf. Als je normaal gesproken weinig gebaart, moet je het niet ineens heel overdreven gaan doen.
- Zorg ervoor dat je gezichtsuitdrukking past bij wat je te vertellen hebt.
- Straal enthousiasme uit, laat zien dat je gelooft wat je zegt.

Interactie
- Maak oogcontact met het publiek. Kijk goed rond, betrek het publiek bij je verhaal. Kijk niet de hele tijd naar dezelfde persoon.
- Reageer op wat er in het publiek gebeurt. Als er gelachen wordt of onrust ontstaat, wacht dan tot het weer rustig is. Maak er dan eventueel een opmerking over.

Vragen

Na een presentatie of toespraak geeft de spreker het publiek vaak gelegenheid om vragen te stellen. De luisteraars kunnen vragen om verduidelijking of reageren op wat er gezegd is.
Tips voor de vragenronde:
- Herhaal een gestelde vraag. Zo check je of je de vraag goed gehoord/begrepen hebt en zorg je ervoor dat alle toehoorders de vraag gehoord hebben.
- Als je iets niet weet, geef dat dan eerlijk toe.
- Houd zelf de touwtjes in handen: geef beurten, probeer te voorkomen dat er discussies tussen toehoorders ontstaan en kondig de laatste vraag aan.

Opdracht 1

Deze opdracht wordt verdeeld over twee lessen.
In de eerste les bereid je met een groep van vier leerlingen een presentatie voor.
In de tweede les moet je deze presentatie houden voor een deel van de klas.
Les 1: werk in een groep van vier.
1. Bedenk een onderwerp voor een presentatie van vijf minuten.
2. Stel zo veel mogelijk 5w+h-vragen over het onderwerp.
3. Geef antwoord op de 5w+h-vragen die jullie bedacht hebben. Zoek eventueel extra informatie over het onderwerp.
4. Bereid de presentatie voor aan de hand van het stappenplan. In de volgende les worden jullie verdeeld over vier groepen en moet ieder groepslid de presentatie houden.

Les 2: nummer de groepsleden 1 tot en met 4. Alle nummers 1 uit de klas vormen een groep, alle nummers 2 etc., zodat er vier nieuwe groepen ontstaan.
5. Houd binnen deze groep om de beurt de presentaties die zijn voorbereid. De luisteraars vullen voor elke presentatie het feedbackformulier presentatie in. Je krijgt van je docent een kopie van het feedbackformulier of je downloadt het op NN online.

6 Ga met de ingevulde feedbackformulieren terug naar de klasgenoten met wie je de presentatie hebt voorbereid en bespreek de overeenkomsten en verschillen met elkaar. Vragen die aan de orde kunnen komen:
- Hoe werd de presentatie inhoudelijk beoordeeld?
- Zitten er verschillen in de beoordeling van de inhoud?
- Als er verschillen zijn in de beoordeling van de inhoud, hoe zouden die dan ontstaan kunnen zijn?
- Hoe werd de manier van presenteren beoordeeld?
- Was jullie voorbereiding voldoende? Waarom (niet)?

Opdracht 2

Bij opdracht 1 heb je een presentatie gehouden en feedback gekregen. Kijk nog eens naar de feedbackformulieren die ingevuld zijn.
1 Wat was tijdens deze presentatie je sterkste punt?
2 Hoe kun je dit sterke punt nog beter naar voren laten komen?
3 Wat was tijdens deze presentatie je zwakste punt?
4 Hoe kun je dit zwakke punt verbeteren?
5 Komt de feedback die je op deze presentatie hebt gekregen overeen met de feedback die je op eerdere presentaties kreeg? Leg uit.
6 Formuleer voor jezelf een leerdoel met betrekking tot het houden van een informatieve of overtuigende presenatie. Bedenk hoe je dit leerdoel zou kunnen bereiken.

Praktijk P

Je gaat een presentatie houden van tien minuten.
- Kies A, B of C of overleg met je docent over een zelfgekozen onderwerp.
- Kijk goed naar het leerdoel dat je geformuleerd hebt bij opdracht 2. Houd dit leerdoel voor ogen tijdens de voorbereiding en de uitvoering van je presentatie.
- Bereid je presentatie voor volgens het stappenplan.
- Houd je presentatie voor de klas.
- Je docent en je klasgenoten beoordelen de presentatie aan de hand van het feedbackformulier presentatie. Dit formulier download je op NN online of je krijgt het van je docent.

A Malversaties in de sport
In de topsport draait het om geld, heel veel geld. In veel sporten levert winnen niet alleen eeuwige roem op, maar wordt er ook een aardig bedrag bijgeschreven op de rekening van de sporter of de club. Daarnaast verdienen bekende en succesvolle sporters of clubs veel geld door reclame te maken voor hun sponsors. Vanwege al dat geld dat met topsport gemoeid is, is de verleiding om vals te spelen groot. Dopinggebruik, omkoping en matchfixing lijken steeds vaker voor te komen en als 'iedereen' vals speelt, wordt het volgens veel sporters moeilijk om eerlijk te blijven strijden om de winst, onder andere omdat je dan eigenlijk niet kunt winnen.
Houd een presentatie over dit onderwerp. Bepaal zelf het doel van je presentatie en stem je inhoud hierop af.

B Schaliegas
Al jaren wordt gezocht naar alternatieve manieren om energie op te wekken. Zonnepanelen en windmolens zijn inmiddels aardig ingeburgerd in Nederland. Een minder bekend alternatief is schaliegas: aardgas dat gewonnen wordt uit schalie, een soort kleigesteente.
Houd een presentatie over deze manier van energiewinning. Leg uit hoe schaliegas gewonnen wordt en ga in op de voor- en nadelen hiervan voor Nederland.

C School in de toekomst

Het onderwijs is voortdurend aan verandering onderhevig. Toch gaan de ontwikkelingen volgens velen nog niet snel genoeg. Terwijl de maatschappij mede door alle digitale middelen in razend tempo lijkt te veranderen, is op veel middelbare scholen de dag nog op dezelfde manier ingericht als veertig jaar geleden. Leerlingen zitten per leerjaar in een klas en volgen met die klas op een dag zes of zeven verschillende vakken. Het wordt tijd dat er echt eens iets verandert!

Houd een presentatie over hoe jouw school er volgens jou over tien jaar uit moet zien.

Ik kan:
- 4F een goed gestructureerde presentatie geven.
- 4F tijdens een presentatie inspelen op reacties uit het publiek.
- 4F een breed repertoire aan woorden en uitdrukkingen gebruiken.
- 4F fijnere betekenisnuances uitdrukken door te variëren in intonatie en de juiste nadruk in zinnen te leggen.

Paragraaf 2

Opiniërende presentatie

Een opiniërende presentatie heeft als doel de luisteraar aan het denken te zetten. Het onderwerp wordt van verschillende kanten belicht, zodat de luisteraar zelf zijn mening erover kan bepalen.

In een opiniërende presentatie stel je een probleem of kwestie aan de orde. Naast feiten bevat een opiniërende voordracht bijvoorbeeld verschillende verklaringen voor een probleem, voor- en nadelen van voorgestelde oplossingen voor een probleem en/of verschillende meningen van deskundigen over de kwestie. De hoofdgedachte van een opiniërende voordracht is vaak een uitspraak die in het meervoud staat, bijvoorbeeld: *Er zitten zowel voor- als nadelen aan een autoluwe binnenstad.*
<zie Schrijfvaardigheid blz. 53>

Volg bij de voorbereiding het volgende stappenplan:
1. Documenteer je over het onderwerp. *<zie Onderzoeksvaardigheden blz. 273>*
2. Formuleer op basis van de documentatie een hoofdgedachte voor je presentatie. *<zie Schrijfvaardigheid blz. 53>*
3. Kies een bijpassende structuur.*<zie Schrijfvaardigheid blz. 53>*
4. Bepaal welke deelonderwerpen in de presentatie aan de orde moeten komen. Houd daarbij rekening met de voorkennis van je publiek.
5. Formuleer de deelonderwerpen als vragen en geef met behulp van je documentatie in steekwoorden de antwoorden op deze vragen.
6. Maak een bouwplan. *<zie Schrijfvaardigheid blz. 53>*
7. Bepaal welke hulpmiddelen je gaat gebruiken.
8. Maak een spiekbriefje.
9. Oefen de presentatie een paar keer hardop.

Opdracht 3

Werk in een groep van vier.
1. Bedenk zelf een onderwerp waarover jullie een opiniërende presentatie willen houden of kies een van de volgende onderwerpen:
   – consequenties van de digitalisering voor de samenleving;
   – de studiefinanciering;
   – leesgedrag van jongeren;
   – morele vraagstukken naar aanleiding van technologische ontwikkelingen;
   – subsidies op kunst en cultuur;
   – volledige digitalisering van het onderwijs.
2. Bereid samen een opiniërende presentatie voor aan de hand van het stappenplan.
3. Nummer de groepsleden 1 tot en met 4. Alle nummers 1 uit de klas vormen een nieuwe groep, alle nummers 2 etc. Op deze manier worden er vier nieuwe groepen gevormd.
4. Houd de presentaties in de nieuwe groepen. De toehoorders beoordelen de presentaties aan de hand van het feedbackformulier presentatie.
5. Ga met de feedbackformulieren terug naar de groep waarmee je de presentatie hebt voorbereid en evalueer de presentaties. Maak aantekeningen van deze evaluatie. Vragen die aan de orde kunnen komen:
   – Wat zijn de overeenkomsten en verschillen in de feedback die jullie gekregen hebben?
   – Hebben jullie alle vier dezelfde feedback gekregen op de inhoud? Zo niet, waar ligt dat dan aan?
   – Wat vonden jullie klasgenoten van jullie presentatie? Welke punten beoordeelden ze positief en welke negatief?
   – Wat kunnen jullie verbeteren aan jullie presentatie?

↓ **6** Formuleer voor jezelf een leerdoel met betrekking tot het houden van een opiniërende presentatie.

Praktijk
P

Je gaat een opiniërende presentatie houden van tien minuten.
- Bedenk een onderwerp voor een opiniërende presentatie of kies een onderwerp uit het lijstje bij opdracht 3 dat nog niet aan de orde is geweest.
- Kijk nog eens naar het leerdoel dat je geformuleerd hebt bij opdracht 3. Houd dit leerdoel voor ogen tijdens de voorbereiding en de uitvoering van je presentatie.
- Bereid de presentatie voor volgens het stappenplan.
- Houd de presentatie voor de klas.
- Je docent en je klasgenoten beoordelen de presentatie aan de hand van het feedbackformulier. Je krijgt het formulier van je docent of downloadt het op NN online.

Ik kan:
- **4F** een goed gestructureerde opiniërende presentatie geven en daarbij gezichtspunten ondersteunen met redenen en relevante voorbeelden.
- **4F** tijdens een presentatie inspelen op reacties uit het publiek.
- **4F** een breed repertoire aan woorden en uitdrukkingen gebruiken.
- **4F** fijnere betekenisnuances uitdrukken door te variëren in intonatie en de juiste nadruk in zinnen te leggen.

Paragraaf 3

Speech

Een speech is een toespraak ter gelegenheid van een bijzondere gebeurtenis, bijvoorbeeld een huwelijk, een jubileum, een afscheid, een opening of een diplomering.

Een speech is een onderhoudend, persoonlijk praatje. Meestal zul je als spreker gevraagd worden om een speech te houden en weet je dus van tevoren dat je moet speechen.

Als je van tevoren weet dat je een speech moet houden, bedenk dan eerst waarom jij die speech moet houden. Waarom ben jij gevraagd? Het antwoord op deze vraag kan je helpen om te bedenken wat de kern van je boodschap moet zijn. Blijf dicht bij jezelf en vertel over je persoonlijke ervaringen met het onderwerp van de speech of degene(n) tot wie je je in de speech richt.

Een speech is persoonlijker dan een presentatie. Met een speech wil je niet alleen een boodschap overbrengen, maar ook het publiek vermaken. Dit kun je doen door gebruik te maken van stijlfiguren en beeldspraak. Neem bijvoorbeeld een pakkende uitspraak of een bepaald beeld als uitgangspunt en bouw daar je verhaal omheen.

Enkele voorbeelden

gelegenheid	tips voor de inhoud
diplomering	herinneringen aan de schooltijd, dank aan de leraren en ander personeel, toekomstwens, persoonlijke ervaringen, wat zul je missen?
afstuderen	scriptieonderwerp, dank aan begeleider, familie en vrienden, wens voor de toekomst, persoonlijke ervaringen, wat zul je missen?
huwelijk/huwelijksjubileum	ontmoeting, blijde en verdrietige gebeurtenissen die de band versterkt hebben, anekdotes uit het leven van het bruidspaar, persoonlijke ervaringen
afscheid	betekenis van degene die afscheid neemt voor het bedrijf en/of voor jou persoonlijk, indruk die de ander achterlaat, gemis dat er zal zijn, toekomstwens
zakelijk jubileum	korte schets van de loopbaan en ontwikkeling tot nu toe, betekenis van de jubilaris voor het bedrijf, anekdotes

Anders dan bij presentaties is het bij speeches vrij gebruikelijk om ze uit te schrijven en eventueel voor te lezen.

Opdracht 4

In 2012 won Nasrdin Dchar een Gouden Kalf voor zijn rol in de film *Rabat*. Bekijk het fragment met zijn dankwoord en beantwoord de vragen.

1. Dchar zegt in het begin dat hij niets voorbereid heeft. Waaraan kun je merken dat hij zijn speech niet van tevoren bedacht heeft?
2. Wat heeft hij wel voorbereid?
3. Voor welke drie dingen staat het Gouden Kalf dat hij gewonnen heeft?
4. Deze speech heeft heel veel indruk gemaakt en is de hele wereld over gegaan. Wat zou daar de reden van kunnen zijn?
5. Welke kenmerken van een speech bevat dit dankwoord?

Mondelinge vaardigheden > 1 Presentatie > 3 Speech

Opdracht 5

Werk in viertallen.
Bij de diplomering is het de gewoonte dat een van de geslaagden een speech houdt. Jij bent dit jaar uitverkoren om deze speech te houden. Je speech mag vijf minuten duren.

1. Bedenk samen wat er in de speech aan de orde moet komen. Verwerk in je speech bijvoorbeeld het antwoord op de volgende vragen:
   - Wat hebben jullie met elkaar meegemaakt?
   - Welke lessen of activiteiten hebben veel indruk op jullie gemaakt?
   - Wat hopen en wensen jullie voor jezelf en jullie klasgenoten?
2. Bedenk zelf nog drie vragen die jullie in de speech zullen beantwoorden.
3. Schrijf individueel de speech.
4. Draag de speeches aan elkaar voor en beoordeel elkaar met behulp van het feedbackformulier speech. Je krijgt dit van je docent of downloadt het op NN online.
5. De beste speeches uit de viertallen worden vervolgens voor de klas gehouden en beoordeeld.

Praktijk P

- Bedenk een gelegenheid voor een speech of kies een van de voorbeelden uit het schema.
- Beschrijf om welke gelegenheid het gaat.
- Bedenk wat er in de speech aan de orde moet komen. Maak gebruik van de tips in het schema.
- Schrijf de speech en oefen een paar keer.
- Houd de speech voor de klas.

Je docent en je klasgenoten beoordelen de speech aan de hand van het feedbackformulier.

Ik kan:

- **4F** een duidelijke, gedetailleerde en goed gestructureerde monoloog houden over een persoonlijk onderwerp.
- **4E** beelden en stijlmiddelen gebruiken om mijn verhaal te verlevendigen.
- **4F** in een speech verschillende doelen nastreven zonder in verwarring te raken of verwarring te veroorzaken.
- **4F** fijnere betekenisnuances uitdrukken door te variëren in intonatie en de juiste nadruk in zinnen te leggen.

Paragraaf 4

Eloquentia sprekerswedstrijd

Een aantal debattoernooien heeft een sprekerswedstrijd op het programma staan. Bij dit onderdeel houden verschillende sprekers een speech naar aanleiding van een citaat of een stelling.

'Eloquent' betekent 'welbespraakt'. In een sprekerswedstrijd let de jury vooral op je taalgebruik. Het gaat erom dat je zo mooi mogelijk verwoordt wat je wilt zeggen. Dit kun je doen door beeldspraak en stijlfiguren te gebruiken. Stijlmiddelen die in speeches vaak gebruikt worden, zijn anafoor, (anti)climax, chiasme, drieslag, oxymoron, paradox en retorische vraag. <zie Formuleren, blz. 185 e.v.>

Als je meedoet aan een sprekerswedstrijd, krijg je een aantal citaten of een aantal stellingen waaruit je er één moet kiezen. De voorbereidingstijd kan per toernooi verschillen. Je bent vrij in de vormgeving van je speech en je mag ook zelf een invalshoek bij de speech kiezen. Je kunt bijvoorbeeld een betoog houden om het citaat of de stelling te onderbouwen, maar je kunt het citaat of de stelling ook bespottelijk maken of verdraaien, of een mooie anekdote vertellen om de stelling of het citaat te illustreren. Alles mag, mits het citaat of de stelling herkenbaar in je speech terugkomt.

Opdracht 6

1. Kies een citaat:
   - Niet iedereen die denkt, heeft ook gedachten. (Peter Sirius)
   - De beste wijze om iets te leren is er les in te geven. (Seneca)
   - Het is de grootste dwaasheid, dingen te leren, die men later weer moet vergeten. (Erasmus)
   - Ik ga altijd recht door zee, maar ik verander dikwijls van zee. (Armand Salacrou)
   - Wie geen fouten maakt, maakt gewoonlijk niets. (Edward John Phelps)
2. Schrijf vijf minuten lang alles op wat in je opkomt bij het gekozen citaat. Gebruik de uitkomst hiervan voor het beantwoorden van de volgende vragen.
3. Met welke argumenten kun je dit citaat onderbouwen?
4. Wat kun je gebruiken om het citaat van meerdere kanten te belichten?
5. Hoe zou je het citaat bespottelijk kunnen maken?
6. Noteer drie andere manieren waarop je dit citaat kunt gebruiken als uitgangspunt voor een speech.

Opdracht 7

In de debatwedstrijd 'Op weg naar het Lagerhuis' worden niet alleen debatten gehouden, maar ook speeches. Je gaat kijken naar twee van deze speeches.

1. Geef van beide speeches aan wat het onderwerp is en hoe het uitgewerkt wordt.
2. Vul voor beide speeches het feedbackformulier presentatie in. Je krijgt dit van je docent of downloadt het op NN online.
3. Welke stijlmiddelen herken je in de speeches?
4. Welke spreker vind jij het meest eloquent? Leg uit.
5. Welke speech vind jij beter? Leg uit waarom.

Opdracht 8

Werk in tweetallen.

1. Zoek samen een citaat dat jullie aanspreekt. Op internet zijn verschillende sites met citaten te vinden, kijk bijvoorbeeld eens op www.citaten.net of www.citaten.nl of www.quotegarden.com (Engels).
2. Bedenk individueel zo veel mogelijk invalshoeken bij het citaat dat jullie gekozen hebben. Verwerk deze in bijvoorbeeld een woordweb of een mindmap.
3. Kies een invalshoek en werk deze verder uit.
4. Schrijf je speech. Probeer minstens vijf stijlmiddelen in je speech te verwerken.
5. Laat de speeches aan elkaar lezen. Gebruik voor het beoordelen van de speech de onderdelen van het feedbackformulier die gaan over inhoud en taalgebruik. Let vooral op de gebruikte stijlmiddelen.
6. Herschrijf de speech aan de hand van het commentaar dat je gekregen hebt.
7. Vorm een groep van acht met drie andere tweetallen. Houd binnen deze groep de speeches. De toehoorders vullen de feedbackformulieren in en beslissen wie de beste van een tweetal is.

Praktijk P

Bereid je voor op een eloquentia sprekerswedstrijd in de klas. De wedstrijd bestaat uit een aantal voorrondes en een finale. Alle klasgenoten doen mee aan de voorrondes.

Een week voordat je aan de beurt bent, krijg je een lijst met een aantal citaten. Uit deze citaten kies je er één waarover jij een speech gaat houden. Bereid je voor zoals je dat gedaan hebt bij opdracht 8.

De speeches worden aan de hand van het feedbackformulier beoordeeld door je docent en de klasgenoten uit de andere voorrondes. Aan het eind van iedere voorronde wordt bekendgemaakt wie er doorgaat naar de finale.

Als je doorgaat naar de finale, krijg je een week van tevoren een nieuwe lijst met een aantal citaten waar je uit mag kiezen. Bij de voorbereiding mag je hulp vragen aan een klasgenoot die niet door is naar de finale.

De finale wordt op dezelfde manier beoordeeld als de voorrondes. Aan het eind van de finale is duidelijk wie de beste spreker van de klas is.

Ik kan:
- **4F** een duidelijke, gedetailleerde en goed gestructureerde monoloog houden naar aanleiding van een citaat.
- **4E** beelden en stijlmiddelen gebruiken om mijn verhaal te verlevendigen.
- **4F** in een speech verschillende doelen nastreven zonder in verwarring te raken of verwarring te veroorzaken.
- **4F** fijnere betekenisnuances uitdrukken door te variëren in intonatie en de juiste nadruk in zinnen te leggen.
- **4F** tijdens een presentatie inspelen op reacties uit het publiek.

Controle hoofdstuk 1
- Hoe bereid je je inhoudelijk voor op een presentatie?
- Wat is het verschil tussen een presentatie en een speech?
- Waar let de jury op bij een eloquentia sprekerswedstrijd?
- Welke stijlmiddelen kun je gebruiken om je speech te verfraaien?
- Waar moet je op letten bij het houden van een speech?

Hoofdstuk 2

Probleemoplossende discussie

Een probleemoplossende discussie is een gestructureerde vorm van overleg. De deelnemers proberen samen een oplossing te vinden voor een probleem.

Afgerond
- Cursus Mondelinge vaardigheden hoofdstuk 1
- Cursus Argumentatieve vaardigheden

Studielast
- 10 slu

Paragrafen
1. **Doel en discussiefasen**
2. **Discussiedeelnemers**

Referentieniveaus

- **3F** Reageert adequaat op de uitingen van de gesprekspartners en vraagt zo nodig naar meer informatie of naar de bedoeling.
- **3F** Reageert adequaat op non-verbale signalen.
- **3F** Kan afwijkingen van het doel inbrengen en accepteren zonder de draad kwijt te raken.
- **4F** Kan in alle soorten gesprekken de taal nauwkeurig en doeltreffend gebruiken voor een breed scala van onderwerpen uit (beroeps)opleiding en van maatschappelijke aard.
- **4F** Kan deelnemen aan informatieve, meningsvormende, beschouwende en besluitvormende gesprekken over complexe onderwerpen.
- **4F** Kan in een overleg een probleem helder schetsen, speculeren over oorzaken of gevolgen en voor- en nadelen van verschillende benaderingen afwegen.
- **4F** Kan in een geanimeerde discussie of debat uitgesproken en overtuigende argumenten geven
- **4F** Kan beschouwende gesprekken voeren over abstracte onderwerpen.
- **4F** Kan een passende frase kiezen om eigen opmerkingen op de juiste wijze aan te kondigen en de beurt te krijgen, of om tijd te winnen en de beurt te houden tijdens het nadenken.
- **4F** Beschikt over een breed repertoire aan woorden en idiomatische uitdrukkingen en uitdrukkingen uit de spreektaal.
- **4F** Kan de intonatie variëren en de juiste nadruk in zinnen leggen om ook fijnere betekenisnuances uit te drukken. Slechts een begripsmatig moeilijk onderwerp kan een natuurlijke, vloeiende taalstroom hinderen.
- **4F** Handhaaft consequent een hoge mate van grammaticale correctheid; fouten zijn zeldzaam, onopvallend en worden snel hersteld.
- **4F** Gebruikt de taal doeltreffend door ideeën te herformuleren en door onderscheid te maken naar situatie en gesprekspartners.

NN online
- observatie- en feedbackformulieren
- samenvatting van dit hoofdstuk
- overzicht Ik kan-stellingen van dit hoofdstuk

Paragraaf 1

Doel en discussiefasen

Bij een probleemoplossende discussie gaat het er niet om wie er gelijk heeft of krijgt. Het doel is het oplossen van een probleem en daarvoor is het belangrijk dat de deelnemers begrip krijgen voor elkaars standpunt en uiteindelijk tot overeenstemming komen.

Om tot een goede oplossing voor het probleem te komen, moeten de deelnemers eerst het probleem onderzoeken. Pas als duidelijk is wat het probleem inhoudt en waardoor het veroorzaakt wordt, kan er gediscussieerd worden over mogelijke oplossingen.

Een probleemoplossende discussie bestaat uit vier duidelijk afgebakende fasen:

Fase 1 – Analyseren
In deze fase moet duidelijk worden wat het probleem is en waardoor het veroorzaakt wordt. Vragen die in deze fase aan de orde moeten komen:
- Wat is het probleem?
- Waarom / Door wie wordt dit als een probleem gezien?
- Waarom / Door wie wordt dit niet als een probleem gezien?
- Wat zijn de oorzaken van het probleem?

Fase 2 – Inventariseren
Iedere deelnemer krijgt de gelegenheid om zijn ideeën over mogelijke oplossingen naar voren te brengen. De deelnemers mogen in deze fase niet oordelen over de oplossingen die voorgesteld worden, het gaat puur om de inventarisatie van ideeën. Er mogen wel vragen ter verduidelijking gesteld worden.

Fase 3 – Reageren
In deze fase worden de voorgestelde oplossingen besproken. Degene die de oplossing heeft voorgesteld, mag kritisch ondervraagd worden. Vragen die per oplossing aan de orde kunnen komen:
- Is de oplossing uitvoerbaar, effectief en efficiënt?
- Wordt hiermee het probleem echt opgelost?
- Worden hiermee echt de oorzaken aangepakt?
- Zorgt deze oplossing niet voor een verschuiving van het probleem?

Fase 4 – Besluiten
In de laatste fase moet een besluit genomen worden. Er moet op grond van het resultaat van de voorgaande fasen een gezamenlijk standpunt geformuleerd worden over de oplossing van het probleem. De deelnemers kunnen kiezen voor een van de voorgestelde oplossingen, maar ook voor een compromis tussen verschillende oplossingen.

Voorbeeld bij fase 1 en 2:
Probleem: het sportcentrum waar je lid van bent, zit krap bij kas.

Oorzaken:
- De verbouwing heeft meer geld gekost dan ingecalculeerd was.
- Doordat tijdens de verbouwing bepaalde faciliteiten niet gebruikt konden worden, zijn leden naar de concurrent gegaan.
- Een van de instructeurs is in dienst getreden van de concurrent en heeft een aantal leden meegenomen.
- Een groot aantal leden betaalt de contributie niet op tijd.
- Er wordt veel geld uitgegeven aan reclame.

↓
- De korting die bij de heropeningsactie geboden is, was te hoog.
- Veel mensen die gebruikgemaakt hebben van de kortingsactie, zijn uiteindelijk geen lid gebleven.

Oplossingen:
- Bij wanbetalers langsgaan om de contributie op te halen.
- Alle leden een incassoformulier laten tekenen.
- De instructeur weer aannemen.
- Op andere manieren reclame maken, bijvoorbeeld via social media.
- Een samenwerkingsverband aangaan met scholen.
- Een sportevenement of andere actie organiseren om geld binnen te halen.

Opdracht 1

Werk in viertallen.
Hieronder staan twee problemen waarover in de leerlingenraad een probleemoplossende discussie gevoerd gaat worden.
A   Voor het komende schoolfeest hebben te weinig docenten zich aangemeld als toezichthouder.
B   Leerlingen in klas 5 en 6 hebben erg veel vaste tussenuren en er is te weinig ruimte om rustig te kunnen studeren.

Maak in tweetallen de volgende opdrachten. Het ene tweetal over probleem A, het andere over probleem B.
1   Fase 1: Analyseer het probleem aan de hand van de vragen uit fase 1.
2   Fase 2: Bedenk met z'n tweeën zo veel mogelijk oplossingen voor het probleem.

Wissel je werk uit met dat van het andere tweetal.
3   Fase 3: Beoordeel de analyse van het probleem. Zijn de anderen tot de kern van het probleem gekomen? Hebben ze de oorzaken van het probleem goed onder woorden gebracht? Is duidelijk waarom het een probleem is en voor wie?
4   Beoordeel de voorgestelde oplossingen aan de hand van de vragen uit fase 3.
5   Fase 4: Geef aan wat volgens jullie de beste oplossing is en waarom.

Wissel het werk met commentaar uit met dat van het andere tweetal.
6   Bekijk het commentaar en de voorgestelde oplossing goed. Stel de anderen vragen als je het commentaar niet begrijpt. Ben je het eens met hun commentaar? En met de voorgestelde oplossing?

Opdracht 2

Werk in tweetallen.
1   Bedenk samen een onderwerp voor een probleemoplossende discussie.
2   Bedenk individueel oplossingen voor dit probleem.
3   Bedenk bij elke oplossing argumenten om de oplossing te ondersteunen.
4   Discussieer vijf minuten met elkaar over het probleem. Doorloop daarbij de vier discussiefasen. Noteer de gekozen oplossing.
5   Vergelijk de gekozen oplossing met jullie antwoorden bij vraag 2. Hebben jullie gekozen voor een van de bedachte oplossingen of voor een compromis? Of hebben jullie samen een geheel nieuwe oplossing bedacht?

Ik kan:

3F deelnemen aan alle fasen van een probleemoplossende discussie.

Paragraaf 2

Discussiedeelnemers

In een probleemoplossende discussie moeten de fasen duidelijk van elkaar gescheiden blijven en moeten alle mogelijkheden onderzocht worden. Daarom is het handig om het aantal deelnemers beperkt te houden. Verder is het goed om een voorzitter en een notulist aan te wijzen.

De voorzitter:
- neemt zelf niet deel aan de discussie;
- houdt de tijd in de gaten;
- zorgt voor een goede afbakening en invulling van de vier fasen;
- geeft een samenvatting aan het eind van elke fase;
- vraagt iedere deelnemer welke oplossing hij bedacht heeft;
- betrekt alle deelnemers bij de discussie door te vragen naar hun mening;
- zorgt ervoor dat iedere bijdrage serieus genomen wordt;
- benadrukt het gemeenschappelijke doel van de discussie: oplossing(en) vinden.

De notulist:
- neemt zelf niet deel aan de discussie;
- schrijft op wat het probleem is, waarom het een probleem is en wat de oorzaken zijn;
- schrijft de voorgestelde oplossingen op;
- noteert bij de voorgestelde oplossingen de belangrijkste argumenten;
- noteert de uiteindelijk gekozen oplossing;
- helpt de voorzitter indien nodig bij het samenvatten van de fasen door voor te lezen wat hij heeft opgeschreven.

De overige deelnemers:
- accepteren het gezag van de voorzitter;
- stellen vragen als iets niet duidelijk is;
- gaan respectvol met elkaar om;
- richten zich tot de hele groep;
- herzien hun mening als ze overtuigd zijn.

Tijdschema voor een discussie van 15-20 minuten:
Fase 1 - Analyseren: 2-3 minuten
Fase 2 - Inventariseren: 4-6 minuten
Fase 3 - Reageren: 6-8 minuten
Fase 4 - Besluiten: 3 minuten

Beoordeling
De discussiedeelnemers worden beoordeeld aan de hand van het feedbackformulier discussie.

Mondelinge vaardigheden > 2 Probleemoplossende discussie > 2 Discussiedeelnemers

Formulier F

Feedbackformulier discussie

Observator:
Discussieonderwerp:

Inhoud

Geeft geen of een onduidelijke mening.	O M V G	Brengt zijn mening duidelijk naar voren.
Geeft geen of onduidelijke argumenten.	O M V G	Geeft duidelijke argumenten.
Spreekt alleen vanuit eigen standpunt.	O M V G	Reageert op de inbreng van anderen.

Interactie

Kan niet zonder hulp van de voorzitter of mededicussianten aan het woord komen.	O M V G	Kan op een nette en doeltreffende manier de beurt nemen.
Valt anderen in de rede.	O M V G	Laat anderen uitspreken.
Reageert niet op non-verbale signalen.	O M V G	Reageert op non-verbale signalen.

Afstemming op doel

Is eenzijdig gericht op informeren of overtuigen.	O M V G	Kan informatieve passages soepel afwisselen met betogende passages.

Houding

Maakt geen oogcontact met de andere deelnemers.	O M V G	Maakt oogcontact met de andere deelnemers.
De gezichtsuitdrukking, lichaamshouding en gebaren zijn vlak.	O M V G	De gezichtsuitdrukking, lichaamshouding en gebaren zijn levendig.

Taalgebruik

Heeft een beperkte woordenschat.	O M V G	Heeft een grote woordenschat, varieert in woordgebruik, gebruikt (ook minder gangbare) uitdrukkingen.
Gebruikt regelmatig de verkeerde woorden.	O M V G	Kan moeilijke woorden en jargon op de juiste manier gebruiken.
Gebruikt (af en toe) informele en/of populaire taal.	O M V G	Gebruikt formele en zakelijke taal.

Vloeiendheid en verstaanbaarheid

Spreekt te snel / spreekt te langzaam.	O M V G	Spreekt in een acceptabel tempo.
Mompelt / spreekt te zacht.	O M V G	Spreekt duidelijk verstaanbaar.
Maakt zinnen niet af, drukt zich warrig uit en heeft veel tijd nodig om naar de juiste woorden te zoeken.	O M V G	Spreekt zonder haperen en vrijwel zonder fouten in de zinsbouw te maken.
Spreekt vlak.	O M V G	Gebruikt intonatie om woorden kracht bij te zetten.

Tips

Ik heb de volgende tips voor deze discussiedeelnemer:

© Noordhoff Uitgevers bv

De voorzitter wordt beoordeeld aan de hand van het feedbackformulier voorzitter.

Formulier F

Feedbackformulier voorzitter

Voorzitter:
Observator:
Discussieonderwerp:

Inhoud

Introduceert het probleem en/of de oorzaak niet.	O M V G	Introduceert het probleem en de mogelijke oorzaken duidelijk.
Vat slecht/niet samen.	O M V G	Vat goed samen.

Afstemming op gesprekspartners

Laat onduidelijkheid en ontsporingen toe.	O M V G	Stelt vragen ter verduidelijking en voorkomt ontsporingen.
Negeert deelnemers.	O M V G	Betrekt alle deelnemers in de discussie: stimuleert zwijgers en remt dominanten af.

Afstemming op doel

Zorgt niet voor een verloop volgens de fasestructuur.	O M V G	Bewaakt de fasestructuur.
Laat fasen uitlopen.	O M V G	Bewaakt de tijd, grijpt tijdig in, stuurt aan op de afronding van een fase.

Houding

Maakt geen oogcontact met de andere deelnemers.	O M V G	Maakt oogcontact met de andere deelnemers.
De gezichtsuitdrukking, lichaamshouding en gebaren zijn vlak.	O M V G	De gezichtsuitdrukking, lichaamshouding en gebaren zijn levendig.

Taalgebruik

Heeft een beperkte woordenschat.	O M V G	Heeft een grote woordenschat, varieert in woordgebruik, gebruikt (ook minder gangbare) uitdrukkingen.
Gebruikt regelmatig de verkeerde woorden.	O M V G	Kan moeilijke woorden en jargon op de juiste manier gebruiken.
Gebruikt (af en toe) informele en/of populaire taal.	O M V G	Gebruikt formele en zakelijke taal.

Vloeiendheid en verstaanbaarheid

Spreekt te snel / spreekt te langzaam.	O M V G	Spreekt in een acceptabel tempo.
Mompelt.	O M V G	Spreekt verstaanbaar.
Maakt zinnen niet af.	O M V G	Spreekt in hele zinnen.
Spreekt vlak.	O M V G	Gebruikt intonatie om woorden kracht bij te zetten.

Tips

Ik heb de volgende tips voor deze voorzitter:

Opdracht 3

Vorm een discussiegroep van vijf of zes personen.
Jullie gaan discussiëren over het volgende probleem: Veel leerlingen weten nog niet wat ze na het vwo willen gaan doen.

Individueel
1 Geef aan wat volgens jou de oorzaken van het probleem zijn.
2 Bedenk verschillende oplossingen voor het probleem en kies de beste uit.
3 Geef zo veel mogelijk argumenten waarom dit de beste oplossing is.

Discussiegroep
4 Kies een voorzitter en een notulist.
5 Voer de discussie volgens het fasemodel. Houd de volgende tijden aan: fase 1: 2 minuten; fase 2: 4 minuten; fase 3: 6 minuten en fase 4: 3 minuten.
6 Aan het eind van de discussie geeft de voorzitter kort weer welke afwegingen gemaakt zijn om te komen tot de gekozen oplossing. De notulist noteert de gekozen oplossing en de afwegingen.

Opdracht 4

De klas wordt in drie groepen verdeeld. Deze groepen gaan achtereenvolgens discussiëren over een van de volgende problemen:
- In het weekend zorgen groepjes jongeren voor overlast in uitgaansgebieden.
- Ondanks alle maatregelen om roken te ontmoedigen, blijft het aantal jongeren dat begint met roken al jarenlang ongeveer gelijk.
- Er dreigt een groot tekort aan verplegend personeel.
- Steeds meer ouderen worden slachtoffer van internetcriminaliteit.
- Parken zijn verworden tot hangplekken voor zwervers en drugsverslaafden.
- Er is een groot tekort aan orgaandonoren in Nederland.
- Voetbalvandalisme kost de samenleving heel veel geld.
- Middelbare scholieren hebben te weinig algemene kennis.
- Er zijn te weinig leerlingen die voor een exacte studie kiezen.
- Nederland daalt in de PISA-ranking.

Voorbereiding
1 De groepen kiezen een probleem uit de lijst. Een probleem mag maar één keer gekozen worden.
2 De groepen kiezen een voorzitter en een notulist.
3 Iedereen bereidt de discussie voor de volgende les voor. Analyseer het probleem en bedenk mogelijke oplossingen met bijbehorende argumentatie.

Discussieronde 1
4 Groep 1 voert de discussie.
5 Groep 2 en 3 vullen elk een deel van het feedbackformulier in. Groep 2 let op de inhoud en groep 3 op de verbale en non-verbale communicatie. Gebruik het observatieformulier.
6 Bespreek klassikaal de observaties van groep 2 en 3. Gebruik de ingevulde feedbackformulieren als uitgangspunt.

Discussieronde 2 en 3
7 In ronde 2 voert groep 2 de discussie, groep 3 let op de inhoud en groep 1 op de verbale en non-verbale communicatie. Na de discussie worden de observaties klassikaal besproken, met de feedbackformulieren als uitgangspunt.
8 In ronde 3 voert groep 3 de discussie, groep 1 let op de inhoud en groep 2 op de verbale en non-verbale communicatie. Na de discussie worden de observaties klassikaal besproken, met de feedbackformulieren als uitgangspunt.

Praktijk

- Je wordt ingedeeld in een discussiegroep.
- Bedenk samen over welk probleem jullie willen discussiëren. Kies eventueel een probleem dat nog niet aan de orde is geweest uit de lijst bij opdracht 4.
- Documenteer je over het onderwerp. Ieder groepslid gaat op zoek naar geschikte bronnen. Probeer zo veel mogelijk informatie te verzamelen waarin verschillende meningen aan bod komen over jullie probleem.
- Ieder groepslid analyseert het probleem en bedenkt oplossing(en) en de argumenten daarvoor. De aantekeningen mogen tijdens de discussie gebruikt worden.
- Kies een voorzitter en een notulist.
- Voer de discussie volgens het fasemodel (3 - 6 - 8 - 3 = 20 minuten).
- Je docent en je klasgenoten beoordelen de discussie aan de hand van de feedbackformulieren.
- Na de discussie levert de groep een mapje in met de bronnen, de individuele aantekeningen, de aantekeningen van de notulist en de feedbackformulieren.

Ik kan:

- **4F** deelnemen aan een probleemoplossende discussie over een complex onderwerp.
- **4F** beschouwende gesprekken voeren over abstracte onderwerpen.
- **4F** in een probleemoplossende discussie een probleem helder schetsen, speculeren over oorzaken of gevolgen en voor- en nadelen van verschillende oplossingen afwegen.
- **4F** een passende frase kiezen om eigen opmerkingen op de juiste wijze aan te kondigen en de beurt te krijgen, of om tijd te winnen en de beurt te houden tijdens het nadenken.
- **3F** adequaat reageren op de uitingen van de gesprekspartners.
- **3F** adequaat reageren op non-verbale signalen.
- **3F** afwijkingen van het doel inbrengen en accepteren zonder de draad kwijt te raken.
- **4F** een breed repertoire aan woorden en (ook idiomatische) uitdrukkingen gebruiken.
- **4F** de intonatie variëren en de juiste nadruk in zinnen leggen om ook fijnere betekenisnuances uit te drukken.
- **4F** consequent een hoge mate van grammaticale correctheid handhaven.
- **4F** de taal doeltreffend gebruiken door ideeën te herformuleren en door onderscheid te maken naar situatie en gesprekspartners.

Controle hoofdstuk 2

- Uit welke fasen bestaat een probleemoplossende discussie?
- Wat is het doel van een probleemoplossende discussie?
- Wat is de taak van de voorzitter?
- Wat is de taak van de notulist?

Hoofdstuk 3

Debat

Een debat is een argumentenstrijd, een discussievorm waarbij een stelling door een partij wordt verdedigd en door een andere partij wordt aangevallen.

Afgerond
- Cursus Formuleren
- Cursus Argumentatieve vaardigheden
- Cursus Onderzoeksvaardigheden

Studielast
- 20 slu

Paragrafen
1. **Doel, onderwerp en stelling**
2. **Schooldebat**
3. **Parlementair debat**

Referentieniveaus
- **4F** Kan alle gesproken tekst in radio- en televisieprogramma's en films begrijpen.
- **4F** Kan luisteren naar een grote variatie aan, ook complexe, teksten over onderwerpen uit de (beroeps)opleiding en van maatschappelijke aard, die ook abstracte thema's kunnen behandelen.
- **4F** Kan de meeste voordrachten, discussies en debatten zonder moeite begrijpen.
- **4F** Kan argumentatieschema's herkennen.
- **4F** Kan een tekst beoordelen op consistentie.
- **4F** Kan in alle soorten gesprekken de taal nauwkeurig en doeltreffend gebruiken voor een breed scala van onderwerpen uit (beroeps)opleiding en van maatschappelijke aard.
- **4F** Kan deelnemen aan informatieve, meningsvormende, beschouwende en besluitvormende gesprekken over complexe onderwerpen.
- **4F** Kan in een geanimeerde discussie of debat uitgesproken en overtuigende argumenten geven.
- **4F** Kan een passende frase kiezen om eigen opmerkingen op de juiste wijze aan te kondigen en de beurt te krijgen, of om tijd te winnen en de beurt te houden tijdens het nadenken.
- **3F** Reageert adequaat op de uitingen van de gesprekspartners en vraagt zo nodig naar meer informatie of naar de bedoeling.
- **3F** Reageert adequaat op non-verbale signalen.
- **4F** Kan de intonatie variëren en de juiste nadruk in zinnen leggen om ook fijnere betekenisnuances uit te drukken. Slechts een begripsmatig moeilijk onderwerp kan een natuurlijke, vloeiende taalstroom hinderen.
- **4F** Gebruikt de taal doeltreffend door ideeën zo nodig te herformuleren en door onderscheid te maken naar situatie en gesprekspartners.
- **4F** Beschikt over een breed repertoire aan woorden, idiomatische uitdrukkingen en uitdrukkingen uit de spreektaal.
- **4F** Handhaaft consequent een hoge mate van grammaticale correctheid; fouten zijn zeldzaam, onopvallend en worden snel hersteld.

NN online
- meer oefeningen
- videofragmenten
- invulschema's
- beoordelings- en feedbackformulieren
- samenvatting van dit hoofdstuk
- overzicht Ik kan-stellingen van dit hoofdstuk

Paragraaf 1

Doel, onderwerp en stelling

Een debat is een woordenstrijd tussen twee partijen over een stelling. De ene partij neemt over de stelling of kwestie een positief standpunt in en de andere partij een negatief standpunt. <zie Argumentatieve vaardigheden blz. 153>

Om te debatteren, moet je kunnen argumenteren. Je moet:
- je eigen standpunt kunnen verdedigen;
- het standpunt van de tegenpartij kunnen aanvallen;
- de argumenten van de tegenpartij kunnen ontkrachten of weerleggen;
- kritisch kunnen luisteren en kunnen oordelen;
- drogredenen in de argumentatie van de tegenpartij kunnen aantonen;
- snel kunnen reageren op wat de tegenpartij naar voren brengt;
- goed kunnen presenteren. <zie Mondelinge vaardigheden blz. 107>

De debatterende partijen vormen – afhankelijk van het soort debat – teams van twee, drie of meer personen. De teams bereiden het debat als volgt voor:
- Ze documenteren zich over de stelling.
- Ze verzamelen zo veel mogelijk argumenten voor en tegen de stelling. Door na te denken over de argumenten die de tegenstanders vermoedelijk naar voren zullen brengen, kunnen ze tegen die argumenten alvast een verweer formuleren.
- Ze bepalen de volgorde waarin de argumenten ingebracht gaan worden. Eventueel bereiden ze al een speech voor.

Doel

Naast de debatterende partijen is er een jury die het debat op argumentatie en presentatie beoordeelt en beslist wie er gewonnen heeft. Het doel van het debat is om door middel van argumenten de jury (en het eventueel aanwezige publiek) te overtuigen van het ingenomen standpunt. Het gaat dus niet om het overtuigen van de tegenpartij. De debaters richten zich dan ook niet rechtstreeks tot elkaar, maar tot de jury.

Onderwerp en stelling

Over het onderwerp van een debat moeten duidelijke verschillen van mening bestaan, anders valt er niet veel te debatteren. Over het onderwerp dat gekozen is, moet een stelling of standpunt geformuleerd worden.

Een goede debatstelling
- is controversieel: het onderwerp is omstreden, roept een duidelijk verschil van mening op;
- is nauwkeurig geformuleerd: de stelling moet zo geformuleerd zijn, dat exact duidelijk is wat het onderwerp van het debat is;
- roept meestal op tot een beleidsverandering: een verandering van de huidige situatie of van het huidige beleid.

Bijvoorbeeld:
- *Alle dierentuinen moeten dicht.*
- *Nederland moet 0,7% van het bruto nationaal product besteden aan ontwikkelingshulp.*

Lees meer over debatteren, debatoefeningen en geschikte stellingen op www.debatinstituut.nl, www.debatindeklas.nl, www.debat.nl en www.schooldebatteren.nl.

Opdracht 1

Lees de zes debatstellingen in het schema.
1 Beoordeel de stellingen door het schema in te vullen met –, ± of een +.
2 Bedenk zelf twee stellingen die drie keer een + zouden krijgen.

	controversieel	nauwkeurig geformuleerd	gaat om een beleidsverandering
1 Kinderen van ouders met een laag inkomen moeten een bonus krijgen als ze hun studie afmaken.			
2 Vluchtelingen moeten in hun eigen regio worden opgevangen.			
3 Er moeten meer hangplekken voor ouderen komen.			
4 Sporten is ongezond.			
5 Burgers moeten worden ingeschakeld bij het opsporen van criminelen.			
6 Gezonde voeding moet goedkoper worden.			
7 ...			
8 ...			

Opdracht 2

Lees de stellingen a tot en met g.
a Taal en wiskunde zijn belangrijker voor je algemene ontwikkeling dan leren debatteren.
b De overheid moet anonieme sollicitatieprocedures verplicht stellen.
c Hardnekkige spijbelaars horen in een opvoedingskamp.
d Reclames voor snoep en snacks gericht op jonge kinderen moeten verboden worden.
e De overheid moet deeltijdwerken ontmoedigen.
f Basisscholen moeten hun schooltijden aanpassen om werkende ouders beter van dienst te zijn.
g Het is terecht dat topmensen in het bedrijfsleven een hoog salaris krijgen.

1 Welke stellingen voldoen aan de eisen voor een goede debatstelling? Leg je antwoord uit.
2 Bedenk voor één van de stellingen die voldoen aan de eisen zo veel mogelijk voor- en tegenargumenten.

Opdracht 3

Onderstaande oefeningen zijn bedoeld om je debatvaardigheden te vergroten. Je docent geeft aan welke oefeningen jullie gaan doen.

a **Een goed begin ...**
Deze oefening gaat om het formuleren van een stevige, pakkende opening. Werk in een viertal.
1 Iedereen schrijft twee verschillende stellingen op twee briefjes. Schud de briefjes en laat iedereen een briefje trekken.
2 Alle groepsleden krijgen 10 minuten de tijd om een pakkende opening te bedenken voor een speech voor of tegen de stelling op het briefje.
3 Om de beurt dragen de groepsleden de opening voor.
4 Bespreek de openingen na: welke was de beste en waarom?

b **Stop! Waarom?**
Deze oefening gaat om het goed onderbouwen van de argumentatie. Werk in een viertal.
1 Elk groepslid krijgt een stelling met een standpunt toegewezen.
2 Alle groepsleden krijgen 10 minuten de tijd om argumenten bij de stelling te bedenken.
3 Om de beurt presenteren de groepsleden hun stelling en argumenten. Als een groepslid vindt dat een argument niet goed onderbouwd wordt, roept hij: 'Stop! Waarom?' De spreker moet het argument dan verder onderbouwen.

c **Het nieuws van de dag**
Deze oefening gaat om het formuleren van actuele stellingen.
1 Je krijgt per viertal van je docent een krant.
2 Formuleer op basis van wat er in de krant staat vijf stellingen waarover gedebatteerd zou kunnen worden.
3 Wissel de stellingen uit met die van een ander viertal en beoordeel hun stellingen. Maak een schema zoals bij opdracht 1 en geef er een toelichting bij.
4 Bekijk het commentaar dat jullie op jullie eigen stellingen gekregen hebben. Herformuleer de stellingen indien nodig.

d **Met twee woorden spreken**
Deze oefening gaat om improvisatie en inspelen op elkaar.
1 De docent geeft een stelling en een standpunt. De leerlingen krijgen vijf minuten de tijd om zo veel mogelijk argumenten voor dit standpunt te bedenken.
2 Vier leerlingen komen voor de klas. Ze moeten samen in vijf minuten zo veel mogelijk argumenten voor het standpunt naar voren brengen. Maar ... daarbij mogen ze per persoon steeds maar twee woorden gebruiken. Leerling 1 begint een zin, leerling 2 vult aan, dan leerling 3, leerling 4 en dan leerling 1 weer etc.
3 De rest van de klas observeert en schrijft de kern van de argumenten op.

e **Ballondebat**
Vorm een groep van vijf leerlingen. Je krijgt van je docent het formulier ballondebat of je downloadt het op NN online.

↓ Jullie spelen vijf beroemdheden die samen in een luchtballon zitten. De ballon is lek en dreigt neer te storten. Er kan slechts één persoon overleven, als de andere vier uit de ballon springen.

1 Bedenk eerst wie je speelt: kies een beroemd persoon (denk aan iemand uit de politiek, sport, popmuziek, bedrijfsleven enzovoort) en bedenk waarom jij juist in de ballon moet blijven.
2 Ronde 1: Elke ballonvaarder krijgt 1 minuut de tijd om de luisteraars ervan te overtuigen dat hij in de ballon moet blijven. De luisteraars vullen het formulier in en beslissen welke twee beroemdheden overboord gezet moeten worden.
3 Ronde 2: De drie overgebleven ballonvaarders krijgen ieder 1 minuut de tijd om de argumenten van de andere twee te ontkrachten en om de luisteraars ervan te overtuigen dat we wel zonder die andere twee kunnen. De luisteraars vullen het tweede formulier in en beslissen welke beroemdheid er in de ballon mag blijven.
4 Bespreek het debat aan de hand van de ingevulde formulieren. Vragen die aan de orde kunnen komen:
   – Op grond waarvan hebben de luisteraars hun keuzes gemaakt?
   – Had de winnaar in beide rondes de beste argumenten?
   – In hoeverre speelde de verbale en non-verbale communicatie een rol?
   – In hoeverre speelde de keuze voor de beroemdheden een rol?

Opdracht 4

Bekijk het debat over de stelling 'Een beetje liegen op je cv mag best'. Dit debat heeft drie rondes. In elke ronde is eerst de voorstander aan de beurt, dan de tegenstander.

1 Voldoet de stelling aan de eisen voor een goede debatstelling? Leg uit.
2 Beoordeel de verbale en non-verbale communicatie van beide debaters. Gebruik het observatieformulier. Je krijgt dit van je docent of downloadt het op NN online.
3 Vul het kolommenschema in voor dit debat. Je krijgt dit schema van je docent of downloadt het op NN online.
4 Welke stijlmiddelen herken je in dit debat? Wie maakt het meest gebruik van deze stijlmiddelen?
5 Welke debater is het meest welbespraakt? Leg uit.
6 Maak een argumentatieschema van de argumenten van beide debaters.
7 De tegenstander wint het debat. Is dit terecht als het gaat om de inhoud? Leg uit.
8 Bekijk de formulieren die je hebt ingevuld bij vraag 2. Scoort de tegenstander ook het beste op verbale en non-verbale communicatie?

Ik kan:
- 4F een debat zonder moeite begrijpen.
- 4F argumentatieschema's herkennen.
- 4F een tekst beoordelen op consistentie.

Paragraaf 2

Schooldebat

Het schooldebat is een standaard debatvorm, waarmee je op school debatten kunt voeren. In tegenstelling tot het Lagerhuisdebat (behandeld in vwo 4) heeft een schooldebat een duidelijke opbouw en krijgen alle deelnemers een eigen spreekbeurt.

Organisatie

In een schooldebat mogen de debatterende partijen elkaar niet in de rede vallen. Het debat is daarom verdeeld in vastgestelde spreekbeurten die een bepaalde duur hebben. Inhoudelijk ligt vast wat er in welke spreekbeurt naar voren gebracht mag worden.

Een jury bepaalt wie het debat gewonnen heeft. Daarom spreek je in een debat altijd de jury aan: 'Geachte jury, ...' Ook is er een tijdwaarnemer die onverbiddelijk 'Stop' zegt als de spreektijd voorbij is. De spreker mag dan wel nog zijn zin afmaken.

Debatschema

Opbouwbeurt voorstanders:	4 minuten
Opbouwbeurt tegenstanders:	3 minuten
Time-out:	2 minuten
Verweerbeurt voorstanders:	2 minuten
Verweerbeurt tegenstanders:	2 minuten
Vrije ronde:	4 minuten
Time-out:	2 minuten
Slotbeurt tegenstanders:	2 minuten
Slotbeurt voorstanders:	2 minuten

Bij de voorbereiding van het debat kunnen de voor- en tegenstanders zich richten op vier standaard deelonderwerpen. Deze deelonderwerpen geven de richting van het debat aan en bestaan uit standaardvragen die voor- en tegenstanders kunnen gebruiken bij het documenteren.

Deelonderwerpen

- **A** Er is een ernstig probleem of er ontstaat een ernstig probleem als het voorgestelde beleid niet wordt uitgevoerd.
- **B** Het bestaande beleid lost het probleem niet op / is niet doeltreffend.
- **C** Het nieuwe beleid lost het probleem wel op / is doeltreffender.
- **D** Het nieuwe beleid heeft geen ernstige nadelen en is goed uitvoerbaar.

	Mogelijke argumentatie voorstanders	Mogelijke argumentatie tegenstanders
A	– Wat is het probleem en waarom is het ernstig? – Wie hebben er last van? – Waaruit bestaat die last? – Waarom is die last ernstig?	Ontkenning: er is geen probleem. – Er zijn geen nadelige gevolgen. – Niemand heeft last van het huidige beleid. – Wie zegt er last van te hebben, heeft misschien een ander probleem, dat andere oorzaken kent.
B	– Wat is dat beleid? – Wie voeren dat beleid? – Waarom worden de problemen niet opgelost en waaruit blijkt dat? – Welke voorbeelden zijn daarvan te geven?	Ontkenning: het huidige beleid werkt goed (genoeg). – Waarom werkt het huidige beleid goed? – Waarom zou je iets veranderen wat goed werkt; niet duur is; weinig inspanning kost; z'n werking in de praktijk bewezen heeft? ↓

C	– Wat is die nieuwe aanpak? – Wat is het verschil met de vorige aanpak? – Waarom wordt het probleem nu wel opgelost?	Ontkenning: het nieuwe beleid lost het probleem niet op. – Er is niet gedacht aan neveneffecten, die mogelijk nog schadelijker zijn. – Het middel is erger dan de kwaal. – Is de werking al bewezen in de praktijk? Waaruit blijkt dat?
D	– Wat zijn de gevolgen? – Waarom zijn er alleen voordelen en geen nadelen?	Ontkenning: het voorgestelde beleid heeft grote nadelen en is niet uitvoerbaar. – Wat zijn die nadelen? – Hoe groot zijn die nadelen?

Opbouwbeurt
De voorstanders leiden in hun opbouwbeurt het onderwerp in en beschrijven de situatie zoals die nu is. Hun voorstel, de debatstelling waar zij voorstander van zijn, roept op tot een verandering van een bepaalde situatie of van een bepaald beleid. De argumenten van de voorstanders ondersteunen deze stelling: ze leggen uit waarom de voorgestelde beleidsverandering nodig is.
De tegenstanders zullen in hun opbouwbeurt aantonen dat de beleidsverandering niet nodig is, niet zal werken of grote nadelen heeft. Zij zullen met hun argumenten de stelling juist proberen te ontkrachten.
Let op: in deze beurt moeten beide partijen alle argumenten naar voren brengen. Baken de argumenten goed af en zorg voor goede overgangen tussen de argumenten. Gebruik signaalwoorden om de opbouw van je betoog te verduidelijken.

Time-out
Tijdens een time-out is er tijd voor overleg binnen de teams. Dit gebeurt twee keer: na de opbouwbeurt en voor de slotbeurt. Het debat ligt dan even stil.

Verweerbeurt
De voorstanders moeten in hun verweerbeurt de argumentatie van de tegenstanders proberen te weerleggen. De tegenstanders krijgen de kans de argumenten van de voorstanders te weerleggen. Regels voor de verweerbeurten:
– Ga in op wat de andere partij heeft gezegd.
– Kom niet met nieuwe argumenten.
Tip: vat steeds een argument van de tegenpartij (kort) samen en weerleg het daarna.

Vrije ronde
In deze ronde mogen de deelnemers aan het debat vrij op elkaar reageren. Regels voor de vrije ronde:
– Degene die het woord neemt, heeft de beurt.
– Luister naar elkaar.
– Luister naar de debatleider.

Slotbeurt
Regels voor de slotbeurten:
– Richt je tot de jury. Die moet je immers overtuigen.
– Geef een samenvatting van jullie betoog en probeer het belangrijkste wat er gezegd is (door beide partijen) daarin op te nemen. Laat de jury duidelijk zien welke argumenten van de andere partij jullie weerlegd hebben. Geef ook aan welke argumenten van jullie door de anderen niet weerlegd zijn. Een slotbeurt is dus niet van tevoren te maken / uit te schrijven!
– Kies andere woorden voor de samenvatting: voorkom dat je woordelijk herhaalt wat al in de twee vorige beurten is gezegd.

- Kom niet met nieuwe argumenten.
- Houd de tijd in de gaten. Gebruik je tijd zo goed mogelijk, maar zorg er wel voor dat je op tijd afsluit met een duidelijke uitsmijter.

Jury
De jury let op:
- de opbouw van de argumentatie;
- de inhoud van de argumentatie en weerleggingen: welke argumenten zijn niet door de andere partij weerlegd;
- de presentatie van de deelnemers.

Bij de jurering en beoordeling maakt de jury gebruik van het kolommenschema en het feedbackformulier schooldebat.

Formulier F

Feedbackformulier voorzitter

Debater:
Observator:
Onderwerp:

Inhoud

Geeft geen duidelijk standpunt.	O M V G	Brengt zijn standpunt duidelijk naar voren.
Geeft geen of onduidelijke argumenten voor zijn standpunt.	O M V G	Geeft duidelijke argumenten voor zijn standpunt.

Afstemming op gesprekspartners

Kan niet zelfstandig aan het woord komen.	O M V G	Kan zelfstandig aan het woord komen en kan aan het woord blijven.
Reageert niet op uitingen van gesprekspartners.	O M V G	Reageert op uitingen van de gesprekspartners.

Afstemming op doel

Spreekt zonder overtuiging.	O M V G	Spreekt overtuigend.
Heeft een vlakke of niet passende mimiek en lichaamshouding.	O M V G	Gebruikt mimiek en lichaamshouding om woorden kracht bij te zetten.

Taalgebruik

Heeft een beperkte woordenschat.	O M V G	Heeft een redelijk grote woordenschat en varieert in woordkeus.
Maakt (af en toe) gebruik van informele of populaire taal.	O M V G	Maakt gebruik van formele en zakelijke taal.

Vloeiendheid en verstaanbaarheid

Spreekt te snel / spreekt te langzaam.	O M V G	Spreekt in een acceptabel tempo.
Mompelt.	O M V G	Spreekt verstaanbaar.
Maakt zinnen niet af.	O M V G	Spreekt in hele zinnen.

Tips

Ik heb de volgende tips voor deze debater:

Opdracht 5

Je gaat kijken naar een schooldebat. Voor vraag 3 krijg je van je docent een kolommenschema of je downloadt het op NN online.
1. Wat is het probleem waarop de voorgestelde beleidsverandering betrekking heeft?
2. Welke stelling verdedigen de voorstanders?
3. Maak aantekeningen en noteer in het kolommenschema de argumenten in de volgorde waarin ze gepresenteerd worden.
4. Maak een argumentatieschema van de argumenten die beide partijen aanvoeren.

↓

↓ 5 Hebben beide partijen hun belangrijkste argumenten in de opbouwbeurt genoemd?
6 Houden de tegenstanders zich aan de eis geen nieuwe argumenten meer in te brengen in de verweerbeurt?
7 Wat zijn de twee belangrijkste deelonderwerpen waarop het debat zich richt? Kies uit A tot en met D.
8 Vind je dat de scheidsrechter het debat goed leidt? Licht je antwoord toe.
9 Welke spreker vind jij het sterkst? Licht je antwoord toe.
10 Welke partij heeft volgens jou het debat gewonnen? Beargumenteer je antwoord.

Opdracht 6

Lees tekst 1. Je gaat een debat voeren over het wel of niet invoeren van een quotum voor het aantal vrouwelijke topmanagers.
1 Waarover heb je nog extra informatie nodig als je dit debat zou moeten voeren? Zoek deze extra informatie op.
2 Noteer puntsgewijs alle argumenten voor de stelling 'Er moet een quotum ingesteld worden voor vrouwelijke topmanagers'. Doe dit door de standaardvragen van de vier deelonderwerpen te beantwoorden.
3 Wat is je sterkste argument? Waarom?
4 Schrijf het begin van je opbouwbeurt uit (alleen A en B).
5 Op welk van de deelonderwerpen A tot en met D zou je de stelling aanvallen als je tegenstander zou zijn? Noteer je argumentatie.
6 Noteer het verweer van de voorstanders op je antwoord uit vraag 5.

Tekst 1

Niet de werkende moeders, maar de werkende vrouwen zonder kinderen raken overspannen

'Het persoonlijke is politiek.' Dat was de leus van de feministen in de jaren zeventig. Ik heb een boek geschreven dat niet alleen het feminisme aanvalt, maar ook de persoonlijke anekdote. Als het over vrouwen en werk gaat, vertellen vrouwen altijd over hun eigen ervaringen. Over dat ze zo aan het schipperen waren tussen werk en moederschap dat ze er overspannen van werden. Over dat ze maar moeilijk kinderopvang konden vinden. Over dat hun hele salaris opgaat aan de crèche. Of over dat ze nooit topvrouw waren geworden zonder een quotum, zoals eurocommissaris Neelie Kroes in een telefoongesprek in een uitzending van Pauw en Witteman zei. Ik wil af van de persoonlijke anekdote. Ik wil naar de feiten.
Aan het delen van persoonlijke ervaringen ligt een misverstand ten grondslag, namelijk het idee dat het persoonlijke exemplarisch is. Maar dat is zelden het geval. Nederlandse vrouwen geven slechts een kwart van hun nettosalaris uit aan kinderopvang. Het zijn niet de werkende moeders die overspannen raken, maar de werkende vrouwen zonder kinderen. En Neelie Kroes was ook zonder het zelfopgelegde quotum van de Europese Commissie een topvrouw geweest.
Presentator Jeroen Pauw kwam met een fantastische opmerking die mij sterkte in mijn pleidooi tegen de persoonlijke anekdote. 'We weten allemaal dat roken slecht voor je is,' zei hij. 'Maar toch zegt altijd iemand daarover: Ja, maar ik had een oma die drie pakjes per dag rookte en 99 is geworden.' Zo is het. De kans is levensgroot dat jouw persoonlijke anekdote een uitzondering is.
Daarom heb ik een boek geschreven over de feiten. En wat blijkt daaruit? Nederlandse vrouwen zijn buitengewoon tevreden met hun leven. Ze hoeven niet naar de top. Ze gaan niet meer werken als de kinderopvang gratis wordt of als hun man minder gaat werken. Het verschil in uurloon tussen mannen en vrouwen is geen discriminatie. Enzovoort. Ik zeg: laten we het persoonlijke van het politieke scheiden. Dag activisme en emotie. Hallo ratio en feiten.

Naar: Marike Stellinga, www.pauwenwitteman.nl, op 8 juli 2013

Praktijk P

Maak groepen van zes personen.
1. Lees de keuzestellingen na deze opdracht.
2. Kies een stelling waarover jullie willen debatteren.
3. Verdeel de rollen: drie voorstanders en drie tegenstanders.
4. Bereid als drietal het debat voor op basis van documentatie.

Houd het debat voor de klas.
5. Een andere groep treedt op als jury (vijf personen) en tijdwaarnemer (één persoon). De jury bekijkt vooraf het kolommenschema debat en noteert tijdens het debat alle argumenten in het kolommenschema.
6. De rest van de klas observeert en vult het feedbackformulier schooldebat in.

Keuzestellingen
1. Het ontslagrecht moet versoepeld worden.
2. Hoogopgeleide vrouwen die ervoor kiezen om niet te werken, moeten hun studiekosten terugbetalen.
3. Nederland moet uit de Europese Unie stappen.
4. Om de vergrijzing tegen te gaan, moet Nederland het krijgen van meer dan twee kinderen belonen.
5. De ziektekostenpremie moet gerelateerd worden aan levensstijl.
6. De leeftijdsgrens voor het alcoholgebruik moet verhoogd worden naar 21 jaar.
7. Er moeten internationale wetten komen waarin het auteursrecht geregeld wordt.
8. Leden van de regering mogen geen twee nationaliteiten hebben.
9. Geweld tegen hulpverleners moet strenger bestraft worden dan geweld tegen gewone burgers.
10. Scholen moeten leerlingen gedragsregels met betrekking tot gebruik van social media aanleren.
11. Ouders van jonge kinderen moet verboden worden om in huis te roken.
12. Burgers moeten door middel van referenda directer bij de politiek betrokken worden.
13. Hulp bij zelfdoding moet niet langer strafbaar zijn.
14. Het Centraal Eindexamen moet afgeschaft worden.
15. Nederland moet het leger volledig afschaffen.

Ik kan:
- **4F** deelnemen aan een debat over een complex onderwerp.
- **4F** in een debat uitgesproken en overtuigende argumenten geven
- **4F** een passende frase kiezen om eigen opmerkingen op de juiste wijze aan te kondigen en de beurt te krijgen, of om tijd te winnen en de beurt te houden tijdens het nadenken.
- **3F** adequaat reageren op de uitingen van de gesprekspartners.
- **3F** adequaat reageren op non-verbale signalen.
- **4F** fijnere betekenisnuances uitdrukken door te variëren in intonatie en de juiste nadruk in zinnen te leggen.
- **4F** een breed repertoire aan woorden, idiomatische uitdrukkingen en uitdrukkingen uit de spreektaal gebruiken.
- **4F** gebruik maken van formele, zakelijke taal.
- **4F** consequent een hoge mate van grammaticale correctheid handhaven.

Paragraaf 3

Parlementair debat

Het parlementair debat is een kort en gestructureerd debat. Deze debatvorm wordt gebruikt in landelijke debatwedstrijden, zoals het Nederlands Kampioenschap Debatteren voor Scholieren, dat jaarlijks wordt georganiseerd door het Nederlands Debat Instituut.

Het parlementair debat wordt gevoerd door twee partijen: de regering en de oppositie. Beide partijen bestaan uit drie personen. Iedere deelnemer heeft een rol binnen het team en houdt zijn eigen speech. Een jury beoordeelt het debat.
Bij debatwedstrijden wordt van tevoren een aantal onderwerpen of stellingen bekendgemaakt. De teams krijgen meestal pas 15 minuten voordat een debatronde begint, te horen over welke stelling zij moeten debatteren en welke positie ze moeten innemen: regering of oppositie. De teams moeten zich dus op alle onderwerpen en posities inhoudelijk voorbereiden.

Opbouwschema debat

Duur	Beurt	Partij en spreker	Rol
3 min.	Opzet	Regering Eerste voorstander	– introduceert de situatie die de regering wil veranderen en het plan waarmee ze dat wil bereiken (dit alles wordt de 'definitie' van de stelling genoemd); – brengt op gestructureerde wijze de belangrijkste argumenten van de voorstanders in.
3 min.	Opzet	Oppositie Eerste tegenstander	– controleert of de definitie van de voorstanders duidelijk is en of er een debat over gevoerd kan worden (in geval dat niet zo is, moet worden uitgelegd wat er mankeert aan de definitie); – weerlegt de argumentatie van de eerste voorstander; – brengt de belangrijkste argumenten van de tegenstanders op gestructureerde wijze in. Let op: omdat de eerste tegenstander pas na de speech van de eerste voorstander weet welk beleid precies voorgesteld wordt, moet de spreker in deze rol goed kunnen improviseren.
3 min.	Reactie	Regering Tweede voorstander	– weerlegt de argumenten van de eerste tegenstander; – gaat in op de weerlegging die de oppositie heeft gegeven van de argumentatie van de eerste voorstander (ontkracht dus de weerlegging); – breidt de argumentatie van de voorstanders uit.
3 min.	Reactie	Oppositie Tweede tegenstander	– weerlegt de argumenten en weerleggingen van de tweede voorstander; – breidt de argumentatie van de tegenstanders uit.
3 min.	Conclusie	Regering Derde voorstander	– mag geen nieuwe argumenten meer toevoegen, maar wel een korte, laatste reactie geven op wat de tweede tegenstander heeft gezegd; – maakt duidelijk welke argumenten niet zijn weerlegd door de tegenstanders; – geeft een samenvatting en analyse van het debat, waaruit duidelijk wordt waarom het plan ondanks de bezwaren van de oppositie toch zou moeten worden aangenomen.

Duur	Beurt	Partij en spreker	Rol
3 min.	Conclusie	Oppositie Derde tegenstander	– mag geen nieuwe argumenten inbrengen en geen nieuwe weerlegging meer geven; – maakt duidelijk welke argumenten niet zijn weerlegd door de voorstanders; – legt uit waarom de tegenstanders toch echt betere argumenten hebben; – geeft een samenvatting en analyse van het debat, waaruit duidelijk wordt waarom het plan van de regering zou moeten worden afgewezen.

Points of Information
In het parlementair debat draait het om inhoud en argumentatie. Debaters mogen elkaar niet in de rede vallen, maar het is wel toegestaan om een vraag te stellen. Hiervoor geldt wel een aantal regels:
- Wie een vraag wil stellen, geeft dat aan door op te staan en zwijgend de hand op te steken.
- Alleen sprekers van de andere partij mogen vragen aanbieden en stellen.
- Degene die aan het woord is, mag de vraag wegwuiven. Allen die een vraag wilden stellen, moeten dan weer gaan zitten.
- De vraag moet in maximaal tien seconden gesteld worden. Gebeurt dat niet, dan mag de spreker de vragensteller onderbreken en deze manen om weer te gaan zitten. De vragensteller moet dit vervolgens ook doen.
- Na het stellen van de vraag moet de vragensteller weer gaan zitten.
- De vragensteller mag na de beantwoording van de vraag niet nogmaals het woord nemen. Hij mag natuurlijk wel opnieuw opstaan om een nieuwe vraag aan te bieden.
- Als de vraag niet duidelijk is, kan de spreker ermee volstaan dat te zeggen. Er mag geen wedervraag worden gesteld.

Als tegenstander doe je er verstandig aan om regelmatig vragen aan te bieden. Dat toont je betrokkenheid bij het debat en stelt je in staat om de zwakke plekken in het betoog van je tegenstander direct bloot te leggen. De spreker bepaalt altijd zelf of hij de vragen van zijn tegenstanders toestaat of niet. Wanneer je als spreker alle vragen toestaat, lijkt het al snel of je zelf niet genoeg argumenten hebt. Probeer dat dus te voorkomen. Wijs echter ook niet alle vragen af! Je wekt dan de indruk niet zeker van je zaak te zijn, waardoor je betoog zwak overkomt. Advies: neem in elke speech één tot twee vragen aan.

De jury
De jury beslist wie het debat gewonnen heeft en wie de beste debater is. Ze let daarbij op:
- de opzet van het debat door beide partijen;
- de structuur van het debat: houden de debaters zich aan hun rol?;
- de inhoud van de argumentatie en de weerleggingen: welke argumenten zijn niet door de andere partij weerlegd?;
- de presentatie van de deelnemers;
- de antwoorden van de debaters op vragen en de vragen die debaters zelf gesteld hebben.

Bij de jurering en beoordeling maakt de jury gebruik van het opbouwschema debat en het feedbackformulier parlementair debat.

Formulier F

Feedbackformulier parlementair debat

Debater:		
Observator:		
Onderwerp:		

Inhoud

Geeft geen duidelijk standpunt.	O M V G	Brengt zijn standpunt duidelijk naar voren.
Geeft geen of onduidelijke argumenten.	O M V G	Geeft duidelijke argumenten voor zijn standpunt.
Heeft zich niet voorbereid.	O M V G	Heeft zich goed voorbereid.

Verloop van het debat

Houdt zich niet aan de regels met betrekking tot zijn rol in het debat.	O M V G	Houdt zich aan de regels met betrekking tot zijn rol in het debat.
Schenkt te weinig of juist te veel aandacht aan interrupties.	O M V G	Maakt de juiste keuzes in het toestaan van interrupties en reageert er goed op.
Bouwt zijn eigen speech niet goed op.	O M V G	Werkt in zijn speech op een logische manier toe naar een climax.

Afstemming op doel

Spreekt zonder overtuiging.	O M V G	Spreekt overtuigend.
Heeft een vlakke of niet passende mimiek en lichaamshouding.	O M V G	Gebruikt mimiek en lichaamshouding om woorden kracht bij te zetten.

Taalgebruik

Heeft een beperkte woordenschat.	O M V G	Heeft een redelijk grote woordenschat en varieert in woordkeus.
Maakt (af en toe) gebruik van informele of populaire taal.	O M V G	Maakt gebruik van formele en zakelijke taal.

Vloeiendheid en verstaanbaarheid		
Spreekt te snel / spreekt te langzaam.	O M V G	Spreekt in een acceptabel tempo.
Mompelt.	O M V G	Spreekt verstaanbaar.
Maakt zinnen niet af.	O M V G	Spreekt in hele zinnen.
Tips		
Ik heb de volgende tips voor deze debater:		

Opdracht 7

Bekijk het finaledebat van het Nationale Kampioenschap Debatteren voor Scholieren.
1 Over welke stelling wordt gedebatteerd?
2 Wat zijn de belangrijkste argumenten in de opzetbeurt van de voorstanders?
3 Wat zijn de belangrijkste argumenten in de opzetbeurt van de tegenstanders?
4 Reageert de tweede voorstander op de eerste tegenstander? Licht je antwoord toe.
5 Breidt de tweede voorstander de argumentatie van de eerste voorstander uit? Licht je antwoord toe.
6 Reageert de tweede tegenstander op de tweede voorstander? Licht je antwoord toe.
7 Breidt de tweede tegenstander de argumentatie van de eerste tegenstander uit? Licht je antwoord toe.
8 Sluiten de conclusiebeurten goed aan op de voorgaande beurten? Leg uit waarom (niet).
9 Wie had jij het debat laten winnen als jij de jury was? Beargumenteer je antwoord.

Opdracht 8

Deze opdracht wordt verdeeld over twee lessen. Vorm een groep van twee keer drie leerlingen.

Les 1: de voorbereiding
1 Bedenk met de groep een debatonderwerp en overleg dit met je docent.
2 Bereid het debat in drietallen voor: lees de theorie nogmaals door, zoek documentatie bij het onderwerp en maak aantekeningen.
3 Noteer drie geschikte stellingen over het onderwerp.
4 Noteer bij elke stelling zo veel mogelijk argumenten voor en tegen de stelling.

Les 2: de debatten
5 De docent geeft aan over welke stelling gedebatteerd wordt en welke groep de regering is en welke de oppositie.
6 De groepen krijgen nog tien minuten de tijd om zich voor te bereiden.
7 De docent wijst per debat twee groepen aan om te jureren. De juryleden vullen een beoordelingsformulier in. Ze spreken onderling af welk jurylid op welke debater let.
8 Houd het debat volgens de regels. De docent bewaakt de tijd.

Nabespreking
De jury gaat tien minuten in beraad. Ondertussen overlegt de rest van de klas over het gevoerde debat.
9 De debaters bespreken het debat:
   – Hoe ging het?
   – Viel het mee of tegen?
   – Voldeed de stelling aan de verwachting? Was jullie voorbereiding goed genoeg?
   – Is de tegenpartij met onverwachte argumenten gekomen? Welke?

↓ 10 Het publiek geeft commentaar:
- Hoe overtuigend waren de teams?
- Hebben de debaters zich goed gehouden aan (de eisen van) hun rol?
- Hebben de debaters argumenten laten liggen? Welke?
- Hoe was de presentatie van het debat?
- Wie heeft volgens het publiek het debat gewonnen? Waarom?

11 De jury komt terug, geeft een korte samenvatting van de argumentatie en maakt daarna bekend wie er gewonnen heeft en waarom. Vervolgens geeft elk jurylid aan de hand van het beoordelingsformulier feedback op de presentatie van een van de debaters.

12 De jury maakt bekend wie de beste debater was in dit debat.

Ik kan:

- **4F** deelnemen aan een debat over een complex onderwerp.
- **4F** in een debat uitgesproken en overtuigende argumenten geven.
- **4F** op passende wijze het woord vragen en geven.
- **3F** adequaat reageren op de uitingen van de gesprekspartners.
- **4F** fijnere betekenisnuances uitdrukken door te variëren in intonatie en de juiste nadruk in zinnen te leggen.

Controle hoofdstuk 3

- Wat is debatteren?
- Welke debatvormen ken je?
- Hoe ziet een gestructureerd debat eruit? (Geef antwoord per debatvorm.)
- Hoe bereid je een debat voor?
- Wie spreek je aan als debater?
- Welke regels gelden er voor het stellen van een vraag?

Hoofdstuk 4

Gesprekken

Iedereen voert dagelijks vele gesprekken. Vaak zijn dit informele gesprekken. Er bestaan ook zakelijke, formele gesprekken. Zulke gesprekken verlopen vaak volgens een vaste structuur.

Afgerond
- Cursus Mondelinge vaardigheden hoofdstuk 1
- Cursus Schrijfvaardigheid hoofdstuk 6 paragraaf 3

Studielast
- 15 slu

Paragrafen
1. **Typen vragen**
2. **Onderhandelingsgesprek**
3. **Sollicitatiegesprek**
4. **Motivatiegesprek**

Referentieniveaus
- **3F** Kan actief deelnemen aan discussies, debatten en overleg in kleinere of grotere groepen.
- **3F** Reageert adequaat op de uitingen van de gesprekspartners en vraagt zo nodig naar meer informatie of naar de bedoeling.
- **3F** Reageert adequaat op non-verbale signalen.
- **4F** Kan in alle soorten gesprekken de taal nauwkeurig en doeltreffend gebruiken voor een breed scala van onderwerpen uit (beroeps)opleiding en van maatschappelijke aard.
- **4F** Beschikt over een breed repertoire aan woorden, idiomatische uitdrukkingen en uitdrukkingen uit de spreektaal.
- **4F** Gebruikt de taal doeltreffend door ideeën zo nodig te herformuleren en door onderscheid te maken naar situatie en gesprekspartners.
- **4F** Kan de intonatie variëren en de juiste nadruk in zinnen leggen om ook fijnere betekenisnuances uit te drukken. Slechts een begripsmatig moeilijk onderwerp kan een natuurlijke, vloeiende taalstroom hinderen.

NN online
- videofragmenten
- invulschema's
- beoordelings- en feedbackformulieren
- advertentie en sollicitatiebrief bij opdracht 4
- samenvatting van dit hoofdstuk
- overzicht Ik kan-stellingen van dit hoofdstuk

Paragraaf 1

Typen vragen

Om professionele gesprekken te kunnen voeren, moet je in staat zijn de juiste vragen te stellen. Er zijn open en gesloten vragen. Of je open of gesloten vragen stelt, hangt voor een deel af van het doel van het gesprek. Een afwisseling van open en gesloten vragen houdt het gesprek levendig.

Open vragen:
- informeren naar meningen, opvattingen en ideeën;
- laten de ander bepalen hoe het antwoord geformuleerd wordt;
- geven de ander gelegenheid gevoelens onder woorden te brengen;
- beginnen met een vraagwoord, bijvoorbeeld een van de 5w+h-vragen.

Gesloten vragen:
- informeren naar specifieke zaken en feiten;
- zijn altijd gericht op een bepaald antwoord;
- kunnen beantwoord worden met 'ja' of 'nee';
- beginnen niet met een vraagwoord, maar met een persoonsvorm.

Soms moet je doorvragen om achter de benodigde informatie te komen. Je stelt dan vragen over een deel van het antwoord van je gesprekspartner. Doorvragen dient om zaken te verduidelijken, maar kan ook een middel zijn om het gesprek levendig te houden.

Opdracht 1

Vorm een drietal: twee vragenstellers en een gesprekspartner.
1. De ene vragensteller gaat even naar de gang. De andere twee voeren een gesprek. De vragensteller probeert in maximaal vijf minuten zo veel mogelijk te weten te komen over het laatste boek dat de ander gelezen heeft.
De gesprekspartner probeert zo kort mogelijk antwoord te geven. Gesloten vragen beantwoordt hij met ja of nee en hij vertelt niets uit zichzelf.
2. Voer het gesprek. De vragensteller mag aantekeningen maken van de informatie die hij krijgt.
3. Wissel de rollen van de vragenstellers om. De eerste gaat naar de gang. De ander probeert in maximaal vijf minuten zo veel mogelijk te weten te komen over het laatste boek dat de ander gelezen heeft. De gesprekspartner mag nu geen 'ja' of 'nee' zeggen en probeert uitgebreid antwoord te geven, ook op gesloten vragen.
4. Voer het gesprek. De vragensteller mag aantekeningen maken.
5. De twee vragenstellers vertellen welk boek de ondervraagde het laatst gelezen heeft, waar het boek over ging en wat de ondervraagde ervan vond.
6. Bespreek met het drietal de gesprekken na. Hoe gingen de gesprekken? Wie heeft de meeste informatie over het laatste boek dat de ondervraagde gelezen heeft? Hoe komt dat?

Ik kan:

3F actief deelnemen aan een gesprek en daarbij de voorgeschreven rol adequaat vervullen.

Paragraaf 2

Onderhandelingsgesprek

In een onderhandelingsgesprek proberen twee partijen tot overeenstemming te komen over een kwestie. Daarbij zullen ze soms iets van hun eisen moeten inleveren.

Een onderhandelingsgesprek kan zeer uiteenlopende onderwerpen hebben. Bij het kopen van een nieuwe auto wordt er bijvoorbeeld onderhandeld over de prijs, bij het aanvaarden van een nieuwe baan over het salaris of over andere arbeidsvoorwaarden (bijvoorbeeld een auto van de zaak). Maar onderhandelingsgesprekken kunnen ook gaan over het verdelen van werkzaamheden of de manier waarop er vakantie gevierd wordt.

Onderhandelingsgesprekken hebben de volgende kenmerken:
- Beide partijen willen overeenstemming over de kwestie bereiken.
- Beide partijen willen voor zichzelf een zo gunstig mogelijk resultaat.

Voordat je gaat onderhandelen, moet je goed bedenken wat je wilt bereiken in het gesprek. Door het bepalen van je streefpunt (het maximaal haalbare) en je weerstandspunt (het minimale resultaat) kom je erachter hoe groot je onderhandelingsruimte is. Natuurlijk vertel je niet van tevoren aan je gesprekspartner in hoeverre je bereid bent om toe te geven.

Een onderhandelingsgesprek bestaat uit drie fasen:
- Fase 1: verkenning van onderhandelingsruimte en belangen
- Fase 2: discussie over uitgangspunten en zoeken naar gemeenschappelijke belangen
- Fase 3: beslissing nemen aan de hand van aanbiedingen en concessies; vaak wordt er een compromis gesloten

Opdracht 2

Lees de volgende situatie.
Je wilt na je examen graag een jaar naar het buitenland. Je ouders zijn hier geen voorstander van, omdat ze vinden dat je beter meteen kunt gaan studeren. Volgens hen zou je eventueel tijdens je studie ook nog wel een jaar naar het buitenland kunnen.
1. Beschrijf voor beide partijen wat het belang van de onderhandeling is.
2. Formuleer het streefpunt en het weerstandspunt van jezelf en van je ouders.
3. Waar zit de onderhandelingsruimte?
4. Welk aanbod zou jij als eerste doen, als dat nodig mocht zijn?
5. Welk(e) compromis(sen) zou(den) er gesloten kunnen worden?
6. Voer in een tweetal het gesprek.
7. Evalueer het gesprek. Punten die daarbij aan de orde moeten komen:
   - Hoe kijk je terug op het gesprek? Was het een goed gesprek? Voelde je je serieus genomen?
   - Hebben jullie de drie fasen doorlopen?
   - Wat waren het streefpunt en het weerstandspunt van de zoon of dochter?
   - Wat waren het streefpunt en het weerstandspunt van de ouder?
   - Wat is er uiteindelijk besloten? Is er sprake van een compromis?

Ik kan:

4F deelnemen aan alle fasen van een onderhandelingsgesprek.

Paragraaf 3

Sollicitatiegesprek

Als je solliciteert op een vacature, kun je uitgenodigd worden voor een sollicitatiegesprek. Je eventuele toekomstige werkgever wil graag weten of jij geschikt bent voor de functie. Zijn doel van het gesprek is om daar zicht op te krijgen. Jouw doel is dat je wordt aangenomen.

Tijdens het gesprek zal ingegaan worden op:
- Capaciteiten en opleiding: voldoe je aan de functie-eisen? Waaruit blijkt dat?
- Motivatie: waarom wil je deze baan, bij dit bedrijf?
- Inhoud van de sollicitatiebrief: kun je voorbeelden geven bij wat je in je brief schrijft? Hoe ga je concreet invulling geven aan de functie?
- Inhoud curriculum vitae: heb je passende werkervaring? Zijn er zaken die (negatief) kunnen opvallen in je cv? Heb je bijvoorbeeld al veel verschillende baantjes voor korte tijd gehad? Zo ja, zorg er dan voor dat je hier een positieve draai aan kunt geven.
- Sterke en zwakke punten: waar ben je goed in? Wat kun je niet zo goed? Is er iets in de functie waar je tegen opziet?

Als voorbereiding op een sollicitatiegesprek kun je alvast antwoorden bedenken op vragen die je kunt verwachten. Daarnaast kan het zinvol zijn om je te verdiepen in het bedrijf: wat is het voor bedrijf? Wat voor mensen werken er? Bekijk in ieder geval de website van het bedrijf. Bedenk ook welke vragen je zelf wilt stellen, bijvoorbeeld over de functie of over het bedrijf.

Tijdens het gesprek zullen zowel open als gesloten vragen gesteld worden. Probeer bij gesloten vragen ook uitleg te geven. Er kunnen ook suggestieve vragen gesteld worden om je uit de tent te lokken. Bijvoorbeeld: *Uit je cv blijkt dat je al heel veel verschillende bijbaantjes hebt gehad. Het lijkt erop dat je nergens lang blijft werken. Komt dat doordat je steeds ontslagen wordt?* Als je je goed voorbereid hebt, komt deze vraag niet als een verrassing en weet je dus wat je erop kunt antwoorden.

Een veelgebruikte methode om door te vragen tijdens sollicitatiegesprekken is de STARR-methode. STARR staat voor:
- Situatie: Wat speelde zich af? Wat was jouw rol? Wat wilde je bereiken?
- Taak: Wat moest je doen? Wat wilde je uitproberen?
- Actie: Wat deed je?
- Resultaat: Wat gebeurde er? Wat leverde het op?
- Reflectie: Hoe kijk je erop terug? Wat waren de voor- en nadelen van je gedrag? Wat zou je een volgende keer weer zo doen? Wat zou je anders doen?

Je kunt de STARR-methode goed gebruiken om je voor te bereiden op een sollicitatiegesprek. Als bijvoorbeeld in de advertentie gevraagd wordt om iemand met 'probleemoplossend vermogen', is het goed om een situatie paraat te hebben waaruit blijkt dat jij daarover beschikt.

Formulier F

Feedbackformulier sollicitatiegesprek

Sollicitant:
Observator:
Functie waarop gesolliciteerd wordt:

Inhoud

Komt over alsof hij zich niet heeft voorbereid.	O M V G	Wekt de indruk goed voorbereid te zijn.
Maakt niet duidelijk waarom hij op de functie solliciteert.	O M V G	Maakt duidelijk waarom hij op de functie solliciteert.
Maakt niet duidelijk waarom hij geschikt is voor de functie.	O M V G	Maakt duidelijk waarom hij geschikt is voor de functie.
Geeft geen of onduidelijke voorbeelden.	O M V G	Geeft duidelijke voorbeelden.
Geeft geen duidelijk beeld van sterke en zwakke punten.	O M V G	Geeft goed weer wat zijn sterke en zwakke punten zijn.
Geeft geen duidelijk antwoord op de gestelde vragen of is te breedsprakig.	O M V G	Beantwoordt de vragen bondig en eenduidig.

Interactie

Is erg afwachtend, geeft alleen uitleg en voorbeelden na doorvragen.	O M V G	Geeft uit zichzelf een toelichting als dat passend is, ook bij gesloten vragen.
Valt anderen in de rede.	O M V G	Laat anderen uitspreken.
Reageert niet op non-verbale signalen.	O M V G	Reageert op non-verbale signalen.

Houding

Maakt geen oogcontact met de leden van de sollicitatiecommissie.	O M V G	Maakt oogcontact met de leden van de sollicitatiecommissie.
Maakt een zenuwachtige indruk.	O M V G	Maakt een ontspannen, zelfverzekerde indruk.
De gezichtsuitdrukking, lichaamshouding en gebaren zijn vlak.	O M V G	De gezichtsuitdrukking, lichaamshouding en gebaren zijn levendig.

Taalgebruik

Heeft een beperkte woordenschat.	O M V G	Heeft een grote woordenschat, varieert in woordgebruik, gebruikt (ook minder gangbare) uitdrukkingen.
Gebruikt regelmatig de verkeerde woorden.	O M V G	Kan moeilijke woorden en jargon op de juiste manier gebruiken.
Gebruikt (af en toe) informele en/of populaire taal.	O M V G	Gebruikt formele en zakelijke taal.

↓

Vloeiendheid en verstaanbaarheid

Spreekt te snel / spreekt te langzaam.	O M V G	Spreekt in een acceptabel tempo.
Mompelt / spreekt te zacht.	O M V G	Spreekt duidelijk verstaanbaar.
Maakt zinnen niet af, drukt zich warrig uit en heeft veel tijd nodig om naar de juiste woorden te zoeken.	O M V G	Spreekt zonder haperen en vrijwel zonder fouten in de zinsbouw te maken.
Spreekt vlak.	O M V G	Gebruikt intonatie om woorden kracht bij te zetten.

Tips
Ik heb de volgende tips voor deze sollicitant:

Opdracht 3

1 Kies een van de volgende eigenschappen: stressbestendig, collegiaal, zelfstandig, creatief, analytisch.
2 Beschrijf volgens de STARR-methode een situatie waaruit blijkt dat jij over de gekozen eigenschap beschikt.
3 Wissel je beschrijving uit met die van een klasgenoot. Beoordeel of de ander de methode goed gevolgd heeft en of uit de situatie inderdaad de gekozen eigenschap blijkt.

Opdracht 4

Je krijgt van je docent een kopie van de advertentie en de voorbeeldsollicatiebrief uit de cursus Schrijfvaardigheid of je downloadt ze van NN online.
Je gaat in een drietal het sollicitatiegesprek naar aanleiding van deze sollicitatiebrief voeren. Je bereidt je hier individueel op voor.

1 Bedenk naar aanleiding van de advertentie vijf vragen die in het gesprek gesteld kunnen worden.
2 Formuleer de antwoorden op die vijf vragen.
3 Bedenk naar aanleiding van de sollicitatiebrief drie vragen die in het gesprek gesteld kunnen worden.
4 Formuleer de antwoorden op die drie vragen.
5 Bedenk bij twee functie-eisen een concrete situatie en beschrijf volgens de STARR-methode je manier van handelen in die situatie.
6 Voer het sollicitatiegesprek in een drietal. Twee leerlingen vormen de sollicitatie-commissie, de derde is de sollicitant.
7 Evalueer het gesprek na afloop. Vragen die hierbij aan de orde kunnen komen:
  – Hoe kijk je terug op het gesprek? Wat ging goed en wat niet?
  – Zijn de vragen die jullie hebben voorbereid aan de orde gekomen?
  – Zou de sollicitant aangenomen worden? Waarom (niet)?
  – Wat zouden de gespreksdeelnemers anders kunnen doen? Geef elkaar twee tips.

Praktijk P

Werk in een groep van vier.
De voorbereiding
– Zoek met de groep van vier een vacature op wo-niveau die jullie aanspreekt.
– Schrijf allemaal een sollicitatiebrief naar aanleiding van de advertentie.
  <zie Schrijfvaardigheid blz. 93>
– Lever de advertentie en de brieven in bij de docent.
– Bereid individueel het sollicitatiegesprek voor.
– De sollicitatiecommissie (de docent en twee leerlingen uit een andere groep) bereidt de vier gesprekken voor aan de hand van de advertentie en de brieven.

De gesprekken
- De sollicitanten zijn niet aanwezig bij elkaars gesprekken.
- De sollicitatiecommissie evalueert de vier gesprekken en bepaalt of een van de vier sollicitanten de baan krijgt.
- De rest van de klas observeert. Iedereen vult een feedbackformulier sollicitatiegesprek in voor één van de gespreksdeelnemers. Spreek van tevoren duidelijk af wie welke gespreksdeelnemer observeert, zorg voor een evenredige verdeling.
- De gesprekken en het overleg van de commissie worden klassikaal geëvalueerd aan de hand van de ingevulde feedbackformulieren.

Ik kan:

- **3F** op adequate wijze een sollicitatiegesprek voorbereiden en voeren.
- **3F** adequaat reageren op de uitingen van de gesprekspartner.
- **3F** adequaat reageren op non-verbale signalen.
- **4F** gebruik maken van formele en zakelijke taal.
- **4F** de intonatie variëren en de juiste nadruk in zinnen leggen om ook fijnere betekenisnuances uit te drukken.

Paragraaf 4

Motivatiegesprek

Steeds meer universiteiten hebben een selectieprocedure voor het aannemen van studenten. Een motivatiegesprek kan onderdeel van zo'n procedure zijn.

Tijdens het gesprek kan ingegaan worden op:
- de motivatie voor de studierichting en de universiteit;
- de verwachtingen die je hebt ten aanzien van de studie;
- de ideeën die je hebt over de beroepen waar de studie voor opleidt;
- de resultaten die je op het vwo behaald hebt;
- je persoonlijkheid;
- je studiehouding.

Je kunt je voorbereiden op zo'n motivatiegesprek door je te verdiepen in de studierichting en de universiteit. Bezoek de website, bestudeer informatiefolders en probeer contact te leggen met (oud-)studenten van de universiteit. Dit kan via bekenden, maar ook op internetfora of via andere sociale media. Door je zo breed mogelijk te oriënteren krijg je een breed beeld van de studierichting. Hierdoor krijg je meer zicht op de vragen die tijdens het gesprek gesteld zouden kunnen worden.
Een motivatiegesprek lijkt veel op een sollicitatiegesprek. Ook in motivatiegesprekken wordt vaak gebruikgemaakt van de STARR-methode. *<zie Mondelinge vaardigheden blz. 145>* Het is zinvol om bij de voorbereiding op een motivatiegesprek gebruik te maken van deze methode.

Verder is het belangrijk dat je goed weet waarom je juist deze studie wilt gaan volgen en waarom je er geschikt voor bent. Afgezien van je eigen analyse van je sterke en zwakke punten kun je ook aan anderen vragen hoe ze jou zouden karakteriseren. Tijdens een motivatiegesprek kan bijvoorbeeld gevraagd worden: 'Als we aan je docenten vragen hoe ze jou zouden beschrijven, wat zouden ze dan zeggen?' Als je deze vraag daadwerkelijk aan docenten gesteld hebt, weet je precies wat je hierop kunt antwoorden.

Omdat je natuurlijk graag aangenomen wilt worden, zul je misschien de neiging hebben om alleen antwoorden te geven waarvan je inschat dat ze voldoen aan de verwachtingen of eisen. Dit is echter niet verstandig. Het gesprek is bedoeld om erachter te komen of je geschikt bent voor de opleiding. Zowel voor de mensen van de opleiding als voor jezelf is het dan van belang dat je eerlijk bent over je motivatie en je capaciteiten.

Opdracht 5

Je wordt uitgenodigd voor een motivatiegesprek door de vervolgopleiding die je hebt gekozen.
1. Formuleer vijf vragen die jij tijdens dit gesprek zou willen stellen.
2. Formuleer vijf vragen die tijdens dit gesprek aan jou gesteld zouden kunnen worden.
3. Vraag een klasgenoot de vragen aan jou te stellen en formuleer een antwoord. Als het antwoord niet duidelijk genoeg is, moet je klasgenoot doorvragen.
4. Je klasgenoot geeft feedback volgens de richtlijnen.

Ik kan:	**3F** op adequate wijze een motivatiegesprek voorbereiden en voeren.
	3F adequaat reageren op de uitingen van de gesprekspartner.
	3F adequaat reageren op non-verbale signalen.
	4F gebruik maken van formele en zakelijke taal.
	4F de intonatie variëren en de juiste nadruk in zinnen leggen om ook fijnere betekenisnuances uit te drukken.

Controle hoofdstuk 4	– Welke typen vragen kun je stellen?
	– Wat is een onderhandelingsgesprek?
	– Hoe verloopt een onderhandelingsgesprek?
	– Hoe kun je je voorbereiden op een sollicitatiegesprek?
	– Wat is een motivatiegesprek?
	– Hoe kun je je voorbereiden op een motivatiegesprek?

Cursus

Argumentatieve vaardigheden

> Wie meent dat een argument deugt omdat het gedrukt staat, is een idioot.
>
> *Jiddisch gezegde*

Hoofdstuk 1

Argumentatie

Er zijn verschillende manieren waarop argumenten en standpunten met elkaar in verband kunnen staan. Niet alle argumenten zijn goede argumenten. Bij het beoordelen van een betoog moet je niet alleen letten op de argumenten, maar je moet ook kijken wie die argumenten geeft: is hij deskundig en onpartijdig?

Studielast	4 slu
Paragrafen	1 **Soorten argumenten** 2 **Redeneringen** 3 **Argumentatiestructuren** 4 **Drogredenen** 5 **Argumentatie beoordelen**
Referentie- niveaus	**3F** Maakt onderscheid tussen standpunt en argument. **3F** Begrijpt en herkent relaties als oorzaak-gevolg, middel-doel, opsomming e.d. **4F** Maakt onderscheid tussen argumenten: objectieve versus subjectieve argumenten en onderscheidt drogreden van argument. **4F** Kan argumentatie analyseren en beoordelen. **4F** Kan ook impliciete relaties tussen tekstdelen aangeven. **4F** Kan een tekst beoordelen op consistentie. **4F** Kan argumentatieschema's herkennen. **4F** Herkent persoonlijke waardeoordelen en interpreteert deze als zodanig. **3F** Kan de argumentatie in een betogende tekst op aanvaardbaarheid beoordelen.
NN online	• meer oefeningen • de Test Argumentatie • samenvatting van dit hoofdstuk

Paragraaf 1

Soorten argumenten

Met argumenten kun je je eigen mening verdedigen of het standpunt van een ander aanvallen.

Objectieve en subjectieve argumenten
Als een argument een feitelijke uitspraak is, noemen we het een objectief argument. Het argument is waar of onwaar en het heeft geen ondersteuning nodig. Als een argument een niet-feitelijke uitspraak is, noemen we het een subjectief argument. Het argument is dan in meer of mindere mate aannemelijk, en het moet eventueel ondersteund worden.

Signaalwoorden
Signaalwoorden voor een standpunt of mening zijn: *ik vind, volgens mij, ik denk dat, mijn conclusie is dat, dus, daarom, kortom*.
Signaalwoorden voor argumenten zijn: *want, omdat, namelijk, aangezien, immers*.

Verschillende soorten argumentatie
Argumenten kunnen op verschillende zaken gebaseerd zijn. Op grond daarvan worden de volgende soorten argumentatie onderscheiden. Er is argumentatie op basis van
- feiten;
- onderzoek of wetenschap;
- normen en waarden;
- vermoedens;
- geloof of (levensbeschouwelijke) overtuiging;
- gezag of autoriteit;
- nut.

Opdracht 1

Noteer van de volgende zinnen
a het standpunt
b het argument
c van welke soort argumentatie er sprake is
Soms zijn meerdere antwoorden goed. Noteer dan het beste.

1 Ik denk niet dat de Partij voor de Dieren veel stemmen zal krijgen, want ik vermoed dat mensen in tijden van crisis eerder aan hun portemonnee denken dan aan het welzijn van dieren.
2 Marieke heeft negen jaar over het vwo gedaan; ze was vroeger dus duidelijk geen studiehoofd.
3 Ik lust wel varkensvlees maar ik eet het liever niet; in mijn cultuur worden varkens immers als onrein gezien.
4 In de *Lonely Planet* over Birma staat dat er 's zomers weinig toeristen zijn, dus we kunnen er het beste in de zomer naartoe gaan.
5 Volgens mij moeten we een kiesdrempel van minstens drie procent invoeren; alleen dan is immers een snelle kabinetsformatie mogelijk.
6 Aangezien elke keer dat de VVD in de regering zit het begrotingstekort is opgelopen, kan die partij beter niet te veel zeggen over 'de linkse spilzucht'.
7 De plezierjacht moet onmiddellijk verboden worden; het is toch vreselijk dat levende wezens gedood worden enkel en alleen voor de lol.
8 Roemer had die uitspraken over Nederland en de EU beter niet kunnen doen, want volgens de laatste peiling is zijn partij daardoor acht zetels kwijt.

Opdracht 2

Lees tekst 1.
Van welke argumentatie is hier sprake? Van een argumentatie op basis van
A feiten
B levensbeschouwelijke overtuiging
C normen en waarden
D nut

Tekst 1

De discussie over de thuisbevalling barst weer los, en vooral de tegenstanders krijgen een stem in *de Volkskrant*. Dat er in een hoogontwikkeld land als Nederland nog steeds zoiets achterlijks bestaat als thuisbevalling, zou het werk zijn van de 'thuisbevallingsmaffia', de verloskundigen, die vooral hun eigen portemonnee willen spekken. Het is jammer dat de discussie over de toekomst van geboortezorg op zo'n manier wordt gevoerd, want het zijn niet de verloskundigen die vragen om thuisbevallingen, dat zijn de ouders. En er staat wel degelijk wat op het spel. Ouders willen massaal thuis bevallen. Uit onderzoek van TNO uit 2008 blijkt dat 70 procent van de ouders dit graag wil. In onze eigen enquête onder jonge ouders, die nog niet is gepubliceerd, vinden we een vergelijkbaar getal: 67 procent zou het graag willen, als het kan. Nog eens 10 procent vindt het belangrijk dat in Nederland die mogelijkheid bestaat, ook al willen ze er zelf geen gebruik van maken. En ook al bevallen de meeste ouders uiteindelijk in het ziekenhuis, zij zijn vooral tevreden als het thuis gebeurt.
Naar: Rachel Verweij, de Volkskrant, 18 mei 2012

Opdracht 3

Lees tekst 2.
Van welke argumentatie is hier sprake? Van een argumentatie op basis van
A autoriteit
B feiten
C nut
D vermoeden

Tekst 2

De lijsttrekkers van de grootste partijen lieten bij het eerste televisiedebat verstek gaan. Zij treden pas in de arena als de spanning naar een hoogtepunt is gestegen. Logisch natuurlijk, want als je goed scoort in de peilingen, kun je alleen maar verliezen. En als je slecht scoort in de peilingen, kun je alleen maar winnen. De koplopers bleven dus liever weg en lieten de popelende achtervolgers met lege handen.
Naar: Max Pam, de Volkskrant, 23 augustus 2012

Opdracht 4

Lees tekst 3.
Van welke argumentatie is hier sprake? Van een argumentatie op basis van
A gezag
B normen en waarden
C onderzoek
D vermoeden

Tekst 3

Wie rechts is, eist strengere straffen en meer politie en wie links is een hogere pakkans en meer preventie. Bij het begrotingsdebat Justitie deze week werden deze clichéposities weer betrokken. Maar gaat dit wel ergens over?

Twee weken geleden schreef ik op basis van cijferbijbel *Criminaliteit en Rechtshandhaving* dat de pakkans en strafkans in Nederland me feitelijk verwaarloosbaar lijken. Van de maar liefst 8,2 miljoen misdrijven in 2011 komen er maar 1,2 miljoen bij de politie terecht. De meeste criminaliteit incasseren we kennelijk gewoon. Dat is op zich al een raadsel. Burgers vinden het onbelangrijk, generen zich, voelen zich schuldig, vertrouwen de politie niet of zien op tegen het gedoe. Althans, zo wordt het de enquêteurs verteld.

Naar: Folkert Jensma, NRC Handelsblad 1 december 2012

Ik kan:
- 4E onderscheid maken tussen verschillende soorten argumentaties.
- 4F onderscheid maken tussen objectieve en subjectieve argumenten.

Paragraaf 2

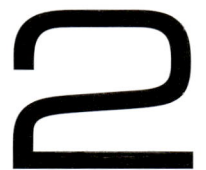

Redeneringen

Het geheel van standpunt en argumenten wordt een redenering genoemd.

Er zijn verschillende soorten redeneringen. Redeneringen kunnen gebaseerd zijn op:
- oorzaak en gevolg;
- een overeenkomst;
- voorbeelden;
- voor- en nadelen;
- een kenmerk of eigenschap.

Redenering op basis van oorzaak en gevolg
Bij dit type redenering wordt ervan uitgegaan dat een feit of gebeurtenis zal leiden tot een ander feit of een andere gebeurtenis.
Voorbeeld:
- *De Europese Unie moet stoppen Griekenland financiële steun te geven, want alleen dan zullen de Grieken maatregelen gaan nemen die effect zullen hebben.*

Redenering op basis van een overeenkomst
Van dit type redenering is sprake als er een vergelijking wordt gemaakt tussen twee gevallen en er een overeenkomst wordt geconstateerd: omdat het in het ene geval zo is, zal het bij het tweede ook wel zo zijn.
Voorbeeld:
- *De Europese Unie moet Spanje niet steunen. Die hulp zou geen effect sorteren. De steun aan Griekenland heeft immers ook helemaal niets opgeleverd.*

Redenering op basis van voorbeelden
In het geval dat een standpunt wordt ondersteund door argumenten die voorbeelden zijn, spreken we van een redenering op basis van voorbeelden.
Voorbeeld:
- *In de Verenigde Staten zingen de toeschouwers voor aanvang van een sportwedstrijd altijd het Amerikaanse volkslied. Ze staan dan allemaal in de houding en met hun rechterhand op het hart. Aan bijna elk huis hangt de nationale vlag. Amerikanen zijn een nationalistisch volk.*

Redenering op basis van voor- en nadelen
Bij dit type redenering wordt er een afweging gemaakt: de voordelen worden vergeleken met de nadelen en op basis van de uitkomst daarvan wordt er een oordeel uitgesproken.
Voorbeeld:
- *De studie geneeskunde duurt enkele jaren langer dan de meeste andere studies. Ook kun je meestal niet aan de universiteit van je voorkeur studeren, als je al geplaatst wordt. Daar staat tegenover dat arts een mooi beroep is: je helpt mensen en je verdient ook nog eens redelijk goed. Ik kan me goed voorstellen dat mensen geneeskunde willen studeren.*

Redenering op basis van een kenmerk of eigenschap
Aan dit type redenering ligt de volgende gedachte ten grondslag: als alle onderdelen van een groep hetzelfde kenmerk hebben, dan heeft één onderdeel van die groep dat kenmerk ook. De gedachte die aan deze redenering ten grondslag ligt, wordt meestal niet expliciet vermeld.
Voorbeeld:
- *Diederik heeft gezegd bedrijfskunde of fiscaal recht te gaan studeren. Hij zal wel graag veel willen verdienen.*

Opdracht 5

Lees tekst 4.
Van welk type redenering is hier sprake? Van een redenering op basis van
A een vergelijking
B een voorbeeld
C oorzaak en gevolg
D voor- en nadelen

> **Tekst 4**
>
> Frank Kalshoven rekent voor dat een werkster tegen een normaal – dus wit – dienstverlenerstarief 20 à 25 euro per uur zou kosten. Dit tarief is volgens Kalshoven voor een particulier 'praktisch onbetaalbaar'. Daarom stelt hij voor dat de particulier slechts 7,50 euro per uur betaalt, waarvan hij vervolgens ook nog een derde van de fiscus kan terugkrijgen. Bovendien wil hij dat de overheid zoveel bijlegt dat de werkster toch evenveel verdient als bij bovengenoemd dienstverlenerstarief én toch nog gewoon verzekerd is en bij vakantie krijgt doorbetaald.
> Maar waarom moet een normale dienstverlening gesubsidieerd worden? De diensten van de loodgieter, de fietsenmaker en de aannemer worden toch ook niet gesubsidieerd? En als een particulier een werkster voor bijvoorbeeld 22,50 euro per uur te duur vindt, kan hij of zij toch gewoon zelf poetsen, net zoals veel mensen zelf hun fietsband plakken of hun lekkende kraan repareren?
> *Naar: Hans Crone, de Volkskrant, 25 augustus 2012*

Opdracht 6

Lees tekst 5.
Van welk type redenering is hier sprake? Van een redenering op basis van
A een kenmerk
B een overeenkomst
C een voorbeeld
D oorzaak en gevolg

> **Tekst 5**
>
> Natuurlijk, de puur esthetische houding, 'ik schrijf alleen mooie verhalen en voor de rest heb ik nergens mee te maken', is onhoudbaar. Geen schrijver staat los van alle machtsverhoudingen en daarmee van alle maatschappelijke verhoudingen. De schrijver die veinst wel boven alle maatschappelijke verhoudingen te staan, doet dat dikwijls om de verkoop van zijn werk te bevorderen.
> *Naar: Arnon Grunberg, de Volkskrant, 18 augustus 2012*

Opdracht 7

Lees tekst 6.
1 Van welk type redenering is sprake in de eerste alinea? Van een redenering op basis van
   A een eigenschap
   B een vergelijking
   C een voorbeeld
   D oorzaak en gevolg
2 Van welk type redenering is sprake in de tweede alinea? Van een redenering op basis van
   A een overeenkomst
   B een vergelijking
   C oorzaak en gevolg
   D voor- en nadelen

Argumentatieve vaardigheden > 1 Argumentatie > 2 Redeneringen

3   Van welk type redenering is sprake in de derde alinea? Van een redenering op basis van
    A   een nadeel
    B   een voorbeeld
    C   gevolgen
    D   kenmerken

Tekst 6

Meestal worden vier of vijf politici in blokjes van een minuut of tien bij elkaar gezet en wordt een abstract onderwerp als 'de zorg', 'bestuurbaarheid van het land' of 'Europa' aangekaart. Vervolgens is het aan de politici om, zonder enige afbakening of structuur, elkaar vliegen af te vangen, af en toe wat bijgestuurd door de debatleider. Dit is vragen om chaos en totale onduidelijkheid voor de kijker.
Een goed debat moet een duidelijk afgebakend en concreet onderwerp hebben in de vorm van een vraag of een stelling en daarnaast structuur in de vorm van spreektijden en spreekvolgorde. Dat schept helderheid en zorgt ook voor een eerlijk verloop van het debat.

Dan de debatleiders. Stuk voor stuk gerenommeerde journalisten die gewend zijn politici scherp te interviewen. Helaas is dat een ander vak dan het objectief leiden van een debat. Zodoende staan ze regelmatig hinderlijk in de weg of brengen ze zelfs schade toe aan een eerlijk debatproces. Ferry Mingelen was woensdagavond zo brutaal om Jolande Sap, de fractieleidster van Groen inks, nadat zij een vakantiefoto van een ruïne had laten zien, te vragen of zij deze als symbool zag voor de staat van haar eigen partij. In ieder ander land zou dit door vriend en vijand onacceptabel worden gevonden, maar wij vinden het volstrekt normaal.

Naar: Roderik van Grieken, de Volkskrant, 25 augustus 2012

Opdracht 8

Lees tekst 7.
Van welk type redenering is hier sprake? Van een redenering op basis van
    A   een kenmerk
    B   een overeenkomst
    C   voorbeelden
    D   voordelen

Tekst 7

Ons voorstel is om in Nederland het Finse model in te voeren. Leerkrachten in Finland krijgen niet aanzienlijk meer betaald, hebben ongetwijfeld net als hun Nederlandse collega's te maken met lastige leerlingen en draaien eveneens veel uren – hoewel het er ruim tweehonderd minder zijn. Desondanks staan daar voldoende hoogopgeleide leraren voor de klas.
Het beroep van leraar is daar populair, doordat men ziet dat je slim en cool bent als leraar – en niet te slecht om een ander beroep uit te oefenen. Alleen de beste studenten komen in aanmerking voor de lerarenopleiding, waar in Nederland tevergeefs wordt gezocht naar studenten die bereid zijn om leraar te worden. Zesjes zijn in Finland niet genoeg. Uitstekende cijfers zijn daar het vereiste voor een leraar. Aan het einde van de rit staan er in Finland goede, hoogopgeleide leraren voor de klas. Ze zijn niet alleen voldoende opgeleid om met de jeugd van tegenwoordig om te gaan, maar ze hebben ook minder last van werkdruk.

Naar: Caspar Horsch, Stephen Kho en Martin Speyart, NRC Handelsblad, 24 mei 2012

Ik kan:
- **3F** relaties als oorzaak-gevolg, middel-doel, opsomming e.d. herkennen en begrijpen.
- **4F** argumentatieschema's herkennen.

Paragraaf 3

Argumentatiestructuren

Argumenten kunnen op verschillende manieren het standpunt ondersteunen.

Er zijn vier basisstructuren van argumentatie:
- enkelvoudige argumentatie;
- meervoudige argumentatie;
- nevenschikkende argumentatie;
- onderschikkende argumentatie.

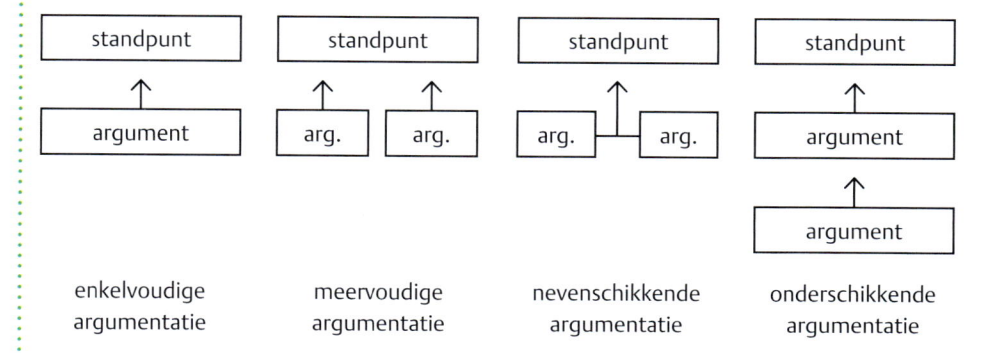

```
   standpunt            standpunt                standpunt               standpunt
      ↑                  ↑     ↑                    ↑                       ↑
   argument           arg.   arg.              arg. — arg.                argument
                                                                             ↑
                                                                          argument

  enkelvoudige        meervoudige             nevenschikkende          onderschikkende
  argumentatie        argumentatie             argumentatie              argumentatie
```

Enkelvoudige argumentatie
Als er bij een standpunt maar één argument gegeven wordt, heet dat enkelvoudige argumentatie. Voorbeeld:

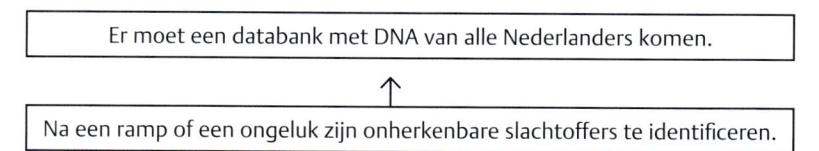

> Er moet een databank met DNA van alle Nederlanders komen.
> ↑
> Na een ramp of een ongeluk zijn onherkenbare slachtoffers te identificeren.

Meervoudige argumentatie
Er is sprake van meervoudige argumentatie als er bij een standpunt twee of meer argumenten gegeven worden die los van elkaar staan. Voorbeeld:

> Er moet een databank met DNA van alle Nederlanders komen.
> ↑ ↑ ↑
> - Er zullen minder misdaden gepleegd worden.
> - Na een ramp of een ongeluk zijn onherkenbare slachtoffers te identificeren.
> - Er kunnen grote bevolkingsonderzoeken gedaan worden, zonder dat dat veel geld kost.

Nevenschikkende argumentatie
Bij nevenschikkende argumentatie worden twee argumenten *samen* gebruikt om een standpunt te ondersteunen. Die argumenten werken alleen in combinatie met elkaar; los van elkaar hebben ze geen kracht. Voorbeeld:

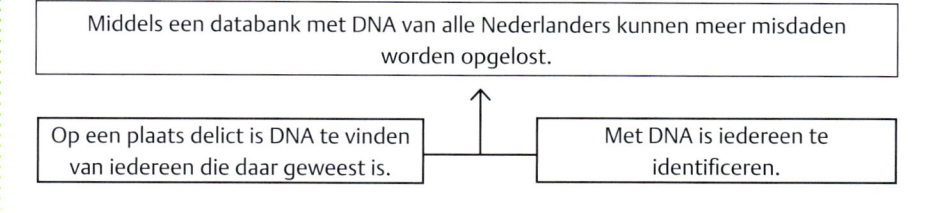

> Middels een databank met DNA van alle Nederlanders kunnen meer misdaden worden opgelost.
> ↑
> Op een plaats delict is DNA te vinden van iedereen die daar geweest is. — Met DNA is iedereen te identificeren.

↓

Argumentatieve vaardigheden > 1 Argumentatie > 3 Argumentatiestructuren

Onderschikkende argumentatie
Bij onderschikkende argumentatie wordt een gebruikt argument door een ander argument ondersteund. Voorbeeld:

```
        Er moet een databank met DNA van alle Nederlanders komen.
                                    ↑
          Er zullen minder misdaden gepleegd worden.
                                    ↑
          Mogelijke daders weten dat de pakkans veel groter is.
```

Meervoudige onderschikkende argumentatie is een combinatie van meervoudige en onderschikkende argumentatie. Voorbeeld:

```
              Er moet een databank met DNA van alle Nederlanders komen.
                  ↑                     ↑                      ↑
   Er zullen minder      Na een ramp of een       Er kunnen grote bevol-
   misdaden gepleegd     ongeluk zijn onherken-   kingsonderzoeken gedaan
   worden.               bare slachtoffers te     worden, zonder dat dat
                         identificeren.           veel geld kost.
         ↑                                                    ↑
   Mogelijke daders                              Al het benodigde materiaal
   weten dat de pakkans                          is al in een databank
   veel groter is.                               bijeengebracht.
```

Opdracht 9

Lees tekst 8.
Neem het blokjesschema over in je schrift en plaats de argumenten a tot en met o op de juiste plaats in de hokjes.

Tekst 8

De e-reader

Veel vrienden van mij hebben een e-reader. Vooral de technerds onder hen zijn er vol van. Ikzelf heb er nog geen. Ik denk niet dat ik er snel een zal aanschaffen. Er zitten natuurlijk voordelen aan, dat kan niemand ontkennen. Als je op vakantie gaat, hoef je geen stapel boeken meer mee te slepen. In mijn geval scheelt dat een hoop ruimte. Bovendien kun je veel makkelijker in bed lezen, want zo'n ding weegt bijna niets en het beeldscherm is altijd verlicht.
Het is ook makkelijker om een boek in een andere taal te lezen. In een e-reader zitten immers woordenboeken die makkelijk te raadplegen zijn. Je hoeft alleen maar het woord op het scherm aan te klikken en je krijgt de betekenis van dat woord onderaan in beeld.
Daar staat tegenover dat de e-reader voor uitgevers en schrijvers niet zo'n leuke uitvinding is.
Zowel schrijvers als uitgevers zullen inkomsten gaan mislopen. Uitgevers zullen hun omzet zien dalen omdat ze minder boeken kunnen verkopen, nu er zoveel boeken gedownload worden zonder dat daarvoor betaald wordt.
Schrijvers zullen met lagere of zelfs geen inkomsten te maken krijgen. Van veel schrijvers zullen namelijk niet langer boeken uitgegeven worden, omdat de uitgevers niet zoveel schrijvers kunnen uitgeven nu ze minder geld binnenkrijgen.
Kortom, ik ben er nog niet uit of ik de e-reader zo'n vooruitgang vind. Vooralsnog houd ik het maar bij gewone boeken; ik kan voorlopig nog vooruit.

Argumentatieve vaardigheden > 1 Argumentatie > 3 Argumentatiestructuren

```
                  ┌─────────────────────────────────────────────────┐
                  │ Ik ben er nog niet uit of ik de e-reader zo'n vooruitgang vind. │
                  └─────────────────────────────────────────────────┘
                                         ↑
          ┌──────────────────────────┬──┴──┬──────────────────────────┐
          │                          │     │                          │
          ↑         ↑         ↑              ↑              ↑
      ┌─────┐   ┌─────┐   ┌─────┐          ┌─────┐      ┌─────┐
      └─────┘   └─────┘   └─────┘          └─────┘      └─────┘
        ↑         ↑         ↑    ↑            ↑
      ┌─────┐ ┌─────┐ ┌─────┐ ┌─────┐       ┌─────┐
      └─────┘ └─────┘ └─────┘ └─────┘       └─────┘
                                              ↑           ↑
                                           ┌─────┐    ┌─────┐
                                           └─────┘    └─────┘
```

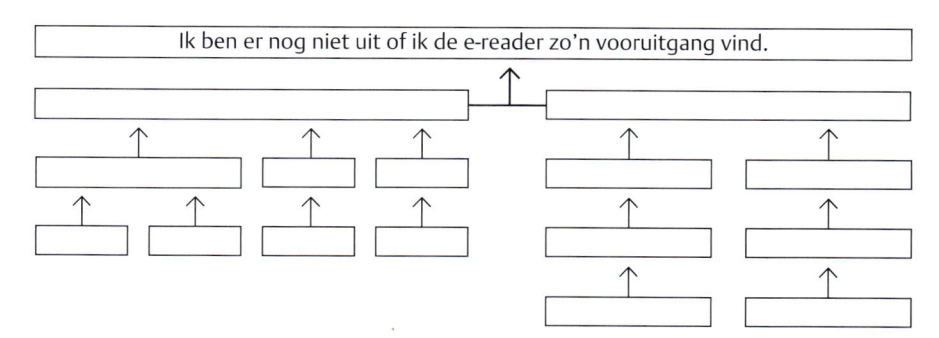

a Een e-reader heeft voordelen.
b Een e-reader weegt weinig.
c Er worden boeken gedownload zonder dat daarvoor betaald wordt.
d Het beeldscherm van een e-reader is verlicht.
e Het is makkelijker om een boek in een andere taal te lezen.
f In een e-reader zitten makkelijk te raadplegen woordenboeken.
g Je hoeft geen stapels boeken meer mee te nemen.
h Je kunt een e-reader makkelijk in bed lezen.
i Op reis scheelt een e-reader veel ruimte.
j Uitgevers hebben minder inkomsten.
k Uitgevers kunnen veel minder schrijvers uitgeven.
l Uitgevers verkopen minder boeken.
m Van veel schrijvers zullen de boeken niet meer verschijnen.
n Veel schrijvers zullen zonder inkomsten komen te zitten.
o Voor uitgevers en schrijvers is het niet zo'n leuke uitvinding.

Opdracht 10

Noteer de volgende argumentaties in een blokjesschema. Geef bij elke argumentatie aan of die enkelvoudig, meervoudig, nevenschikkend, onderschikkend of meervoudig onderschikkend is.

1 Vroeger was Aad een overtuigd communist; nu keert hij zichzelf bonussen uit als bestuurder van een roc. Zo vreselijk principieel is hij dus niet.
2 Rutte onderhield een goede band met Merkel. Ook heeft hij het gevaar Wilders onder controle weten te houden. Hij heeft het als leider van het land dus helemaal niet zo slecht gedaan. Bovendien was hij niet bang om mee te varen op een boot tijdens de Canal Parade.
3 Je kunt beter niet naar het conservatorium gaan. Er valt de komende tijd in de muziek nauwelijks een boterham te verdienen. In tijden van crisis wordt er immers altijd het eerst op cultuur bezuinigd. Daar komt bij dat je ook genoeg andere talenten hebt.
4 Ik ga vooral op vakantie om een beetje uit te rusten van alle drukte van het schooljaar. Ik neem dan ook alleen spannende boeken mee.
5 Ik denk dat een lege accu er de oorzaak van is dat de auto niet wil starten. Marianne heeft hem het laatst gebruikt en zij is al eens eerder vergeten de lichten uit te zetten.

Opdracht 11

Maak een blokjesschema van
1 een enkelvoudige argumentatie bij het standpunt *Er moeten snipperdagen voor leerlingen komen.*
2 een meervoudige argumentatie bij het standpunt *Chinees moet op alle middelbare scholen als eindexamenvak aangeboden worden.*
3 een nevenschikkende argumentatie bij het standpunt *Ik wil graag aan de universiteit van ... studeren.* (Vul zelf een plaatsnaam in.)
4 een onderschikkende argumentatie bij het standpunt *De zomervakantie moet weer zeven weken worden in plaats van zes.*
5 een meervoudige onderschikkende argumentatie bij het standpunt *Er moeten meer mannen voor de klas komen te staan.*
Bedenk zelf de argumenten bij 1 tot en met 5.

Argumentatieve vaardigheden > 1 Argumentatie > 3 Argumentatiestructuren

Opdracht 12

Lees tekst 9.
1 Zet de argumentatie in een blokjesschema.
2 Van welke argumentatiestructuur is hier sprake? Kies uit:
   A enkelvoudige argumentatie
   B meervoudige argumentatie
   C nevenschikkende argumentatie
   D onderschikkende argumentatie
   E meervoudige onderschikkende argumentatie
3 Van welke argumentatie is hier sprake? Van een argumentatie op basis van
   A feiten.
   B normen en waarden.
   C nut.
   D onderzoek.

Tekst 9

Op de zes als minimumnorm zijn lessen, toetsen, bevorderingsnormen, normering van de eindexamencijfers en *last but not least* de financiering afgestemd. De leerlingen passen zich aan en doen braaf wat er wordt verwacht. Het zijn net gewone mensen.
Zeuren over een zesjescultuur onder scholieren is *blaming the victim*. We zouden snel een einde moeten maken aan die zesjescultuur. Met de zes als norm verspillen we het talent van leerlingen, vergooien we de energie van leraren en zakken we als kenniseconomie steeds verder weg. De buitenlandse concurrentie zit immers niet stil.

Naar: Michiel Westenberg en Jan van Driel, NRC Handelsblad, 29 mei 2012

Opdracht 13

Lees tekst 10.
1 Zet de argumentatie in een blokjesschema.
2 Van welke argumentatiestructuur is hier sprake? Kies uit:
   A enkelvoudige argumentatie
   B meervoudige argumentatie
   C nevenschikkende argumentatie
   D onderschikkende argumentatie
   E meervoudige onderschikkende argumentatie
3 Van welke argumentatie is hier sprake? Van een argumentatie op basis van
   A feiten.
   B normen en waarden.
   C nut.
   D onderzoek.

Tekst 10

Mussert of Moskou, ik moest daar lang over nadenken. Het is niet om een nieuwe *Historikerstreit* te ontketenen, maar anders dan Vuijsje zou ik – uiteraard met de revolver op de borst – voor Mussert kiezen. Want ga maar na: het nationaal-socialisme is natuurlijk vreselijk geweest met die zes miljoen vermoorde Joden en zo, maar uiteindelijk heeft het communisme nog meer miljoenen slachtoffers opgeleverd. En wat nog belangrijker is: je komt makkelijker van Mussert af dan van Stalin. Het nationaal-socialisme duurde immers relatief kort – nog geen twintig jaar – terwijl het communisme bijna een eeuw de mensheid heeft geterroriseerd. Daarom kies ik toch voor Mussert.

Naar: Max Pam, de Volkskrant, 23 augustus 2012

Ik kan:
- (4F) verschillende soorten argumentatiestructuren herkennen.
- (4F) impliciete relaties tussen tekstdelen aangeven.

Paragraaf 4

Drogredenen

In veel redeneringen/argumentaties worden, bedoeld en onbedoeld, fouten gemaakt. Fouten in argumentaties heten drogredenen.

Het (her)kennen van drogredenen heeft twee voordelen:
- je maakt zelf minder fouten in je argumentatie;
- je ziet eerder de zwakke punten in een argumentatie van een ander.

Hieronder volgen de negen belangrijkste drogredenen.

Onjuiste oorzaak-gevolgrelatie
Bij een onjuiste oorzaak-gevolgrelatie (ook wel: onjuist beroep op causaliteit) wordt tussen twee zaken die ongeveer tegelijkertijd gebeuren een oorzaak-gevolgrelatie gelegd, terwijl die relatie er niet is. Voorbeeld:
Het is goed te merken dat er meer vrouwen in het parlement zitten, want Nederland glijdt langzaam maar zeker steeds verder weg in de recessie.

Verkeerde vergelijking
Bij deze drogreden worden twee dingen met elkaar vergeleken en van die vergelijking kun je je afvragen of die wel terecht is. Voorbeeld:
De enige manier waarop de economische crisis opgelost kan worden, is een wereldoorlog. In de jaren '30 was dat ook de remedie.

Overhaaste generalisatie
Bij een overhaaste generalisatie wordt er op basis van één of enkele gevallen een conclusie getrokken voor een heel grote groep of zelfs voor alle gevallen. Die conclusie is op zijn minst voorbarig. Voorbeeld:
Noord-Koreanen hebben het zo slecht nog niet. Zo is er onlangs bij Pyongyang een groot pretpark geopend.

Cirkelredenering
Bij een cirkelredenering wordt het standpunt ondersteund door het herhalen van datzelfde standpunt, maar dan anders geformuleerd. Voorbeeld:
Ik denk dat we elkaar nauwelijks meer zien in onze vrije tijd, omdat we elkaar volledig uit het oog verloren zijn.

Persoonlijke aanval
Bij een persoonlijke aanval wordt er op de man gespeeld: de persoon wordt aangevallen, niet zijn standpunt. Voorbeeld:
Je kunt beter geen zaken met Moos doen: zijn vader heeft ooit vastgezeten voor het witwassen van geld.

Ontduiken van de bewijslast
Bij deze drogreden beweert iemand iets om vervolgens van de andere partij 'bewijs' voor het tegendeel te vragen.
Voorbeeld:
Die vaccinatie tegen baarmoederhalskanker is natuurlijk volslagen onnodig. Laten ze eerst maar eens aantonen dat het vaccin echt op grote schaal werkt.

Vertekenen van het standpunt
Bij het vertekenen van het standpunt worden de andere partij woorden in de mond gelegd. Dat zijn dan meestal uitspraken die niet zo makkelijk te verdedigen zijn.

Voorbeeld:
Door te zeggen dat Israël bestaansrecht heeft, geeft de minister van Buitenlandse Zaken duidelijk aan dat hij niet geeft om de rechten van de Palestijnen in de bezette gebieden.

Bespelen van het publiek
Soms formuleert iemand zijn standpunt zo dat het moeilijker wordt om ertegen in te gaan. Op deze manier probeert iemand een afwijkende mening te voorkomen.
Voorbeeld:
Degenen die nu nog steeds beweren dat we gemakkelijk terug kunnen naar de gulden, hebben overduidelijk geen verstand van de internationale verhoudingen.

Onjuist beroep op autoriteit
Zich beroepen op een autoriteit kan een standpunt ondersteunen. Soms is een autoriteit echter een onbetrouwbare autoriteit, omdat hij belangen bij de zaak heeft, of omdat hij geen autoriteit op het betreffende gebied is. Voorbeeld:
Ik vind de nieuwe iPhone niet echt een handig apparaat. De mensen van Microsoft zijn het helemaal met me eens, zo bleek onlangs in de krant.

Opdracht 14

Noteer bij elk van onderstaande uitspraken van welke drogreden er sprake is.
1. Ik ontken dat ik ook maar in de verste verte betrokken ben bij die inbraak, want wat men ook zegt, ik heb daar helemaal niets mee te maken.
2. Van Johnny's uitspraken moet je maar niet al te veel aantrekken: hij stuurt zijn kinderen ook naar de Vrije School.
3. Het huwelijk is een verouderd instituut. Het stamt uit de tijd dat publieke onthoofdingen en slavernij gewoon waren. Ook die hebben we al lang afgeschaft.
4. De safari in Tanzania was geweldig! Wat is Afrika een fantastisch continent!
5. Ik denk dat het met die klimaatverandering wel loslopt. Ik heb daar tenminste nog geen keiharde bewijzen voor gezien.
6. Als jij echt vindt dat mensen niet langer in het openbaar mogen laten zien welk geloof zij aanhangen, dan ben je nog maar één stap verwijderd van een dictatuur.
7. Adrie wordt een groot schrijver, want hij heeft heel veel gelezen en bovendien Nederlands gestudeerd.
8. Nederland hoeft zijn dijken helemaal niet op te hogen of te verstevigen. Andere landen doen dat toch ook niet.
9. Geen enkel weldenkend mens zal bij de komende verkiezingen op een kleine partij stemmen.
10. Nederland moet stoppen met het lenen van geld aan zuidelijke EU-landen. Uit onderzoek van Maurice de Hond bleek immers dat 82% van de Nederlandse bevolking dat vindt.

Opdracht 15

Lees tekst 11 tot en met 16.
Noteer per tekst de zin(nen) die een drogreden bevat(ten) en van welke soort drogreden er sprake is. Kies uit:
- onjuiste oorzaak-gevolgrelatie;
- verkeerde vergelijking;
- overhaaste generalisatie;
- cirkelredenering;
- persoonlijke aanval;
- ontduiken van de bewijslast;
- vertekenen van een standpunt;
- bespelen van het publiek;
- onjuist beroep op autoriteit.

Tekst 11

Het wekt geen verbazing dat een figuur als Reinout Oerlemans direct toehapt als een ziekenhuis hem aanbiedt om met verborgen camera's patiënten te komen filmen. Oerlemans is immers een herseloze aap die eerst soapster was in een van de belabberdste televisieproducties ooit en die daarna met zijn bedrijfje Eyeworks vergelijkbare rotzooi is gaan produceren.
Hij is geestelijk vader van onder meer *Idols* en *IQ-test*, een programma dat hem, wanneer hij er zelf aan zou deelnemen, het denkniveau 'ernstige verstandelijke beperking' zou opleveren. Van Oerlemans, kortom, kun je zoiets verwachten.

Naar: Joris van Casteren, HP/De Tijd, 7 maart 2012

Tekst 12

Dat Arnon Grunberg niets van dierenemancipatie moet hebben, is bekend. Hij neemt in zijn voetnoten (bv. Voorpagina, 17 oktober) elke gelegenheid te baat om op cynische wijze zijn afkeer te onderbouwen van elke beweging die zich het lot van dieren aantrekt.
Ik vermoed dat Arnon Grunberg een antropocentrist is, oftewel ervan overtuigd dat mensen in elk opzicht verheven zijn boven andere dieren, ook als het gaat om ethiek en moraal. Diep in mijn hart vraag ik mij af of de voorouders van Grunberg het anderhalve eeuw geleden wel met Darwin eens waren. Darwin was namelijk behalve de uitvinder van de evolutietheorie een der eerste prominenten in die tijd die openlijk pleitten voor afschaffing van de slavernij. Door veel van zijn tijdgenoten werd die visie als belachelijk en *last but not least* vooral ook als schadelijk voor de economie beschouwd.
Slaven waren immers slechts 'slaven', die in principe beschouwd werden als producten die 'geconsumeerd' dienden te worden. Het durven denken over dierenrechten is de moderne variant van het durven denken over burgerrechten voor slaven ... Grunberg loopt 150 jaar achter.

Naar: Henk Vermeulen, de Volkskrant, 19 oktober 2011

Tekst 13

Abram de Swaan stelt dat de manier van slachten slechts een kwestie van proportionaliteit is. Hij bedoelt dat het wat hem betreft 'niet de moeite waard is' om je er druk over te maken. Het is een weinig geruststellende gedachte dat een socioloog zich over deze kwestie zo uitlaat. De geschiedenis laat zien dat kleine groepen voorvechters van grote waarde kunnen zijn. En dat is precies wat wordt beoogd met de aankomende wet. Vermoedelijk heeft De Swaan wat relevante informatie gemist. We zijn intussen in 2011 beland. Onderzoeken hebben aangetoond dat dieren significant meer lijden door rituele slacht. Gelukkig zijn er veel wetenschappers en schrijvers – onder wie Jonathan Safran Foer, zélf met joodse slacht-/spijswetten grootgebracht – die dit gegeven relevant vinden in de discussie rond de consumptieslacht. Het ritueel slachten dient geen enkel doel anders dan het tevreden houden van groepen in de samenleving, die vooral bekendstaan om hun weinig hervormingsgezinde opvattingen, maar wel gebruik wensen te maken van alle faciliteiten die diezelfde moderne ontwikkelde samenleving te bieden heeft. Een socioloog zou deze hervorming van de wet als geen ander moeten begrijpen.

Naar: Renee Frensdorf, NRC Handelsblad, 5 november 2011

Tekst 14

Het pleidooi van Ramsey Nasr voor een evenwichtiger benadering van het Israëlisch-Palestijnse conflict valt te ondersteunen door ieder weldenkend mens. Er is geen misverstand over mogelijk dat Israël op veel punten al jaren volkomen fout zit. Alle Israëlische nederzettingen op de sinds 1967 bezette Westbank zijn illegaal en dienen te zijner tijd te worden ontruimd; een muur bouwen mag, maar doe dat dan op je eigen territoir binnen de grenzen van 1967 en niet op dat van de Westbank; het getreiter en gechicaneer van Palestijnse reizigers op de Westbank is mensonwaardig en dient te stoppen. Oost-Jeruzalem is natuurlijk een geval apart, maar het moet de hoofdstad van een Palestijnse staat kunnen worden, hoewel niemand van de Israëliers kan eisen dat zij hun toegang tot bijvoorbeeld de Klaagmuur opgeven.

Naar: Robert J. Smits, NRC Handelsblad, 24 oktober 2011

Tekst 15

Richard Dawkins, evolutiebioloog, vindt het een schande dat kinderen door hun ouders geïndoctrineerd worden in het waanbeeld dat zij joods, islamitisch dan wel christelijk zouden zijn. Hij roept nog net niet op om religieuze opvoeding bij wet te verbieden. Een rechter in Keulen denkt daar anders over. Vorige week oordeelde hij dat jongensbesnijdenis – een eeuwenoude traditie die vele honderden miljoenen mensen op aarde ondergaan, onder wie joden, moslims en het merendeel van de Amerikanen en waar nauwelijks klachten over zijn – gewoon kindermishandeling is. De conclusie: verbieden dit eeuwenoude religieuze ritueel!

De argumentatie van de rechter lijkt op die van Dawkins. Rechter en bioloog vinden allebei dat ouders die hun kind opvoeden in een religieuze traditie, een onacceptabele vorm van dwang uitoefenen. De rechter motiveerde zijn oordeel door te stellen dat de ouders hadden moeten wachten tot hun zoon de leeftijd des onderscheids bereikt had. Dan had hij uit vrije wil kunnen bepalen of hij de rest van zijn leven met of zonder voorhuid had willen doorbrengen. Het feit dat een besnijdenis een kind dwingt om te behoren tot een religieuze gemeenschap, was voor de rechter hét beslissende argument om de jongensbesnijdenis als misdrijf te beschouwen. Wat is er nu mis met deze argumentatie? Richard Dawkins en de Keulse rechter doen net alsof een goede opvoeding er een is waarin het kind, zonder enige vorm van dwang, zich kan oriënteren op allerlei verschillende opvattingen die er in de wereld te koop zijn. Alsof wij geboren worden in een soort levensbeschouwelijke supermarkt, en de rol van de ouders in niets anders bestaat dan het kind neutrale informatie meegeven over wat er in deze supermarkt zoal te verkrijgen is.

Naar: Yoram Stein, de Volkskrant, 4 juli 2012

Tekst 16

Als afzonderlijk leerdoel komt helder denken niet voor in de vele eindtermen en competentieprofielen van het Nederlandse onderwijs. Dit is een gemiste kans. Want een les die de neurowetenschap ons leert, is dat denken goed te leren valt. Metacognitieve vaardigheden als besluitvaardigheid, rationele afwegingen maken en van perspectief kunnen wisselen zijn aan te leren. Helder denken is niet alleen een kwestie van talent of aangeboren intelligentie. Integendeel: intelligente mensen zijn vaak luie denkers, juist omdat ze zich overal uit weten te kletsen.

Naar: Kees Kraaijeveld en Suzanne Weusten, de Volkskrant, 13 november 2010
(Examentekst 2012)

Opdracht 16

Kies een van de volgende standpunten:
– De schoolvakanties moeten veel langer worden.
– Jongens en meisjes moeten gescheiden gymmen.
– Op schoolfeesten moeten licht-alcoholische drankjes verkrijgbaar zijn.
– Leerlingen moeten zelf hun docenten kunnen uitzoeken.

1 Schrijf bij dit standpunt een betoog van 150-200 woorden. Verwerk in je betoog minstens twee goede argumenten en minstens twee drogredenen.
2 Wissel je betoog uit met dat van een klasgenoot. Welke drogredenen herken je in zijn betoog?

Ik kan:

- 4F onderscheid maken tussen argumenten: objectieve versus subjectieve argumenten.
- 4F drogredenen onderscheiden van goede argumenten.
- 4F persoonlijke waardeoordelen herkennen en deze als zodanig interpreteren.

Paragraaf 5

Argumentatie beoordelen

Bij het beoordelen van een betoog moet je kijken naar de inhoud van het betoog, de volledigheid van de argumentatie en de persoon van de schrijver.

Inhoud
- Zijn de argumenten waar of aannemelijk?
- Zijn de genoemde feiten (gebruikt als argument of als ondersteuning van een argument) controleerbaar?
- Zijn de argumenten niet met elkaar in tegenspraak?
- Zijn er geen drogredenen gebruikt?

Volledigheid
- Zijn de belangrijkste argumenten genoemd?
- Zijn de belangrijkste tegenargumenten genoemd en weerlegd?

Schrijver
- Hoe deskundig is de schrijver?
- Heeft de schrijver belangen bij zijn standpunt? Zo ja, wat zegt dat over de betrouwbaarheid van het betoog?

Opdracht 17

Lees tekst 17 en beantwoord de vragen.

1. Over welke kwestie gaat de tekst?
2. Noteer het standpunt van de auteur.
3. De discussie is in Nederland op voorspelbare wijze ontbrand, vindt de auteur. Formuleer het argument dat de auteur daarvoor geeft in alinea 2. Gebruik niet meer dan 20 woorden.
4. Van welk type redenering is hier sprake? Van een redenering op basis van
   A kenmerken
   B overeenkomsten
   C voor- en nadelen
   D voorbeelden
5. De auteur heeft het over 'wij', 'ons', 'je'. (al. 2) Wie bedoelt ze daarmee?
6. 'Wij' willen ons niet ondergeschikt maken aan een Hogere Macht. (al. 2) Noteer het argument dat de auteur hiervoor geeft.
7. 'De argumentatie voor een verbod op jongensbesnijdenis is veelal armetierig.' (al. 3) Noteer het argument dat de auteur hiervoor geeft.
8. Van welk type redenering is hier sprake? Van een redenering op basis van
   A een kenmerk
   B een nadeel
   C een voorbeeld
   D een voordeel
9. Hoe weerlegt de auteur het argument uit alinea 3 voor een verbod op jongensbesnijdenis?
10. Noteer het argument uit alinea 4 voor een verbod op jongensbesnijdenis.
11. Hoe weerlegt de auteur dit argument voor een verbod op jongensbesnijdenis in alinea 4?
12. Van welk type redenering is hier sprake? Van een redenering op basis van
    A oorzaak en gevolg
    B overeenkomsten
    C voor- en nadelen
    D voorbeelden

13 In alinea 5 weerlegt de auteur het argument uit alinea 4 voor een verbod op jongensbesnijdenis opnieuw. Formuleer deze weerlegging. Gebruik niet meer dan 20 woorden.
14 'Wie gaat hoe bepalen in welke mate dat allemaal schadelijk of bevorderlijk is voor de ontwikkeling van een kind?' (al. 5) Formuleer het antwoord dat de auteur hierop zou geven. Gebruik niet meer dan 20 woorden.
15 Noteer het argument uit alinea 6 voor een verbod op jongensbesnijdenis.
16 Op welke twee manieren weerlegt de auteur dit argument voor een verbod op jongensbesnijdenis in alinea 6?
17 Formuleer het argument voor een verbod op jongensbesnijdenis dat in alinea 7 weerlegd wordt.
18 Hoe weerlegt de auteur dit argument voor een verbod op jongensbesnijdenis?
19 Van welk type redenering is hier sprake? Van een redenering op basis van
   A   een vergelijking
   B   oorzaak en gevolg
   C   voor- en nadelen
   D   voorbeelden
20 'Godsdienst hoort in Nederland achter de voordeur en niet in het openbare leven.' (al. 8) Wordt deze mening ondersteund? Zo ja, hoe?
21 Er zijn 'heel wat urgentere zaken om aan te pakken dan het, meestal onder verdoving, weghalen van een stukje voorhuid bij minderjarigen.' (al. 8) Noemt de auteur urgentere zaken? Zo ja, welke?
22 'Het is bitter dat degenen die geen godsdienst aanhangen, nu ze in de meerderheid zijn, diezelfde bescherming niet aan anderen willen bieden.' Van welke drogreden is hier sprake? Kies uit:
   A   bespelen van het publiek
   B   cirkelredenering
   C   ontduiken van de bewijslast
   D   vertekenen van een standpunt
23 'Het gaat niet aan om groepen mensen rechten die ze eeuwenlang hebben genoten af te nemen, zonder dat daarvoor zeer zwaarwegende argumenten worden aangedragen.' (al. 10) Welk argument geeft de auteur hiervoor?
24 'Helaas kan ik het pleiten voor een verbod op de besnijdenis van jongens daarom niet anders interpreteren dan als een vorm van godsdienst *bashen*.' (al. 10) Van welke drogreden is hier sprake? Kies uit:
   A   onjuiste oorzaak-gevolgrelatie
   B   overhaaste generalisatie
   C   verkeerde vergelijking
   D   vertekenen van een standpunt
25 Neem het blokjesschema over in je schrift en vul de argumenten in.

> Er moet een verbod komen op het besnijden van jongens.

26 De auteur is tegen een verbod op jongensbesnijdenis. Noteer bij de volgende uitspraken of je ze 'waar' of 'niet waar' vindt. Licht elk antwoord toe.
   a   De auteur geeft voldoende argumenten voor haar standpunt.
   b   De auteur onderbouwt haar argumenten voldoende.
   c   De auteur noemt de belangrijkste tegenargumenten.
   d   De auteur weerlegt de belangrijkste tegenargumenten.
   e   De auteur is deskundig.
   f   De auteur heeft geen belang bij haar mening.

↓ **27** Welke van onderstaande uitspraken is het meest van toepassing op deze tekst? Licht je antwoord toe.
   A *Kritiek op besnijdenis is armetierig* is een aanvaardbaar betoog, want de auteur gebruikt goede argumenten en weerlegt de belangrijkste tegenargumenten.
   B *Kritiek op besnijdenis is armetierig* is een betwistbaar betoog, want de auteur gebruikt geen goede argumenten.
   C *Kritiek op besnijdenis is armetierig* is een betwistbaar betoog, want de auteur gebruikt geen goede argumenten en weerlegt de tegenargumenten niet afdoende.
   D *Kritiek op besnijdenis is armetierig* is een redelijk betoog, want de auteur gebruikt goede argumenten, maar weerlegt de tegenargumenten niet afdoende.

Tekst 17

Kritiek op besnijdenis is armetierig

¹ De beschikking van een Duitse rechter dat besnijdenis een vorm van kindermishandeling is, heeft de discussie hier in Nederland op voorspelbare wijze doen ontbranden: er zijn al verscheidene artikelen verschenen die een verbod op besnijdenis van jongetjes in ons land bepleiten.

² Waarom voorspelbaar? Omdat de aanval op de rituele slacht vorig jaar al één van de vele stappen was op weg naar een samenleving waarin voor religie nog slechts een gemarginaliseerde rol is weggelegd. Gelovigen, met hun ouderwetse rituelen en tradities, zien wij als barbaren. Wij daarentegen zijn moderne, weldenkende mensen, die vanuit onze eigen vrije wil handelen. Wij maken ons eigen leven, daar hebben wij geen god voor nodig. In een dergelijk concept is het uit den boze dat er een Hogere Macht of een collectief zou zijn waaraan je jezelf als individu ondergeschikt of dienstbaar zou maken: dat is iets voor slaven, niks voor ons. Laat staan dat je daar een offer voor zou brengen.

³ De argumentatie voor een verbod op jongensbesnijdenis is veelal armetierig. Zo wordt naar voren gebracht dat een kind onnodig pijn wordt gedaan en dus is het mishandeling, die moet worden tegengegaan. Voor iemand zoals ik, die van zeer dichtbij heeft meegemaakt wat de invloed op een kind is van stelselmatige 'pedagogische tikken', is dit de wereld op zijn kop.

⁴ Mannen zouden op latere leeftijd moeten kunnen beslissen of ze zoiets onomkeerbaars als een besnijdenis willen ondergaan. Maar hoe zit het dan met al dan niet vaccineren tegen ziekten of de oorlelletjes doorsteken? Dat zijn ook onomkeerbare ingrepen in het fysiek van een kind.

⁵ En wat doen we met de 'onzichtbare' invloeden die ouders nu eenmaal op hun kinderen hebben? Schoolkeuze, een vegetarisch dieet, drie keer naar de kerk op zondag, plastic speelgoed, twee ouders van hetzelfde geslacht, computergebruik? Wie gaat hoe bepalen in welke mate dat allemaal schadelijk of bevorderlijk is voor de ontwikkeling van een kind? Toch niet de staat, mag ik hopen. Of de meerderheid? Wetenschappers? O, gruwel.

⁶ Er zijn er die in de strijd werpen dat als God zou willen dat piemels geen voorhuid zouden hebben, Hij daar in zijn grootsheid zelf wel voor had gezorgd. Welk een naïef godsbeeld gaat hierachter schuil. Het lijkt erg op: 'Ik geloof niet in God, anders was er niet zoveel ellende op de wereld.' Bovendien: mogen gelovigen misschien zélf bepalen in welke god ze geloven en wat die voor bedoelingen heeft?

⁷ Het meest verwerpelijke vind ik nog dat flink wat voorstanders van een verbod op jongensbesnijdenis het weghalen van de voorhuid gelijkstellen met vrouwenbesnijdenis, waarbij de schaamlippen en clitoris van een vrouw zodanig worden toegetakeld dat zij haar leven lang elk seksueel genot moet ontberen. Bij de ergste vorm ervan ervaart zij bovendien veel pijn en gezondheidsproblemen, onder andere tijdens menstruatie, conceptie en bevalling. Dat is ook precies de bedoeling van vrouwenbesnijdenis. Het is een bijzonder ernstige vorm van vrouwenonderdrukking en -mishandeling. Daarom is het verboden en gelukkig niet alleen in Nederland, maar zelfs in een land als Egypte.

⁸ Godsdienst hoort in Nederland achter de voordeur en niet in het openbare leven. Dat kan wat mij betreft niet ver genoeg worden doorgevoerd. Maar als het daarom gaat, zijn er heel wat urgentere zaken om aan te pakken dan het, meestal onder verdoving, weghalen van een stukje voorhuid bij minderjarigen.

⁹ De vrijheid van godsdienst en levensovertuiging is destijds als artikel 6 opgenomen in de grondwet, ook om de rechten van 'ongelovigen' en 'andersgelovigen' te beschermen, juist omdat ze toen nog in de minderheid waren. Het is bitter dat degenen die geen godsdienst aanhangen, nu ze in de meerderheid zijn, diezelfde bescherming niet aan anderen willen bieden.

¹⁰ Het gaat niet aan om groepen mensen rechten die ze eeuwenlang hebben genoten, af te nemen, zonder dat daarvoor zeer zwaarwegende argumenten worden aangedragen. Ik heb ze nog niet gehoord. En helaas kan ik het pleiten voor een verbod op de besnijdenis van jongens daarom niet anders interpreteren dan als een vorm van godsdienst *bashen*.

Naar: Maja Mischke, de Volkskrant, 7 juli 2012
Maja Mischke is publiciste.

Maak nu de Test op Nieuw Nederlands online.

Ik kan: ❹ᶠ een argumentatie beoordelen op consistentie en aanvaardbaarheid.

Controle hoofdstuk 1
- Welke soorten redeneringen ken je?
- Welke argumentatiestructuren ken je?
- Welke drogredenen ken je?
- Waarop moet je letten bij het beoordelen van een betoog?

Cursus

Formuleren

Mens is mannelijk, behalve als het vrouwelijk is, want dan is het onzijdig.

Auteur onbekend

Hoofdstuk 1

Correct formuleren

Als schrijver van een tekst bedenk je eerst de inhoud: wát ga ik zeggen? Daarna vraag je je af: hóé ga ik het zeggen, hoe ga ik mijn gedachten formuleren? Als schrijver moet je je zinnen correct formuleren. Wanneer je (veel) formuleringsfouten maakt, wordt de inhoud van je tekst door de lezers minder serieus genomen.

Studielast	⏱ 5 slu
Paragrafen	**1 De standaardfoutenlijst**
Referentie-niveaus	**4F** Handhaaft consequent een hoge mate van grammaticale correctheid, fouten zijn zeldzaam.
	4F Lange, meervoudig samengestelde zinnen zijn goed te begrijpen.
	4F Verwijzingen in de tekst zijn correct.
NN online	• meer oefeningen
	• de Test Correct formuleren
	• samenvatting van dit hoofdstuk
	• overzicht Ik kan-stellingen van dit hoofdstuk

Paragraaf

1

De standaardfoutenlijst

In deze paragraaf worden beknopt de vijftien veelvoorkomende formuleringsfouten herhaald waarmee je in 4 vwo kennis hebt gemaakt. Het complete overzicht vind je op NN online.

Dit zijn ze:
1 dubbelop:
 1.1 *onjuiste herhaling*
 1.2 *tautologie*
 1.3 *pleonasme*
 1.4 *contaminatie*
 1.5 *dubbele ontkenning*
2 fouten met verwijswoorden:
 2.1 *onjuist verwijswoord*
 2.2 *onduidelijk verwijzen*
3 incongruentie
4 dat/als-constructie
5 foutieve samentrekking
6 foutieve beknopte bijzin
7 zinnen onjuist begrenzen:
 7.1 *losstaand zinsgedeelte*
 7.2 *zinnen 'aan elkaar plakken'*
8 onjuiste inversie
9 geen symmetrie

Ongrammaticale zinnen worden aangeduid met een asterisk (*) voor de zin.

1 Dubbelop

Van 'dubbelop' is sprake als iets op de een of andere manier twee keer wordt gezegd. Er zijn vijf verschillende dubbelopfouten:

1.1 Onjuiste herhaling
Als een vast voorzetsel ten onrechte twee keer wordt gebruikt, is dat een onjuiste herhaling.
1 *<u>Met</u> een ondernemer met zo'n twijfelachtige reputatie zou ik zeker geen zaken <u>mee</u> doen.

1.2 Tautologie
Als hetzelfde twee keer wordt gezegd met verschillende woorden van dezelfde woordsoort (synoniemen), heet dat tautologie.
2 *<u>Vermoedelijk</u> zal de voorzitter van de Eerste Kamer <u>waarschijnlijk</u> dinsdag zijn aftreden bekendmaken.

1.3 Pleonasme
Bij een pleonasme wordt een deel van de betekenis van een woord of een woordgroep nog eens door een ander woord uitgedrukt. Dat andere woord is meestal van een andere woordsoort.
3 *Als je de show goed wilt zien, moet je <u>van tevoren</u> een plaats voor in de zaal <u>reserveren</u>.

1.4 Contaminatie
Als twee woorden of uitdrukkingen worden verward en ten onrechte worden vermengd, heet dat een contaminatie.

4 *uitprinten → uitdraaien + printen
5 *zich irriteren aan → zich ergeren aan + irriteren
6 *het hoofd in de schoot werpen → het hoofd in de schoot leggen + de handdoek in de ring werpen

1.5 Dubbele ontkenning

In zinnen met een werkwoord dat al een ontkennend karakter heeft (misbruiken, nalaten, verbieden, verhinderen, voorkómen, weerhouden) wordt soms ten onrechte een tweede ontkenning toegevoegd.
7 *De overheid probeert via tv-spotjes te <u>voorkomen</u> dat burgers <u>niet</u> te veel geld lenen.

2 Fouten met verwijswoorden

Verwijswoorden wijzen terug naar een eerdergenoemd woord of vooruit naar een woord dat verderop in de zin staat. Het woord of de woordgroep waarnaar een verwijswoord terugwijst, heet het antecedent.

Bij het gebruik van verwijswoorden is het belangrijk
- dat je het juiste verwijswoord kiest;
- dat het absoluut duidelijk is waarnaar het verwijswoord verwijst.

2.1 Onjuist verwijswoord

Van alle formuleringsfouten in de standaardfoutenlijst komt 'onjuist verwijswoord' het meest voor.
Om vast te stellen welk verwijswoord je moet gebruiken, bepaal je eerst het antecedent. Daarna kies je met behulp van het schema een correct verwijswoord. Als het antecedent niet één woord is maar een woordgroep, zoek dan eerst het kernwoord van die woordgroep!

antecedent	persoonlijk voornaamwoord	bezittelijk voornaamwoord	aanwijzend voornaamwoord	betrekkelijk voornaamwoord
mannelijk *de*-woord	hij, hem	zijn, z'n	deze, die	die
vrouwelijk *de*-woord	zij, ze Bij niet-personen: ze!	haar	deze, die	die
het-woord (onzijdig)	het	zijn, z'n	dit, dat	dat
meervoudige zelfstandige naamwoorden	onderwerp: zij, ze lijdend voorwerp: hen na voorzetsel: hen meewerkend voorwerp zonder voorzetsel: hun	hun	deze, die	die

Aan sommige woorden kun je zien dat ze vrouwelijk zijn:
- de-woorden op de volgende uitgangen:
- heid (overheid)
- ing (vereniging)
- schap (wetenschap)
- de (liefde)
- ij (brouwerij)
- nis (ergernis)
- st (kunst, vondst)
- te (gedachte)
- ie (politie)
- iek (politiek)

- sis *(crisis)*
- theek *(bibliotheek)*
- teit *(kwaliteit)*
- uur *(censuur)*
- vrouwelijke personen en dieren: *de verkoopster, de leeuwin*

Verkleinwoorden zijn onzijdig. Verwijs naar **het** *meisje*, **het** *nichtje*, **het** *teefje* met het betrekkelijk voornaamwoord *dat*, maar wel met *ze* en *haar*.

Onthoud: namen van landen, steden en clubs zijn onzijdig.

8   *Het meisje <u>dat</u> daar loopt zit bij mij op school, maar ik ken <u>haar</u> niet.*

Dat of wat?
Gebruik het verwijswoord *dat* als je verwijst naar een het-woord. Gebruik het verwijswoord *wat* alleen als je verwijst naar
- een overtreffende trap (*het beste, het mooiste, het grootste*);
- een onbepaald voornaamwoord (*alles, iets, niets, het enige*);
- een hele zin.

Wie of waar …?
Gebruik bij personen *voorzetsel + wie* en bij zaken (dingen) *waar + voorzetsel*.

2.2 Onduidelijk verwijzen

Soms wijst een verwijswoord terug naar iets wat helemaal niet in de tekst staat. Het heeft dan geen antecedent:

9   **Jacques is dol op allerlei Franse gebruiken, maar hij is <u>daar</u> nog nooit geweest.*
Het woord 'daar' betekent 'in Frankrijk', maar dat staat nergens in de zin.

Je moet er ook voor zorgen dat een verwijswoord slechts één mogelijk antecedent heeft en geen twee of meer:

10 **Hans zei tegen Willem dat Jan-Erik hem laatst had verklapt dat <u>hij</u> <u>hem</u> voor <u>zijn</u> verjaardag een langspeelplaat zou geven.*

3 Incongruentie

Bij een enkelvoudig onderwerp hoort een enkelvoudige persoonsvorm. Dat heet congruentie. Als bij een enkelvoudig onderwerp een meervoudige persoonsvorm staat of bij een meervoudig onderwerp een enkelvoudige persoonsvorm, is er sprake van incongruentie.

Incongruentie ontstaat vaak:
- als een meervoudig onderwerp voor enkelvoudig wordt aangezien:
11 *De media *beweert …; Drugs *veroorzaakt …*
- als een enkelvoudig onderwerp voor meervoudig wordt aangezien:
12 *Noch de minister, noch de staatssecretaris *wilden …*
13 *Zowel de voorzitter als de coach *beweerden …*
- als in het onderwerp een enkelvoudige kern wordt gevolgd door een meervoudige bijvoeglijke nabepaling:
14 *Meer dan de helft van de werknemers *kregen ontslag.*
15 *Dertig procent van de spaarders *haalden het spaargeld van de rekening.*
- als een meewerkend voorwerp ten onrechte voor het onderwerp wordt aangezien:

Onjuist	Juist
16a [mv *De militairen*] <u>werden</u> opgedragen [onderwerp *de dijk te verzwaren met zandzakken*].	16b [mv *(Aan) De militairen*] <u>werd</u> opgedragen [onderwerp *de dijk te verzwaren met zandzakken*].

4 Dat/als-constructie

Als je een bijzin van voorwaarde midden in een zin plaatst, ontstaat er een dat/als-constructie. Voorbeeld:

17 *Het is vervelend <u>dat</u> <u>als</u> je een keer vergeet je boeken in te leveren, je meteen een boete krijgt.
De dat/als-constructie herken je aan de volgende woordgroepen, ergens in het midden van de zin: *(om)dat als*, *(om)dat wanneer*, *(om)dat indien* en soms *zodat als/wanneer/indien*. Die als-zin moet je achter in de zin plaatsen.
Soms kun je de dat/als-constructie vermijden door *volgens mij* te gebruiken in plaats van *ik denk*, *ik geloof*, *ik vermoed* of *ik vind*.
18a *Ik denk dat als je met de trein reist, je vanuit Zwolle sneller in Utrecht bent dan met de auto.
18b *Volgens mij ben je vanuit Zwolle met de trein sneller in Utrecht dan met de auto.*

5 Foutieve samentrekking

Als in een zin bepaalde woorden herhaald worden, mag je die in sommige gevallen een van beide keren weglaten. Dat heet samentrekking.
Samentrekking komt voor:
- bij woorddelen: *in binnen- en buiten<u>land</u>*
- bij woorden: *oude (...) en nieuwe <u>romans</u>*
- bij zinsdelen: *[Sam <u>werkt</u> _{ww.gez} op kantoor] en [Moos (...) in een fabriek.]*

Als je twee zinnen samenvoegt met *en* of *maar*, mag je de delen die hetzelfde zijn in de tweede zin weglaten, maar dat mag alleen als aan drie voorwaarden is voldaan:
a de betekenis van de weggelaten woorden is hetzelfde;
b de vorm (bijvoorbeeld enkelvoud of meervoud) van de weggelaten woorden is hetzelfde;
c de grammaticale functie (onderwerp, lijdend voorwerp, meewerkend voorwerp, hulpwerkwoord enzovoort) van de weggelaten woorden is hetzelfde.

Onjuist	Juist
19a *Jerry keek naar een mooi meisje en (...) (...) daardoor niet uit bij het oversteken.* Samengetrokken: *Jerry keek*	19b *Jerry keek naar een mooi meisje en (...) <u>keek</u> daardoor niet uit bij het oversteken.* 'Jerry' mag je wel weglaten.

De samentrekking in zin 19a is onjuist vanwege het verschil in betekenis tussen *kijken* en *uitkijken*.

Onjuist	Juist
20a *De ambulance bracht het slachtoffer van de overval naar het ziekenhuis en de agenten (...) de dader voor verhoor naar het politiebureau.* Samengetrokken: *bracht*	20b *De ambulance bracht het slachtoffer van de overval naar het ziekenhuis en de agenten <u>brachten</u> de dader voor verhoor naar het politiebureau.*

De samentrekking in zin 20a is onjuist vanwege het verschil in getal tussen *bracht* en *brachten*.

Onjuist	Juist
21a *[Marcel (ow) heeft (hww) zijn vriendin (lv) gefeliciteerd] en [(...) een cadeau (lv) gegeven]. Samengetrokken: Marcel (ow) heeft (hww) zijn vriendin (mv)	21b Marcel heeft zijn vriendin gefeliciteerd en (...) (...) haar (mv) een cadeau gegeven.

De samentrekking in zin 21a is onjuist vanwege het verschil in grammaticale functie tussen *zijn vriendin* (lv) en *zijn vriendin* (mv).

Tip
Vermijd het gebruik van samentrekkingen als je zinnen aan elkaar plakt met *en* of *maar*. Dat voorkomt fouten. Vaak kun je in het tweede deel van de zin met een persoonlijk of aanwijzend voornaamwoord naar het begrip uit de eerste zin verwijzen.
Voorbeeld:
22 *Het nieuwe boek van A.F.Th. schijnt erg mooi te zijn en het wordt dan ook goed verkocht.* (Je mag *het* wel weglaten, maar dat hoeft natuurlijk niet.)

6 Foutieve beknopte bijzin

Van een gewone bijzin (23a) kun je een beknopte bijzin (23b) afleiden.
Voorbeeld:
23a [bijzin *Omdat hij* (ow) *hogere cijfers wilde* (pv) *halen*], ging Elias (ow) naar een examentraining.
23b [beknopte bijzin *Om hogere cijfers te halen*] ging Elias (ow) naar een examentraining.

In een beknopte bijzin staat geen persoonsvorm en ook geen onderwerp. Je kunt dat onderwerp wel in gedachten invullen. Het 'denkbeeldige' onderwerp van de beknopte bijzin moet hetzelfde zijn als het onderwerp (ow) van de hoofdzin. Als dat niet zo is, is de zin ongrammaticaal.

Er zijn drie soorten foutieve beknopte bijzinnen:

	Onjuist
met een *voltooid deelwoord*	24a *[Door de zware storm totaal vernield] brak een sloopbedrijf (ow) het ingestorte gebouw (lv) af. (Nu lijkt het sloopbedrijf vernield.)
met een *onvoltooid deelwoord*	25a *De ambulance (ow) vervoerde [kermend van de pijn] de patiënt naar het ziekenhuis. (Nu kermt de ambulance.)
met *te + infinitief*	26a *De folder (ow) werd ons pas toegestuurd [na hem drie keer te hebben aangevraagd]. (Nu heeft de folder zichzelf aangevraagd.)

Je kunt een zin met een onjuiste beknopte bijzin op twee manieren verbeteren.

Verbetering 1
Maak van de beknopte bijzin een gewone bijzin met een persoonsvorm en een onderwerp erin.
24b *[Toen het* (ow) *door de zware storm totaal vernield was* (pv)*]*, brak een sloperij het ingestorte gebouw af.
25b *Terwijl de patiënt* (ow) *kermde* (pv) *van de pijn*, vervoerde de ambulance hem naar het ziekenhuis.
26b *De folder werd ons pas toegestuurd [nadat we* (ow) *hem drie keer hadden* (pv) *aangevraagd]*.

Verbetering 2
Zorg ervoor dat het onderwerp van de hoofdzin hetzelfde wordt als het 'denkbeeldige' onderwerp van de beknopte bijzin. Je moet dan vaak wel een werkwoord toevoegen.
24c *[Door de zware storm totaal vernield] werd het ingestorte gebouw $_{(ow)}$ door een sloperij afgebroken.*
25c *Het slachtoffer $_{(ow)}$ werd [kermend van de pijn] per ambulance naar het ziekenhuis vervoerd.*
26c *We $_{(ow)}$ kregen de folder pas toegestuurd [na hem drie keer te hebben aangevraagd].*

7 Zinnen onjuist begrenzen

Zinnen beginnen met een hoofdletter en eindigen met een punt. In samengestelde zinnen wordt de bijzin meestal van de hoofdzin gescheiden door een komma. Het begrenzen van zinnen kan op twee manieren verkeerd gaan.

7.1 Losstaand zinsgedeelte
Een bijzin is een zinsdeel binnen een grotere, samengestelde zin. Zo'n bijzin mag dus niet losstaan van de zin waar hij in hoort.
27 *Julian gaat nog steeds naar hardrockconcerten. *Hoewel hij al een ernstige gehoorbeschadiging heeft opgelopen.*

7.2 Zinnen 'aan elkaar plakken'
Twee hoofdzinnen kun je samenvoegen met *en*, *of*, *want* of *dus*. Als je geen verbindingswoorden gebruikt, moet je twee hoofdzinnen van elkaar scheiden door een punt te zetten en de volgende zin met een hoofdletter te beginnen.
28 *Julian heeft een ernstige gehoorbeschadiging opgelopen, *desondanks gaat hij nog steeds naar hardrockconcerten.*

8 Onjuiste inversie

In Nederlandse zinnen staat het onderwerp vaak vóór de persoonsvorm. Wanneer het onderwerp achter de persoonsvorm staat, heet dat inversie. Soms wordt in samengestelde zinnen in het tweede deel van de zin ten onrechte inversie toegepast.

Onjuist	Juist
29a **Vanmorgen heb ik de tuin omgespit en (–) <u>ga ik</u> vanmiddag enkele struiken planten.*	29b *Vanmorgen heb ik de tuin omgespit en <u>ik ga</u> vanmiddag enkele struiken planten. (zonder inversie)* Of: 29c *Vanmorgen heb ik de tuin omgespit en <u>vanmiddag ga ik</u> enkele struiken planten. (met inversie)*

In zin 29a is de inversie onjuist, omdat op de plaats van het streepje (–) niet 'vanmorgen' kan staan. Het moet zoals in zin 29b (zonder inversie). Als je toch inversie wilt, moet op de plaats van het streepje een passend zinsdeel staan (zin 29c).

9 Geen symmetrie

Als je opsommingen gebruikt (minstens twee delen), moet je ervoor zorgen dat de delen van dezelfde orde zijn. Dat heet symmetrie.
Voorbeeld:
30 *Deze zomer ga ik naar Texel (a) <u>om veel te fietsen</u> en (b) <u>om een paar keer parachute te springen</u>. (twee keer een beknopte bijzin met 'om te')*

Er zijn drie soorten fouten in de symmetrie: fouten in getal, fouten in voornaamwoordelijke aanduiding en fouten in grammaticale constructie:
- in getal (enkelvoud/meervoud)

31 *Het is maar goed dat de Nederlander (ev) minder vet eet dan de Amerikanen (mv).
- in de voornaamwoordelijke aanduiding (bijvoorbeeld *men/je*):

32 *<u>Men</u> kan tegenwoordig beter geen lifters meenemen, want <u>je</u> hoort vaak dat daar ellende van komt. (Gebruik beide keren 'je'.)
- in grammaticale constructie:

33 *De scheidsrechters bepleiten (a) het gebruik van een camera op de doellijn en (b) dat er in plaats van clubgrensrechters alleen nog KNVB-grensrechters vlaggen.
(een woordgroep (a) + (b) een bijzin)

Opdracht 1

Alle volgende zinnen bevatten een zinsbouwfout. Noteer van elke zin het nummer van de fout. Geef daarna aan hoe de zin verbeterd kan worden. Kies uit:

1.1 onjuiste herhaling; 1.2 tautologie; 1.3 pleonasme; 1.4 contaminatie; 1.5 dubbele ontkenning

2.1 onjuist verwijswoord; 2.2 onduidelijk verwijzen

1. Deze onderneming geeft ieder jaar in november een groot feest met beroemde artiesten voor al zijn werknemers.
2. Toen de krant schreef dat de minister geldbedragen van het bouwbedrijf had aangenomen, twitterde de premier dat hij het daarmee niet eens was.
3. Over de dopingkwestie die tot zoveel commotie heeft geleid, wilde de wielrenner het bij Pauw & Witteman niet meer over hebben.
4. De reizigers vrezen dat de plannen van de NS op een teleurstelling zullen uitmonden.
5. Waarom heeft de examencommissie je de mogelijkheid ontzegd om geen herkansing te doen?
6. Mevrouw Demaître is een lerares waarvoor alle leerlingen en docenten groot respect hebben.
7. De school eist van de leerlingen dat ze in de lessen op tijd aanwezig moeten zijn.
8. Ik heb mijn vriendin voor het eerst leren kennen op de middelbare school en we hebben al vanaf klas 4 verkering.
9. Naar de mening van het Rode Kruis is de oorzaak van de cholera-epidemie te wijten aan de erbarmelijke hygiënische situatie in het vluchtelingenkamp.
10. Ik ga dit boek toch maar niet lezen voor de literatuurlijst, want ik vind hem eigenlijk veel te dik.

Opdracht 2

Alle volgende zinnen bevatten een zinsbouwfout. Noteer van elke zin het nummer van de fout. Geef daarna aan hoe de zin verbeterd kan worden. Kies uit:

3 incongruentie
4 dat/als-constructie
5 foutieve samentrekking
6 foutieve beknopte bijzin
7.1 losstaand zinsgedeelte; 7.2 zinnen 'aan elkaar plakken'
8 onjuiste inversie
9 geen symmetrie

1. De noodtribunes voor het festival zijn volstrekt niet veilig en daarom vanochtend door de controleurs afgekeurd.
2. Volgens D66 slaagt de regering er maar niet in de voorgenomen maatregelen uit te voeren. Terwijl dat wel noodzakelijk is om de economie weer vlot te trekken.
3. Door alcoholreclame te verbieden zal de overlast door agressieve drinkers en comazuipers vermoedelijk flink dalen.

↓

Formuleren > 1 Correct formuleren > 1 De standaardfoutenlijst

↓ 4 U vroeg mij gisteren mijn bewijzen van bekwaamheid over te leggen en stuur ik u hierbij mijn diploma's en getuigschriften.
5 Slechts een kleine minderheid van de werknemers en de werkgevers waren tevreden over de afspraken die de onderhandelaars hadden gemaakt.
6 De leden van de club stemden in met een verhoging van de contributie en dat twee van de gravelbanen een kunststofverharding zouden krijgen.
7 Na een halfuur in de foyer van het hotel gewacht te hebben kwam de taxi die voor ons besteld was eindelijk opdagen.
8 De Rekenkamer heeft becijferd dat de export dit jaar weer langzaam toeneemt, toch mag je daaruit niet concluderen dat de crisis voorbij is.
9 Ik neem geen paraplu mee, omdat als het droog blijft, ik de hele dag voor niks met dat ding loop te sjouwen.
10 De docent Frans stuurde drie raddraaiers weg uit zijn les en meteen een sms'je naar de teamleider over hun wangedrag.

Opdracht 3

Alle volgende zinnen bevatten een zinsbouwfout. Noteer van elke zin het nummer van de fout. Kies uit alle fouten van de standaardfoutenlijst.

1 Veel Nederlandse gezinnen kijken naar de kerstdagen en oud en nieuw, die zij als de gezelligste tijd van het jaar beschouwen, al maandenlang naar uit.
2 Documentaires over kunstgeschiedenis vind ik erg boeiend en mogen van mij best vaker worden uitgezonden.
3 Het openluchtbad is de hele zomer gesloten, omdat die gerenoveerd moet worden.
4 Bij rekeningrijden houdt een in de auto ingebouwd kastje precies bij hoeveel je rijdt, waar je rijdt en op welk tijdstip je daar rijdt. Wat volgens veel politici ernstige inbreuk maakt op de privacy van de burger.
5 De directeuren hoeven de leden van de ondernemingsraad niet meer voor overleg uit te nodigen, want ze zijn toch niet bereid om compromissen te sluiten.
6 Waarschijnlijk komen er vandaag in het binnenland vermoedelijk enkele verspreide opklaringen voor, maar in de kustprovincies hebben buien de overhand.
7 De uitslag van de enquêtes over de arbeidsomstandigheden die op vele scholen gehouden zijn, zullen bekend worden gemaakt in het AOb-blad.
8 Mij lijkt het 'hoge' inkomen van jongeren niet de oorzaak van het overmatige drankgebruik, de meesten weten hun geld wel verstandig te besteden.
9 Friesland heeft haar grote meren, Emmeloord zijn Poldertoren en deze Noord-Hollandse vesting heeft z'n zeventiende-eeuwse verdedigingswerken om toeristen aan te trekken.
10 Voorstanders van een verbod op goksites zijn van mening dat als jongeren op internet gaan gokken, ze snel een verslaving ontwikkelen.
11 De extreem lage rente ontmoedigt veel trouwe spaarders om niet langer geld op de bank te zetten, maar te beleggen in veilige obligaties.
12 Het gros van de studenten in exacte studierichtingen vinden dat de overheid hun opleiding moet betalen, omdat Nederland een groot gebrek heeft aan technici.
13 Het zit in de cultuur van jongeren dat er bij het uitgaan pas laat van huis wordt vertrokken en dat ze dus ook laat weer thuiskomen.
14 Wij zijn bereid uw product een aantal maanden te proberen, onder de voorwaarde dat achteraf een evaluatie zal plaatsvinden omtrent de kwaliteit van het middel.
15 De gescheiden man keek vooral uit naar nieuwe relaties, maar daardoor nauwelijks om naar zijn kinderen.
16 Uiteindelijk zal een van hun toch met de waarheid voor de dag moeten komen.
17 In 2008 werd Joël bij AH als vakkenvuller ontslagen omdat hij te duur werd en heeft hij daarna in twee jaar geen enkel nieuw baantje kunnen vinden.
18 Als je morgen het examen natuurkunde doet, moet je proberen te vermijden dat je geen fouten met de eenheden maakt, want die kunnen bij jou net het verschil maken tussen een voldoende en een onvoldoende.

19 Zwervend door Finnmarken bleken de meteorietkraters voor Alfred niet eenvoudig te vinden.
20 Het beste dat je na zo'n inbraak kunt doen, is de politie bellen en aangifte doen.

Opdracht 4

Lees tekst 1, een fragment van een artikel van Jolien (5 vwo) over ontwikkelingssamenwerking. Het tekstfragment bevat zinsbouwfouten.
1 Zoek de fouten op en geef aan om welke fout het gaat. Kies uit alle fouten van de standaardfoutenlijst.
2 Herschrijf daarna de tekst. Verbeter de ongrammaticale zinnen.

Tekst 1

Ontwikkelingshulp

Ontwikkelingshulp is belangrijk. Daarom schenkt Nederland dan ook veel geld aan verschillende ontwikkelingslanden. Die zowel in Afrika liggen als in andere werelddelen. Nederland is op het gebied van ontwikkelingssamenwerking een voorbeeldfunctie voor andere westerse landen en ze wil dat ook blijven. De geschiedenis heeft namelijk uitgewezen dat wanneer toonaangevende landen opkomen voor de derde wereld, andere landen volgen.

Door ervoor te zorgen dat in een derdewereldland vrede en veiligheid heerst, kan de economie van zo'n land groeien. Van economische groei kunnen veel volwassenen en kinderen onmiddellijk van profiteren. Het aantal mensen dat onder de armoedegrens leeft, neemt af, in Afrika en Azië is dat het afgelopen jaar met meer dan 24% gedaald. Helaas blijft controle op de besteding van de hulpgelden noodzakelijk, want de kans bestaat dat het gedoneerde geld, wat bedoeld is voor de allerarmsten in Afrikaanse samenlevingen, in verkeerde handen komen.

Maak nu de Test op Nieuw Nederlands online.

Ik kan:
- **3E** congruentiefouten herkennen en verbeteren.
- **3E** onjuiste herhalingen, tautologieën, pleonasmen, contaminaties en dubbele ontkenningen herkennen en verbeteren.
- **3E** onjuist begrensde zinnen herkennen en verbeteren.
- **3E** verschillende soorten symmetriefouten herkennen en verbeteren.
- **4F** onjuiste en onduidelijke verwijzingen herkennen en verbeteren.
- **4E** dat/als-constructies herkennen en verbeteren.
- **4E** foutieve samentrekkingen herkennen en verbeteren.
- **4E** foutieve beknopte bijzinnen herkennen en verbeteren.
- **4E** onjuiste inversie herkennen en verbeteren.

Controle hoofdstuk 1
– Welke veel gemaakte formuleringsfouten zijn er?
– Op welke manier(en) kan elk van deze fouten verbeterd worden?

Hoofdstuk 2

Aantrekkelijk formuleren

Een tekst is voor de lezer pas prettig om te lezen, wanneer je als schrijver de zinnen aantrekkelijk formuleert. Daarbij moet je zowel op de woordkeus als op de zinsbouw letten.

Studielast	▸ 10 slu
Paragrafen	1 **Aanwijzingen voor het woordgebruik**
	2 **Aanwijzingen voor de zinsbouw**
	3 **Het gebruik van uitdrukkingen**
	4 **Het gebruik van beeldspraak**
	5 **Het gebruik van stijlfiguren**
Referentie-niveaus	**2F** lijdende en bedrijvende vorm, vragende vorm
	3F Verband tussen zinnen en zinsdelen in samengestelde zinnen is over het algemeen goed aangegeven door het gebruik van juiste verwijs- en verbindingswoorden.
	4F Het woordgebruik is rijk en zeer gevarieerd.
	4F Kan verschillende registers hanteren en heeft geen moeite om het register aan te passen aan de situatie en het publiek.
	4F Handhaaft consequent een hoge mate van grammaticale correctheid, fouten zijn zeldzaam.
NN online	• meer oefeningen
	• de Test Aantrekkelijk formuleren
	• samenvatting van dit hoofdstuk
	• overzicht Ik kan-stellingen van dit hoofdstuk

Paragraaf 1

Aanwijzingen voor het woordgebruik

Om aantrekkelijk te schrijven moet je letten op woordkeus en zinsbouw. Hier volgen vijf aanwijzingen voor het woordgebruik:

Gebruik geen lange woorden.
Lange woorden met veel lettergrepen lezen moeilijker dan kortere.
Voorbeelden:

Niet:	Wel:
huisvuilverbrandingsinstallatie	*installatie voor huisvuilverbranding*
huwelijksvruchtbaarheidscijfers	*cijfers over de vruchtbaarheid van huwelijken*
kunstnijverheidstentoonstelling	*tentoonstelling van kunstnijverheid*
ziektekostenverzekeringsconsulent	*consulent voor de verzekering van ziektekosten*

Schrijf geen 'moeilijke' woorden over uit je bronnen.
Moeilijke woorden overnemen in je eigen tekst is riskant. Misschien gebruik je ze verkeerd. Bovendien begrijpen lezers die woorden vaak niet.
Zoek dus een eenvoudiger synoniem of geef een omschrijving van een lastig begrip.
Voorbeelden:

Niet:	Wel:
abusievelijk	*bij vergissing, per ongeluk*
conflicteren	*botsen, strijdig zijn met*
discrepantie	*verschil, tegenstrijdigheid*
evident	*(over)duidelijk, zonneklaar*
exceptioneel	*uitzonderlijk, buitengewoon*
excessief	*buitensporig*
ontberen	*missen, niet hebben*
restitutie	*teruggave, terugbetaling*

Vermijd deftige of formele woorden.
Deftige en formele woorden maken je tekst lastig om te lezen. Voorbeelden:

Niet:	Wel:
aangezien	*omdat*
betreffende	*over*
dienen te	*moeten*
doch	*maar, echter*
enerzijds/anderzijds	*aan de ene kant / aan de andere kant*
indien	*als*
nochtans	*toch, niettemin*
omtrent	*over*
tevens	*ook*
van oordeel zijn	*van mening zijn*

Formuleer niet te populair: gebruik geen spreektaal, jongerentaal en sms-taal.
Voorbeelden:

Niet:	Wel:
ff	*even*
&	*en*
chickie, sma	*meisje*
w8	*wacht*
vet	*geweldig*
chill	*leuk, fijn*

Schrijf alleen afkortingen van woorden die je ook uitspreekt als afkorting.
Schrijf afkortingen voluit, behalve als je ze als afkorting uitspreekt. Veel afkortingen zijn onbekend en opzoeken in het woordenboek kost tijd.

Niet:	Wel:
enz.	*enzovoort*
bijv.	*bijvoorbeeld*
e.d.	*en dergelijke*
v.d.	*van de*
compact disc	*cd*
watercloset	*wc*
Nederlandse Christelijke Radiovereniging	*NCRV*
Koninklijke Luchtvaartmaatschappij	*KLM*

Varieer in woordkeus: gebruik synoniemen en verwijswoorden.
Woordherhaling maakt een tekst saai. Je moet dus variatie aanbrengen in je woordkeus. Dat kan door in de tekst synoniemen te gebruiken. Voor synoniemen kun je de synoniemenlijst van Word raadplegen. Let op: beruchte 'herhaalwoorden' zijn *ook* en *maar*.

Behalve met synoniemen kun je ook werken met verwijswoorden.
Maar let wel op: verwijswoorden zijn lastig. Om te beginnen loop je het risico het verkeerde verwijswoord te kiezen: is het *hij* of *zij (ze)*, *hem* of *haar*, *zijn* of *haar*, *hen* of *hun*? Bovendien moet de lezer van elk verwijswoord het antecedent zoeken: hij moet bepalen naar welk(e) woord(en) het verwijswoord terugwijst. Daardoor is een tekst met veel verwijswoorden moeilijker om te lezen.
Een paar tips:
– Probeer synoniemen en verwijswoorden af te wisselen.
– Bij twijfel tussen *hij* en *zij (ze)* kun je vaak *die* gebruiken.
– Bij twijfel tussen *hen* en *hun* kun je vaak *ze* gebruiken.

Opdracht 1

Lees tekst 1 en 2 en beantwoord de vragen.
1. Noteer van elke tekst de woorden die je niet kent.
2. Noteer van elke tekst de zinnen die je ingewikkeld vindt. Noteer de eerste twee woorden en de laatste twee.
3. Noteer van beide teksten het aantal enkelvoudige zinnen (zinnen met één persoonsvorm).
4. Noteer van beide teksten het aantal samengestelde zinnen (zinnen met meer dan één persoonsvorm).
5. Noteer van beide teksten het aantal zinnen van meer dan twintig woorden.
6. Tekst 1 bestaat uit 6 zinnen en 147 woorden; tekst 2 bestaat uit 10 zinnen en 150 woorden. Bereken van beide teksten de gemiddelde zinslengte.
7. Welke tekst vind je het makkelijkst om te lezen?
8. Waardoor zou dat komen? Gebruik je antwoorden op de vragen 1 tot en met 6.

Tekst 1

Het glazen plafond

De term 'glazen plafond' is een concept dat in de jaren tachtig van de vorige eeuw werd bedacht in de Verenigde Staten. Het is een metafoor die de onzichtbare kunstmatige barrières (plafonds) aanduidt die worden gecreëerd door gedrags- en organisatorische vooroordelen (vaak door mannen), die vrouwen belemmeren in het verkrijgen van topfuncties binnen bedrijven en overheidsdiensten. Dit fenomeen wordt ook wel verticale segregatie genoemd.
Naast verticale segregatie is er ook horizontale, die de onevenwichtige verdeling van mannen en vrouwen over verschillende sectoren van de arbeidsmarkt behelst. Zo zijn vrouwen vaker actief in de tertiaire sector (commerciële diensten), vooral in de subsectoren advies en bijstand, financiële diensten, horeca en detailhandel en zal men ze minder veelvuldig aantreffen in informatica of vervoer. In de quartaire sector (publieke diensten) is er vooral in de medische dienstverlening, in de educatie en in de sociaal-psychologische hulpverlening sprake van een uitgesproken feminiene bezetting.

Naar: http://nl.wikipedia.org en http://www.rosadoc.be

Tekst 2

Het glazen plafond

De term 'glazen plafond' is een begrip dat in de jaren tachtig van de vorige eeuw werd bedacht in de Verenigde Staten. Het glazen plafond staat voor de onzichtbare onechte obstakels (plafonds), die vrouwen tegenhouden bij het verkrijgen van topfuncties binnen bedrijven en overheidsdiensten. Die belemmeringen ontstaan doordat mannen vooroordelen hebben over het gedrag van vrouwen en over hun inzetbaarheid in de organisatie. Dat gedrag zou nadelige gevolgen hebben voor het bedrijf. Dit verschijnsel noemt men ook wel verticale scheiding.

Naast verticale scheiding is er ook horizontale. Die term staat voor de ongelijke verdeling van mannen en vrouwen over verschillende terreinen van de arbeidsmarkt. Zo hebben veel vrouwen een baan in diensten als advies en bijstand, bij banken, in de horeca en in winkels. Bij informatica of vervoer kom je ze niet zo vaak tegen. Ook in publieke diensten als gezondheidszorg, onderwijs en in de sociaalpsychologische hulpverlening werken veel vrouwen.

Opdracht 2

Lees tekst 3, de inleiding van een artikel van Kees (6 vwo) over euthanasie voor levenslang gestraften.
1. Noteer de woorden die te vaak gebruikt worden.
2. Herschrijf de tekst en vervang de herhaalde woorden door synoniemen of verwijswoorden. Gebruik eventueel de synoniemenlijst van Word.

Tekst 3

Euthanasie voor gevangenen?

De uit Egypte afkomstige Fahti G. wil dat de Nederlandse overheid hem steunt in een procedure die leidt tot zijn euthanasie. Hij is de eerste levenslange gevangene die zich tot de rechter wendt. Fahti G. heeft de laatste tijd meerdere malen geprobeerd zichzelf te doden, onder meer door scheermesjes in te slikken. Liever zou hij zichzelf op een meer humane manier doden. Daarom wil hij dat de overheid hem en andere levenslange gevangenen het recht geeft op euthanasie.
Moet de overheid hem dat recht geven? Is het ethisch wel verantwoord om levenslange gevangenen het recht te geven op euthanasie? Of is dat juist de enige manier om te voorkomen dat deze gevangenen zichzelf op een andere manier doden?

Opdracht 3

Lees tekst 4, een deelonderwerp uit een artikel van Jannet (5 vwo).
1. Noteer minstens drie verschillende woorden die te vaak gebruikt worden.
2. Herschrijf de tekst en vervang de herhaalde woorden door synoniemen of verwijswoorden. Gebruik eventueel de synoniemenlijst van Word.
Vervang ook de signaalwoorden 'eerste, tweede, derde, vierde' door andere signaalwoorden voor opsomming.

Tekst 4

Obesitas

De eerste factor die een rol speelt bij het ontstaan van overgewicht is een hoge inname van voedsel met een hoge energiedichtheid. Dit is een belangrijke factor, omdat voedsel een belangrijke levensbehoefte is.
Een tweede factor die ook bij veel mensen een rol speelt, is een gebrek aan beweging in combinatie met een hoge voedselinname. Door bewegen verbrand je namelijk de ingenomen calorieën. Bewegen is dus belangrijk. Wie weinig beweegt, verbrandt weinig en daardoor worden overtollige calorieën opgeslagen als vet, waardoor overgewicht ontstaat.
De derde factor, die ook belangrijk is, is een obesogene omgeving. Dat is een omgeving die je verleidt tot weinig beweging en ongezond voedsel. Als je overgewicht wil vermijden, is het naast voldoende bewegen dus ook belangrijk uit de buurt van voedsel te blijven.
Ten vierde is het ook mogelijk dat genetische factoren een rol spelen bij overgewicht. Een traag werkende schildklier kan erfelijk bepaald zijn en leidt onder andere tot overgewicht. Ook zijn er nu eenmaal mensen die sneller dik worden dan andere.

Ik kan:
- 4F een ruime en gevarieerde woordenschat inzetten.
- 4F mijn taalgebruik moeiteloos aanpassen aan doel en publiek.

Paragraaf 2

Aanwijzingen voor de zinsbouw

Als je aantrekkelijk wilt schrijven, is behalve de woordkeus ook de zinsbouw een aandachtspunt. Hier volgen zes tips:

1 Varieer in zinsopbouw.
Van nature begin je een zin vaak met het onderwerp (O). Daarna komt de persoonsvorm (P) en vervolgens een ander zinsdeel (A): *onderwerp – persoonsvorm – ander zinsdeel (OPA)*. Maar als alle zinnen beginnen met het onderwerp, wordt dat vervelend voor de lezer of luisteraar. Gebruik dus ook de volgorde *ander zinsdeel – persoonsvorm – onderwerp (APO)* en maak nu en dan een vraagzin: *persoonsvorm – onderwerp – ander zinsdeel? (POA)*. In sommige teksten, zoals instructies, kun je soms de gebiedende wijs (zonder onderwerp) gebruiken (PA).

2 Varieer in zinslengte.
Te veel korte zinnen maken een tekst saai. Varieer dus in zinslengte. Dat kun je bijvoorbeeld doen door enkelvoudige en samengestelde zinnen af te wisselen. Bij samengestelde zinnen kun je hoofd- en bijzinnen afwisselen. Maar pas op:
- Lange (samengestelde) zinnen zijn voor een lezer moeilijker te begrijpen dan kortere (enkelvoudige) zinnen. Gebruik daarom niet meer dan zo'n twintig woorden per zin en knip langere zinnen in stukken, zodat er kortere zinnen ontstaan. Zorg er wel voor dat korte zinnen héle zinnen blijven: zet geen zinsgedeelten in een aparte zin. <zie Formuleren blz. 189>
- Bijzinnen zijn lastiger voor de lezer dan hoofdzinnen; formuleer dus vooral hoofdzinnen.
- Als schrijver maak je eerder een zinsbouwfout in een lange zin dan in een korte.

3 Zet woorden en zinsdelen die bij elkaar horen zo dicht mogelijk bij elkaar.
Een tekst leest gemakkelijker als woorden of zinsdelen die bij elkaar horen ook dicht bij elkaar staan. Een paar tips:
- Zet het lidwoord, aanwijzend voornaamwoord of bezittelijk voornaamwoord zo dicht mogelijk bij het zelfstandig naamwoord waar het bij hoort.

Niet:	Wel:
<u>De</u> jarenlang in de kelders van het Rijksmuseum opgeslagen <u>schilderijen</u> van Frans Hals en Jan Steen zijn nu eindelijk weer te bezichtigen.	<u>De schilderijen</u> van Frans Hals en Jan Steen, die jarenlang in de kelders van het Rijksmuseum waren opgeslagen, zijn nu eindelijk weer te bezichtigen. Of: <u>De schilderijen</u> van Frans Hals en Jan Steen waren jarenlang opgeslagen in de kelders van het Rijksmuseum. Ze zijn nu eindelijk weer te bezichtigen.

- Zet het onderwerp en de persoonsvorm (het gezegde) zo dicht mogelijk bij elkaar. Gebruik in lange zinnen dus liever een nevenschikkend voegwoord (*want*, *maar*) dan een onderschikkend voegwoord (*omdat*, *hoewel*).

Niet:	Wel:
De overlevenden van de ramp met de textielfabriek in Dhaka (Bangladesh) willen een uitkering, **omdat** <u>ze</u> als gevolg van het instorten van het gebouw geen inkomsten <u>hebben</u>.	De overlevenden van de ramp met de textielfabriek in Dhaka (Bangladesh) willen een uitkering, **want** als gevolg van het instorten van het gebouw <u>hebben ze</u> geen inkomsten.

↓

- Zet de persoonsvorm zo dicht mogelijk bij de andere werkwoorden van het gezegde.

Niet:	Wel:
Een tiental demonstranten werd vanwege het gooien van stenen en brandbommen naar de politie door de mobiele eenheid gearresteerd.	*Een tiental demonstranten werd gearresteerd door de mobiele eenheid omdat ze stenen en brandbommen naar de politie gooiden.*

4 Gebruik zo veel mogelijk actieve zinnen.

Een zin met een werkwoordelijk gezegde kan in de bedrijvende of in de lijdende vorm staan. Een zin in de bedrijvende vorm heet een actieve zin, een zin in de lijdende vorm is een passieve zin (met een vorm van *worden* of *zijn*). Het lijdend voorwerp van de bedrijvende zin wordt in de lijdende zin het onderwerp. Het onderwerp van de bedrijvende zin wordt in de lijdende zin een bijwoordelijke bepaling met 'door'. In het algemeen is het beter om actieve zinnen te gebruiken. De lezer ziet dan meteen wie de handeling uitvoert.

Niet:	Wel:
Door de vakbonden (bwb) / is / het cao-voorstel van de werkgevers (ow) / aanvaard. (passieve zin)	*De vakbonden (ow) / hebben / het cao-voorstel van de werkgevers (lv) / aanvaard.* (actieve zin)

In de volgende drie gevallen kun je de lijdende vorm wel gebruiken:
- als het onbekend, onbelangrijk of overduidelijk is wie de handeling uitvoert;

Niet:	Wel:
Men heeft vannacht vernielingen aangericht bij de Iraanse ambassade. (actief)	*Er zijn vannacht vernielingen aangericht bij de Iraanse ambassade.* (passief, want de daders zijn onbekend)
Tegenover het station bouwt een aannemer een prachtig, luxe hotel. (actief)	*Tegenover het station wordt een prachtig, luxe hotel gebouwd.* (passief, want wie het bouwt, is onbelangrijk)
Op de ijsbaan van Calgary vestigen schaatsers jaarlijks nieuwe records. (actief)	*Op de ijsbaan van Calgary worden jaarlijks nieuwe records gevestigd.* (passief, want het is overduidelijk dat het om schaatsers gaat)

- als je de handeling of het object van de handeling centraal wilt stellen in plaats van de handelende persoon;

Niet:	Wel:
De ministers hebben vandaag weer eindeloos onderhandeld in Brussel, maar opnieuw hebben ze geen besluiten genomen. (actief)	*Er werd vandaag weer eindeloos onderhandeld in Brussel, maar opnieuw werden er geen besluiten genomen.* (passief)

- als je daarmee onduidelijkheid kunt vermijden.

Niet:	Wel:
De employé die de leidinggevende van verduistering verdacht, is op staande voet ontslagen. (actief)	*De employé die door de leidinggevende van verduistering werd verdacht, is op staande voet ontslagen.* (passief)

In de zin *De employé die de leidinggevende van verduistering verdacht, is op staande voet ontslagen* is het onduidelijk wie wie verdacht: verdacht de employé de leidinggevende of verdacht de leidinggevende de employé? In de lijdende vorm verdwijnt die onduidelijkheid.

5   Gebruik geen naamwoordstijl.
De naamwoordstijl houdt in dat werkwoorden worden omgewerkt tot zelfstandige naamwoorden, bijvoorbeeld *het hebben* van een verzekering, de *bespoediging* van de werkzaamheden.
Het is beter in zulke gevallen werkwoorden te gebruiken, want die drukken een handeling uit en daar gaat het hier om. De formulering met werkwoorden is actiever.

Niet:	Wel:
De minister besloot tot *het verlagen* van de overdrachtsbelasting, omdat dat *een stimulans* zou zijn voor de doorstroming op de woningmarkt.	De minister besloot de overdrachtsbelasting *te verlagen*, omdat hij daarmee de doorstroming op de woningmarkt *wilde stimuleren*.

6   Zorg voor duidelijke verbanden binnen de zinnen en tussen de zinnen (en de alinea's) door middel van voegwoorden, verwijswoorden en signaalwoorden.
Een tekst bestaat uit zinnen. Elke (enkelvoudige) zin is een mededeling. Tussen de mededelingen zet je een punt. Kijk maar naar de twee mededelingen in het voorbeeld:
– *De directeur mocht niets zeggen over de examenfraude. De politie was nog bezig met het onderzoek naar het misdrijf.*

Je kunt deze twee mededelingen met een voegwoord samenvoegen tot een samengestelde zin. Tussen de delen daarvan zet je vaak een komma.
– *De directeur mocht niets zeggen over de examenfraude, want de politie was nog bezig met het onderzoek naar het misdrijf.*
Of zo:
– *Zolang de politie nog bezig was met het onderzoek naar het misdrijf, mocht de directeur niets zeggen over de examenfraude.*

Niet alleen binnen een zin bestaat verband, ook tussen zinnen onderling. Het is voor een lezer plezierig als de schrijver dat verband duidelijk aangeeft door middel van:
– verwijswoorden, die terugwijzen naar een woord of (een deel van) een zin;
– signaalwoorden. In de cursus Leesvaardigheid op bladzijde 12 staan alle veelvoorkomende verbanden in een schema. Bij elk verband vind je een aantal signaalwoorden.

Opdracht 4

Noteer van elke zin de zinsdeelvolgorde: OPA, APO, POA of PA.
1   Op de A1 is een vrachtwagen met Italiaanse tomaten gekanteld.
2   Zouden de laatste eilanden van de Nederlandse Antillen ook ooit zelfstandig worden?
3   Houd de eerste maanden van het jaar de hand op de knip.
4   Optimel is lekker en gezond en bevat bovendien geen suiker en vet.
5   Vanuit milieuoverwegingen zullen de lantarenpalen langs de Nederlandse snelwegen minder lang branden.
6   Veel jongeren starten liever een eigen bedrijf dan dat ze in loondienst gaan werken.
7   Welke stad kreeg in 2012 het predicaat 'groenste stad van Nederland'?
8   Krijgt iedereen die werkloos wordt, twee jaar een WW-uitkering?

9 In verband met wegwerkzaamheden is de Zwartewaterallee tussen 22.00 uur en 06.00 uur afgesloten voor alle verkeer.
10 Neem voldoende geld mee, als je een dagje in de hoofdstad gaat winkelen.

Opdracht 5

Lees tekst 5, de inleiding van een artikel van Miriam (4 havo) over cosmetische chirurgie.
In de tekst heeft bijna elke zin de volgorde OPA. Herschrijf de tekst zo dat er variatie in zinsdeelvolgorde ontstaat. Je kunt ook vraagzinnen (POA) en zinnen in de gebiedende wijs (PA) gebruiken.

Tekst 5

Wie is de mooiste?

Veel vrouwen streven naar een perfect lichaam. Ook jonge meisjes gaan daar tegenwoordig steeds verder in. De cosmetische industrie helpt hen daarbij. Lippen worden zonder pardon opgespoten. Borsten gaan van cup A naar cup D. De modellen op de covers van de glossy bladen hebben immers ook grote borsten? Meisjes en vrouwen willen er net zo uitzien als zij.

De omslagfoto's zijn overigens zo nep als wat. Al die afbeeldingen zijn immers geretoucheerd. Schoonheidsfoutjes worden op die manier netjes weggewerkt. Iedereen weet dat, maar toch oefenen die geretoucheerde modelvrouwen een grote aantrekkingskracht uit op het vrouwelijk volksdeel. Met alle gevolgen van dien.

Opdracht 6

De (samengestelde) zinnen hieronder zijn veel te lang. Knip ze in stukken en maak er kortere enkelvoudige of samengestelde zinnen van.

1 Kinderen van immigranten die het Nederlands niet of onvoldoende beheersen, blijken in de praktijk ook zelf moeite te hebben met onze taal, waardoor ze op school allerlei dingen niet begrijpen en misschien op een lager niveau terechtkomen dan ze eigenlijk aan zouden kunnen met als gevolg dat er steeds minder goed opgeleide allochtonen in ons land komen, die in staat zijn goed te integreren.

2 Uit een onderzoek van het Center for Disease Control dat op 26 juli 2012 is gepubliceerd blijkt dat bij de nieuwe varianten van de Mexicaanse griep de risicogroepen – kinderen jonger dan zes maanden, personeel in de kinderopvang en vooral vrouwen die minstens drie maanden zwanger zijn – vier keer zoveel kans lopen op een ernstige griepinfectie met complicaties als andere bevolkingsgroepen, terwijl onder zwangere vrouwen het aantal sterfgevalllen ook aanzienlijk hoger is.

3 Op een congres over maatregelen tegen obesitas dat op 14 februari 2012 gehouden is, kondigde de minister van Volksgezondheid, Welzijn en Sport aan dat er regelgeving komt om kinderen onder de twaalf jaar niet meer bloot te stellen aan reclames voor ongezonde voeding, dat er bovendien een Frans voedingsprogramma naar de Nederlandse situatie vertaald gaat worden waarin men overgewicht onder controle probeert te krijgen en dat het reeds bestaande project 'de gezonde schoolkantine' zal worden uitgebreid en gestimuleerd.

Opdracht 7

1 Welke zinnen staan in de lijdende vorm? Noteer de nummers.
  a Is jouw oude auto bij de laatste apk-keuring door de garage afgekeurd?
  b In de middeleeuwen beheerste de adel vanuit kastelen het omliggende land.
  c Tegenwoordig wordt veel werk in de supermarkt uitgevoerd door middelbare scholieren.

d De demonstranten tegen het bewind van Erdogan werden op last van de premier door de oproerpolitie van het Tahrirplein verwijderd.
e Volgend jaar zal de Onderwijsinspectie scholen bestraffen waar voor het schoolexamen veel hogere cijfers gehaald worden dan voor het Centraal Eindexamen.
f Is de klokkenluider Edward Snowden recentelijk gesignaleerd in Hong Kong?
g In overeenstemming met eerdere afspraken heeft de huidige burgemeester van Maastricht de verkoop van softdrugs aan buitenlanders verboden.

2 Zet de passieve zinnen in de bedrijvende vorm. Voeg zo nodig een onderwerp toe.

Opdracht 8

Werk in tweetallen. Overleg met elkaar welke van de volgende zinnen of zinsgedeelten beter in de bedrijvende vorm kunnen staan. Maak die zinnen of zinsgedeelten bedrijvend.

1 Vermoedelijk zullen de door jou bestelde sportschoenen vrijdag door onze expeditieafdeling verzonden worden.
2 Door deze bekende marktonderzoeker is uitgezocht welke producten van Unilever door de cliëntèle het meest gewaardeerd worden.
3 Op dit gevaarlijke kruispunt wordt ondanks de plaatsing van camera's vaak door rood gereden.
4 De afgelopen tien jaar zijn vele zeventiende-eeuwse panden in deze historisch belangrijke stadswijk gerestaureerd.
5 Het opeten van meegebrachte etenswaren is in dit bedrijfsrestaurant niet toegestaan.
6 Deze week is de beschoeiing, die deels was meegesleurd door het snelstromende hoge water in de rivier, door een aannemersbedrijf hersteld.
7 De politie heeft de gevangenen die door de bewakers in elkaar zijn geslagen, een voor een ondervraagd.
8 De bomen en de struiken in mijn achtertuin worden elk najaar door mij gesnoeid.
9 Het afgelopen weekend zijn er graven beschadigd en racistische leuzen aangebracht op de muur van het Joodse kerkhof.
10 Op het platteland wordt door de meeste mensen nog altijd dialect gesproken.

Opdracht 9

Lees tekst 6, een stukje uit een artikel van Frank (5 havo) over de val van de Berlijnse Muur.

In de tekst is er meestal een verband tussen de zinnen, doordat een verwijswoord uit een bepaalde zin terugwijst naar een woord of een woordgroep uit de vorige zin (het antecedent).
Noteer uit de volgende zinnen het verwijswoord. Zet erachter naar welk antecedent het verwijswoord terugwijst.

1 zin 2
2 zin 3 (2x)
3 zin 5
4 zin 6
5 zin 7
6 zin 8

Tekst 6

Alleen de vogels vliegen ...

¹ De val van de Berlijnse Muur heeft voor de Oost-Berlijners zeker een aantal voordelen.
² Zo hebben ze sinds 1990 weer vrijheid van meningsuiting.
³ In de jaren daarvoor was die nog ver te zoeken, doordat overal de Stasi op de loer lag om burgers te controleren op anticommunistische uitspraken.
⁴ Een ander voordeel is de economische groei na jaren van stagnatie.
⁵ Je herkent die onder andere aan het aantal toeristen dat de stad bezoekt, gemiddeld zo'n 840.000 per maand.
⁶ Zij kunnen de vooruitgang bijvoorbeeld herkennen aan de talloze renovatieprojecten in het voormalige DDR-gedeelte van de stad.
⁷ Tot 2016 worden daar zo'n 300.000 oude woningen afgebroken en gedeeltelijk vervangen door nieuwbouw.
⁸ Mede daartoe is ook de infrastructuur verbeterd: het wegennet is flink opgeknapt.
⁹ Er is dus veel vooruitgang geboekt.
¹⁰ Desondanks kampt Oost-Berlijn ruim twintig jaar na de val van de Muur nog altijd met een aantal problemen.

Opdracht 10

Kijk nog eens naar tekst 6.
In tekst 6 komen ook signaalwoorden voor die het verband tussen (delen van) zinnen aangeven. Beantwoord voor de genoemde zinnen de volgende twee vragen:
a Welk verband is er tussen de beide zinnen?
b Aan welk signaalwoord herken je dat verband?

1 zin 1 en 2
2 zin 2 en 3
3 het eerste deel van zin 3 en het tweede deel
4 zin 3 en 4
5 zin 7 en 8
6 zin 8 en 9
7 zin 9 en 10

Opdracht 11

Je gaat nu zelf een correct geformuleerde tekst schrijven.
1 Schrijf een tekstje van minimaal 200 woorden over een van de volgende onderwerpen of een onderwerp van jouw keuze:
   – Een baantje naast de studie
   – Op kamers wonen
   – Geweld in het uitgaansleven
   – De maatschappelijke stage
   – Een algeheel verbod op sigarettenverkoop

Breng met verwijswoorden en signaalwoorden verband aan tussen de zinnen. In je tekst moeten minstens vier verschillende verbanden voorkomen en minstens vier verwijswoorden.

2 Wissel je tekst uit met die van een klasgenoot. Noteer uit elkaars tekst de verwijswoorden en geef van elk verwijswoord aan wat het antecedent is. Noteer vervolgens de signaalwoorden en geef van elk signaalwoord aan welk verband het aangeeft.

Ik kan:
- variëren in zinsopbouw en zinslengte.
- duidelijke verbanden leggen tussen zinsdelen en zinnen door verwijswoorden, verbindingswoorden en signaalwoorden te gebruiken.
- het gebruik van naamwoordstijl en de lijdende vorm vermijden.

Paragraaf 3

Het gebruik van uitdrukkingen

Een uitdrukking is een zinsnede met een figuurlijke betekenis.
Voorbeeld:
- Zolang beide partijen <u>hun poot stijf houden</u>, hoeven we van de onderhandelingen weinig te verwachten.

De uitdrukking *zijn poot stijf houden* betekent 'vasthoudend zijn; niet toegeven'.

Veelvoorkomend zijn:
1. uitdrukkingen met twee **synoniemen** (tautologie):
   - *In de Efteling komen mensen <u>van alle rangen en standen</u> zich een dagje vermaken.*
   - *Het is in ons gezinnetje heus niet altijd <u>pais en vree</u>.*
2. uitdrukkingen met een **tegenstelling** (antithese):
   - *<u>Vroeg of laat</u> zal de aftrek van de hypotheekrente in Nederland toch aangepakt moeten worden.*
3. uitdrukkingen met **alliteratie** (beginrijm):
   - *De supporters van de verliezende club sloegen de inrichting van het Amsterdamse café <u>kort en klein</u>.*
4. uitdrukkingen met **eindrijm**:
   - *Malika vertelde <u>in geuren en kleuren</u> wat ze allemaal had meegemaakt tijdens haar reis naar Australië.*

De betekenis van uitdrukkingen vind je in het woordenboek meestal bij het eerste zelfstandig naamwoord.

Opdracht 12

Werk in tweetallen. Maak de uitdrukkingen compleet met een soort synoniem en zoek de juiste betekenis a tot en met j erbij. Gebruik zo nodig het woordenboek.
Voorbeeld:
- *schots en ...*
  schots en scheef – wanordelijk

1. bij tijd en ...   a bezittingen
2. gepokt en ...   b door en door; geheel en al
3. have en ...   c erg bang
4. met angst en ...   d met zeer veel moeite
5. met hangen en ...   e misdadig
6. naar eer en ...   f oprecht
7. schering en ...   g vaak voorkomend
8. van haver tot ...   h volkomen onkundig zijn; van niets weten
9. van toeten noch ... weten i zeer ervaren
10. voor galg en ...   j zo nu en dan

Opdracht 13

Kies vijf uitdrukkingen van opdracht 12 en gebruik ze zo in een zin dat de betekenis duidelijk wordt.

Opdracht 14

Werk in tweetallen. Gebruik de uitdrukkingen zo in een zin dat de betekenis duidelijk wordt. Zoek zo nodig die betekenis op in een woordenboek.
Voorbeeld: door dik en dun
- *De leden van deze Tweede Kamerfractie steunen hun fractieleider <u>door dik en dun</u>, omdat ze dol op hem zijn.*

1. bij hoog en bij laag volhouden
2. buigen of barsten
3. hemel en aarde bewegen

4 het moet uit de lengte of uit de breedte komen
5 lief en leed delen
6 na veel plussen en minnen
7 stank voor dank krijgen
8 van heinde en verre
9 van de wieg tot het graf
10 zwart op wit

Opdracht 15

Werk in tweetallen. Vul een woord in, zodat er een allitererende uitdrukking ontstaat. Zoek daarna de juiste betekenis a tot en met j bij de uitdrukking. Gebruik zo nodig het woordenboek.

Voorbeeld:
wikken en ...
wikken en wegen – zorgvuldig nadenken; afwegen

1	als puntje bij ... komt	a	als het erop aankomt
2	dubbel en ...	b	beteugelen, binnen de grenzen houden
3	in kannen en ...	c	geen enkel familielid
4	kind noch ...	d	heel vroeg
5	met man en ...	e	in orde; voor elkaar; geheel afgerond
6	op stel en ...	f	onmiddellijk
7	paal en ... stellen	g	opzettelijk en bewust
8	te kust en te ...	h	ruimschoots; meer dan
9	voor dag en ...	i	voor het kiezen; zoveel men maar wil
10	willens en ...	j	zo krachtig mogelijk

Opdracht 16

Kies vijf uitdrukkingen van opdracht 15 en gebruik ze in een zin.

Opdracht 17

Werk in tweetallen. Vul een woord in, zodat er een rijmende uitdrukking ontstaat. Noteer daarna de betekenis. Gebruik zo nodig het woordenboek.

1 alles op haren en ... zetten
2 de tering naar de ... zetten
3 handel en ...
4 met raad en ... bijstaan
5 zich met hand en ... verzetten
6 slikken of ...
7 steen en ... klagen
8 tegen heug en ...
9 van de hand in de ... leven
10 wijd en ... bekend

Opdracht 18

Kies vijf uitdrukkingen van opdracht 17 en gebruik ze zo in een zin dat de betekenis duidelijk wordt.

Opdracht 19

Werk in tweetallen. Zoek bij de uitdrukkingen de juiste betekenis a tot en met j. Gebruik zo nodig het woordenboek.

1	de kat de bel aanbinden	a	duidelijk zeggen wat er fout gaat en wie er verantwoordelijk voor zijn
2	de kip met de gouden eieren slachten	b	een lastige kwestie aankaarten
3	de kool en de geit sparen	c	een vijand in huis halen
4	geen slapende honden wakker maken	d	een volstrekt verkeerde keus maken
5	het paard achter de wagen spannen	e	geen aandacht vestigen op iets waarvan men nadeel kan ondervinden
6	het paard van Troje binnenhalen	f	iets afstoten wat zeer winstgevend is
7	het zwarte schaap (van de familie) zijn	g	moeilijk doen over allerlei kleinigheden
8	man en paard noemen	h	niet zo'n nette burger zijn (als zijn broers en zusters)
9	op alle slakken zout leggen	i	oplossingen zoeken die beide partijen geen pijn doen
10	zijn schaapjes op het droge hebben	j	voor zijn hele leven genoeg geld verdiend hebben

Opdracht 20

Kies vijf uitdrukkingen van opdracht 19 en gebruik ze zo in een zin dat de betekenis duidelijk wordt.

Opdracht 21

Werk in tweetallen. Zoek bij de uitdrukkingen de juiste betekenis a tot en met j. Gebruik zo nodig het woordenboek.

1	de broekriem aanhalen	a	de interne problemen (van een familie, bedrijf e.d.) aan de buitenwacht mededelen
2	de handdoek in de ring werpen	b	ervoor zorgen dat men niets meer van een discutabele kwestie hoort; iets verzwijgen
3	de vuile was buiten hangen	c	gelijk behandelen; geen onderscheid maken
4	het klappen van de zweep kennen	d	het opgeven
5	(iets) aan de grote klok hangen	e	het zuiniger aan doen
6	(iets) in de doofpot stoppen	f	iets aan iedereen bekendmaken; iets overal rondbazuinen
7	nul op het rekest krijgen	g	tegelijkertijd twee voordelen behalen
8	over één kam scheren	h	veel ervaring hebben met zeker werk
9	twee vliegen in één klap slaan	i	zijn eisen verminderen; een beetje toegeven
10	water bij de wijn doen	j	zijn verzoek afgewezen zien worden

Opdracht 22

Kies vijf uitdrukkingen van opdracht 21 en gebruik ze zo in een zin dat de betekenis duidelijk wordt.

Opdracht 23

Werk in tweetallen aan deze opdracht over uitdrukkingen met lichaamsdelen. Zoek bij de uitdrukkingen 1 tot en met 10 de juiste betekenis a tot en met j. Gebruik zo nodig het woordenboek.

1 de vinger aan de pols houden
2 een rib uit mijn lijf
3 een slag om de arm houden
4 het hoofd in de schoot leggen
5 iemand de hand boven het hoofd houden
6 iemand het vuur na aan de schenen leggen
7 op grote voet leven
8 tegen de borst stuiten
9 van de hand wijzen
10 zijn snor drukken

a de moed verliezen; het opgeven
b de ontwikkelingen goed in de gaten houden
c een afkeer van iets hebben; iets volstrekt verkeerd vinden
d een grote uitgave
e een voorbehoud maken; iets toezeggen onder voorwaarden
f ertussenuit knijpen; zich ergens aan onttrekken
g het iemand moeilijk maken; iemand scherp ondervragen
h iemand beschermen; iemand verdedigen
i met geld smijten
j verwerpen; afstemmen

Opdracht 24

Kies vijf uitdrukkingen van opdracht 23 en gebruik ze zo in een zin dat de betekenis duidelijk wordt.

Opdracht 25

Schrijf een recensie, een flyer of een foldertekst van minimaal 250 woorden, waarin je ten minste vijf uitdrukkingen gebruikt. Ze hoeven niet uit deze paragraaf te komen.

Bedenk zelf een onderwerp of kies een van de onderwerpen hieronder:
- een stichting of een hulporganisatie;
- een mooi computerspel;
- een mooie speelfilm;
- je favoriete uitgaansgelegenheid;
- je favoriete band of zanger(es).

Ik kan:

3F uitdrukkingen herkennen, begrijpen en correct gebruiken.

Paragraaf 4

Het gebruik van beeldspraak

Beeldspraak is een vorm van figuurlijk taalgebruik. Er zijn twee varianten.
De ene soort beeldspraak berust op overeenkomst tussen het beeld en iets uit de werkelijkheid (het object).
Bij de andere soort beeldspraak is er geen sprake van overeenkomst, maar van een andere relatie tussen beeld en object: vaak noemt het beeld een opvallend kenmerk of een eigenschap van het object.

Beeldspraak die berust op overeenkomst

De volgende vormen van beeldspraak berusten op overeenkomst: vergelijking, asyndetische vergelijking, metafoor, personificatie, allegorie en synesthesie.

Vergelijking
Wie een vergelijking gebruikt, plaatst iets uit de werkelijkheid (het object) naast een beeld dat hij daarvoor bedacht heeft. Bij een vergelijking worden het beeld (b) en het object (o) beide genoemd. Tussen beeld en object is een overeenkomst (ov); ze worden aan elkaar gekoppeld met een verbindingswoord (v): als, zoals, net als, evenals, gelijk, van, (ge)lijken.
Voorbeeld:
1 *De doelpuntenmachine van Ajax kwam langzaam op gang, maar na rust vielen de goals (o) als (v) rijpe appelen (b).*
ov = ze vielen snel en makkelijk
2 *Wat is die jongste dochter van jou toch een schat (b) van (v) een kind (o)!*
ov = prachtig, waardevol

Als je schrijft, kun je gebruikmaken van vaste vergelijkingen (*zo zwart als roet; een kast van een huis*), maar je kunt ook zelf vergelijkingen bedenken.
Voorbeeld:
3 *Het schooljaar is nog zo blanco (o) als (v) een lege bladzijde in je agenda (b).*
ov = leeg

Asyndetische vergelijking
Wanneer je in een vergelijking het verbindingswoord weglaat, blijven alleen beeld en object over. Je spreekt dan van een asyndetische vergelijking.
Voorbeeld:
4 *De man die zojuist het café was binnengestapt, legde zijn rechterhand (o), <u>een ham</u> (b), op de schouder van een van de vaste jongens.*

Metafoor
Laat je in een vergelijking behalve het verbindingswoord ook het object weg, dan blijft alleen het beeld over. In dat geval is er sprake van een metafoor. Bij een metafoor moet de lezer zelf het object bedenken waarnaar het beeld verwijst. Voorbeeld:
5 *'Vertrouwen <u>komt te voet</u> en <u>gaat te paard</u>', zei Doekle Terpstra, toen bekend werd dat bij hogeschool Inholland studenten ten onrechte een diploma hadden gekregen.*

Alleen de beelden *komt te voet* en *gaat te paard* worden hier gegeven; de objecten 'krijg je langzaam' en 'verlies je snel' worden niet genoemd.

Spreekwoorden en uitdrukkingen zijn ook vaak metaforen.
Voorbeelden:
6 *Kleine potjes hebben grote oren.* (spreekwoord) Kinderen horen meer dan je denkt.
7 *De regeringsplannen zijn in een vergevorderd stadium, maar het kabinet moet nog even <u>de puntjes op de i zetten</u>.* (uitdrukking)

Het beeld 'de puntjes op de i zetten' is metafoor voor 'tot in detail vervolmaken'.

Variaties op zulke spreekwoorden kunnen goed in teksten gebruikt worden, bijvoorbeeld als titel, als pakkende eerste zin of als slotzin.

Personificatie
De personificatie is een bijzonder soort vergelijking. Een levenloze zaak wordt als levend (menselijk) voorgesteld, gepersonifieerd.
Voorbeeld:
8   Arme moeder, dacht Lars, nu <u>wandelt de oorlog</u> ook jouw zitkamer binnen.

Allegorie
Wanneer in een tekst(gedeelte) sprake is van een reeks bij elkaar horende metaforen of personificaties, heet zo'n tekst(gedeelte) een allegorie. Een voorbeeld is de tekst *Recept voor een goede seriële monogame relatie.* De tips voor een goede relatie worden beschreven met termen uit een recept voor een maaltijd.

RECEPT VOOR EEN GOEDE SERIËLE MONOGAME RELATIE

INGREDIËNTEN
1 grote hoge pan zonder dubbele bodem, die de warmte goed binnenhoudt, met een goedsluitend deksel. Af en toe de stoom laten ontsnappen.
1 kilo liefde
1 pond begrip
1 liter geduld
1 flinke verse dosis humor (nooit twee keer dezelfde gebruiken. Gedroogde humor kan weer wel)
1 pond eerlijkheid (in plakjes, niet alles in één keer en te eerlijke stukjes weggooien)
1 stevige handvol doorzettingsvermogen
4 ons zorgzaamheid

GARNERING
een paar leugentjes om bestwil
een plukje vrijheid
een pakje gezelligheid

RECEPT
Maak om te beginnen in de goed verhitte pan een mooie basis (ook wel fond genoemd) van de liefde en het begrip. Na een tijdje roeren voegt u daar in kleine beetjes het geduld doorheen. Als u ziet dat de basis wat stroperig wordt, meteen een grotere hoeveelheid geduld erbij gieten. De hoeveelheid humor is in principe onbeperkt, behalve als u merkt dat-ie bitter wordt. Dan onmiddellijk ophouden met humor toevoegen. Wees ook voorzichtig met de eerlijkheid. Zeker als beginnende kok is het motto 'liever te weinig dan te veel'. Het gerecht kan ervan gaan schiften en dat willen we niet. Met de zorgzaamheid kunt u daarentegen niet scheutig genoeg zijn. Helemaal op het eind voegt u het doorzettingsvermogen toe. Het kan zwaar zijn om dit erdoor te roeren, maar houd vol voor het beste resultaat.

Zorg ervoor dat het gerecht een mooie, gelijkmatige, goed uitziende en lekker ruikende consistentie heeft voordat u het opdient. Schenk het vervolgens in een onbreekbaar bord en garneer het zo fantasievol mogelijk met de plukjes vrijheid (niet te veel) en het pakje gezelligheid.

Naar believen kunt u de leugentjes om bestwil eroverheen strooien.

SERVEERTIPS
Het staat u natuurlijk vrij het gerecht zo op te dienen als u wilt, maar onze ervaring leert dat een kanten string en een paar *killer heels* de eetlust bijzonder bevorderen. Eet smakelijk.

Uit: *Linda, mei 2012, p. 10*

Synesthesie
Bij een synesthesie worden waarnemingen van twee verschillende zintuigen met elkaar gecombineerd. Bijvoorbeeld:
9   *De <u>lichte stemmen</u> klonken helder over het water, hoorbaar tot in de verte. (gevoel en gehoor)*
10 *In zijn afscheidstoespraak maakte de directeur het bestuur enkele <u>bittere verwijten</u>. (smaak en gehoor)*

Formuleren > 2 Aantrekkelijk formuleren > 4 Het gebruik van beeldspraak

Beeldspraak die niet berust op overeenkomst: *metonymia*
Bij een metonymia is er geen sprake van 'overeenkomst' tussen beeld en werkelijkheid, maar is er een ander verband. Let bij de volgende voorbeelden goed op: weliswaar wordt er net als bij de metafoor alleen het beeld genoemd (en niet het object), maar er is geen sprake van overeenkomst. Vaak benoemt het beeld een opvallende eigenschap of een opvallend kenmerk van het te beschrijven object. Bijvoorbeeld:
Je noemt een deel in plaats van het geheel (pars pro toto).
11 *De verantwoordelijken in de gezondheidszorg vinden dat er meer handen aan het bed moeten komen.*
Genoemd 'handen (b)', bedoeld 'verplegers' (o).

Ook het omgekeerde is mogelijk: je noemt het geheel in plaats van het deel (totum pro parte).
12 *Het is lang geleden dat België (b) van de Duitse Mannschaft heeft gewonnen.*
Genoemd 'België', bedoeld 'het nationale voetbalelftal van België' (o).

Je noemt het materiaal in plaats van het product dat daarvan gemaakt is.
13 *Bij de jazznummers van het orkest komt het koper (b) het best tot zijn recht.*
Genoemd 'koper', het materiaal waarvan een deel van de blaasinstrumenten (o) gemaakt is.

Je noemt de maker van het product in plaats van het product zelf.
14 *Op de cd 'Miel Cools zingt Ernst van Altena (b)' brengt de Vlaamse zanger de prachtige teksten (o) van de Nederlandse dichter ten gehore.*
Genoemd 'Ernst van Altena', bedoeld is 'zijn gedichten' (o).
15 *Voor de directiekamer hebben we een Herman Brood (b) aangekocht.*
Genoemd 'Herman Brood', bedoeld 'een schilderij van Herman Brood' (o).

Je noemt een stuk serviesgoed in plaats van wat erin zit of erop ligt: de drank of voedsel.
16 *Mijn opa hield wel van een glaasje (b) zo op zijn tijd.*

Je noemt de merknaam of de productieplaats in plaats van het product.
17 *Lopen die Nikes (b) van jou nou werkelijk beter dan sneakers van de Schoenenreus?* (= sneakers van het merk Nike)
18 *Ik zou wel een glaasje bourgogne (b) lusten.* (= wijn uit de streek Bourgogne)

Opdracht 26

Vul de volgende vaste vergelijkingen met mensen aan. Gebruik zo nodig het woordenboek. Kies uit: *Brugman – de beul – een boer met kiespijn – een bootwerker – een dief – een ketellapper – een ketter – een kind – een Maleier – één man – een prins – een tempelier – Job – Methusalem – Salomo.*

1 zo oud als …
2 als … achter iemand staan
3 eten als …
4 als … in de nacht
5 vloeken als …
6 zo wijs als …
7 lachen als …
8 roken als …
9 zo arm als …
10 praten als …
11 zo blij als …
12 drinken als …
13 zo dronken als …
14 een leven als …
15 zo brutaal als …

Opdracht 27

Kies drie vergelijkingen uit opdracht 26 en maak er een zin mee, zodat de betekenis duidelijk wordt.

Opdracht 28

Vul op de puntjes een dier in. Kies uit: *feniks – haringen – kat en hond – kat in een vreemd pakhuis – kemphanen – luis – olifant – otter – mager speenvarken – vis in het water*

1 als ... in een ton
2 als ... tegenover elkaar staan
3 als een ... door de porseleinkast gaan
4 als een ... uit de as herrijzen
5 een leven als een ... op een zeer hoofd
6 gillen als een ...
7 leven als ...
8 zich voelen als een ...
9 zich voelen als een ...
10 zweten als een ...

Opdracht 29

Vul de vaste vergelijkingen met dieren aan.

1 zo arm als een ...
2 zo bang als een ...
3 zo blind als een ...
4 zo dood als een ...
5 zo doof als een ...
6 zo dronken als een ...
7 zo duf als een ...
8 zo fris een ...
9 zo ... als een aal
10 zo ... als een ezel
11 zo ... als een hond
12 zo ... als een kreeft
13 zo ... als een lammetje
14 zo ... als een pauw
15 zo ... als een slak
16 zo ... als een vis

Opdracht 30

Vul in elke zin een ander 'voorwerp' in.
Kies uit: *een donderslag – kolenschoppen – een paal – een scheermes – een speer – een tang – een trein – warme broodjes – een zeef – een zoutzak*

1 Die onzinnige maatregelen die de schoolleiding wil treffen tegen spijbelen, slaan werkelijk als ... op een varken.
2 Ga eens een beetje rechtop zitten, Frans. Je hangt als ... in de bank en je let totaal niet op.
3 Jouw gelijk in deze kwestie staat volgens mij als ... boven water.
4 De kaartverkoop voor het kerstgala loopt werkelijk als ....
5 Volgens de krant gaan de gadgets voor het WK Voetbal als ... over de toonbank.
6 Het bericht van het overlijden van de bekende zanger kwam als ... bij heldere hemel.
7 Xantippe is een aantrekkelijk meisje, maar ze heeft helaas een bek als ....
8 Ik heb de laatste tijd een geheugen als ..., want ik ben alweer vergeten om dat artikel voor je mee te nemen.
9 De basketballer had handen als ..., zodat hij de bal eenvoudig met één hand vast kon houden.
10 Toen de inbreker de sirene van de politieauto hoorde, ging hij er als ... vandoor.

Opdracht 31

Vaste vergelijkingen met voorwerpen. Vul op de puntjes een werkwoord in.

1 ... als een stekker
2 ... als een schoorsteen
3 ... als een bus
4 als een zeepbel ...
5 als een blok ...
6 ... als een fakkel
7 ... als het graf

Opdracht 32

Vul op de puntjes een voorwerp in.

1 zo gek als een ...
2 zo kaal als een ...
3 zo klaar als een ...
4 zo krom als een ...
5 zo lek als een ...
6 zo licht als een ...
7 zo mager als een ...
8 zo plat als een ...
9 zo slap als een ...
10 zo stijf als een ...

Formuleren > 2 Aantrekkelijk formuleren > 4 Het gebruik van beeldspraak

Opdracht 33

Vaste vergelijkingen met 'voorwerpen'. Vul op de puntjes een bijvoeglijk naamwoord in.
1 zo ... als het achtereind van een varken
2 zo ... als een doek
3 zo ... als goud
4 zo ... als een huis
5 zo ... als de nacht
6 zo ... als koffiedik
7 zo ... als kristal
8 zo ... als roet
9 zo ... als water
10 zo ... als de weg naar Rome

Opdracht 34

Kies uit opdracht 31, 32 en 33 elk drie vergelijkingen en gebruik ze zo in een zin dat de betekenis duidelijk wordt. In totaal dus negen zinnen.

Opdracht 35

Vaste vergelijkingen met planten/groenten. Vul op de puntjes een van de volgende woorden in. Kies uit: *een biet – een espenblad – een mispel – een rietje – gras – kool – paddenstoelen – een roos.*
1 beven als ...
2 groeien als ...
3 zo groen als ...
4 als ... uit de grond komen
5 zo rood als ...
6 zo rot als ...
7 slapen als ...
8 trillen als ...

Opdracht 36

Welke vormen van beeldspraak kom je tegen in de volgende tekstfragmenten? Neem de woorden over en zet erachter om welke vorm het gaat. Kies uit: *allegorie – metafoor – metonymia – personificatie – synesthesie – (asyndetische) vergelijking.*
Let op: bij fragmenten met meer dan één geval staat het aantal aangegeven.
1 In Amerika zie je dat sturen op resultaten in het onderwijs niet werkt. De beste en de slechtste scholen zijn tien jaar lang in *rankings* bijgehouden, maar de kwaliteit van het onderwijs verslechterde. Zoals varkens niet zwaarder worden door ze te wegen, worden scholen niet beter door hun resultaten te meten.
2 De financiële crisis is nog lang niet voorbij. Een nieuwe halte op deze achtbaan is Cyprus. Het was allang bekend dat de bankensector op dit eiland een waterhoofd was. Nu moet Brussel de problemen oplossen. Maken we straks toch nog de geboorte van een Europese federatie mee? Of is de Europese Unie op sterven na dood? (6 gevallen)
3 De zon gaat weer schijnen voor Feyenoord, al is het nog niet volop zomer. Maar met een winst van zes miljoen euro over 2011 zijn de depressies voorbij en komt de club het zware weer langzaam te boven.
4 Een bekende verslaggever mocht een testrit maken in een peperdure elektrische auto. Voortdurend gingen er allerlei waarschuwingslampjes branden. Om stroom te besparen schakelde de chauffeur de verwarming uit. Na de barre tocht spoedde de verslaggever zich op zijn ijsklompen naar de open haard. In zijn artikel sabelde hij het testmodel in messcherpe woorden neer. Elektrische auto's, bedoeld om de aarde te koelen, houden niet van een koude aarde. (4 gevallen)
5 De lange Del Potro mepte er met zijn molenwieken van armen lustig op los in de eerste set van zijn partij tegen Djokovic, waarin de Argentijn twaalf van de dertien laatste punten won.

Formuleren > 2 Aantrekkelijk formuleren > 4 Het gebruik van beeldspraak

6 We zien de landen in het Midden-Oosten als tektonische platen op elkaar botsen en desintegreren. Het grootste probleem is natuurlijk Syrië. Maar doordat Syrische strijdkrachten wapens in handen spelen van de Libanese verzetsbeweging Hezbollah, loopt ook Israël risico's. Om die reden liet Jeruzalem deze week in technologisch opzicht zijn spierballen zien door de wapenkonvooien te vernietigen met een precisiebombardement. (3 gevallen)

7 Het Louvre in Parijs is voor de rest van de Europese musea als de leraar voor de klas: gaat hij zitten, dan gaan we allemaal zitten. Maakt hij lawaai, dan mogen we allemaal lawaai maken. En peutert hij in zijn neus, dan schieten de snotbolletjes binnen de kortste keren door de hele klas.
De meester ontdekte ook de bruikleen-voor-cash-methode, een strategie om de inkomsten te vergroten door kunstwerken uit te lenen voor miljoenen euro's. De meester schrijft met zijn krijtje op het bord en legt uit hoe het werkt en de leerlingen volgen massaal. Daarom gaat *Het meisje met de parel* naar Japan, *Brieflezende vrouw* naar Brazilië en *De melkmeid* naar New York. Maar is dat wel goed voor die schilderijen? Ze moeten immers nog een poosje mee. Trillingen, luchtvochtigheid, snelle temperatuurwisselingen, schoolmeester Louvre heeft voor alles een apart lokaaltje, maar de leerlingen hebben dat lang niet allemaal. Kunnen de kinderen in de klas de kwaliteit en de veiligheid van de kunstwerken wel waarborgen?

8 Met haar ondernemingsgeest en liefde voor boeken is Marian Heij (1952) al vijfentwintig jaar de spin in het web in cultureel Wageningen.

9 Heeft het CDA zijn nieuwe kroonprins gevonden? Sybrand van Haersma Buma, tegenwoordig kortweg Buma, want dat klinkt minder elitair, moet de partij weer uit het moeras trekken. De regeringsdeelname, de crisis en de impopulaire regeringsmaatregelen hebben de partij geen goed gedaan.
Bovendien spreekt lijsttrekker Buma de meeste Nederlanders niet aan. VVD-icoon Frits Bolkestijn zei bij Pauw & Witteman: 'Wat ik vind van Sybrand van Haersma Buma? Hij is zo saai als koude aardappels.' (3 gevallen)

10 Deze stad is een veel te mooie vrouw, een veel te mooie vrouw.
Wat draait ze met haar heupen en wat sluit haar truitje nauw.
Ach, je weet wel hoe het afloopt, maar wat zijn haar ogen blauw.
Jij geeft haar alles wat je hebt, maar zij geeft geen moer om jou. (2 gevallen)
Bron: De Dijk

Opdracht 37

Schrijf een tekstje van 250 woorden, waarin je ten minste vijf gevallen van beeldspraak gebruikt.
Bedenk zelf een onderwerp of kies een van de onderwerpen hieronder:
– Op reis na je examen
– Sociale media
– Agressie in de sport

Ik kan: verschillende soorten beeldspraak herkennen, begrijpen en correct gebruiken.

Paragraaf 5

Het gebruik van stijlfiguren

Een stijlfiguur is een vaste vorm ('figuur') van zeggen ('stijl'). Door stijlfiguren te gebruiken verfraai je de vorm van je mededeling.

Hier worden zes typen stijlfiguren besproken:

1 Stijlfiguren om je 'lichter' uit te drukken dan je bedoelt: eufemisme, understatement, litotes, ironie

Eufemisme
Een eufemisme is een verzachtende uitdrukking. Je gebruikt eufemismen om termen te vermijden die te 'hard' klinken. Eufemismen worden vaak toegepast bij zaken in de taboesfeer, zaken waar je niet zo gemakkelijk over praat. Denk aan ziekte, dood, dronkenschap, dikte, niet zo hoog aangeschreven beroepen, seks en geslachtsdelen, toiletgang en misdaad. Sprekers gebruiken eufemismen omdat ze bang zijn om 'grof' over te komen.
1 *De gemeente Rotterdam is van plan om inactieven in te zetten in de tuinbouw in het Westland.* (= werklozen)
2 *Volgende week wordt onze poes geholpen, zodat ze niet meer zwanger kan raken.* (= gesteriliseerd)
3 *Vanwege de vogelgriep wordt dit kippenbedrijf geruimd.* (= de kippen worden afgemaakt)

Understatement
Understatements worden gebruikt om ernstige (of grote) zaken als minder ernstig (of minder groot) voor te stellen. Soms zit er iets van (zelf)spot in.
4 *Met zijn voetbalcarrière heeft Wesley Sneijder wel een paar centen verdiend.*
Anders dan het eufemisme is het understatement niet bedoeld om te voorkomen dat anderen zich gekwetst voelen.

Litotes
De litotes heeft het karakter van een understatement of een eufemisme. Bij deze stijlfiguur beweer je iets door het tegendeel daarvan te ontkennen. Het lijkt dan al gauw of je aan de 'grootheid' van die zaak afbreuk doet.
5 *De Italiaanse oud-president Berlusconi is overduidelijk niet vies van vrouwelijk schoon.*

Ironie
Ironie is een milde vorm van spot. Een ironische opmerking is nooit kwetsend. Vaak bedoelt de spreker het tegenovergestelde van wat hij zegt.
6 *Je hebt je presentatie weer uitstekend voorbereid, zei de docent filosofie tegen Jannick, toen bleek dat die zijn powerpoint niet op zijn USB-stick had gezet.*

2 Een stijlfiguur om je 'zwaarder' uit te drukken dan je bedoelt: hyperbool

Hyperbool
Een hyperbool is een overdrijving.
7 *Laten we snel een cafeetje zoeken, want ik sterf van de dorst met die hitte.*
8 *Ik heb me kapot gelachen toen Jennita voorover in het water kukelde.*

3 Stijlfiguren om iets extra nadruk te geven: prolepsis, anticipatie, repetitio, anafoor, tautologie, pleonasme, enumeratie, opsomming in drieën / drieslag, (omgekeerde) climax, antithese, chiasme

Prolepsis
Wanneer je een zinsdeel of woord dat de nadruk moet hebben, uit de eigenlijke zin haalt en voorop zet, dan spreek je van een prolepsis, ook wel vooropplaatsing. Het vooropgeplaatste zinsdeel duid je later weer aan met een verwijswoord.
9 <u>Oersterk en vederlicht</u>, **dat** zijn de twee belangrijkste eigenschappen van een nieuwe vezel die technologen uit Arnhem hebben ontwikkeld.

Anticipatie
Als je de zaak die je wilt bespreken eerst alleen met verwijswoorden aanduidt om hem pas later daadwerkelijk te noemen, is er sprake van anticipatie. Je bouwt op die manier een zekere spanning op. De lezer wordt nieuwsgierig: wat zal het verwijswoord betekenen?
10 Je weet dat <u>het</u> kan gebeuren, maar je denkt dat <u>het</u> jou niet overkomt. Toch moet je <u>erop</u> voorbereid zijn, want ook jij kunt van de ene op de andere dag het slachtoffer worden van **ontslag**. Dan is een goede inkomensverzekering geen overbodige luxe.
11 Misschien heeft u <u>er</u> zelf geen last van. Toch kent u ongetwijfeld iemand die <u>er</u> elke nacht opnieuw mee kampt: **slapeloosheid**.

Repetitio
Repetitio is de Latijnse term voor herhaling: je herhaalt hetzelfde woord (of dezelfde woorden) om er aandacht op te vestigen.
12 Dit <u>doorsnee</u> gezin woont in een <u>doorsnee</u> straat van een <u>doorsnee</u> wijk in een <u>doorsnee</u> stad.

Anafoor
Bij een anafoor beginnen meerdere zinnen achter elkaar met dezelfde woorden. Dit komt vaak voor in plechtige en belangrijke toespraken.
13 Geachte aanwezigen
<u>Vanavond wil ik u</u> confronteren met een ernstige zaak.
<u>Vanavond wil ik u</u> inlichten over wantoestanden.
<u>Vanavond wil ik u</u> tonen dat de waarheid uiteindelijk elke leugen achterhaalt.

Tautologie
Bij een tautologie wordt – evenals bij de repetitio – een begrip herhaald, alleen nu niet door middel van hetzelfde woord, maar door het gebruik van een synoniem, een ander woord van dezelfde woordsoort. Er zijn veel vaste tautologische uitdrukkingen, maar je kunt ook zelf tautologieën bedenken.
14 Hoe je het ook <u>wendt of keert</u>, dit bestuur bestaat bij de gratie van <u>leugen en bedrog</u>.

Tautologie komt ook voor als formuleringsfout. <zie Formuleren blz. 175>

Pleonasme
Bij een pleonasme wordt een eigenschap die al in een woord aanwezig is, extra benadrukt.
15 De lucht trilde door de <u>hete zomerzon</u> en we fietsten door de eindeloze velden <u>gele zonnebloemen</u>, die zich uitstrekten tot aan de horizon.

Ook het pleonasme komt voor als formuleringsfout. <zie Formuleren blz. 175>

Enumeratie
Een enumeratie is een (lange) opsomming, meestal van meer dan drie elementen.
16 Hij lette niet op waar hij liep, door stegen, langs tuinen en fabrieken, holde blindelings, maar zag nog de flitsende gezichten die hem begroetten: <u>blozende meisjes, afgetobde arbeiders, verkommerde intellectuelen, teleurgestelde huisvaders</u>. (Harry Mulisch)

Opsomming in drieën / drieslag
Een ander middel om iets een bepaalde nadruk te geven is de zogenaamde opsomming in drieën. Die bestaat uit drie elementen, waarbij de eerste twee gescheiden worden door een komma en de twee laatste door het woord *en*:
17 <u>Gezonder leven, geld besparen en sneller het verkeer doorkomen</u>, apps kunnen bijna overal bij helpen.
Als de drie elementen van de 'opsomming in drieën' ook een inhoudelijke overeenkomst vertonen, spreek je van een drieslag:
18 *ter land, ter zee en in de lucht*
19 *boeren, burgers en buitenlui* (met alliteratie)
20 *boter, kaas en eieren*
21 *reinheid, rust en regelmaat* (met alliteratie)
Drieslagen komen ook in andere talen voor:
22 *sex, drugs & rock 'n roll*
23 *Wein, Weib und Gesang*

Climax
Een bijzonder soort opsomming is de climax. Bij een climax nemen de elementen van de opsomming in sterkte toe.
24 *Wegen waren veranderd in rivieren, communicatiekanalen geblokkeerd, lemen hutten van de wereld gespoeld, konvooien verloren of vermist, hele dorpen van de kaart geveegd en vee en mensen verdronken.*

Omgekeerde climax
Je kunt de onderdelen van een opsomming ook in kracht laten afnemen. In dat geval spreek je van een omgekeerde climax.
25 *Ooit acteerde hij in de <u>Spaanse Primera División op internationaal topniveau</u>, na zijn dertigste kwam hij nog vier jaar uit in de <u>Nederlandse eredivisie</u>, maar momenteel speelt hij op zaterdagmiddag bij een <u>amateurclub in de tweede klasse</u>.*

Antithese
Een antithese is een tegenstelling. Ook door een tegenstelling kun je de aandacht op iets vestigen. Je combineert dan twee zaken met tegengestelde eigenschappen met elkaar. In de reclame wordt dat veel gedaan.
26 *Dove Men+Care, <u>hard</u> tegen transpiratie, <u>zacht</u> voor de huid.*

Chiasme
Een chiasme is een kruisstelling. Als je de woorden van een chiasme onder elkaar plaatst, zie je een kruis. Met een chiasme herhaal je op een speciale manier een begrip en zo leg je er nadruk op.
Voorbeelden:
27 *Sommigen wisselen van partij om hun principes, anderen wisselen van principes om hun partij. (Winston Churchill)*

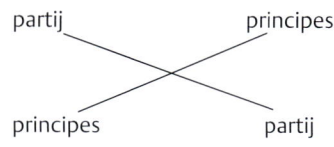

partij   principes

principes   partij

28 *Cees Nooteboom: 'Ik vergeet wat andere mensen onthouden en mij blijft bij wat anderen zich niet herinneren.'*

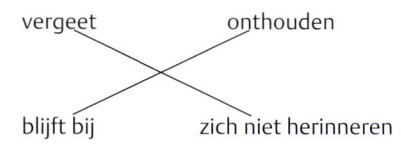

vergeet   onthouden

blijft bij   zich niet herinneren

4 Stijlfiguren om de lezer aan het denken te zetten: paradox, oxymoron, retorische vraag

Paradox
Een paradox is een schijnbare tegenstelling. In eerste instantie lijkt de bewering niet 'kloppend' of vreemd, maar als je er even over nadenkt, zie je de waarheid ervan in. Een paradox kan aardig zijn als titel voor een tekst, of als afsluiting.
29 *Hoe beter men de mens kent, hoe minder men hem begrijpt.*
30 *De mens is een vreemd wezen:*
hoe naakter men hem ziet
hoe meer hij in zijn hemd loopt.

Oxymoron
Een oxymoron is een speciaal geval van de paradox. Bij een oxymoron worden twee tegengestelde begrippen gecombineerd. Door die op het eerste gezicht vreemde combinatie wordt een verrassingseffect bereikt.
31 *De minister hulde zich in een veelzeggend stilzwijgen.*
32 *We zijn het erover eens dat we het oneens zijn over de kwestie.*
33 *Jan en Zwaan hebben al volwassen kinderen.*

Retorische vraag
Een retorische vraag is een vraag die eigenlijk een mededeling is. Je kunt ook zeggen: een vraag waar je geen antwoord op verwacht. Eigenlijk ligt het antwoord al in de vraag opgesloten. Een retorische vraag is een geschikt stijlmiddel voor de afronding van een tekst, maar komt ook wel voor in de inleiding:
34 *Wie had ooit verwacht dat het CDA de verkiezingen zou winnen?*

5 Een stijlfiguur om een grappig effect te bereiken: woordspeling

Woordspeling
Een woordspeling is een taalgrapje. Je kunt woordspelingen vooral in informatieve teksten goed gebruiken. De toon van je tekst wordt er minder ernstig door. Woordspelingen worden vaak in reclameslogans gebruikt. Maar ook als titel voor een tekst is een woordspeling geschikt.
Vaak wordt bij woordspelingen een woord in twee verschillende betekenissen gebruikt, waardoor het grappige effect bereikt wordt. Soms wordt met de vorm van het woord, met de letters ervan, een grapje gemaakt.
35 *De overheid komt met een nieuwe tv-actie om het overgewicht onder de bevolking te bestrijden. Dat lijkt me niet onterecht. Veel Nederlanders moeten volgens mij zwaar op dieet.*

6 Een stijlfiguur om een belezen (geleerde) indruk te maken: allusie

Allusie
Een allusie is een toespeling op (een verwijzing naar) bekend veronderstelde personen, gebeurtenissen, situaties of teksten. Met een allusie toon je dat je wat weet van literatuur, kunst, politiek. Dat zal ertoe leiden dat de lezer je ziet als een autoriteit. Let op: er is altijd een risico dat die lezer niet weet waar je naar verwijst. In dat geval mist je allusie zijn doel.

De titel van deze recensie is een verwijzing naar de titel van de beroemde roman *Van oude menschen, de dingen die voorbijgaan* van Louis Couperus.

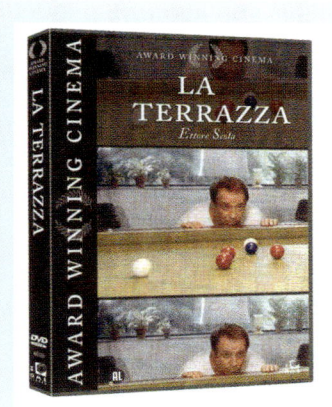

Van oude menschen...

Op het terras uit de titel, in het Rome van 1980, komt een typische groep Italiaanse intellectuelen samen. Vijf hiervan zijn de hoofdpersonen uit de film La Terrazza. Tot hun spijt is niet alleen het communistische tijdperk over zijn hoogtepunt heen. Voorbijgestreefd door hun vrouw, machteloos of nutteloos gemaakt door de verwachtingen van de veranderende maatschappij, hebben zijzelf ook hun beste tijd gehad. De een kwijnt nog meer weg dan de ander door de teleurstellingen van het leven dat hun niet veel meer te bieden heeft.
Kleine komische details zorgen voor tegenwicht aan de verder ingetogen zwartgallige sfeer van de film. Al bekruipt de kijker af en toe het gevoel dat regisseur Ettore Scola wel wat had kunnen knippen, de film is mede door de intrigerende personages, de ontvangen Cannes-awards meer dan waard. [EG]

LA TERRAZZA, AWARD WINNING CINEMA, HOMESCREEN DVD.

Opdracht 38

Waarvoor zijn de volgende woorden/zinsneden een eufemisme?
belastingvermijding – cohabitatie – corpulent – een bekende van de politie – heengaan – interieurverzorgster – meisje van plezier – ombuigingen – ontvreemden – sanitaire stop – stoelgang – ter aarde bestellen – tipsy – transpireren – venerische ziekte – vomeren

Opdracht 39

Bedenk zelf drie voorbeelden van een litotes; gebruik het woordje 'niet' of 'geen'.

Opdracht 40

Vul een werkwoord in, zodat een 'uitdrukking' met een hyperbool ontstaat. Als er meer mogelijkheden zijn, mag je zelf kiezen.

1. ... van de slaap
2. ... in het zweet
3. ... in het geld
4. duizend doden ...
5. iemand de oren van het hoofd ...
6. iemand het hemd van het lijf ...
7. stijf ... van de zenuwen
8. van angst ineen...
9. zich de longen uit het lijf ...
10. zich de ogen uit het hoofd ...

Opdracht 41

Gebruik drie uitdrukkingen van opdracht 40 zo in een zin dat de betekenis duidelijk wordt.

Opdracht 42

Kies 1 of 2.
1. Zoek vijf tv-reclames waarin een uitdrukking, een stijlfiguur of een vorm van beeldspraak wordt gebruikt. Je mag ook advertenties uit kranten en tijdschriften nemen.
2. Zoek in kranten of tijdschriften vijf tekstfragmenten waarin minstens één uitdrukking, stijlfiguur of vorm van beeldspraak wordt gebruikt.

Opdracht 43

Welke stijlfiguren vind je in de volgende zinnen? Neem de woorden over die samen een stijlfiguur vormen en zet erachter om welke stijlfiguur het gaat.
Kies uit: allusie – anafoor – anticipatie – antithese – chiasme – climax – drieslag (opsomming in drieën) – enumeratie – eufemisme – hyperbool – ironie – litotes – omgekeerde climax – oxymoron – paradox – pleonasme – prolepsis – repetitio – retorische vraag – tautologie – understatement – woordspeling.

1. Welvaart is een gevoel. De Nederlanders van een halve eeuw geleden waren een stuk armer, maar ze voelden zich rijker. Nederlanders van nu zijn rijker dan die van vijftien jaar geleden, maar voelen zich dat niet.

2 Zwitserland is een sterk merk. En dan gaat het niet alleen om horloges, kaas en chocola. Ook bij de fijnmechanica als sensoren, gehoorapparaten en ruimtevaartonderdelen scoort het land hoog. De politiek worstelt met de vraag welke producten het felbegeerde label *Swiss Made* mogen dragen. (2 gevallen)
Extra vraag: welke vorm van **beeldspraak** vind je in de laatste zin?

3 Vlekkeloos Nederlands sprekende asielzoekers, waar kom je die tegen? In de praktijk zie je ze zelden, maar het hoeft geen verbazing te wekken dat ze opduiken in Telefilms.

4 Fitte jonge ouderen worden niet meer nodeloos met pensioen gestuurd. Ze moeten zelfs meer voor de eigen zorgkosten betalen. Dat vinden ze niet leuk. Maar was het al niet immoreel dat in een van de meest welvarende landen ter wereld vrijwel alle zorgkosten worden afgewenteld op het collectief? (2 gevallen)

5 Misschien zijn er in Nederland te veel regels. Het grootste probleem is echter dat die regels niet worden nageleefd. Wie de overheid terechtwijst omdat ze wetten wil handhaven, ondermijnt de rechtsstaat. Dat begrijpen misschien zelfs de lageropgeleiden, de snelheidsduivels, de relschoppers en de illegalen voor wie de Nationale Ombudsman het zo graag opneemt.

6 Ze zijn vaak passief, lusteloos, wantrouwig. Ze hebben geen belangstelling om contact te leggen en lijken geen emoties te kennen. Of ze zijn juist opvallend aanwezig, aanhalig, veeleisend, impulsief en destructief. Sommige kinderen vertonen niet het gedrag dat je van een normale kleuter zou verwachten. Dat kan komen doordat ze door hun ouders worden mishandeld. (2 gevallen)

7 Wij herdenken opdat wij niet vergeten, maar wij dreigen te vergeten wat wij herdenken. Zo valt de aanklacht van het Caïro-overleg aan het adres van het Nationaal Comité 4 en 5 mei te omschrijven. Dit overleg, waarin christenen, joden en moslims vertegenwoordigd zijn, hekelt de verbreding van de jaarlijkse herdenking tot ver buiten de periode van de Tweede Wereldoorlog. (2 gevallen)

8 De Eerste Kamer is belangrijk, de Tweede Kamer is belangrijker, maar de huiskamer is het allerbelangrijkst. Het gaat om de kiezers, niet om de politici zelf.

9 Veranderen houdt nooit op. Niet voor organisaties, niet voor mensen, niet voor de veranderaars zelf.

10 In het onderwijs wordt steeds meer getest: niveautoetsen, Cito-toetsen, taaltoetsen, rekentoetsen, pabotoetsen en ga zo maar door. Er is maar één teneur: omhoog met die resultaten, omhoog, omhoog! Meten is weten. Nog meer meten is nog meer weten, alles meten is alles weten. Het is een eindeloos karwei en de invoering van de resultaten kost de docent jaarlijks vele weken. Meten is zweten. (5 gevallen)

11 Het Metropole Orkest scoorde vandaag een nummer 1-hit en trad op met U2-zanger Bono, wat toch zeker niet misselijk is.

12 Consumenten geven minder uit, omdat ze hun baan kwijtraken, omdat hun lonen niet meer stijgen, omdat hun pensioen steeds minder wordt. Iedereen ziet dat de bomen niet langer tot in de hemel groeien. (2 gevallen)
Extra vraag: welke vorm van **beeldspraak** vind je in de laatste zin?

13 Staatssecretaris Weekers houdt vol dat hij er niet van op de hoogte was dat Bulgaren op grote schaal fraude pleegden met belastingtoeslagen. Dat is toch vreemd. Zijn ministerie wist het, de belastingdienst wist het, de politie wist het, de FIOD wist het, het Openbaar Ministerie wist het. En de staatssecretaris zou het dan niet weten? (2 gevallen)

14 Met een schitterend optreden zette Queens of the Stone Age gisteren het Amsterdamse Ziggo Dome in vuur en vlam. Jammer dat veel van de fans te diep in het glaasje gekeken hadden. Dat leidde uiteindelijk tot tientallen vechtpartijen, waarbij diverse gewonden vielen. Een woordvoerder van organisator Live Nation zei: 'Het is enigszins uit de hand gelopen.' (3 gevallen)

15 In het verkiezingsprogramma wil het CDA een betere toekomst voor iedereen: 'jong en oud, groot en klein, rijk en arm, man en vrouw, ziek en gezond, student en

gepensioneerd, stedeling en plattelander, ondernemer en werknemer, nieuwkomer en achterblijver.'
Het sterke idee dat het CDA 'iedereen' wil aanspreken, is tegelijk ook de zwakte van de partij. Wie voor iedereen opkomt, komt immers eigenlijk voor niemand op. Bovendien spreekt lijsttrekker Buma de meeste Nederlands niet aan. Buma is geen Lubbers, geen Balkenende, en misschien zelfs geen Maxime Verhagen. (3 gevallen)

16 Spiegeltje spiegeltje
De nieuwste must haves voor een mooie basismake-up zijn weer binnen bij ICI PARIS XL. Onze deskundige visagisten staan voor u klaar om u te voorzien van een professioneel make-upadvies!

Opdracht 44

Schrijf een tekstje van 250 woorden, waarin je ten minste vier verschillende stijlfiguren en/of vormen van beeldspraak gebruikt.
Bedenk zelf een onderwerp of kies een van de onderwerpen hieronder:
– Verplichte gymlessen op school?
– De iPad in het onderwijs
– Op kamers of heen en weer met de trein?

Opdracht 45

Kijk nog eens naar de laatste schrijfopdracht die je gemaakt hebt.
1. Heb je in die tekst stijlmiddelen (uitdrukkingen, beeldspraak, stijlfiguren) toegepast? Onderstreep ze en noteer om welke stijlmiddelen het gaat.
2. Kijk eens of er (nog meer) mogelijkheden zijn om in die tekst stijlmiddelen toe te passen. Herschrijf de tekst met die stijlmiddelen erin.
3. Laat de herschreven versie van de tekst nakijken door een klasgenoot. Laat die klasgenoot de stijlmiddelen onderstrepen en benoemen.

Maak nu de Test op Nieuw Nederlands online.

Ik kan:
4E uitdrukkingen, beeldspraak en stijlfiguren herkennen, begrijpen en gebruiken.

Controle hoofdstuk 2

– Aan welke vijf aanwijzingen voor het woordgebruik moet je je houden als je aantrekkelijk wilt formuleren?
– En welke zes regels voor de zinsbouw moet je toepassen?
– Wat zijn rijmende, allitererende, tautologische en antithetische uitdrukkingen? Geef van elk een voorbeeld.
– Kun je veelvoorkomende uitdrukkingen verwerken in een tekst?
– Welke vormen van beeldspraak ken je?
– Welke stijlfiguren ken je om je 'lichter' uit te drukken dan je bedoelt?
– Welke stijlfiguur ken je om je 'zwaarder' uit te drukken dan je bedoelt?
– Welke stijlfiguren kun je gebruiken om iets extra nadruk te geven?
– Door middel van welke stijlfiguren kun je de lezer even aan het denken zetten?
– Met welke stijlfiguur kun je een grappig effect bereiken?
– Met welke stijlfiguur kun je een belezen/ geleerde indruk maken?

Cursus

Spelling

Voor mij hoeft niedts met een dt.

Kadé Bruin, schrijver

Hoofdstuk 1

Spelling

Correct spellen is belangrijk. Een schrijver die spelfouten maakt, wordt niet serieus genomen. De spellingcorrector van Word geeft lang niet alle spelfouten in de tekst aan. Daarom is het belangrijk dat je de regels voor de spelling beheerst.

Studielast 8 slu

Paragrafen
1. Werkwoordspelling
2. Hoofdletters en leestekens
3. Meervoudsvorming en verkleinwoorden
4. Samenstellingen, 'sommige(n)', getallen
5. Liggend streepje, trema, apostrof, accenten
6. Probleemwoorden
7. Hulpmiddelen bij de spelling

Referentieniveaus
- **1F** hoofdletters, punten, vraagtekens, uitroeptekens en aanhalingstekens
- **2F** persoonsvorm, homofone gevallen: tegenwoordige tijd stam op -d enkelvoud (hij wordt/word)
- **2F** hoofdletters bij eigennaam en directe rede
- **2F** verkleinwoord na open klinker (parapluutje)
- **2F** meervouds-s na klinker (meisjes, garages, fuchsia's, cafés)
- **2F** meervouds-n bij zelfstandig gebruikte verwijzing (allen versus alle)
- **2F** persoonsvorm, tegenwoordige tijd (klankvaste of zwakke) werkwoorden, enkelvoud
- **2F** trema, accent
- **2F** persoonsvorm, verleden tijd (klankvaste of zwakke) werkwoorden met stam op -d of -t
- **3F** persoonsvorm, tegenwoordige tijd 2e persoon of 3e persoon achter de persoonsvorm (word jij ziek, wordt je broer, wordt je de toegang ontzegd)
- **3F** persoonsvorm, met prefix, homofoon met voltooid deelwoord (hij beoordeelt/beoordeeld)
- **3F** voltooid deelwoord, homofone gevallen (verhuisd/verhuist)
- **3F** aaneenschrijving en losschrijving (moeilijkste gevallen)

NN online
- meer oefeningen
- testen bij Spelling
- samenvatting van dit hoofdstuk
- overzicht van de Ik kan-stellingen van dit hoofdstuk

Paragraaf 1

Werkwoordspelling

Hier volgt de beknopte theorie Werkwoordspelling uit vwo 4. We bespreken alleen de gevallen die het vaakst problemen opleveren.

Persoonsvorm tegenwoordige tijd
- Spel de persoonsvorm in de tegenwoordige tijd enkelvoud (pvtt)
- als stam (als er *ik* bij staat; als er *jij (je)* achter staat): *ik vind, vind jij*
- als stam + t (in alle andere gevallen): *jij vindt, hij/zij vindt, Jalien vindt*

Persoonsvorm verleden tijd
- Bij zwakke werkwoorden geldt: als de letter voor de uitgang *-en* van de *infinitief* in 't ex - f o k s ch aa p zit, dan schrijf je de verleden tijd (pvvt) als *stam + te(n)*; in andere gevallen als *stam + de(n)*.
- De spelling van de *sterke werkwoorden* levert geen problemen op. Maak ze langer om te horen of de laatste letter een *-d* of een *-t* is: *stond*, want: *stonden*.
- Onthoud: een persoonsvorm in de verleden tijd spel je nooit met *-dt*!

Import-werkwoorden
Engelse werkwoorden die in het Nederlands gebruikt worden, vervoeg je alsof het Nederlandse werkwoorden zijn. Je schrijft: hij *mixt*, hij *baseballt*, jij *rugbyde*.
- Laat de Engelse uitgangs-e staan, als je uitspraakproblemen krijgt:
  racen – ik *race* (*ik rac), hij *racet* (*hij ract); *timen* – ik *time* (*ik tim), hij *timet* (*hij timt).
- Gebruik in de verleden tijd gewoon 't ex - f o k s ch aa p
  Raadpleeg zo nodig het woordenboek.

Gebiedende wijs
Spel de gebiedende wijs (gw) als *stam*: *Kijk om je heen! Loop eens door!*

Onvoltooid deelwoord en voltooid deelwoord
- Spel het onvoltooid deelwoord (od) als infinitief + d(e): *kijkend(e), lopend(e)*.
- Gebruik voor het voltooid deelwoord (vd) van bekende zwakke werkwoorden de verlengproef. Als je alsnog twijfelt, kun je 't ex - f o k s ch aa p gebruiken.
- Van een onvoltooid deelwoord en een voltooid deelwoord kun je een bijvoeglijk naamwoord (bn) maken. Spel het bijvoeglijk naamwoord altijd zo kort mogelijk: *gepoot – gepote, verbreed – verbrede*; maar voor de uitspraak: *gejat – gejatte*.

Lastige gevallen
Er zijn werkwoorden die hetzelfde klinken, maar die op twee manieren geschreven worden: *vind – vindt; gebeurd – gebeurt; kosten – kostten; verraadden – verraden; verwoeste – verwoestte*.

- -d of -dt? Bij deze keuze gaat het om de persoonsvorm in de tegenwoordige tijd. Die spel je als *stam* of *stam+t*.
Stap 1: Bepaal welk onderwerp er bij de persoonsvorm hoort.
Stap 2: Beslis met het schema op blz. 216 of je *stam* of *stam+t* moet spellen.
Onthoud: bij werkwoorden waar geen *d* in zit, krijg je nooit *-dt*.

- -d of -t? In dit geval gaat het erom of de werkwoordsvorm persoonsvorm tegenwoordige tijd (pvtt) is (*gelooft*) of voltooid deelwoord (vd): *geloofd*.
Stap 1: Verander de zin van tijd. Een persoonsvorm verandert dan (*gelooft → geloofde*), een voltooid deelwoord niet.
Stap 2: Pas uit het schema op de volgende bladzijde de regel voor pvtt of vd toe.

-de(n) of -dde(n), -te(n) of -tte(n)? Hier gaat het erom of de werkwoordsvorm een persoonsvorm in de verleden tijd (pvvt) is of niet. Alleen bij pvvt komen -dde(n) en -tte(n) voor. In andere gevallen spel je vrijwel altijd -de(n) of -te(n), behalve als de infinitief -dd- of -tt- bevat (*redden, witten*): *geredde, gewitte*.
Voor al deze spellingregels kun je ook het volgende schema gebruiken.

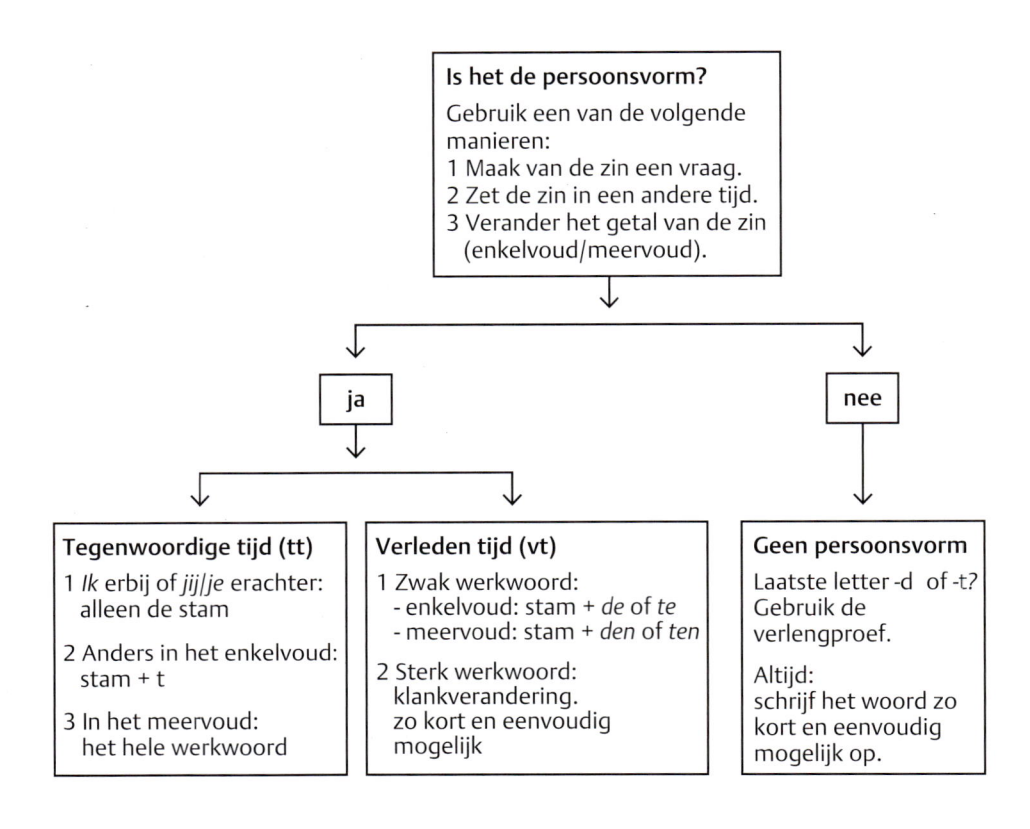

Is het de persoonsvorm?
Gebruik een van de volgende manieren:
1 Maak van de zin een vraag.
2 Zet de zin in een andere tijd.
3 Verander het getal van de zin (enkelvoud/meervoud).

→ ja / nee

Tegenwoordige tijd (tt)
1 *Ik* erbij of *jij/je* erachter: alleen de stam
2 Anders in het enkelvoud: stam + t
3 In het meervoud: het hele werkwoord

Verleden tijd (vt)
1 Zwak werkwoord:
- enkelvoud: stam + *de* of *te*
- meervoud: stam + *den* of *ten*
2 Sterk werkwoord: klankverandering. zo kort en eenvoudig mogelijk

Geen persoonsvorm
Laatste letter -d of -t? Gebruik de verlengproef.
Altijd: schrijf het woord zo kort en eenvoudig mogelijk op.

Opdracht 1

De onderstreepte werkwoordsvormen zijn correct gespeld. Leg uit welke spellingregel is toegepast.

1 De auto <u>slipte</u> in de scherpe bocht en <u>belandde</u> in de sloot.
2 Ik heb de rekening <u>gefaxt</u> en voor de zekerheid ook <u>ge-e-maild</u>.
3 <u>Verbrand</u> je echt je tuinafval, ondanks dat het de lucht <u>vervuilt</u>?
4 Voor de FIOD was <u>gearriveerd</u>, <u>deletete</u> de <u>frauderende</u> administrateur de bestanden die <u>gecheckt</u> zouden <u>worden</u>.
5 De orkaan <u>werd</u> <u>gevreesd</u> en bleek inderdaad <u>verwoestend</u>.

De onderstreepte werkwoordsvormen zijn niet correct gespeld. Leg uit welke spellingregel niet correct is toegepast. Noteer daarna de correct gespelde vorm.

6 <u>Bloosd</u> Isabel altijd als iemand haar <u>complimenteerd</u>?
7 Jerry heeft jarenlang <u>gebridgd</u> en <u>aquajogged</u> tegenwoordig ook geregeld.
8 De minister <u>bestreedt</u> uitdrukkelijk dat hij zijn zaken had <u>verslonst</u>.
9 Welk jurkje <u>raadt</u> je me aan voor het feest?
10 De journalist <u>vondt</u> het <u>verontrustent</u> dat hij al enkele dagen niets van zijn <u>ontvoerdde</u> collega had <u>gehoort</u>.

Zijn de onderstreepte werkwoordsvormen wel/niet correct gespeld? Licht je antwoord toe door uit te leggen welke spellingregel (niet) correct is toegepast. Noteer daarna zo nodig de correct gespelde vorm.

11 De <u>verzandde</u> mond van de rivier <u>word</u> met een cutterzuiger <u>uitgebaggerd</u>.
12 Toen Jean-Pierre uit de les Frans was <u>verwijderd</u>, liep hij <u>mopperent</u> naar de kamer van de afdelingsleider.
13 De uiteindelijke bouwsom <u>overschreed</u> ruimschoots het <u>begrote</u> bedrag.
14 In de Tweede Kamer <u>wordt</u> vaak <u>geschokt</u> <u>gereageert</u>, als er in ons land iets ernstigs <u>gebeurd</u>.
15 Dat mijn trainer me al die jaren heeft <u>gepushd</u>, heeft nu eindelijk resultaat <u>opgeleverd</u> en dat <u>betekend</u> veel voor me.

Opdracht 2

Noteer de persoonsvorm in de tegenwoordige tijd.

1 ... (geloven) de dierenarts niet dat jij al drie jaar thuis fretten ... (houden)?
2 Ik wil dat je me tijdig ... (informeren), als je het niet ... (redden) om het werk vandaag af te krijgen.
3 Janine ... (backpacken) al een jaar in Zuidoost-Azië en ... (bloggen) nu en dan om haar vrienden te informeren.
4 Zo'n tornado ... (vernielen) veel houten huizen, maar deze aannemer ... (herbouwen) die razendsnel.
5 Het ... (gebeuren) vaak dat een dementerende oudere zijn eigen kinderen niet meer ... (herkennen).
6 John ... (watertanden) al voordat hij het heerlijke gebakje ... (proeven).
7 Als de gemeenteraad het plan ... (aanvaarden), ... (ontketenen) dat vrijwel zeker een golf van protest.
8 Ik ... (vermoeden) dat je Justine op geen enkele manier ... (overtuigen).

Opdracht 3

Noteer de persoonsvorm in de verleden tijd.

1 Miss Overijssel ... (blozen) licht, toen men haar de prijs ... (overhandigen).
2 Doordat lekkende gifstoffen het rivierwater ernstig ... (vervuilen), ... (sterven) veel dieren en ... (vertonen) andere ziekteverschijnselen.
3 De scheikundige verbinding ... (verspreiden) een ondraaglijke stank, zodat alle leerlingen zich het lokaal uit ... (haasten).
4 Terwijl de kwakzalver zijn middeltjes ... (aanprijzen) en de goochelaar ... (goochelen), ... (ontfutselen) hun handlanger de toeschouwers hun beurzen en horloges.
5 Doordat de orkaan vele huizen ... (verwoesten), ... (raken) honderden mensen dakloos.
6 Mick ... (rocken) drie uur achtereen en ... (stagediven) twee keer.
7 De schoenpoetser ... (arbeiden) dag en nacht, maar hij ... (verdienen) het zout in de pap niet.
8 Hoe vaak de docent het probleem ook ... (uitleggen), de leerling ... (doorgronden) de oplossing niet.

Opdracht 4

Noteer de persoonsvorm in de tegenwoordige of de verleden tijd.

1 De barman ... (mixen) gisteravond enkele cocktails, die we gezellig samen ... (opdrinken), waarbij we ook nog heerlijke gezouten amandelen ... (nuttigen).
2 Het volk ... (betichten) Johan de Witt ervan, dat hij met de vijand ... (heulen) en dat ... (leiden) uiteindelijk tot zijn gewelddadige dood.
3 ... (eisen) de garagehouder nog steeds dat je reparaties en onderhoudsbeurten contant ... (betalen)?
4 Vanochtend ... (motregende) het nog, maar nu ... (gutsen) het water over de dakgoten.
5 De gebeurtenissen ... (voltrekken) zich zoals de ziener ze indertijd ... (voorspellen); alles ... (geschieden) zoals hij het voorzegd had.

Spelling > 1 Spelling > 1 Werkwoordspelling

6 Jelle en Miranda ... (fietsen) gisteren samen naar Wageningen en ... (lunchen) daar in Hotel de Wereld.
7 Amnesty International ... (beschuldigen) de VS ervan dat het land nog steeds geregeld de mensenrechten ... (schenden).
8 Toen de kinderen van Jericho de profeet Elisa ... (uitlachen) en ... (uitschelden) voor kaalkop, ... (sturen) hij twee berinnen op hen af.

Opdracht 5

Noteer eerst de werkwoordsvorm van het werkwoord tussen de haakjes: inf, gw, od, vd of bn. Schrijf daarachter het werkwoord in de juiste spelling.

1 ... (dwalen) door de feeëriek ... (verlichten) straten bekeek ik de talloze kraampjes, waarop allerlei kerstartikelen waren ... (uitstallen).
2 De ... (doden) konijnen werden aan het spit ... (roosteren) en vervolgens ... (verorberen).
3 Het plan werd ... (uitvoeren) zoals de bankrovers het ... (beramen) hadden en er werd driehonderdduizend euro ... (buitmaken).
4 ... (wenden) je maar tot de directeur als je klachten hebt over het ... (leveren) werk.
5 Door haar uit te schelden en haar portemonnee te ... (stelen) hebben jullie die mevrouw zeer onheus ... (bejegenen).
6 Welke van de ... (verloten) prijzen is er op het ... (winnen) lot ... (vallen)?
7 Spiritualiën en tabak worden tot de genotmiddelen ... (rekenen) en behoren tot de zwaarst ... (belasten) artikelen.
8 '... (redden) uzelf', zei ik tegen de drenkeling. 'Mijn aanwezigheid is elders ... (wensen).'

Opdracht 6

Noteer eerst de werkwoordsvorm van het werkwoord tussen de haakjes: pvtt, pvvt, inf, gw, od, vd of bn. Noteer daarna het werkwoord.

1 De kok ... (braden) de ... (slachten) kip en ... (koken) de pasta al dente.
2 Het uitzicht ... (worden) ernstig ... (belemmeren) door die voor mijn huis ... (plaatsen) bushalte.
3 Waarmee ... (betalen) die ondernemer zo'n prachtig ... (inrichten) jacht? Hij ... (dreigen) laatst nog failliet ... (verklaren) te worden.
4 De ... (stranden) potvis ... (worden) vanavond laat bij vloed naar dieper water ... (loodsen).
5 '... (sluiten) ramen en deuren', ... (waarschuwen) de weerman, maar gelukkig bleven de ... (verwachte) windsnelheden uit, omdat de storm eerder ... (bedaren) dan deskundigen ... (voorspellen) hadden..
6 Koerts vader had ... (toezeggen) zijn studie te ... (bekostigen), maar nu zijn ouders ... (scheiden) zijn, doet hij niet wat hij ... (beloven) had en ... (betalen) hij zijn zoon geen cent.
7 Vanuit zijn schuilplaats ... (observeren) de jachtopziener de damherten en ... (beoordelen) hij of de dieren nog gezond zijn.
8 Ik ... (vinden) het niet erg ... (bevredigen) dat CSV op de laatste plaats is ... (eindigen) en daardoor is ... (degraderen).

Opdracht 7

Maak met elk van de werkwoordsvormen een zin van minimaal acht woorden; in totaal dus zes zinnen. Er moet één vragende zin bij zijn.

1 begeleid – begeleidt
2 ontleed – ontleedt
3 verbrand – verbrandt

Opdracht 8

Maak met elk van de werkwoordsvormen een zin van minimaal acht woorden; in totaal dus zes zinnen. Er moet één vragende zin bij zijn.

1 bestuurd – bestuurt
2 ontregeld – ontregelt
3 verteld – vertelt

Spelling > 1 Spelling > 1 Werkwoordspelling

Opdracht 9

Maak met elk van de werkwoordsvormen een zin van minimaal acht woorden; in totaal dus zes zinnen. Er moet één vragende zin bij zijn.
1 ontaarde – ontaardde
2 verklede – verkleedde
3 verplichte – verplichtte

Opdracht 10

Kies van de werkwoorden tussen de haakjes de juiste vorm.
1 Voor niet (beantwoordde/beantwoorde) vragen worden geen punten toegekend.
2 Karin (beweerd/beweert) dat je van de ziekte van Pfeiffer maar langzaam (hersteld/herstelt).
3 De in de sloot (belandde/belande) vrachtauto (word/wordt) met een kraan weer op de weg getild.
4 Toen het klassieke rijwiel drie weken in weer en wind buiten bleef staan, (verroeste/verroestte) het snel.
5 De lezers waren (verbaasd/verbaast) over de (verlaatte/verlate) bezorging van hun ochtendkrant.
6 Het volk (verachte/verachtte) de soldaten van de dictator, die hun dorpen (verbrandden/verbranden) en (verwoesten/verwoestten).
7 Ingewijden (vermoedden/vermoeden) laatst al dat de zoon van de directeur binnenkort bedrijfsleider (word/wordt).
8 Onderzoek alle dingen en (behoud/behoudt) het goede, zo (luid/luidt) het advies van Paulus aan de burgers van Thessaloniki.

Opdracht 11

Spel het werkwoord tussen de haakjes correct.
1 … (zwaaien) naar de … (toestromen) menigte … (stappen) de president en zijn vrouw uit het zojuist … (landen) vliegtuig.
2 … (hijgen) en … (puffen) … (strompelen) de slecht … (trainen) marathonloopster over de New Yorkse eindstreep.
3 Mayonaise … (worden) … (bereiden) uit olie, azijn en … (klutsen) eidooier.
4 Hoewel Arthurs ridders … (bekendstaan) als bekwame jagers, … (ontvluchten) het hert met de witte voet hun telkens.
5 … (worden) wijzer, Marie, en … (kiezen) exact, dan weet je zeker dat je … (bakken).
6 Deze junk is al jaren … (afkicken), maar nu en dan … (blowen) hij nog wel, ook al … (schaden) dat zijn gezondheid.
7 Mijn opinieweekblad … (berichten) in het laatste nummer van vorig jaar dat men in de gezondheidszorg nog altijd veel geld … (verkwisten).
8 In de recentelijk … (bemesten) tuin … (bloeien) de abrikozen vorige week al uitbundig.

Opdracht 12

Werk in tweetallen.
1 Je hebt inmiddels kennisgemaakt met alle werkwoordsvormen. Maak nu een dictee van zeven zinnen voor je klasgenoten; er moeten ook samengestelde zinnen bij zitten. Zorg ervoor dat alle werkwoordsvormen (pvtt, pvvt, inf, gw, od, vd en bn) in de zinnen voorkomen. Het dictee moet er net zo uitzien als opdracht 11. Schrijf boven de zeven zinnen:
Dictee. Spel de werkwoorden tussen haakjes correct.
2 Wissel je dictee uit met dat van een ander tweetal en maak elkaars dictee.

Maak nu de Test op Nieuw Nederlands online.

Ik kan:
- de persoonsvorm van werkwoorden correct spellen.
- de infinitief, gebiedende wijs en voltooide en onvoltooide deelwoorden correct spellen.
- bijvoeglijke naamwoorden van deelwoorden correct spellen.

Paragraaf 2

Hoofdletters en leestekens

Hier volgt de beknopte theorie over hoofdletters en leestekens uit vwo 4.

Hoofdletters
Gebruik hoofdletters:
- aan het begin van een zin. Let op: als de zin met een apostrof begint, krijgt het tweede woord een hoofdletter. Let goed op met het gebruik van hoofdletters in zinnen met een directe rede
- bij persoonsnamen; *Arie van der Wal; A. van der Wal; de heer Van der Wal; Jelena van der Wal-ten Have*
- bij namen van verenigingen, instellingen, bedrijven en diensten
- bij aardrijkskundige namen en namen van merken, historische gebeurtenissen, straten, hemellichamen, gebouwen, feestdagen en bij titels van boeken en films

Met een kleine letter schrijf je namen van soorten (*een glaasje bordeaux*), historische periodes (*de middeleeuwen*), afleidingen van feestdagen (*kerstboom*), maanden, dagen, jaargetijden, windstreken (*zuidwesten;* maar: *het Verre Oosten*), religies en afleidingen ervan (*islam, gereformeerden, protestants-christelijk*).

Punt
Gebruik een punt:
- aan het eind van de zin
- bij afkortingen: *G.A. Bredero, enz.,m.a.w.*

Let op:
- schrijf afkortingen die als woord worden uitgesproken zonder punten: *TROS*
- schrijf maten en gewichten zonder punt: *kg, cm, dl*

Komma
Gebruik een komma:
- tussen de onderdelen van opsommingen, maar niet voor 'en'
- tussen twee persoonsvormen
- voor of na een aanspreking of een tussenwerpsel: *Hé, kijk eens uit, joh!*
- voor en na een bijstelling:
  Tom Poes, de vriend van Ollie B. Bommel, is een slim ventje.
- (in lange zinnen) voor een voegwoord waarmee de bijzin begint:
  De minister komt hier spreken, tenzij er onverwachte wendingen zijn. Gebruik in korte samengestelde zinnen geen komma.

Puntkomma en dubbele punt
Gebruik een puntkomma:
- tussen zinnen die sterk met elkaar samenhangen
- tussen delen van opsommingen, zeker als het om zinnen gaat
  Gebruik een dubbele punt bij een opsomming, directe rede of een verklaring.

Aanhalingstekens
Gebruik aanhalingstekens:
- bij een citaat:
  De novelle *De uitvreter* begint met de zin 'Behalve den man die de Sarphatistraat de mooiste plek van Europa vond, heb ik nooit een wonderlijker kerel gekend dan den uitvreter'.
- bij een directe rede:
  'Je moet me helpen', zei Naoual tegen haar vriend Yunus. 'Ik kan dit cryptogram niet oplossen.'

'*Laat me maar eens kijken*', antwoordde Yunus.
In deze twee zinnen hoort de komma niet bij de gesproken tekst; die staat dus buiten de aanhalingstekens. In de volgende zinnen horen de leestekens wel bij de gesproken tekst. Daar staan ze binnen de aanhalingstekens.
'Ik denk wel,' ging Yunus verder, 'dat ik nog een paar woorden weet.'
'Welke omschrijvingen weet je dan?' vroeg Naoual.
Yunus zei: 'Deze: De meester is van boven dommer. Weet jij die echt niet?'
'O ja, natuurlijk!' riep Naoual. 'Het antwoord is: onderwijzer.'
Let op: bij het weergeven van gedachten gebruik je geen aanhalingstekens.
Naoual dacht: misschien moet ik toch wat langer nadenken.
- om aan te geven dat een woord een andere betekenis heeft dan normaal:
  Met een beleggingsresultaat van min drie procent heeft het ABP weer een 'fantastisch' resultaat geboekt.
- als je het woord zelf bedoelt en niet de betekenis:
  Schrijf je 'onverbiddelijk' met één l of met twee?

Vraagteken en uitroepteken
- Gebruik een vraagteken aan het eind van een letterlijk gestelde vraag. Dus niet in de indirecte rede: *De journalist vroeg me waar Willem Wever woont.*
- Gebruik een uitroepteken aan het eind van een zin met een bevel of uitroep. Zet nooit meer dan één uitroepteken.

Haakjes
Gebruik haakjes wanneer je informatie geeft als toelichting, uitleg of voorbeeld. Haakjes kun je beter zo min mogelijk gebruiken, want ze verstoren de lopende tekst.

Beletselteken
Gebruik het beletselteken (drie puntjes):
- aan het eind van een zin die niet af is; de puntjes suggereren iets
- om in een citaat aan te geven dat je een stukje weglaat. Zet dan haakjes om het beletselteken.

Opdracht 13

Plaats in de zinnen hoofdletters en leestekens.
1. mag ik een glaasje bordeaux en een portie goudse kaas vroeg mevrouw van der berg-ter veld aan de kelner
2. in de herfst waait de wind vaak uit het noordwesten zei weerman piet paulusma en daar zijn ze in de gereformeerde kustplaatsjes op het zeeuwse zuid-beveland helemaal niet blij mee.
3. heeft de vlaamse jannetje van dalen zich werkelijk tot de islam bekeerd vroeg de journaliste van de telegraaf aan de pastoor van torhout
4. de voorzitter van voetbalclub xerxes zei 't is nog niet zeker dat onze vereniging eind december weer een kerstbal organiseert veel leden gaan dit jaar in die tijd op skivakantie
5. wij gaan vanavond chinezen mark merkte de minister van financiën op wil je misschien met ons mee

Opdracht 14

Plaats in tekst 1 de hoofdletters en de leestekens.

Tekst 1

Mis: Canada zet kroontje op verkeerde Miss

het geluk van denise garrido kon zaterdagavond niet op toen ze werd gekroond tot miss universe canada 2013 al was dat maar van korte duur nog geen 24 uur later ontdekte de organisatie immers dat ze een pijnlijke vergissing had gemaakt bij de uitreiking van de titel dus moest denise het felbegeerde kroontje afstaan aan de échte miss de 26-jarige riza santos

ik was volledig in shock en teleurgesteld zei een diep ontgoochelde garrido tegen abc news ik schaamde mij ook dood voor alle felicitaties die ik intussen al had ontvangen toch neemt de bijna-miss de organisatie niets kwalijk ik ben niet verbitterd en ook niet kwaad ze hebben heel open gecommuniceerd bovendien ben ik dolblij dat ik eens miss canada ben geweest, ook al was het maar voor 24 uurtjes de ene zijn dood betekent natuurlijk de andere zijn brood het kroontje van denise werd immers meteen doorgegeven aan de rechtmatige miss riza santos ik zat aan het zwembad van mijn hotel toen ze mij belden aldus santos aan haar lokale krant calgary herald

Naar: www.ad.nl

Opdracht 15

Plaats in tekst 2 de hoofdletters en de leestekens.

Tekst 2

Air New Zealand wil geen zichtbare Maori-tatoeages

air new zealand het bedrijf dat in zijn reclame-uitingen gebruikmaakt van maori-kunst heeft geweigerd een maori aan te nemen als stewardess vanwege haar traditionele ta moko-tatoeage de luchtvaartmaatschappij vindt dat de tatoeage als intimiderend kan worden ervaren de vrouw is gesuggereerd te solliciteren naar een functie bij het vrachtvervoer ik dacht dat ze trots waren als iemand met een ta moko de luchtvaartmaatschappij vertegenwoordigt aldus claire nathan op televisie bij het sollicitatiegesprek besliste de luchtvaartmaatschappij echter dat zichtbare tatoeages niet zijn toegelaten de passagiers komen uit verschillende culturen zei air new zealand tegen de zender in veel culturen worden tattoos als beangstigend en intimiderend ervaren

Naar: www.ad.nl

Ik kan:
- (2F) hoofdletters correct gebruiken.
- (2F) alle leestekens correct gebruiken, inclusief komma, puntkomma, dubbele punt en beletselteken.

Paragraaf 3

Meervoudsvorming en verkleinwoorden

Hieronder volgen in het kort de belangrijkste regels voor het vormen van de meervouden en verkleinwoorden. Wil je meer oefenen en meer uitgebreide theorie, ga dan naar NN online.

Meervoud op -s
- Schrijf de -s aan een woord vast als de uitspraak correct blijft:
  - *lepels, tantes, cafés, injecties, kangoeroes, dictees*
- Schrijf om uitspraakproblemen te voorkomen -'s:
  - bij afkortingen: *havo's, wc's, bobo's*
  - in woorden die eindigen op a, i, o, u, y: *pyjama's, ski's, radio's, menu's, baby's*

Maar: *etuis, cadeaus, diskjockeys, playboys, displays* (Hier is geen uitspraakprobleem.)

Meervoud op -en
- Als een woord eindigt op een onbeklemtoonde -ik, -es of -et, verdubbelt de laatste medeklinker niet: *monnik – monniken; bangerik – bangeriken; luiwammes – luiwammesen; lemmet – lemmeten.*
- Voor meervouden op -n of -en is de regel:
  - *klemtoon* op -ie → meervoud met -ën: *melod<u>ie</u> – melodieën*
  - *klemtoon* niet op -ie → meervoud met -n; trema op de e die er al staat: *bac<u>te</u>rie – bacteriën*

Moeilijke gevallen / Bijzondere gevallen
- Woorden op -ee hebben soms een meervoud op -s en soms op -en:
  - *abonnees, dominees* (-s aan het woord vast)
  - *ideeën, zeeën* (trema op de -e van de uitgang -en)
- Er zijn heel wat woorden met twee meervoudsvormen, met -s en met -en:
  - *appels – appelen; knechts – knechten; groentes – groenten; sponsors – sponsoren*
- Oorspronkelijk Latijnse woorden hebben soms twee meervoudsvormen:
  - *dosis – doses* of *dosissen*
  - *museum – musea* of *museums*, maar niet *musea's*
  - *datum – data* of *datums*, maar niet *data's*
  - *medium – media*; alleen als het een tussenpersoon betreft: *mediums*
  - *medicus – medici* en niet *medicussen*

Verkleinwoorden
- Maak verkleinwoordvormen door *-je, -kje, -pje, -tje* of *-etje* achter het zelfstandig naamwoord te zetten.
- Korte klanken worden als verkleinwoordvorm soms lang: *vat – vaatje.*
- Let op bij woorden die op een klinker eindigen: *hoera – hoeraatje; logé – logeetje; piano – pianootje; menu – menuutje; bikini – bikinietje; pony – pony'tje.*
- Afkortingen krijgen een apostrof: *sms'je, wc'tje, 4'tjes en 5'jes.*

Opdracht 16

Noteer het meervoud.

1. agenda
2. blad
3. criterium
4. dodo
5. coupé
6. employee
7. etui
8. garage
9. geboorte
10. goeroe
11. historicus
12. lomperik
13. moskee
14. olie
15. paragraaf
16. royalty
17. schip
18. symfonie
19. vakantie
20. volley

Opdracht 17

Maak de verkleinwoordvorm.

1. accu
2. auto
3. bal
4. colbert
5. helm
6. idee
7. jongen
8. karbonade
9. logé
10. machine
11. oma
12. pudding
13. sherry
14. slang
15. stem
16. taxi
17. truc
18. vereniging
19. vlag
20. wc

Opdracht 18

Zet de woorden waar (mv) achter staat in het meervoud en maak van de woorden waar (verkl) achter staat, de verkleinwoordvorm.

1. Hoewel op het terras (verkl) een bries (verkl) stond, dronk ik er een whisky (verkl), een borrel (verkl) en een paar bier (verkl, mv).
2. Als lunch nam Marije een lekker cappuccino (verkl) met een paar cake (verkl, mv) en een bonbon (verkl).
3. In het eetcafé (verkl) at Jerolimo twee patat (verkl, mv) en een saté (verkl), en toen hij daarna nog een sla (verkl) had verorberd, was hij een paar kilo (verkl, mv) aangekomen.
4. Er is een bekend reclamefilm (verkl) waarin een Melkunie-koe (verkl) Peer Mascini natspat door een bom (verkl) te doen.
5. Van bijwoorden en bijvoeglijke naamwoorden kun je ook verkleinwoord (verkl, mv) maken: toen het student (verkl) nog een groen (verkl) was, liep hij geregeld een blauw (verkl) bij de meisjes, waarna hij er stil (verkl) of stiekem (verkl) vandoor ging.

Ik kan:

- 2F verkleinwoorden correct spellen.
- 2F meervouden correct spellen, ook als het gaat om vreemde meervouden.

Paragraaf 4

Samenstellingen, 'sommige(n)', getallen

Hieronder volgen in het kort de belangrijkste regels voor (de tussenklanken in) samenstellingen, zelfstandig gebruikte bijvoeglijke naamwoorden en het schrijven van getallen.

Samenstellingen
Schrijf de volgende woorden aan elkaar:
- samenstellingen van twee of drie woorden
- getallen tot duizend (in letters) en samenstellingen met *honderd* en *duizend*
- voornaamwoordelijke bijwoorden die bestaan uit *er, hier, daar, waar* + *voorzetsel*: *eronderdoor, hiertegenover, daarover, waarheen*
- Let op:
    - *Ellen had haar dochtertje voor op de fiets. Haar zoontje zat achterop.*
    - *We zaten samen bij de tafel en de koektrommel stond erbovenop.*

Een werkwoordvoorzetsel blijft los van de combinatie met *er*. Vergelijk:
- *afvallen: René ging op dieet en viel ervan af.*
- *vallen: Joep klom op het dak en viel ervanaf.*

Tussen-s
- Schrijf de tussen-s als je hem hoort: *stadsgehoorzaal, beroepsvoetballer.*
- Als de tussen-s lastig te horen is, vervang dan het tweede deel en schrijf de -s als je hem in vergelijkbare samenstellingen hoort:

gezinssamenstelling, want: *gezinshereniging*

Ook in afleidingen kan een tussen-s voorkomen: *beroepsmatig.*

Tussen-e of tussen-(e)n
Schrijf in een samenstelling de tussen-en als het eerste woord een zelfstandig naamwoord is dat *alleen* een meervoud op -en heeft: *hondenhok; dierenbeul.*

Schrijf in de volgende gevallen geen tussen-en, maar (zo nodig) een tussen-e:
- het eerste deel heeft alleen een meervoud op -s:
  lente – lentes, dus: *lentemorgen*
- het eerste deel heeft twee meervouden, op -s en op -n:
  ballade – balladen + ballades, dus: *balladezanger*
- het eerste deel heeft geen meervoud: *benzine – benzinelucht*
- het eerste deel verwijst naar een uniek exemplaar:
  zonnesteek, Koninginnedag; maar: *koninginnenjurk*
- het eerste deel versterkt een bijvoeglijk naamwoord: *pikkedonker, reuzeleuk*
- het eerste deel is geen zelfstandig naamwoord:
  huilebalk, goedemorgen, blindedarm
- het woord wordt niet meer als een samenstelling gezien: *bruidegom, takkewijf*

In afleidingen schrijf je geen tussen-n: *hartelijk, klasseloos.*
Als je twijfelt, kijk dan in het woordenboek.

De meeste gevallen vind je eenvoudig met dit schema:

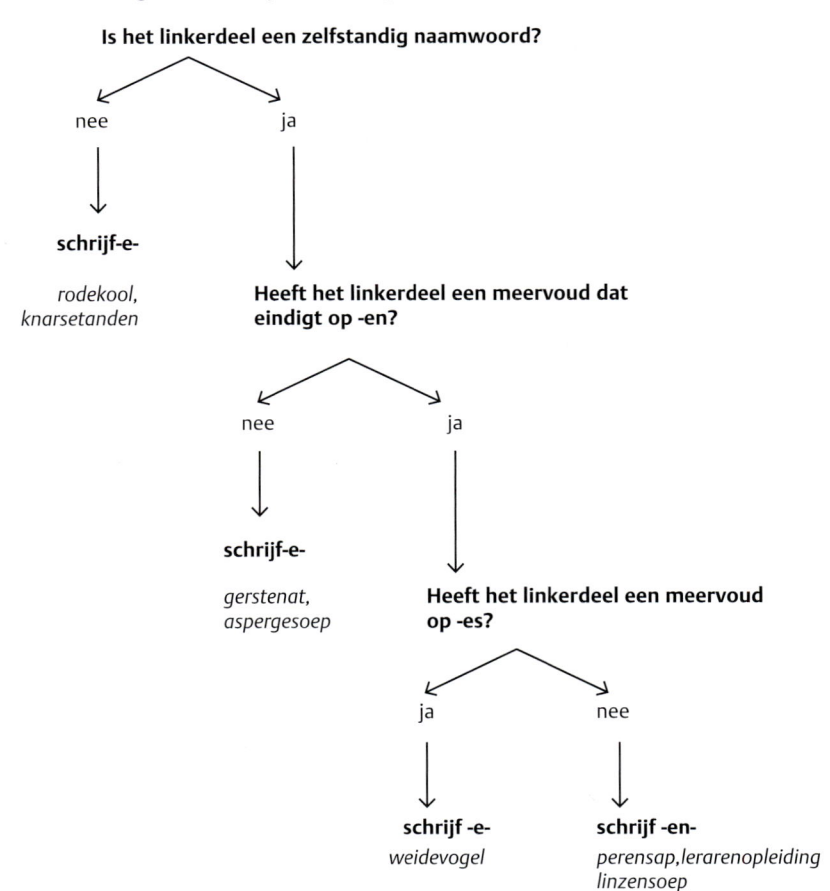

Is het linkerdeel een zelfstandig naamwoord?

- nee → **schrijf -e-**
  rodekool, knarsetanden

- ja → **Heeft het linkerdeel een meervoud dat eindigt op -en?**
  - nee → **schrijf -e-**
    gerstenat, aspergesoep
  - ja → **Heeft het linkerdeel een meervoud op -es?**
    - ja → **schrijf -e-**
      weidevogel
    - nee → **schrijf -en-**
      perensap, lerarenopleiding, linzensoep

Sommige of sommigen: zelfstandig gebruikte telwoorden en bijvoeglijke naamwoorden

Woorden als *sommige, vele, enkele, beide, andere* schrijf je met een -e
- als ze bijvoeglijk gebruikt worden:
  vele gegadigden, enkele aanwezigen, beide heren
- als ze betrekking hebben op zaken of dieren:
  Van die schilderijen wil ik er wel enkele kopen.
  De twee vrouwtjesolifanten waren beide zwanger.

Woorden als *sommige, vele, enkele, beide, andere* schrijf je met -en
- als ze zelfstandig worden gebruikt én betrekking hebben op personen:
  Alle aanwezigen dronken op het welzijn van het bruidspaar.
  De meesten van de leerlingen werkten met een grafische rekenmachine.
- Schrijf ook zelfstandig gebruikte bijvoeglijke naamwoorden met -en:
  doven en slechthorenden, bejaarden, zelfstandigen, alle genodigden

Let goed op: als het woord betrekking heeft op personen die al eerdergenoemd zijn in dezelfde zin, kun je vaak -e schrijven:
De leraren hebben een conflict met de werkgevers en sommige (leraren) drongen aan op een staking.
Maar niet altijd:
'Wij hebben geen vertrouwen meer in de werkgevers', zeiden de leraren, die allen vonden dat het tijd werd om te staken.

Getallen
- Gebruik cijfers bij getallen boven de twintig, uitgezonderd de ronde getallen:
  Er zijn door de brand in de studentenflat 35 studenten dakloos geraakt.
  Op het festival werden driehonderd documentaires vertoond.
- Gebruik cijfers bij maten, gewichten, bedragen, data, adressen, rekeningnummers:
  10 mei 1996, 42 centimeter, € 16,50

Let op: schrijf breuken los (*vier vijfde, zeven achtste*), behalve in een samenstelling: *tweederdemeerderheid*.
- Gebruik letters voor getallen tot en met twintig en voor tientallen:
  zeven, veertien, dertig
  Het eerste team, dat over twintig spelers beschikt, heeft al twaalf overwinningen op rij geboekt.
- Gebruik letters voor getallen als honderd, duizend, miljoen, miljard, biljard:
  De winst van dit bedrijf was vorig jaar dertien miljoen euro.

Opdracht 19

Schrijf aan elkaar wat aan elkaar moet.
1 een + eerste + klas + coupé
2 museum + directeur
3 baarmoeder + hals + kanker
4 maat + houden
5 vier + sterren + hotel
6 orde + houden
7 school + examen + onderdeel
8 er + naar + uit + zien
9 een + zware + anti + tank + raket
10 dertien + duizend
11 ter + beschikking + stellen
12 water + halen
13 dertien + miljard
14 dicht + bij + de + kerk

Opdracht 20

De volgende samenstellingen zijn correct gespeld. Leg uit waarom de spelling correct is.
1 goedenacht
2 geboortegolf
3 koeienziekte
4 gevoelskwestie
5 roggemeel

De volgende samenstellingen zijn niet correct gespeld. Leg uit waarom. Noteer daarna de correct gespelde vorm.
6 hogenschool
7 kranteartikel
8 zonnencel
9 kabinetchef
10 ruggegraat

Opdracht 21

Maak samenstellingen of afleidingen.
1 pen + etuitje
2 schip + journaal
3 aap + trots
4 tomaat + soep
5 recht + loos
6 huis + hoog
7 eik + hout
8 waarde + transport
9 liefde + spel
10 student + raad
11 auteur + recht
12 wit + kaas
13 reus + honger
14 meisje + stem
15 reus + rad
16 hoop + lijk
17 wesp + taille
18 doof + netel
19 pis + bed
20 pad + trek

Spelling > 1 Spelling > 4 Samenstellingen, 'sommige(n)', getallen

Opdracht 22

Kies de vorm met of zonder -n.
1 Er zijn nog altijd bedreigde diersoorten, maar de meeste(n) zijn tegenwoordig beschermd.
2 Van de vele vrouwen die de jaarmarkt bezochten, hadden slechts enkele(n) een gratis toegangsbewijs.
3 De meeste(n) blinde(n) hebben een goed ontwikkeld gehoor.
4 Onder de genodigde(n) waren veel kroonprinsen en sommige(n) waren goede vrienden van het huwelijkspaar.
5 Wij gaan alle(n) naar de universiteit als we ons vwo-diploma halen.
6 Van die worsten die de Italianen 'palle del nonno' noemen, heb ik er enkele(n) mee naar Nederland genomen.
7 Alleen de oudste(n) kinderen mochten naar de voorstelling, want voor de jongste(n) was die te moeilijk.

Opdracht 23

Maak van de cijfers letters waar dat moet.
1 Tussen de 3e dag van carnaval en 1e paasdag zitten altijd 40 dagen.
2 Omdat er geen 2/3 meerderheid was, werd het voorstel om tussen de lessen steeds 5 minuten te pauzeren, afgewezen; dat kostte de school helaas bijna 90 uren onderwijstijd.
3 Met bijbaantjes verdient 1 op de 3 jongeren meer dan 100 euro per maand bij, maar ongeveer 25 procent heeft desondanks financiële problemen.
4 De formule voor de slingertijd T van een slinger is 2 pi maal de wortel uit l gedeeld door g. Hoeveel seconden bedraagt dan de slingertijd van een slinger van 80 centimeter?
5 Op 10 mei 1940 viel Duitsland ons land binnen met meer dan 1000 stukken geschut en daarmee begon voor Nederland de 2e Wereldoorlog.

Opdracht 24

Verbeter de spelfouten in de volgende zinnen.
1 De meeste van deze vertegenwoordigers leggen jaarlijks tienduizenden kilometers af om producten als aspirine-buisjes, dienstbodeschorten, groentenstekken, bakkerroom en zuiveringzout aan de man te brengen.
2 In de nacht van zaterdag eenendertig januari op zondag één februari negentiendrieënvijftig voltrok zich in zuid west nederland de watersnoodramp, die aanvankelijk ook wel sint ignatius vloed werd genoemd en waarbij in ons land achttienhonderdzesendertig mensen om het leven kwamen.
3 In de warme bakkers winkel was een nep open haard geplaatst, waar omheen vijf klanten bij een zaten en kopjes cappuccino dronken.
4 Van de vijftien deelnemers aan de wandeltocht bereikten slechts enkele tijdig de finish, terwijl de meeste boordenvol stress hopenloos verdwaald raakten in dennebossen of tarwevelden.
5 'Te veel mensen in de gezondheidzorg hebben een nul uren contract', zei de bejaardenhuis-directeur in een radiointerview.

Ik kan:
- (2F) zelfstandig gebruikte verwijzingen correct spellen, al dan niet met een -n.
- (2E) beoordelen of ik getallen in cijfers of in letters moet schrijven.
- (3F) samenstellingen correct spellen, al dan niet met een tussenklank.
- (3F) beoordelen of ik woorden los of aaneen moet schrijven.

Paragraaf 5

Liggend streepje, trema, apostrof, accenten

Hieronder volgen in het kort de belangrijkste regels voor het gebruik van het liggend streepje (koppelteken, weglatingsteken en afbreekteken), de apostrof, het trema en de diverse accenten. Wil je meer oefenen en meer uitgebreide theorie, ga dan naar NN online.

Koppelteken
Gebruik een koppelteken in de volgende gevallen:
- om uitspraakproblemen te voorkomen (klinkerbotsing): *milieu-invloed*

Maar: *urineonderzoek, babyartikel.*
- in de naam van getrouwde vrouwen: *mevrouw De Kleine-ter Hoor*
- in woorden met de voorvoegsels adjunct-, aspirant-, collega-, ex-, interim-, niet-, non-, oud-: *ex-vriendin, niet-roker*
- voor een hoofdletter: *anti-Russisch, oer-Hollands, de commissie-Dijsselbloem*
- in combinaties van titels en beroepen: *chef-kok, trainer-coach*
- bij (afleidingen van) aardrijkskundige namen: *Zuid-Frankrijk, Zeeuws-Vlaamse*
- bij letters, cijfers, andere tekens en St of Sint/sint: *20+-kaas, $-tekens, sint-janskruid*
- in woorden die anders onoverzichtelijk worden: *hyena-vel, pop-opera*

Let op: gebruik bij getallen in woorden een trema: *drieënveertig.*

Weglatingsteken
Zet een streepje op de plek waar een deel van een woord is weggelaten:
- *aan- en afvoer, bruidsjurken en -boeketten*
   Let op: *import en export* wordt *in- en export*.

Je mag een woorddeel alleen weglaten als het in het andere woord dezelfde betekenis heeft. Schrijf dus niet: *auto- en brievenbussen*.

Afbreekstreepje
Gebruik het liggende streepje als afbreekteken, als een woord niet meer op de regel past. Breek alleen af tussen twee lettergrepen. Zorg ervoor dat er niet maar één klinker overblijft.
Voorbeeld: schrijf niet *e-*
nergierekening, maar: *energie-*
rekening
Als je twijfelt over de juiste plaats om af te breken, zet dan het hele woord op de volgende regel.

Dit zijn de belangrijkste afbreekregels:
- Breek samenstellingen bij voorkeur af tussen de delen: *energie-rekening*.
- Breek af tussen het grondwoord en een voor- of achtervoegsel: *on-gevaar-lijk*.
- Breek bij één alleenstaande tussenmedeklinker af vóór die medeklinker; de *ch* is één letter (zo klinkt hij ook): *zeuren: zeu-ren; kachel: ka-chel*.
- Als de tussenmedeklinker i is (klinkt als j), breek dan af na de i: *roei-en*.
- Breek bij *twee tussenmedeklinkers* af tussen die twee medeklinkers: *ber-gen*.
- Breek bij *drie of meer tussenmedeklinkers* zo af dat er geen combinaties van medeklinkers aan het begin van een lettergreep komen te staan die nooit in Nederlandse woorden voorkomen: *herf-stig* (en niet: *her-fstig*).
- Breek zo af dat er geen uitspraakproblemen ontstaan: *pu-bliek* (en niet: *pub-liek*).

Bij woordafbreking verdwijnt het trema: *coëxistentie → co-existentie*.

Trema
Plaats het trema altijd op de eerste letter van de volgende lettergreep:
ree-en, dus: *reeën*; *kopi-eren*, dus: *kopiëren*, maar: *gekopieerd*.
Let op:
- geen trema bij *-eum: museum*; *-iig/-iing: heiig*; *-cien: opticien*; *-ieus: modieus*.
- geen trema bij *bea-, gea-, beo-, geo-*: *beantwoord, geaard, beoogd, geopend*; maar wel bij: *geë-, geï-* en *geü-*: *geërgerd, geïndustrialiseerd, geürineerd*.

Apostrof
Gebruik de apostrof
- op de plaats van een weggelaten letter: *m'n hond; 's-Heerenbroek; 't Is goed*.
- op de plaats van een weggelaten bezits-s: *Trix' handtas, Klaas' mobieltje*
- om uitspraakproblemen bij het meervoud en bezitsaanduidingen te voorkomen (ezelsbruggetje: ik ho u van y 's): *piano's, Karima's sluier*
  Let op: geen uitspraakprobleem, dan de bezits-s aan het woord vast: *Ankes boek*.
- in afleidingen van letter- en cijferwoorden: *CDA'er, vwo's, 50+'er, ge-sms't*
  Let op: afleidingen van letterwoorden die je als woord uitspreekt, schrijf je zonder apostrof (*havoër*)
  Let op: in samenstellingen met een letter- of cijferwoord zet je geen apostrof, maar een liggend streepje: *vmbo-leerling, VVD-voorzitter, A3-papier*.
- bij verkleinwoorden op -y: *baby'tje*; maar: *cowboytje, displaytje*

Accenttekens
Zo gebruik je de accenttekens accent aigu (streepje voorover: é), accent grave (streepje achterover: è) en het accent circonflexe (dakje: ê):
- Accenttekens komen eigenlijk alleen voor op de letter e: *paté, caissière, crêpe*
- Slechts in enkele woorden komen ze ook voor op andere letters:
  twee à drie tabletten, skûtsjesilen, tambour-maître
- Om klemtoon aan te geven wordt het accent aigu gebruikt. Als een klinker of tweeklank met twee of meer letters geschreven wordt, krijgen de eerste twee letters een klemtoonteken: *Ik lust geen tomátensoep, maar wel gróéntesoep*.

De cedille onder aan de c (ç) zorgt ervoor dat een c als s klinkt, wanneer die voor een a, o of u staat (*façade, Curaçao*). Normaal klinkt de c in die gevallen als k: *carport, colbert, cumulatief*.

Opdracht 25

Maak van de volgende woorden zo mogelijk één woord. Plaats zo nodig een koppelteken.
1. Rotterdam + Centraal
2. luitenant + kolonel
3. bio + industie
4. anti + westers
5. kant + en + klaar + maaltijden
6. Rabo + bank
7. zich + iets + toe + eigenen
8. mede + inzittende
9. mini + jurk
10. rij + examen
11. Noord + oost + Groningen
12. 's + Graven + hage
13. mede + burgers
14. diploma + uitreiking
15. politie + operatie
16. 80 + jarige

17 tachtig + jarige
18 eerste + lijns + gezondheids + zorg
19 laag + bij + de + grondse + praktijken
20 anti + autoritair

Opdracht 26

Spel correct: schrijf aan elkaar wat aan elkaar moet; gebruik waar dat kan een weglatingsstreepje.

1 buik oefeningen en billen oefeningen
2 aanvoer troepen en afvoer troepen
3 jongens shirts en jongens spijkerbroeken
4 vlakke weggedeelten en hellende weggedeelten
5 tweede generatie allochtonen en derde generatie allochtonen
6 thee kopjes en koffie kopjes
7 eerste klas coupés en tweede klas coupés
8 transport ondernemingen en handels ondernemingen
9 film tekenaars en film producenten
10 overheids instellingen en provinciale instellingen
11 zater dag morgen en zon dag morgen
12 kolen productie en staal productie en kolen transport en staal transport

Opdracht 27

Breek de volgende woorden correct af.

1 angstig
2 beoordeeld
3 zwaaien
4 buitensporten
5 financieel
6 irreëel
7 goochelen
8 springen
9 zwaarden
10 veruit
11 bezigheid
12 alinea
13 stereotoren
14 signaal
15 barsten
16 vernieuwen
17 bloempjes
18 bioscoop
19 officieus
20 accordeonmuziek

Opdracht 28

Plaats waar nodig een koppelteken, trema, apostrof, accent of cedille.

1. creme brulee
2. geeindigd
3. eeneiig
4. curatele
5. recu s
6. s avonds
7. audicien
8. barriere s
9. feteren
10. musicienne
11. k Wist t niet.
12. tetraeder
13. egoisme
14. zeearenden
15. mausoleum
16. notariele
17. tete a tete
18. definieren
19. garcon s
20. ruine s
21. poezie
22. evacueren
23. coordinatie
24. chaotisch
25. Huygens gedichten
26. drieentwintig
27. dedain
28. hehe
29. knackebrod
30. comite s

Opdracht 29

Spel de woorden tussen haakjes correct.

1. Op een terras in (zwolle zuid) dronken we (s middags) met (z n) (drieen) een kopje koffie met een (cafe noir) en een paar glaasjes (rose).
2. De (trainer coach) wilde in het laatste (duel) wat (varieren) met de opstelling van zijn (voor hoede spelers en achter hoede spelers; noteer dit zo kort mogelijk).
3. Bij dit (auto ongeluk) waren behalve de (ex man) van de (maitresse) van de (oud minister) ook een (moslim fundamentalist) en de eigenaar van een (klaar terwijl u wacht hakken bar) betrokken.
4. Het heeft (Klaas zusje) bijzonder (geirriteerd) dat ze voor beide (reunies) van haar oude (basis school) niet was (geinviteerd).
5. 'Moet je ovulatie afbreken als (o-vulatie) of als (ovu-latie)?' vroeg de (frele) freule met enige (gene) aan haar gouvernante.
6. Op de (gala avond) konden de notabelen kiezen uit twee voorstellingen: een (solo show) van een (stand up comedian) en een (opera uitvoering).

Ik kan:

- trema, apostrof, accent aigu, accent grave, accent circonflexe en cedille correct gebruiken.
- koppelteken, weglatingsstreepje en afbreekstreepje correct gebruiken.

Paragraaf 6

Probleemwoorden

Bij sommige woorden twijfel je altijd over de schrijfwijze. Van moeilijke woorden kun je de spelling opzoeken in het woordenboek, bijvoorbeeld een onlinewoordenboek als www.woorden.org, www.vandale.nl of de Woordenlijst Nederlandse Taal (http://woordenlijst.org), maar je kunt de spelling ook uit je hoofd leren.

102 lastige Nederlandse woorden

abonnees	excuus	niettemin
accommodatie	enigszins	nochtans
achttien	enthousiast	onmiddellijk
acuut	enquête	onverbiddelijk
adellijk	faillissement	opticien
adolescent	fascisme	oeuvre
agressie	financieel	parallellen
alinea	financiële	penicilline
alleszins	financiën	per se
allochtoon	geenszins	practicum
althans	gefascineerd	procedé
apparaat	gerechtelijk	product
baby'tje	gewelddadig	professor
barbecueën	gezamenlijk	puberteit
baseren	hardnekkig	publicatie
begrafenis	hartstikke	pyjama
begroeiing	hiërarchie	racisme
burgemeester	hopelijk	recensie
burgerlijk	hygiënisch	rechterlijk
carrière	identiteit	reëel
caissière	illusie	reële
chagrijnig	insect	represailles
cheque	interessant	sowieso
comité	interview	staatsieportret
commissaris	juffrouw	toentertijd
consequent	klerezooi	toernooi
daarentegen	kopiëren	tournee
debacle	legitimatie	twijfelen
decennium	liniaal	uittreksel
dichtstbijzijnde	litteken	vacuüm
discipline	luxueuze	wederrechtelijk
diskette	manoeuvreren	weifelen
eigenlijk	millimeter	weliswaar
eczeem	namelijk	yoghurt

Opdracht 30

Noteer de juiste vorm.
1 achtien – achttien
2 eczeem – exceem
3 facisme – fascisme
4 hardnekkig – hartnekkig
5 intervieuw – interview
6 lineaal – liniaal
7 nochtans – nochthans
8 onmiddelijk – onmiddellijk – onmidelijk – onmidellijk
9 tweifelen – twijfelen
10 wederechtelijk – wederrechtelijk – wederrechtelijk

Opdracht 31

Schrijf over en vul de ontbrekende letter(s) in.
1 a...o...odatie
2 ba...eren
3 daar...ntegen
4 fai...i...ement
5 gezam...lijk
6 inte...e...ant
7 le...i...i...atie
8 sta...ieportret
9 toen...ertijd
10 ui...reksel

Opdracht 32

Als je commentaar geeft op een tekst van een medeleerling, moet je ook de spel- en interpunctiefouten verbeteren. Schrijf de zinnen over en verbeter alle fouten die je ziet.

1 'Als je efficiënt studeerd', zei mevrouw Van Dongen, de docente engels, 'ben je eigenlijk hardstikke snel klaar'.
2 De meeste abbonnees waren onmiddellijk entousiast, toen de publicatie's over de teloorgang van het westeuropese facisme in het tijdschrift werden geplaatst.
3 Het is een ilusie om te denken dat docenten konsekwent zijn in hun benadering van leerlingen; dat zijn ze namenlijk geenzins.
4 'Vindt jij een rascistische opmerking een excuus voor zulk aggressief gedrag', vroeg de directrice, die onderwijl nadacht over mogelijke represailes.
5 Door te barbecuën met de burgermeester en vertegenwoordigers van de rechtelijke macht probeerde de directeur de slechte financiële positie van het bedrijf te maskeren om zo een faillisement af te wenden.

Ik kan: 2E probleemwoorden correct spellen, al dan niet met behulp van een woordenboek of woordenlijst.

Paragraaf 7

Hulpmiddelen bij de spelling

Als je een tekst geschreven hebt, moet je die altijd controleren op spelfouten. Doe dat achteraf in een aparte controleronde. Maak daarbij gebruik van (digitale) hulpmiddelen: de spelling- en grammaticacontrole van Word, het (digitale) woordenboek (www.woorden.org of www.vandale.nl), of de Woordenlijst Nederlandse Taal, ook wel het Groene Boekje genoemd: http://woordenlijst.org.

De spelling- en grammaticacontrole van Word

In je tekst worden spelfouten rood onderlijnd, grammaticale fouten groen. Helaas kan Word niet alle spellingproblemen voor je oplossen. Sommige fouten ziet het programma niet. Hoe nieuwer je programma, hoe meer fouten de computer herkent. Enkele voorbeelden van fouten die de spelling- en grammaticacontrole wél opmerkt:
- spelfouten in onveranderlijke woorden:
  Het gras is greon.   moet zijn: *groen*
  welkomsdrankje   moet zijn: *welkomstdrankje*
- verbuigingen van bijvoeglijke naamwoorden:
  een groene boek   moet zijn: *een groen boek*
- fouten met hoofdletters:
  Ik woon in amerika.   moet zijn: *Ik woon in Amerika.*
- onjuist gekozen lidwoorden of aanwijzende voornaamwoorden:
  de boek, deze boek, die boek moet zijn: *het boek, dit boek, dat boek*
- sommige fouten met verwijswoorden:
  het boek die ik je aanraad   moet zijn: *het boek dat ik je aanraad*

Enkele voorbeelden van fouten die de spelling- en grammaticacontrole níet herkent:
- de meeste fouten in de werkwoordspelling:
  het boek dat ik je aanraadt
- woorden die je aan elkaar (*inzendingen*) of juist los (*te veel*) had moeten schrijven:
  Er waren teveel in zendingen.
- congruentiefouten:
  De jongens gaat naar school. (moet zijn: *gaan*)
  Er waren teveel in zendingen. (Hier suggereert de computer 'was'.)
- fouten met leestekens:
  hoe, gaat het met jou!
- veel fouten met verwijswoorden:
  het boek wat ik je aanraad
  Zie je dat meisje? Hij is ziek.

De Woordenlijst Nederlandse Taal

In de Woordenlijst Nederlandse Taal – de handigste site is http://woordenlijst.org – kun je de spelling van alle basiswoorden van het Nederlands opzoeken. Je kunt bijvoorbeeld vinden of je 'gebruik maken' moet schrijven of 'gebruikmaken'. Ook de werkwoordsvormen vind je op deze site: **deleten** *[de·le·ten], ww., deletete [de·lete·te], gedeletet [ge·de·letet], delete [de·lete], deletet [de·letet].*

Ook vind je het meervoud en soms de verkleinvorm van zelfstandige naamwoorden: *amfibie – amfibieën; kolonie – kolonies, koloniën; kolonietje.* Veel samenstellingen staan er niet in. Je vindt er niet of het *antilopegewei* is of *antilopengewei.* Maar dat geeft de spellingcorrector dan weer wel aan.
Overigens zijn vrijwel alle spellingregels op deze site te vinden, maar over interpunctie (leestekens) vind je er niets. Ook de betekenis van een woord staat er niet in. Daarvoor moet je naar een woordenboek.

Het digitale woordenboek

Je kunt gratis voor een beperkt aantal veelvoorkomende woorden het onlinewoordenboek van Van Dale raadplegen: www.vandale.nl/vandale/opzoeken/woordenboek. Je kunt ook kijken op www.woorden.org, een site waarop je ook kunt zoeken op spreekwoorden en gezegden.
Het woordenboek geeft in ieder geval de drie belangrijkste vormen van elk werkwoord:
de·le·ten [dielietə(n)] (werkwoord; deletete, heeft gedeletet) **1** (computer) schrappen, wissen
Verder vind je de betekenis en bij lastige woorden de uitspraak: dielietə(n). Ook vind je bijvoorbeeld het meervoud van zelfstandige naamwoorden (*regio's, amfibieën, catalogi*) en het geslacht, wat handig is als je moet verwijzen: *Het is een mooie catalogus (m), maar ik heb hem weggegeven.*

Opdracht 33

Je hebt inmiddels veel over spellingproblemen geleerd. Een aantal van die moeilijkheden kom je tegen in dit einddictee.
Neem de volgende zinnen over en
- plaats, waar nodig, leestekens (punt, komma, dubbele punt, puntkomma, vraagteken, uitroepteken, aanhalingstekens etc.), spellingtekens (trema, koppelteken, apostrof, accenttekens) en hoofdletters;
- vul, waar nodig, de ontbrekende letters in;
- schrijf, waar nodig, woorden die los van elkaar staan of letters die losstaan, aaneen;
- verander zo nodig cijfers in letters of andersom.
- Je mag geen woorden afbreken aan het eind van de regel.

Let op: *Als je twijfelt over een antwoord, gok dan niet. Gokken gaat wel snel, maar je leert er niets van. Bekijk de theorie en beslis dan pas over het juiste antwoord.*

Gebruikte afkortingen:
mv = meervoud
tt = tegenwoordige tijd
vt = verleden tijd
vd = voltooid deelwoord   verkl = verkleinwoord

Opdracht 34

Een zomerdrama in dertien zinnen

1 's zaterdags staan er vaak advertentie (mv) in de krant waarin een va...antie aan de mi...e...andse (d of dd; l of ll) zee ... (worden) ... (aanraden; vd)

2 vel... (e of en) duizend... (e of en) t...risten varieren... van wao ers en aow gerechtigd... tot chef koks en ministers van financien ... (trachten; vt) ook dit jaar een plaatsje te bemachtigen in het hete zand aan de zuid oost franse kust

3 denk je vroeg agnes zusje karlijn aan haar vriend alex dat wij van onze ouders met een auto (verkl) naar de riviera mogen

4 alex ... (vermoeden; vt) dat hun papa (mv) niet zouden toestemmen en ook van de z...de (ei of ij) van de dame (mv) ... (verwachten; vt) hij bezwaren

5 maar hij ... (schatten; vt) hun idee (mv) enig...ins verkeer... in want zowel zijn eigen door zijn zusje ... (voorbereiden) opvoeders als karlijn s ouders gingen wel deg...lijk (e of en) a...oord (c, cc, k of kk)

6 alleen een auto ... (worden; vt) niet ter beschi...ing (k of kk) ... (stellen) die mocht worden ... (aanschaffen) op een tweede hands auto beurs

7 de bikini (verkl; mv) werden ... (inpakken) en daarna ... (reizen; vt) het stel begin juli af naar noord italie omdat in frankrijk geen a...artement (p of pp) meer te krijgen was en na negen honderd twee en negentig minuten hard door het bui...ge landschap r...den (ei of ij) ... (bereiken; vt) ze het gardameer

8 ze ... (inspe...teren; c of k; vt) onmi...e...ijk (d of dd; l of ll) hun keurig ... (inrichten) kamer die modern ... (meubileren) was. Maar dan gaat het mis.
9 in een van de vele disco (mv) ... (ontwaren; tt) Karlijn al de 1e avond een van haar oude liefde's een nog altijd zeer in haar geïnte...e...eer...e (r of rr; s of ss; d of dd) opticien uit 's-heerenbroek die binnen een uur drie al...oholische (c of k) consumptie (mv) voor haar ... (bestellen)
10 de a...aire (f of ff) ... leiden (tt) tot een allervervelen...e nachtelijke ruzie op de hotel kamer die hoorbaar is tot in de dich...bijzijnde café (mv)
11 dat geslijm met die overijsselse uil...bril ... (worden; tt) me te gek bijt alex karlijn schreeuwen... toe
12 karlijn ... (antwoorden; tt) ik ... (vinden; tt) die jongen gewoon nog steeds har...stikke aardig maar verder heb ik niks kwaads ... (bedoelen) door met hem te ... (praten)
13 een zeeuws vlaamse politie agent ... (trachten; vt) het ...onfli...t (c of k; c of k) te sussen maar genieten van de ...omfortabele a...o...odatie (c of cc; m of mm) was niet meer mog...lijk zodat de twee ex liefje (mv) de volgende ochtend gezam...lijk de terug tocht ... (aanvaarden; vt)

Opdracht 35

Werk in tweetallen.
1 Maak nu een dictee van vijf zinnen voor je klasgenoten. Zorg ervoor dat alle dertien onderwerpen die op blz. 214 bij het kopje Referentieniveaus genoemd worden, in de zinnen voorkomen. Het dictee moet er net zo uitzien als het dictee bij opdracht 34, maar het hoeft geen verhaaltje te worden. Schrijf boven de vijf zinnen dezelfde instructie als boven het dictee bij opdracht 34.
2 Wissel jullie zinnen uit met die van een ander tweetal en maak elkaars dictee. Als je twijfelt over een antwoord, bekijk dan eerst de theorie en beslis dan pas over het juiste antwoord.

Maak nu de Test op Nieuw Nederlands online.

Ik kan:

3E foutloos spellen met behulp van de spellingcontrole en/of een woordenboek of woordenlijst.

Controle hoofdstuk 1

- Welke spellingregels gebruik je voor de persoonsvorm in de tegenwoordige tijd?
- Welke spellingregels gebruik je voor de persoonsvorm in de verleden tijd?
- Hoe spel je de gebiedende wijs?
- Hoe bepaal je de laatste letter van een voltooid deelwoord?
- Hoe maak je van een infinitief een onvoltooid deelwoord?
- Welke regel(s) hanteer je als je van een voltooid of een onvoltooid deelwoord een bijvoeglijk naamwoord maakt?
- Wanneer gebruik je de volgende leestekens: punt, komma, puntkomma, dubbele punt, aanhalingstekens, vraagteken, uitroepteken, haakjes, beletselteken?
- In welke gevallen gebruik je een hoofdletter?
- Welke regels kent het Nederlands om het meervoud te vormen?
- Met welke achtervoegsels maak je verkleinwoorden?
- In welke gevallen schrijf je woorden aan elkaar?
- Wanneer komt er in samenstellingen -e-, wanneer -en-, en wanneer -s- tussen de delen?
- Wanneer schrijf je woorden als enkele(n) en vele(n) met een -n en wanneer zonder -n?
- In welke gevallen schrijf je getallen in cijfers?
- Hoe gebruik je het liggend streepje, het trema, de apostrof en de verschillende accenten?
- Welke digitale hulpmiddelen kun je gebruiken om correct te spellen?

Cursus

Woordenschat

Woorden zijn de adem van de ziel.

Pythagoras, Grieks filosoof en wiskundige
580 - 504 v.Chr.

Hoofdstuk 1

Moeilijke woorden

Soms moet je de betekenis van een moeilijk woord goed kennen om een groter stuk tekst te begrijpen. Het is dan niet altijd nodig om een woordenboek te gebruiken, want de betekenis van een moeilijk woord is vaak af te leiden uit de tekst of uit de woorddelen.

Studielast	8 slu
Paragrafen	1 Griekse en Latijnse woorden en uitdrukkingen
	2 Woorden rond het thema 'Psychologie en filosofie'
	3 Woorden rond het thema 'Natuur en milieu'
	4 Woorden rond het thema 'Europa'
	5 Woorden rond het thema 'Migratie en integratie'
Referentie-niveaus	**2F** Op dit niveau is de woordenschat geen onderscheidend kenmerk van leerlingen meer. De woordenschat van de leerling is voldoende om teksten te lezen en wanneer nodig kan de betekenis van onbekende woorden uit de vorm, de samenstelling of de context afgeleid worden.
NN online	• meer oefeningen
	• de Test Woordenschat
	• samenvatting van dit hoofdstuk
	• overzicht Ik kan-stellingen van dit hoofdstuk

Woordenschat > 1 Moeilijke woorden > 1 Griekse en Latijnse woorden en uitdrukkingen

Paragraaf 1

Griekse en Latijnse woorden en uitdrukkingen

In de eindexamenteksten komen vaak 'moeilijke woorden' voor die uit het Grieks en Latijn zijn overgenomen. Soms bestaat zo'n woord voor een deel uit een Grieks of Latijns woord. Het is handig om zulke woorden uit de klassieke talen te kennen. Ook helpt het als je Griekse en Latijnse voorvoegsels kent. Die heb je in 4 vwo geleerd. Daar zijn ook veelvoorkomende Latijnse uitdrukkingen behandeld. In deze paragraaf leer je er nog meer.

Opdracht 1

Leid de betekenis van de volgende woord(groep)en af met behulp van de Griekse/Latijnse woorden en hun betekenissen die erachter staan.

1. apathisch — pathos = hartstocht
2. aristocratie — aristos = beste; kratos = macht
3. canon — kanoon = maatstok; regel; voorschrift
4. demonisering — demon = duivel; slecht mens
5. egocentrisch — ego = ik
6. euthanasie — eu = goed; thanatos = dood
7. filantroop — fil- = vriend van; beminnend; antropos = mens
8. fysisch — fysis = natuur
9. hypothetisch — hypo- = onder-; thesis = stelling
10. kosmopoliet — kosmos = heelal; politès = burger (van de 'polis' = stad)
11. latent — latere = verborgen zijn
12. lectuur — legere = lezen
13. liquideren — liquidare = vloeibaar maken; (doen) afvloeien
14. metamorfose — meta = na-; achter-; veranderend in; morphè = vorm
15. narcistisch — Narcissus = schone jongeling die verliefd werd op zijn spiegelbeeld
16. nihilisme — nihil = niets
17. pandemonium — pan = al; geheel; demon = duivel; slecht mens
18. pantheon — pan = al; geheel; theos = god
19. paradoxaal — para = tegen; naast; doxa = mening
20. psychosomatisch — psychè = ziel; geest; soma = lichaam
21. radicaal — radix = wortel
22. utopisch — ou = niet; topos = plaats
23. versus — vertere = keren; wenden
24. vice versa — vertere = keren; wenden; vice (van 'vix') = beurtwisseling
25. vitaliseren — vita = leven

Opdracht 2

Vul in elke zin een van de woord(groep)en in uit bovenstaande opdracht. Soms moet je de vorm van het woord enigszins aanpassen.

1. Klachten als hoofdpijn en duizeligheid zijn niet zelden ...²⁰, omdat de lichamelijke ongemakken waarschijnlijk een geestelijke oorzaak hebben.
2. Mijn grootvader volgt het wereldnieuws op de voet, maar je kunt hem geen ...¹⁰ noemen, want hij is nooit veel verder dan zijn geboortestreek geweest.
3. Volgens het parlementslid maken politieke tegenstanders zich schuldig aan ... van zijn partijleider, omdat die wordt afgeschilderd als een soort satan.
4. Het vervallen krot had een ...¹⁴ ondergaan: de timmerman had er in enkele maanden een klein paleisje van gemaakt.
5. Als ...⁸ geograaf beschreef hij de 'gaten' in de aardkorst in Noord-Noorwegen, die volgens sommigen het gevolg waren van meteorietinslagen.
6. 'Wie de vrede liefheeft, wapene zich ten oorlog' lijkt een ...¹⁹ uitspraak, maar in veel kringen wordt die opvatting onderschreven.
7. Het jaarrapport was blijkbaar slaapverwekkende ...¹², want de meeste lezers zaten al snel te knikkebollen boven de papieren.

Woordenschat > 1 Moeilijke woorden > 1 Griekse en Latijnse woorden en uitdrukkingen

8 Staat er in de ... van de Nederlandse literatuur eigenlijk wel een jeugdboekenschrijver?
9 In veel landen geldt ... als een misdrijf, omdat vooral vanuit religieuze overwegingen wordt gesteld dat niet de mens, maar God beschikt over leven en dood.
10 Wat je ook vertelt over jezelf, hij is zo ... dat hij alles op zichzelf betrekt en zich nauwelijks in anderen kan verplaatsen.
11 De uitgeputte vluchtelingen zaten ... voor zich uit te kijken, nadat ze gehoord hadden dat ze de grens niet over mochten.
12 Dennis zakt zeer waarschijnlijk voor het examen, maar in het ... geval dat hij toch slaagt, gaat hij volgend jaar orthopedagogie studeren.
13 De naam Nietzsche is onlosmakelijk verbonden aan het ..., omdat hij als eerste filosoof veel aandacht besteedde aan het besef van 'zinloosheid'.
14 Voor de vlucht Amsterdam-Malaga ... betaal je niet meer dan 200 euro.
15 Toen de wethouder de zaal meedeelde dat alle bewoners uit de wijk geëvacueerd zouden worden vanwege de mogelijk aanwezige asbest, brak er een ... uit onder de aanwezigen.
16 In de schaaktweekamp Carlsen ... Anand is in de derde partij al na twintig zetten remise overeengekomen.
17 De ziekte die de ogenschijnlijk kerngezonde Nicoline nekte, bleek later al langere tijd ... aanwezig te zijn geweest.
18 Wie vroeger tot de ... behoorde, werd vaak door zijn vermogende ouders op jonge leeftijd op reis gestuurd naar het buitenland om zich op die manier te ontwikkelen.
19 In het ... van onze negentiende-eeuwse romanschrijvers mogen in geen geval Nicolaas Beets, Multatuli en Piet Paaltjens ontbreken.
20 Als mensen uit het criminele circuit worden ..., hoor je cynici wel eens zeggen: 'Opgeruimd staat netjes'.

Opdracht 3

Zoek de juiste betekenis a tot en met t bij de woorden en uitdrukkingen 1 tot en met 20. Tip: Je kunt ook eerst opdracht 4 maken; soms kun je de betekenis van een woord afleiden uit de zinnen van opdracht 4.

1 a priori
2 ad hoc
3 alea iacta est
4 carpe diem
5 casu quo (c.q.)
6 conditio sine qua non
7 cum suis (c.s.)
8 errare humanum est
9 in vino veritas
10 in-vitro
11 mutatis mutandis
12 nomen est omen
13 primus inter pares
14 quod erat demonstrandum (q.e.d.)
15 quod non
16 sub rosa
17 tabula rasa
18 terra incognita
19 veni, vidi, vici
20 verba volant, scripta manent

a de eerste onder zijns gelijken
b de teerling is geworpen
c dronken mensen spreken de waarheid (als de wijn is in de man, is de wijsheid in de kan)
d een naam is een voorteken
e ik kwam, ik zag, ik overwon
f in (het) glas; in een reageerbuis
g in welk geval; in het zich voordoende geval [NB niet: respectievelijk; en!]
h met de veranderingen die nodig zijn bij toepassing in een andere situatie
i met de zijnen
j noodzakelijke, absolute voorwaarde
k onbekend land; zaak waarvan men niets weet
l pluk de dag
m schone lei; onbeschreven blad
n vergissen is menselijk
o vertrouwelijk; in vertrouwen
p voor dit speciale geval
q vooraf aangenomen als vaststaand feit
r wat aangetoond moest worden
s wat niet het geval is
t woorden vervliegen, het geschrevene blijft (wie schrijft, die blijft)

Woordenschat > 1 Moeilijke woorden > 1 Griekse en Latijnse woorden en uitdrukkingen

Opdracht 4

Vul de woorden/uitdrukkingen 1 tot en met 20 van opdracht 3 in de zinnen in.

1 Toen zij een paar glazen wijn had gedronken, werd ze niet alleen vrolijk maar ook vertrouwelijk en begon ze te vertellen hoe de vork echt in de steel zat: ....
2 Voor veel echtparen die geen kinderen kunnen krijgen, is ...fertilisatie een medische oplossing van hun problemen.
3 De directeur beschouwde zijn ondergeschikten als collega's, zodat zij op hun beurt de directeur als ... zagen.
4 Na lang aarzelen besloot de provincie de geplande weg door het natuurgebied aan te laten leggen: ..., morgen beginnen de voorbereidende werkzaamheden.
5 Ik geniet altijd van de familieverhalen die je vertelt en ik zou het daarom fijn vinden als je die ook eens opschreef: ....
6 Geloof het of niet, maar Karel Kraak was de bekendste inbreker uit de streek; ... zullen we maar zeggen.
7 Bij zijn gedragsonderzoek ging hij er ... van uit dat de mens in de eerste plaats gedreven wordt door seksuele driften.
8 Een behoorlijke score op de exacte vakken is een ... als je aan een technische universiteit wilt studeren.
9 Heleen is zo'n type dat vooral wil genieten van het leven en het ... hoog in het vaandel heeft staan.
10 De bekende coach die de club aantrok, kon na een jaar zeggen: ...; het eerste elftal veranderde onder zijn leiding van degradatiekandidaat in kampioen.
11 Denk jij dat een mens als ... ter wereld komt of dat iemands karakter bij de geboorte al grotendeels vastligt?
12 De informatie die hij gaf in de bespreking achter gesloten deuren, was naar zijn zeggen nadrukkelijk ....
13 Als je via een sluitende redenering tot het bewijs van een stelling komt, kun je afsluiten met ....
14 De genetica is voor mij echt ..., want ik heb op school nooit biologie gehad.
15 De oppositie verwijt de regering typisch ...-beleid te voeren, terwijl er juist duidelijke beslissingen voor de lange termijn nodig zijn.
16 In zijn rapport over succesvolle Marokkaanse ondernemers trekt hij een aantal belangrijke conclusies, maar gelden die ... ook voor andere allochtone zakenmensen?
17 De Italiaanse politie had jaren op de bende gejaagd, maar gisteren wist ze uiteindelijk de leider ... in een achterbuurt van Palermo te arresteren.
18 Ik was ervan overtuigd dat Bennie de boel belazerd had, maar ja, ...: ik had het deze keer bij het verkeerde eind.
19 Bij de manifestatie tegen het windmolenpark zal het woord gevoerd worden door de burgemeester, ... de wethouder van sport (als de burgemeester verhinderd is).
20 De hogesnelheidslijn moet een flinke tijdsbesparing opleveren voor reizigers tussen Amsterdam en Brussel: ... – de verbinding kampt met grote problemen.

Ik kan:

③E veelvoorkomende Griekse en Latijnse uitdrukkingen herkennen, begrijpen en correct gebruiken.

Woordenschat > 1 Moeilijke woorden > 2 Woorden rond het thema 'Psychologie en filosofie'

Paragraaf 2

Woorden rond het thema 'Psychologie en filosofie'

'Psychologie en filosofie' zijn thema's die regelmatig terugkeren in eindexamenteksten. Daarom is het nuttig een aantal woorden rond die thema's te kennen.

Opdracht 5

Lees tekst 1. Schrijf de onderstreepte woord(groep)en onder elkaar.
Van de woorden 3, 5, 8, 10, 11, 13, 15, 16, 17 en 24 kun je de betekenissen vinden met een woordraadstrategie. Van de andere woorden staat de betekenis hieronder. Zoek de juiste betekenis (a tot en met o) bij die woorden:

a beeld dat mensen van iets of iemand hebben
b bepaald
c gangbaar; gebruikelijk
d geestelijke toestand waarin je je niet meer vertrouwd voelt bij je directe omgeving of bij de samenleving
e geldigheid
f proefondervindelijk; gebaseerd op waarneming en ervaring
g richting in de psychologie die alleen waarneembaar gedrag bestudeert
h statistisch overtuigend; veelbetekenend
i sterke vorm van sarcasme
j vermoedens; veronderstellingen
k verzwakken; aantasten; beschadigen
l voorspoedig, rijkelijk groeien
m wat betrekking heeft op kennis en mentale processen
n wezenlijk; in diepste wezen
o zich bewegen (in); regelmatig omgaan (met)

Tekst 1

Wetenschappers onder vuur

1 Psychologie is razend populair. Maar het (1) imago van het vak heeft duchtig te lijden onder recente fraudegevallen in de sociale psychologie, de tak die zich bezighoudt met de mentale en sociale wereld waarin mensen (2) verkeren. Veel publiciteit kreeg de affaire rond een befaamde Tilburgse hoogleraar. Hij bleek op grote schaal uitkomsten (3) gemanipuleerd te hebben. Een van zijn onderzoeken ging uit van het hypothetische verband tussen vlees eten en hufterigheid. De resultaten lieten vervolgens een (4) significante overeenkomst zien tussen carnivoren en proleten. De vooronderstelling werd zo, volgens de wetten van de wetenschap, een (5) gefundeerde uitspraak. Maar de hoogleraar had nota bene de data ongeoorloofd veranderd, zeg maar: vervalst of zelfs verzonnen. Daarmee diskwalificeerde hij niet alleen zichzelf, hij bleek ook het gezag van de gedragswetenschappen te (6) ondermijnen. De vraag rees namelijk hoe serieus we sociaalpsychologische experimenten nog moeten nemen als bron van kennis over wat de mens (7) in essentie drijft.

2 Dat is vooral een prangende vraag omdat de sociale psychologie de laatste twintig jaar (8) onmiskenbaar aan populariteit heeft gewonnen. Er is, op de golven van ons individualistisch tijdsgewricht, een hele psycho-industrie ontstaan met een stortvloed aan semiwetenschappelijke lectuur, cursussen en zelfhulpprogramma's. Dé bestseller

van de afgelopen jaren was *The Social Animal* van David Brooks. In tegenstelling tot de (9) speculaties die filosofie en theologie opleveren, stoelt gedragswetenschappelijke kennis volgens Brooks op onderzoek en biedt ze daarom ware inzichten in het diepste wezen van de mens.

3 Een voorbeeld van zo'n inzicht: 'Mensen kiezen beroepen, woonplaatsen en partners waarvan de letters (10) corresponderen met hun naam, omdat ze daar een positief gevoel bij hebben'. Dus Rob trouwt met Roberta, Hugo verhuist naar Heerhugowaard en Tim wordt timmerman. Aan de Universiteit Twente concludeerde een psycholoog dat mensen met een volle blaas betere keuzes maken bij lastige beslissingen dan mensen die net geplast hebben. Dus houd je plas op als je voor een (11) dilemma staat. Het is slechts een greep uit de onophoudelijke stroom van wetenschappelijke publicaties die er ingaan als koek. Anderzijds roepen die ook (12) cynisme op én ontnuchterende vragen over de (13) relevantie, de (14) validiteit en de betrouwbaarheid van het onderzoek: wat hebben we eraan, klopt het allemaal wel en is het onderzoek deugdelijk uitgevoerd? Verder plaatsen critici (15) kanttekeningen bij deze tak van wetenschap, zoals de opmerking dat veel sociaalpsychologische onderzoeken vooral 'nogal wiedes'-uitkomsten opleveren.

4 Ondanks de kritiek moeten we erkennen dat de sociale psychologie de afgelopen vijftig jaar langzamerhand een plek in de (16) academische wereld heeft verworven. De wortels van het vak liggen in de negentiende eeuw, maar de (17) discipline begon pas goed te (18) gedijen in de VS in de jaren na de Tweede Wereldoorlog. Tegenover de (19) geijkte opvatting van het (20) behaviorisme dat gedrag door de omgeving wordt (21) gedetermineerd, stelden sociaal psychologen dat je moet onderzoeken hoe mentale processen verlopen, een ontwikkeling die later de (22) cognitieve revolutie werd gedoopt.

5 Met studies naar gehoorzaamheid, groepsmoraal en agressie probeerden sociaal psychologen in de naoorlogse decennia het trauma van de twintigste eeuw te duiden. Het thema van autoriteit en gehoorzaamheid bleef van betekenis in de rebelse jaren zestig. Het ik-tijdperk van de jaren zeventig gaf een nieuwe impuls aan studies over sociale identiteit, individualisme en (23) vervreemding. De ontwikkeling van westerse landen tot een multiculturele samenleving was reden om het onderzoek naar culturele stereotypen en racisme te versterken. De laatste jaren was onderzoek naar (24) polarisatie en radicalisering bijzonder in trek. Scheldkanonnades op internet, anonieme dreigbrieven en het succes van populistische demagogen à la Fortuyn en Wilders vormden de aanleiding tot de studie van verscherping van politieke en maatschappelijke tegenstellingen.

6 Weliswaar was de sociale psychologie lange tijd een wetenschappelijk stiefkindje, maar eind jaren zeventig kwam er een keerpunt met de publicatie van het artikel 'Telling More than We Can Know'. Auteurs Nisbett en Wilson kwamen daarin met (25) empirisch bewijs dat de mentale processen die onze keuzes en emoties bepalen, niet altijd bewust kenbaar zijn. Het is nog steeds een van de meest geciteerde artikelen in de sociale psychologie die zich vooral richt op het experimenteel verkennen van onbewuste drijfveren. Deze verkenning – in het Engels 'liberating the unconscious' – is en blijft, ondanks fraudegevallen en 'open deur'-uitkomsten van onderzoek, een van de belangrijkste verdiensten van de sociale psychologie.

Naar: Margreet Fogteloo en Casper Thomas, De Groene Amsterdammer, op 9 januari 2013

Opdracht 6

Zoek de juiste betekenis in de rechterkolom bij de woorden in de linkerkolom.
Tip: Je kunt ook eerst opdracht 7 maken; soms kun je de betekenis van een woord afleiden uit de zinnen van opdracht 7.

1	concept	a	(stilzwijgend) ook inhouden dat
2	dogma	b	aantonen dat een vooronderstelling onjuist is
3	domein	c	besef; denkbeeld; ook: vaag idee van iets; benul
4	entiteit	d	cultuurstroming die een principieel eclecticisme nastreeft (elementen combineert uit tal van stijlen, genres, media etc.)
5	falsifiëren	e	dwangmatige gedachte; dwangvoorstelling
6	idealisme	f	gebied
7	idee-fixe	g	hardnekkig, ongegrond denkbeeld
8	impliceren	h	iets waarover men niet mag spreken of wat men niet hoort te doen
9	moreel	i	manier van denken waarbij je alleen aanvaardt wat met de rede te achterhalen is
10	notie	j	misleidende waarneming door de zintuigen

Woordenschat > 1 Moeilijke woorden > 2 Woorden rond het thema 'Psychologie en filosofie'

k 11 pavlovreactie — k onwillekeurige respons op een bepaalde prikkel
r 12 percipiëren — l opvatting dat alleen ideeën de ware werkelijkheid zijn (tegenover realisme)
q 13 perverteren — m opwekking tot vernieuwing
d 14 postmodernisme — n overdenken
i 15 rationalisme — o overeenstemmend met wat men als goed en netjes beschouwt; zedelijk
n 16 reflecteren — p regel in een leer of geloof waarover niet te discussiëren valt
m 17 reveil — q verdorven maken; bederven
h 18 taboe — r waarnemen
g 19 waanidee — s wezenlijkheid; eenheid; geheel
j 20 zinsbegoocheling — t wijsgerig begrip; idee

Opdracht 7

Vul een passend woord in onderstaande zinnen in. Kies uit de woorden 1 tot en met 20 van opdracht 6. Soms moet je de vorm van het woord enigszins aanpassen.

1 Er rust in bepaalde kringen nog altijd een *18* op ongehuwd samenwonen.
2 Volgens een veelgebruikte methode in de gedragswetenschappen stelt een onderzoeker een hypothese op, die hij vervolgens probeert te *...*
3 Een fata morgana of luchtspiegeling is een voorbeeld van *20* die optreedt door temperatuurverschillen tussen meerdere luchtlagen.
4 'Hoe *12* het publiek deze reclame voor een zuinige auto?' was de centrale vraag van de psycholoog die het effect van reclame onderzocht.
5 Hoewel islam en christendom veel gemeen hebben, geldt het *2* van de Heilige Drie-eenheid of Drievuldigheid alleen in het christendom.
6 Ik ben gehecht aan het stadsleven, maar dat *8* niet dat ik niet van een wandeling in de natuur kan genieten.
7 Spinnen roepen bij sommige vrouwen een *11* op, zoals een ijselijke kreet.
8 Zo'n psychische aandoening brengt onder andere met zich mee dat de patiënt allerlei *19* heeft die tot gruwelijke daden kunnen leiden.
9 Het is onze *...* plicht om mensen in nood de helpende hand te bieden.
10 In de natuurwetenschappen speelt het *1* tijd een heel andere rol dan bijvoorbeeld in de psychologie.
11 Bij rechts-radicalen leeft het *7* dat migranten uit niet-westerse landen voor alle problemen in de samenleving zorgen.
12 In de filosofie staat *15* tegenover empirisme, omdat het niet de ervaring, maar de rede erkent als belangrijkste bron van kennis.

Opdracht 8

Bij opdracht 7 heb je acht van de twintig woorden uit opdracht 6 niet gebruikt. Kies er vijf en maak met elk van de vijf woorden een zin waarin het woord past. Vervang het woord door drie puntjes. Wissel de zinnen uit met die van een klasgenoot en vul in elkaars zinnen de passende woorden in.

Ik kan:

2E veelvoorkomende moeilijke woorden begrijpen en correct gebruiken.

Woordenschat > 1 Moeilijke woorden > 3 Woorden rond het thema 'Natuur en milieu'

Paragraaf 3

Woorden rond het thema 'Natuur en milieu'

'Natuur en milieu' is een thema dat regelmatig terugkeert in eindexamenteksten. Daarom is het nuttig een aantal woorden rond dat thema te kennen.

Opdracht 9

Lees tekst 2. Schrijf de onderstreepte woord(groep)en onder elkaar.
Van de woorden 1, 4, 5, 9, 10, 12, 14, 16, 17, 20, 21, 22 en 23 kun je de betekenis vinden met een woordraadstrategie. Van de andere woorden staat de betekenis hieronder. Zoek de juiste betekenis (a tot en met l) bij die woorden:

a begrip; idee
b doortastend; krachtig en direct
c een bewering of stelling minder absoluut maken
d genoeg zijn
e lang goed blijvend; geproduceerd met weinig of geen schade voor natuur en milieu
f mogelijkheden
g natuurlijke; de natuur betreffende
h passend; precies zoals nodig is
i spreuk die gebruikt wordt als leus
j twijfel
k vooringenomen; in beslag genomen door een gedachte
l zonder beperkingen; grenzeloos

Tekst 2

Groene groei

1 Expansie is de spil van ons economische model. Twee kwartalen zonder groei heet officieel een (1) recessie, en dan is een economische crisis niet ver weg. Somberte alom: miljoenen verliezen hun baan, doemdenkers zien onze welvaart verdampen. De enige oplossing voor de economische teruggang is rechtsomkeert: groei. Tenminste, dát benadrukken veel econoom en politici. Het zijn dezelfden die (2) gepreoccupeerd zijn met het oude (3) adagium 'stilstand is achteruitgang'. Hun advies: we moeten ons uit de crisis consumeren.

2 Zo'n aanpak (4) staat haaks op de nieuwe (5) ideologie van de welvaart zonder voortdurende groei. Die radicaal andere manier van denken is het onderwerp van een studie door Tim Jackson, hoogleraar (6) duurzame ontwikkeling aan de Universiteit van Surrey. Als rechtgeaarde wetenschapper plaatst hij wel onmiddellijk kanttekeningen bij het (7) concept van de zogenoemde 'groene groei' ofwel 'vooruitgang zonder milieuschade'. Misschien is groei mogelijk met minder, maar duurzamere grondstoffen en door meer (8) adequaat gebruik van energiebronnen, stelt hij voorzichtig.

3 Hij twijfelt wel aan de oprechtheid van regeringsleiders en topbestuurders. Kijk wat er gebeurd is sinds het (9) Kyoto-protocol uit 1997. In dat verslag van een internationale bijeenkomst in Japan spraken industrielanden af de (10) emissie van broeikasgassen (11) drastisch te beperken. Alle 'goede bedoelingen' (12) ten spijt blijven we maar energie slurpen door ons welvaartsniveau en onze levensstijl. Vooral in de westerse wereld bestaat bijvoorbeeld een (13) ongebreidelde behoefte aan 'makkelijke' (14) mobiliteit: dat is verplaatsing met gebruikmaking van comfortabele, maar ernstige vervuilers als vliegmachines en auto's. De uitstoot van CO_2 is de laatste 25 jaar met 40 procent toegenomen, ondanks de inzet van 'schonere technologie'. Jackson kan niet anders dan met enige (15) scepsis over het begrip 'groene groei' spreken.

4 Toch heeft inmiddels het Nederlandse kabinet het principe van 'groene groei' omarmd. Hoe serieus is dat? Het Centraal Planbureau – een overheidsinstelling die op basis van harde cijfers (16) prognoses doet – is realistisch met voorspellingen in zijn rapport 'Groene groei – een wenkend (17) perspectief?' Dat vraagteken zegt al genoeg: de vooruitzichten zijn niet gunstig. Het is volgens het rapport utopisch om te verwachten dat Nederland in de naaste toekomst 'groene groei' verwezenlijkt. Groenere groei met

Woordenschat > 1 Moeilijke woorden > 3 Woorden rond het thema 'Natuur en milieu'

minder negatieve gevolgen voor de (18) fysieke omgeving is voorlopig het hoogst haalbare. Op de lange termijn moet de economische groei binnen de grenzen van de draagkracht van de aarde blijven. Om dat te bereiken (19) volstaan instrumenten als het (20) fiscaal aantrekkelijk maken van schone technologie beslist niet. Wat minder belasting betalen voor je auto is leuk voor de bezitter, maar het milieu schiet er weinig mee op. Voor echte 'groene groei' zijn grote technologische doorbraken nodig, vooral op energiegebied. Die zijn er voorlopig nog niet.

5 Jackson wijst op andere problemen. Een van de (21) heikele punten van de huidige (22) misère is dat die zichzelf versterkt en daardoor lastig is te temmen. Bij afnemende groei verliezen mensen hun vertrouwen in de toekomst. Ze kijken kritisch naar hun uitgaven en stellen andere (23) prioriteiten dan in tijden van voorspoed: nu maar even geen nieuwe kleren of een reisje naar de rimboe. De neerwaartse spiraal is ingezet: minder consumptie, minder productie, meer werklozen met een kleiner bestedingspatroon. Overigens moeten we dat sombere scenario ook (24) nuanceren. De economische krimp is immers goed nieuws voor de leefomgeving.

6 Het idee van vooruitgang met minder goederen vindt Jackson in dit licht bemoedigend. Het biedt de beste (25) opties voor blijvende welvaart. Er is overweldigend bewijs dat in rijke landen het welzijn van de mensen niet toeneemt met meer materiële goederen. Jackson: 'Als je wekenlang niks te eten hebt gehad en de oogst is opnieuw mislukt, dan is ieder beetje voedsel een zegen. Maar als je koelkast toch al uitpuilt, dan is elk beetje méér een last. Vooral als je geneigd bent om het ook nog allemaal op te eten.'

Naar: www.nprio2012.nl en www.cpb.nl op 2 april 2013

Opdracht 10

Zoek de juiste betekenis in de rechterkolom bij de woorden in de linkerkolom.
Tip: Je kunt ook eerst opdracht 11 maken; soms kun je de betekenis van een woord afleiden uit de zinnen van opdracht 11.

1 banvloek	a	aftakeling; verval; ondergang
2 bekrompen	b	belasting op slecht, ongezond, vet voedsel
3 biodiversiteit	c	betoog; tekst of rede om iemand of iets te verdedigen
4 biotoop	d	creatuur; (door een god) geschapen wezen
5 ecologisch	e	natuurlijke leefomgeving
6 innovatie	f	niet ruimdenkend; beperkt in opvattingen
7 legitimiteit	g	situatie waarbij spoed noodzakelijk is; het dringend zijn
8 pleidooi	h	tekort; gebrek
9 reductie	i	terugdringing; vermindering
10 schaalvergroting	j	totale afwijzing of verbod op iets
11 schaarste	k	uitbreiding in omvang
12 schepsel	l	vernieuwing, vaak door het gebruik van een nieuwe techniek of methode
13 teloorgang	m	verscheidenheid van dieren en planten
14 urgentie	n	wat gaat over de invloed van levende wezens op elkaar en op hun omgeving
15 vettaks	o	wettigheid; rechtmatigheid

Opdracht 11

Vul een passend woord in onderstaande zinnen in. Kies uit de woorden 1 tot en met 15 van opdracht 10. Soms moet je de vorm van het woord enigszins aanpassen.

1 Door de ... in de landbouw zijn de afgelopen halve eeuw zeer grote boerenbedrijven ontstaan, terwijl 'keuterboertjes' vrijwel verdwenen zijn.
2 Vaak gebruikt men de term '... voetafdruk' om aan te geven hoeveel hectare er per persoon per jaar nodig is om op aarde te leven.
3 Klopt het dat de ... van de politie vooral ter discussie wordt gesteld door lieden die zich niet aan de wet houden?
4 De ideale ... van de ijsvogel is een stromende beek met begroeide oevers.
5 Sommigen vrezen voor de ... van het culturele leven in ons land door de enorme bezuinigingen op de kunsten.

248

6 Wie echt dringend woonruimte nodig heeft, kan bij de gemeente een ...verklaring krijgen.
7 Radicale milieuactivisten hebben een ... uitgesproken over benzineslurpers.
8 Is een teruggang in de ... een gevolg van menselijke activiteiten of is het een natuurlijke ontwikkeling dat sommige dieren- en plantensoorten verdwijnen?
9 Door energie te besparen draag je bij aan de ... van CO_2-uitstoot.
10 Zowel overvloed als ... aan natuurlijke grondstoffen in een gebied kan leiden tot een gewapend conflict.

Opdracht 12

Bij opdracht 11 heb je vijf van de vijftien woorden uit opdracht 10 niet gebruikt.
Kies er drie en maak met elk van de drie woorden een zin waarin het woord past. Vervang het woord door drie puntjes. Wissel de zinnen uit met die van een klasgenoot en vul in elkaars zinnen de passende woorden in.

Ik kan:

● veelvoorkomende moeilijke woorden begrijpen en correct gebruiken.

Paragraaf 4

Woorden rond het thema 'Europa'

'Europa' is een thema dat regelmatig terugkeert in eindexamenteksten. Daarom is het nuttig een aantal woorden rond dat thema te kennen.

Opdracht 13

Lees tekst 3. Schrijf de onderstreepte woord(groep)en onder elkaar.
Van de woorden 1, 4, 5, 6, 9, 11, 13, 14, 17 en 18 kun je de betekenis vinden met een woordraadstrategie. Van de andere woorden staat de betekenis hieronder. Zoek de juiste betekenis (a tot en met o) bij die woorden:

a (staat) ter discussie
b aanwijzing dat het tegendeel het geval is
c behorend tot de politieke stroming die de nadruk legt op individuele vrijheid en particulier initiatief, met zo weinig mogelijk staatsbemoeienis
d betrokken, bijvoorbeeld bij maatschappelijke problemen
e gedrag waarbij je alles voor iemand regelt alsof de ander dat niet zelf kan
f model; goed voorbeeld
g mogelijkheid voor onderdanen om iets op de politieke agenda te zetten
h oppermacht; hoogste gezag
i strenge regels; (ook) bewind; regeringsstelsel
j strikt volgens de regels handelend; met veel onnodige administratie en papierwerk gepaard gaand
k uitspraak die in zichzelf tegenstrijdig lijkt
l verondersteld; waarvan of van wie men denkt dat
m verscheidenheden binnen het geestelijke of politieke leven
n wat betrekking heeft op een bond van staten
o wat de uitgaven betreft (in relatie tot de inkomsten)

Tekst 3

Project Europa

1 Het project 'Europa' zit in zwaar weer. Steeds meer burgers keren zich openlijk tegen verregaande Europese eenwording, het sluitstuk van het integratieproces van Europese landen dat na de Tweede Wereldoorlog in gang is gezet. Stapsgewijs zijn die landen een (1) monetaire unie geworden met de euro als wettig betaalmiddel. Een politieke unie is de volgende stap. De volbloed eurofielen staat daarbij een (2) federale unie voor ogen: één grondwet, één leger, één (3) belastingregime, één gekozen president. Nationale staten dragen veel (4) bevoegdheden over aan een centraal gezag, kortweg 'Brussel'.

2 Maar (5) de eurosceptici roeren zich. De roep om (6) referenda wordt steeds luider. In zulke volksraadplegingen mag een bevolking zich uitspreken over een simpele vraag: gaan we verder met Europa of gaat elk land zijns weegs? Anti-Europagevoelens voeren momenteel de boventoon. De bezwaren van de tegenstanders van Europese eenwording zijn bekend: nationale regeringen geven te veel rechten weg aan Brussel om gezag uit te oefenen op allerlei terreinen. De (7) soevereiniteit van de eigen staat is daarmee (8) in het geding.

3 Verder is het experiment met de euro volgens de (9) opponenten – die in alle delen van het politieke (10) spectrum te vinden zijn – een enorm fiasco. De miljarden die naar het zuiden vloeien om te voorkomen dat landen daar failliet gaan, worden waarschijnlijk nooit terugbetaald. Dat zet kwaad bloed bij de burgers in het noorden die als gevolg van een (11) mondiale economische crisis zelf ook steeds minder te besteden hebben. Onder deze omstandigheden is een Europees gevoel van solidariteit ver te zoeken.

4 Ten onrechte, vindt Karel de Gucht, de (12) liberale Belgische eurocommissaris voor handel. Tegenstanders hebben een beperkt (13) blikveld. Mét Europa zijn we op het wereldtoneel veel beter af dan zonder. Veel argumenten tegen het Europees project zijn onderling

tegenstrijdig, betoogt hij. De een vindt dat we te veel (14) zeggenschap afstaan aan Europa, de ander meent dat de EU te weinig doet. Niet zelden bepleit men meer Europese tussenkomst in een ander land, terwijl het gros zich in eigen land verzet tegen (15) betutteling of bemoeienis vanuit Brussel. De Grieken en Spanjaarden moeten de tering naar de nering zetten, maar als de eigen begroting (16) budgettair op drijfzand rust, moet Brussel zich er niet mee bemoeien.

5 Het meest onterechte verwijt is dat Europa de democratische legitimiteit mist om landen op hun verantwoordelijkheid te wijzen. Nationale politici hebben Europese verdragen afgesloten en die door de EU-lidstaten laten bekrachtigen of (17) ratificeren. Samen met het Europees Parlement beslisten zij over de begrotingsnormen en (18) sancties en gaven ze de Europese Commissie de macht om de strafmaatregelen toe te passen: voorwaar een volstrekt democratisch proces. Bovendien kregen nationale volksvertegenwoordigingen meer vat op Europese regelgeving. Ook hebben onderdanen de mogelijkheid gekregen om Europa rechtstreeks ter verantwoording te roepen middels het (19) burgerinitiatief.

6 Europa doet qua democratie niet onder voor de meeste lidstaten. Eurosceptici houden graag het imago in stand van hun eigen land als (20) toonbeeld van democratie. De (21) paradox wil dat veel van de verwijten aan het adres van Europa – de (22) vermeende traagheid, de complexiteit, het (23) bureaucratisch gehalte – juist een gevolg zijn van de democratische werking van de EU, geen (24) tegenindicatie ervan.

7 Maar een democratie is meer dan regels en procedures. Het is aan politici en (25) geëngageerde burgers om ze leven in te blazen door middel van stevig debat, de botsing van meningen en politieke visies. Laat de burger maar discussiëren over Europa, zegt De Gucht. Het Europees project, hoe dat er in de toekomst ook uitziet, zal er wel bij varen.

Naar: Karel de Gucht, NRC Handelsblad, 1 september 2012

Opdracht 14

Zoek de juiste betekenis in de rechterkolom bij de woord(groep)en in de linkerkolom. Tip: Je kunt ook eerst opdracht 15 maken; soms kun je de betekenis van een woord afleiden uit de zinnen van opdracht 15.

1	coalitie	a	aanleiding geven tot; uitdagen; tergen
2	conform	b	beloften
3	constitutioneel	c	bestuurders
4	de Koude Oorlog	d	bevelen; voorschrijven
5	de politieke arena	e	centrum van politieke strijd, zoals de Tweede Kamer
6	electoraat	f	een kwestie tot onderwerp maken in de politiek
7	inflatie	g	geldontwaarding
8	magistratuur	h	grondwettelijk
9	marxistisch	i	heftige woordenstrijd, vaak via het geschreven woord
10	polemiek	j	in overeenstemming met
11	politisering	k	kiezers
12	provoceren	l	periode tussen 1945 en 1990 met scherpe politieke tegenstelling tussen het kapitalistische westen en het communistische oosten
13	regenten	m	politieke partijen of landen die samenwerken
14	toezeggingen	n	rechterlijke macht
15	verordonneren	o	volgens de theorie van het revolutionaire socialisme dat onder andere de productiemiddelen toedeelt aan de arbeiders

Opdracht 15

Vul een passend(e) woord(groep) in onderstaande zinnen in. Kies uit de woorden 1 tot en met 15 van opdracht 14. Soms moet je de vorm van het woord enigszins aanpassen.

1 De ... heeft ernstig gefaald, want er zaten tien jaar lang twee onschuldige mannen vast voor die moord op een stewardess.
2 Landen als Nederland en België zijn voorbeelden van een ... monarchie waarin de zeer beperkte macht van de koning (monarch) in de grondwet is vastgelegd.
3 Max Havelaar krijgt het in de gelijknamige roman aan de stok met een ... die niets wil doen aan de misstanden in het gebied dat hij bestuurt.

Woordenschat > 1 Moeilijke woorden > 4 Woorden rond het thema 'Europa'

4 Sommige parlementariërs voelen zich helemaal thuis in ..., maar andere hebben zichtbaar moeite met die wereld van politieke spelletjes en intriges.
5 Of de ... tussen liberalen en sociaaldemocraten lang standhoudt, ligt aan de steun die ze kan krijgen van oppositiepartijen in de Eerste Kamer.
6 Door de ... van de zorg zijn zaken als medicijnenvergoedingen en thuishulp nu regelmatig onderwerp van discussie in Den Haag.
7 Bij de vorige verkiezingen kreeg die ouderenpartij nog tien procent van de stemmen, maar nu laat het ... de partij duidelijk vallen.
8 Worden communistische landen als China en Cuba nog altijd volgens de ... ideologie geregeerd?
9 Als je de opleiding tot politieagent volgt, leer je onder andere om je niet te laten ... door agressief gedrag van mensen die je een bekeuring moet geven.
10 De premier beloofde weliswaar dat de lasten het komende jaar niet verzwaard zullen worden, maar hij wilde voor de camera geen concrete ... doen.

Opdracht 16

Bij opdracht 15 heb je vijf van de vijftien woord(groep)en uit opdracht 14 niet gebruikt. Kies er drie en maak met elk van de drie woorden een zin waarin het woord past. Vervang het woord door drie puntjes. Wissel de zinnen uit met die van een klasgenoot en vul in elkaars zinnen de passende woorden in.

Ik kan:
- veelvoorkomende moeilijke woorden begrijpen en correct gebruiken.

Paragraaf 5

Woorden rond het thema 'Migratie en integratie'

'Migratie en integratie' is een thema dat regelmatig terugkeert in eindexamenteksten. Daarom is het nuttig een aantal woorden rond dat thema te kennen.

Opdracht 17

Lees tekst 4. Schrijf de onderstreepte woord(groep)en onder elkaar.
Van de woorden 3, 4, 6, 7, 8, 10, 11, 14, 15, 16, 17, 20 en 23 kun je de betekenis vinden met een woordraadstrategie. Van de andere woorden staat de betekenis hieronder. Zoek de juiste betekenis (a tot en met l) bij die woorden:

a berusting; lijdzaamheid
b ethisch; zedelijk; in overeenstemming met heersende overtuiging over wat goed en slecht is
c extreme vormen; ongewenste ontwikkelingen
d grote groepen mensen binnen een land die volstrekt apart van elkaar leven
e lagen; sectoren
f manier waarop je met iemand omgaat of iemand tegemoet treedt
g meer wereldlijk, niet religieus geworden
h naar ras en/of afkomst onderscheiden; betrekking hebbend op een volk
i opgaan of opnemen in een groter geheel
j samenhang
k scheiding; afscheiding
l vrij worden uit een onderdrukte positie; het zich vrijmaken van beperkingen

Tekst 4

Integratie door participatie?

1 Al decennia staat de problematiek van 'nieuwe Nederlanders' hoog op de politieke agenda. Het blijft worstelen met de gewenste (1) <u>integratie</u> van deze migranten en vooral met het debat daarover. Dat bleek onlangs weer eens toen minister Asscher van Sociale Zaken en Werkgelegenheid zich sterk maakte voor een andere (2) <u>bejegening</u> van nieuwkomers. Hij stelde voor om hen een (3) <u>participatie</u>contract te laten ondertekenen. Wie zijn handtekening onder het document zet, belooft zich te houden aan 'onze' normen en waarden en op een of andere manier deel te nemen aan de Nederlandse samenleving.

2 Achtergrond is de wens dat migranten meer (4) <u>engagement</u> met onze samenleving tonen. Op die manier denkt de bewindsman (5) <u>segregatie</u> en (6) <u>xenofobie</u> tegen te gaan. In bepaalde migrantengroepen zou namelijk de betrokkenheid met de Nederlandse, westerse maatschappij veel (7) <u>te wensen overlaten</u>. Er is sprake van een nieuw soort (8) <u>verzuiling</u>. Daarbij is de maatschappij – zoals de Nederlandse tot in de jaren zestig – opgedeeld in tal van strikt gescheiden groeperingen met hun eigen politieke en religieuze organisaties. De minister wil het ontstaan en de instandhouding van (9) <u>parallelle samenlevingen</u> tegengaan.

3 Hij werd bedolven onder kritiek. Nieuwkomers zich volledig laten aanpassen aan onze kernwaarden? Dat botst met de grondrechten zoals het recht op godsdienstvrijheid: Asscher koerst aan op (10) <u>assimilatie</u>, luidt het verwijt. Paal en perk stellen aan nieuwe instroom? Dat druist in tegen de regels binnen de Europese Unie voor het vrije verkeer van mensen!

4 Het is inmiddels veertien jaar geleden dat publicist Paul Scheffer met zijn artikel over het (11) <u>multiculturele</u> drama

een steen in de vijver gooide en daarmee een geruchtmakende polemiek startte. Hij hekelde de (12) gelatenheid waarmee in Nederland werd gereageerd op het ontstaan van een (13) etnische onderklasse: groepen (14) minderbedeelden uit niet-westerse culturen. Scheffer wees naar de gedoogcultuur en het (15) cultuurrelativisme als belangrijke oorzaken daarvan. Ter verduidelijking: cultuurrelativisten vinden dat je je eigen normen en waarden niet mag opdringen aan andere culturen. Tegenover cultuurrelativisme staat het (16) universalisme, dat ervan uitgaat dat er waarden en normen zijn die voor elk mens in elke samenleving gelden.

5 Scheffer riep destijds op om grenzen te stellen aan het relativisme en de open samenleving te verdedigen. Ook hij kreeg een storm van kritiek over zich heen. Asscher zit met zijn contract op de lijn van Scheffer. Hij stelt praktische vragen aan het parlement en aan de samenleving. Om er een paar te noemen: mogen wij aanvaarden dat opvattingen over de rol van mannen en vrouwen, die gebaseerd zijn op een godsdienstovertuiging, uitmonden in onderdrukking van de vrouw en de verhindering van (17) zelfontplooiing? Staan wij in onze (18) geseculariseerde samenleving toe dat zulke denkbeelden (19) emancipatie van vrouwen tegengaan?

6 Het zijn retorische vragen. Asscher vraagt niet van nieuwkomers hun godsdienst op te geven. Hij wil wel dat migranten zich er terdege van bewust zijn dat de Nederlandse samenleving niet (20) tolereert dat een man in elkaar wordt geslagen omdat hij homo is. En ook niet dat vrouwen worden uitgehuwelijkt of achter de voordeur worden opgesloten en mishandeld. Als die bewustwording inhoudt dat er een grens zit aan de vrijheid van godsdienst, dan ligt die grens daar. Niet alleen voor de islam, maar voor elke godsdienst.

7 Daarmee komen we bij de meest fundamentele kritiek op het pleidooi van de minister. Huiselijk geweld, homofoob gedrag, huwelijksdwang – komen zulke (21) uitwassen niet ook onder autochtonen voor? En zijn er niet, in alle (22) geledingen van de samenleving, talloze 'oorspronkelijke Nederlanders' die zich weinig gelegen laten liggen aan het (23) collectief – oftewel ONS allen? Integratiebeleid lijkt partijdig, betogen drie sociale wetenschappers in een reactie op Asscher. Hij verzuimt een voor iedereen geldende visie op solidariteit en sociale (24) cohesie te formuleren. Het beleid zou moeten afrekenen met het wij-zij-denken en actief burgerschap moeten aanmoedigen van álle burgers in Nederland. De overheid mag best een (25) moreel appel doen op de samenleving, zolang het maar de hele samenleving betreft. De overheid behoort mensen niet op hun afkomst en geloof te beoordelen, maar op hun toekomst en gedrag. Laat ze de mensen niet als groep bekijken, maar elk mens als individu. Dit uitgangspunt past volgens de sociologen in een rechtvaardige en gelijkwaardige samenleving, waarin de overheid geen favorieten heeft, maar evenmin zondebokken creëert.

Naar: Aukje van Roesel in De Groene Amsterdammer, 27 februari 2013; Jurriaan Omlo, Nadia Bouras en Sinan Çankaya op www.socialevraagstukken.nl, 2 maart 2013

Opdracht 18

Zoek de juiste betekenis in de rechterkolom bij de woord(groep)en in de linkerkolom. Tip: Je kunt ook eerst opdracht 19 maken; soms kun je de betekenis van een woord afleiden uit de zinnen van opdracht 19.

1 arbeidzaam
2 bedeling
3 chauvinisme
4 demoniseren
5 dienstensector
6 elitair
7 het publieke domein
8 mondigheid
9 neoliberalisme
10 pluriformiteit
11 restauratie
12 verloedering

a als zeer slecht afschilderen; als kwaad (gaan) beschouwen
b behorend tot een kleine groep van bevoorrechte mensen
c economisch deel van de samenleving dat geen producten levert, maar immateriële zaken zoals onderwijs en medische zorg
d grote verscheidenheid; veelvormigheid
e herstel
f materieel of moreel verval
g overdreven vaderlandsliefde
h politieke stroming die ervan uitgaat dat marktwerking uiteindelijk alle maatschappelijke problemen kan oplossen
i staatseigendommen die bestemd zijn voor algemeen gebruik, zoals wegen; (fig.) iets wat ook buiten een kring van ingewijden bekend of in gebruik is
j veel en hard werkend; actief; ijverig
k vermogen om voor jezelf op te komen
l wat je als arme van liefdadige instellingen krijgt; giften aan armen

Woordenschat > 1 Moeilijke woorden > 5 Woorden rond het thema 'Migratie en integratie'

Opdracht 19

Vul een passend(e) woord(groep) in onderstaande zinnen in. Kies uit de woorden 1 tot en met 12 van opdracht 18. Soms moet je de vorm van het woord enigszins aanpassen.

1 Nog niet zo lang geleden was tennis een zeer ... sport, maar tegenwoordig is het een sport voor iedereen, al zal het nooit een volkssport worden als voetbal.
2 De ... van de Nederlandse politiek zie je bijvoorbeeld in het parlement, waar partijen van zeer uiteenlopende signatuur zitting hebben.
3 Een van de doelstellingen van deze assertiviteitstraining is de deelnemers ... bij te brengen, zodat zij op de juiste manier voor zichzelf kunnen opkomen.
4 Na een zeer ... leven kon zij op haar 67^e eindelijk van haar pensioen genieten.
5 Een site voor klachten over Oost-Europese migranten creëert een negatief beeld van deze mensen en kan de groep als geheel zelfs ....
6 Het onnodig en veelvuldig gebruik van Engelse woorden beschouwt onze lerares Nederlands als een van de tekenen van ... van onze standaardtaal.
7 Bij belangrijke voetbalwedstrijden van het Nederlands elftal leidt het ... bij een deel van de bevolking tot Oranjegekte.
8 Vroeger waren deze daklozen helemaal afhankelijk van de ..., maar tegenwoordig verdienen ze ook wat door de verkoop van een straatkrant.

Opdracht 20

Bij opdracht 19 heb je vier van de twaalf woord(groep)en uit opdracht 18 niet gebruikt. Kies er twee en maak met elk van de twee woorden een zin waarin het woord past. Vervang het woord door drie puntjes. Wissel de zinnen uit met die van een klasgenoot en vul in elkaars zinnen de passende woorden in.

Maak nu de Test op Nieuw Nederlands online.

Ik kan:
- veelvoorkomende moeilijke woorden begrijpen en correct gebruiken.

Controle hoofdstuk 1
- Welke woordraadstrategieën ken je?
- Ken je de betekenis van de woorden in dit hoofdstuk?

Hoofdstuk 2

Woordenschat eindexamen

In hoofdstuk 1 zijn rondom vier thema's al veel woorden uit de vwo-examens van 2008 tot en met 2012 aan de orde geweest. In dit hoofdstuk volgen nog eens 120 'algemene' woorden en 30 uitdrukkingen uit de examens van 2008 tot en met 2012.

Studielast	8 slu
Paragrafen	1 120 woorden uit de vwo-examens 2008-2012
	2 30 uitdrukkingen uit de vwo-examens 2008-2012
Referentie-niveaus	**2F** Herkent beeldspraak (letterlijk en figuurlijk taalgebruik).
	2F Op dit niveau is de woordenschat geen onderscheidend kernmerk van leerlingen meer. De woordenschat van de leerling is voldoende om teksten te lezen, en wanneer nodig kan de betekenis van onbekende woorden uit de vorm, de samenstelling of de context worden afgeleid.
	3F Woordkeuze is meestal adequaat.
	4F Beheerst een breed repertoire aan woorden en idiomatische uitdrukkingen uit de spreektaal.
NN online	• meer oefeningen
	• de Test Woordenschat Eindexamen
	• samenvatting van dit hoofdstuk
	• overzicht Ik kan-stellingen van dit hoofdstuk

Paragraaf 1

120 woorden uit de vwo-examens 2008-2012

Wie een grote woordenschat heeft, maakt meer kans op een goed cijfer voor het Centraal Eindexamen Leesvaardigheid. In de volgende opdrachten komen 120 woorden uit de vwo-examens van 2008-2012 aan de orde.

Opdracht 1

Zoek de juiste betekenis a tot en met o bij de woord(groep)en 1 tot en met 15.
Tip: Je kunt ook eerst opdracht 2 maken; soms kun je de betekenis van een woord afleiden uit de zinnen van opdracht 2.

1	affiniteit	a	1 afmetingen; 2 verhoudingen
2	bedenkelijk	b	bestaand uit herkenbare beelden
3	concessies doen	c	een beetje toegeven; iets van zijn eis laten vallen
4	diametraal	d	gevoel van aantrekking/verwantschap
5	etablissement	e	horecaonderneming
6	figuratief	f	karakter; aard
7	gedegen	g	lijnrecht; volgens de diameter
8	immaterieel	h	niet-stoffelijk; geestelijk
9	jegens	i	onophoudelijk; zonder te verslappen
10	karig	j	schraal; niet overvloedig
11	niet aflatend	k	ten aanzien van; tegenover
12	ongenuanceerd	l	twijfelachtig; ongerustheid wekkend
13	proporties	m	van goed gehalte; degelijk
14	signatuur	n	verbergen; versluieren
15	verhullen	o	zwart-wit; bot; zonder nuancering

Opdracht 2

Vul de woord(groep)en 1 tot en met 15 van opdracht 1 in de zinnen in. Soms moet je de vorm van het woord enigszins aanpassen.

1 Door het hoge water in de Waal waren de terrassen van de ... langs de Waalkade onbereikbaar.
2 Voor een gelukkig leven zijn naast een goed huis en voldoende financiële middelen ook ... zaken als gezondheid en een leuke vriendenkring van belang.
3 Tijdens de onderhandelingen moesten de beide partijen een aantal ... om tot een voor iedereen aanvaardbaar compromis te komen.
4 Volgens financiële deskundigen heeft de crisis in Europa zodanige ... aangenomen, dat die wel eens veel langer kan gaan duren dan voorspeld was.
5 Naast docenten die pleiten voor vernieuwende werkvormen, zijn er ook nog heel wat traditionele leraren die geloven in wat zij noemen ... klassikaal onderwijs.
6 Volgens deskundigen is de kwaliteit van het onderwijs op sommige hbo-scholen de laatste jaren afgezakt tot een ... niveau.
7 Helaas staan de vakbonden en de werkgeversorganisaties ... tegenover elkaar in de onderhandelingen over de nieuwe cao's.
8 De uitgeverijen Kok uit Kampen en Callenbach uit Nijkerk zijn van protestants-christelijke ... en geven vooral levensbeschouwelijke werken uit.
9 Moesten de Limburgse mijnwerkers hard werken voor een schamel loon en een ... belegde boterham?
10 Deze ultrarechtse jongeren baseren hun houding ... allochtone burgers op het racistische gedachtegoed van nazi-Duitsland.
11 Moderne kunstenaars maken veelal abstracte schilderijen, terwijl het grote publiek meer ... heeft met ... kunstwerken.

↓

257

12 De beheerster van de kinderboerderij kreeg een lintje, omdat zij zich jarenlang ... had ingezet voor de jeugd en belangeloos al haar energie in de dierenweide had gestopt.
13 Door ontwijkende antwoorden te geven probeerde de bankdirecteur zijn rol in het financiële wanbeleid van zijn bedrijf te ....
14 Staat die politicus niet bekend om discriminerende opmerkingen en ... uitlatingen over allochtonen tijdens de Kamerdebatten?

Opdracht 3

Zoek de juiste betekenis a tot en met o bij de woord(groep)en 1 tot en met 15.
Tip: Je kunt ook eerst opdracht 4 maken; soms kun je de betekenis van een woord afleiden uit de zinnen van opdracht 4.

1	afzien van	a	allerlaatste; uiterste
2	begenadigd	b	beproefd; deugdelijk; goed
3	clientèle	c	behoedzaam
4	deportatie	d	1 binnenkort; spoedig; 2 bijna
5	erudiet	e	erkennen; goedvinden
6	gepeupel	f	geen gebruik maken van
7	hang	g	getalenteerd; begaafd
8	innovatie	h	gewone volk; plebs
9	numeriek	i	in bezit van veel kennis en kritische zin
10	omzichtig	j	in getallen uitgedrukt
11	onderschrijven	k	klantenkring
12	probaat	l	neiging; verlangen
13	ultieme	m	verbanning; uitzetting
14	verlokken	n	verleiden; overhalen
15	welhaast	o	vernieuwing

Opdracht 4

Vul de woord(groep)en 1 tot en met 15 van opdracht 3 in de zinnen in. Soms moet je de vorm van het woord enigszins aanpassen.

1 Zo'n mengsel van spiritus en groene zeep is een ... middel om luizen op planten te bestrijden.
2 Na de winterstop staat de landskampioen vijftien punten achter op de nummer 1, waardoor prolongatie van de titel ... onmogelijk is geworden.
3 Met dure leaseauto's en riante winstdelingen proberen ICT-bedrijven de schaarse computertechnici te ... bij hen in dienst te treden.
4 Hoogleraar en voormalig SER-voorzitter Alexander Rinnooy Kan is een ... man en hij is bovendien een ... spreker en een innemende persoonlijkheid.
5 Toen bij een stand van 2-2 twee spelers van FC Groningen uit het veld werden gestuurd, moest het gehavende team het afleggen tegen de ... meerderheid van de tegenstander.
6 Omdat de vredesonderhandelingen tussen Israël en de Palestijnen muurvast zaten, besloot de Amerikaanse minister van Buitenlandse Zaken een ... poging te wagen om die vlot te trekken door de beide delegatieleiders uit te nodigen voor een indringend gesprek.
7 Gevoelens van nationalisme gaan bij veel Nederlanders gepaard met een sterke ... naar het verleden, toen het in de beleving van de burgers veel beter ging in het land.
8 Veel Nederlanders ... de gedachte dat de regering niet moet bezuinigen op ontwikkelingssamenwerking, omdat zij het altijd nog beter hebben dan de mensen in de derde wereld.
9 Bij de vredesgesprekken tussen de opstandelingen en de regering moesten de bemiddelaars ... te werk gaan om de partijen niet van de onderhandelingstafel te verjagen.
10 Zonder ... raakt de Nederlandse industrie definitief achterop bij de omringende landen en het Verre Oosten.

11 Vanwege zijn aandeel in de ondergang van de bank wilde de topman ... de bonussen die hij nog tegoed had.
12 De geschiedenis leert ons waar oorlog toe kan leiden: de ... van bevolkingsgroepen naar concentratiekampen en de dood van miljoenen burgers en militairen.
13 In landen waar de verschillen tussen arm en rijk buitensporig groot zijn, komt vroeg of laat het ... in opstand tegen de elite.
14 Advocatenkantoor Dommelmans heeft zijn ... in een brief laten weten dat het volgende maand verhuist naar een monumentaal pand aan de Burgemeester van Rooijensingel.

Opdracht 5

Zoek de juiste betekenis a tot en met o bij de woorden 1 tot en met 15. Tip: Je kunt ook eerst opdracht 6 maken; soms kun je de betekenis van een woord afleiden uit de zinnen van opdracht 6.

1	erfgoed	a	bespotten; belachelijk maken
2	devies	b	betreffende; aangaande
3	heimelijk	c	eenvoudig; armoedig; schraal
4	inzake	d	gelijkvormig
5	markant	e	hoogste kwaliteit; voortreffelijkheid; overmacht
6	poldermodel	f	irritatie; ergernis; misnoegen
7	rebellie	g	leus; zinspreuk
8	ridiculiseren	h	levensbeschouwelijke stroom/groepering
9	sober	i	liberaal; niet-dogmatisch
10	superioriteit	j	opstandigheid
11	tornen	k	opvallend
12	uniform (bn)	l	overlegmodel gericht op consensus en harmonie
13	vrijzinnig	m	overlevering; nalatenschap (van een vorige generatie)
14	wrevel	n	stiekem; verborgen
15	zuil	o	ter discussie stellen; afbreuk doen

Opdracht 6

Vul de woorden 1 tot en met 15 van opdracht 5 in de zinnen in. Soms moet je de vorm van het woord enigszins aanpassen.

1 Mede dankzij het ..., waarmee politici, werkgevers en werknemers door overleg tot verstandige oplossingen kwamen, ging het Nederland in de jaren tachtig en negentig van de twintigste eeuw economisch voor de wind.
2 Tijdens het carnaval worden vaak misstanden in de samenleving ...: in 2012 werden bijvoorbeeld de falende bestuurders van de SNS Bank belachelijk gemaakt.
3 Het standpunt dat de mens de Bijbel interpreteert in plaats van dat de Bijbel de mens geboden oplegt, komt veel voor onder ... gelovigen, die zich afzetten tegen de strenge voorschriften van de orthodoxe kerk.
4 Natuurlijk wil elk land het cultureel ... in stand houden, maar daarbij moeten vanwege de kosten die daarmee gepaard gaan, wel keuzes gemaakt worden.
5 Het harde optreden van het Syrische leger heeft de ... van de burgers tegen het bewind van president Bashar al-Assad alleen maar aangemoedigd.
6 De vier grote ... die Nederland in de twintigste eeuw kende, de katholieke, de protestantse, de liberale en de socialistische, predikten elk hun eigen gedachtegoed.
7 'Niet doorschuiven, maar aanpakken' luidde het ... van de VVD bij de verkiezingen van 2012, waarmee de partij aangaf dat ze toekomstige generaties niet wilde opzadelen met de economische problemen.
8 In dit klooster leiden de cisterciënzer monniken een ... bestaan, waarin gebed en handwerk elkaar afwisselen.
9 Deze vluchtelingenorganisatie pleit voor een ... behandeling van alle asielzoekers; nu wordt er onderscheid gemaakt tussen politieke en economische vluchtelingen.
10 Normaalzanger Bennie Jolink is een ... persoonlijkheid; hij is naast muzikant tegenwoordig ook kunstschilder en wist met zijn eigenzinnige Achterhoekse rock jarenlang een groot publiek aan zich te binden.

↓ 11 De SP is van mening dat de regering niet moet … aan de verzorgingsstaat, want die heeft ervoor gezorgd dat Nederlanders tot de gelukkigste mensen van de wereld behoren.
12 In de nacht van 12 op 13 juni had de minister van Buitenlandse Zaken een … ontmoeting met zijn Duitse ambtgenoot om tot een gezamenlijk standpunt te komen … de benoeming van een nieuwe voorzitter van de Europese Centrale Bank.
13 De gemeentelijke plannen om kinderen verplicht in de eigen wijk naar school te laten gaan, heeft … gewekt bij ouders en schooldirecteuren, die beiden willen dat kinderen vrij zijn om zelf een school te kiezen.
14 De 6-0 overwinning was een duidelijk bewijs voor de … van het Nederlands elftal in de wedstrijd tegen Noord-Ierland.

Opdracht 7

Zoek de juiste betekenis a tot en met o bij de woorden 1 tot en met 15. Tip: Je kunt ook eerst opdracht 8 maken; soms kun je de betekenis van een woord afleiden uit de zinnen van opdracht 8.

1	alvorens	a	blijkbaar; klaarblijkelijk
2	belemmering	b	blijvend; aanhoudend
3	consensus	c	dwangmiddel; straf
4	dermate	d	dwingelandij; wrede heerschappij
5	discrepantie	e	gelegenheid bieden; beschikbaar stellen
6	erbarmelijk	f	hindernis; obstakel
7	faciliteren	g	in zo hoge graad
8	hekelen	h	jammerlijk; armzalig
9	incapabel	i	naargelang
10	kennelijk	j	onbekwaam; ongeschikt
11	loyaliteit	k	overeenstemming; gelijkheid van opvatting
12	naarmate	l	scherp bekritiseren
13	permanent	m	trouw
14	sancties	n	verschil; tegenstrijdigheid
15	tirannie	o	voordat

Opdracht 8

Vul de woorden 1 tot en met 15 van opdracht 7 in de zinnen in. Soms moet je de vorm van het woord enigszins aanpassen.

1 In de favela's bij de Braziliaanse steden proberen de allerarmsten onder de bevolking in … omstandigheden het hoofd boven water te houden, terwijl enkele kilometers verderop anderen in extreme rijkdom leven.
2 De vakbondsleider … de beslissing van ING om twaalfhonderd mensen te ontslaan terwijl het bedrijf jaarlijks enorme winsten boekt.
3 … het veld te betreden sloeg de spits van Real Madrid een kruisje, waarbij hij even zijn ogen sloot.
4 In de provincie Groningen kwamen al vele jaren lichte aardbevingen voor, maar … de trillingen heviger en frequenter werden, nam de onrust onder de bevolking steeds verder toe.
5 Enkele wandelaars waren door de extreme hitte … uitgedroogd, dat ze in het ziekenhuis moeten worden opgenomen.
6 Jarenlang heeft de bevolking van Irak geleden onder de … van Saddam Hoessein en zijn clan.
7 Wanneer immigranten de Nederlandse taal niet machtig zijn, vormt dat een ernstige … bij het vinden van een baan.
8 Van bestuurders die een bank aan de rand van de afgrond manoeuvreren, kun je toch wel concluderen dat ze … zijn?
9 Enkele medewerkers waren wel op de hoogte van de fraude van hun directeur, maar uit … aan hun baas hadden ze de politie niet ingelicht.

10 Helaas is er een grote ... tussen de beloften die politici tijdens de verkiezingscampagne uitspreken en de verwezenlijking van hun voornemens als ze eenmaal regeren.
11 Het is ... niet zo eenvoudig om bij het schaatsen een nieuw wereldrecord op de tien kilometer te vestigen, want het oude record dateert al van zes jaar geleden.
12 Er bestaat nog altijd geen ... over de vraag of de crisis het best kan worden aangepakt door te bezuinigen of juist door te investeren.
13 Omdat de heer en mevrouw Van der Werff Spanje tijdens hun jaarlijkse vakanties steeds meer gingen waarderen, besloten ze om na hun pensioen ... in dat land te gaan wonen.
14 Van docenten mag verwacht worden dat ze goed lesgeven en van hun directie dat die de leraren ... om dat ook daadwerkelijk te kunnen doen.
15 Welke ... volgen er bij jullie op school als iemand spijbelt of regelmatig te laat komt?

Opdracht 9

Zoek de juiste betekenis a tot en met o bij de woord(groep)en 1 tot en met 15.
Tip: Je kunt ook eerst opdracht 10 maken; soms kun je de betekenis van een woord afleiden uit de zinnen van opdracht 10.

1 laveren
2 naleven
3 opvijzelen
4 prompt
5 reguleren
6 steevast
7 substantieel
8 tredmolen
9 uitheems
10 unanimiteit
11 veinzen
12 verworvenheid
13 voorhanden
14 weerzin
15 zich voegen

a aanzienlijk; duidelijk
b afschuw; afkeer; hekel
c beschikbaar; in voorraad
d buitenlands; vreemd
e doen alsof; huichelen
f eenstemmigheid; eensgezindheid
g nakomen (van afspraken)
h schipperen; heen en weer gaan
i vaste, geestdodende (werk)situatie
j verhogen; hoger maken
k verkregen recht; vaardigheid
l vlot; snel
m volgens regels organiseren; ordelijk laten verlopen
n volgens vaste gewoonte; altijd
o zich schikken

Opdracht 10

Vul de woord(groep)en 1 tot en met 15 van opdracht 9 in de zinnen in. Soms moet je de vorm van het woord enigszins aanpassen.

1 De toekenning van een dertiende maand is een ... verbetering van de salarissen in de zorgsector.
2 Zolang de bevolking niet in staat was zich te verzetten tegen de islamitische fundamentalisten, moest ze ... naar de strikte regels van hun bewind.
3 Toen Apple met een nieuwe versie van de iPad op de markt kwam, verscheen er ... een verbeterd model van de tablet van Samsung.
4 Heb je er wel eens over gedacht om uit de ... van het dagelijkse kantoorwerk te stappen en bijvoorbeeld een wereldreis te maken?
5 Als onderhandelaar moest de minister van Financiën ... tussen de belangen van de SNS Bank en die van Nederlandse belastingbetaler.
6 De voorzitter van de raad van bestuur ... gevoelens van medeleven met de ontslagen medewerkers, maar toen het erop aankwam, had hij alleen maar oog voor een zo groot mogelijke winst van zijn onderneming.
7 De Nederlandse overheid probeert met allerlei wetten de handel in softdrugs te ..., maar de koffieshops en de drugstoeristen willen niet meewerken aan de plannen.
8 In deze winkel zijn vele ... Fair Tradeproducten te koop, waarvoor de producenten in de derde wereld een eerlijke prijs hebben ontvangen.

9 Door middel van het project *School aan zet* wil het ministerie van Onderwijs de examenresultaten van minder goed presterende middelbare scholen ....

10 Bij de verkiezing van een nieuwe paus is het vaak lang wachten op ..., want de kerkvader moet zonder tegenstemmen verkozen worden.

11 Deze oude Amsterdammer komt al 25 jaar lang ... op vrijdagmiddag om drie uur een paar borreltjes drinken in zijn stamcafé.

12 Toen ze met hun vliegtuig in het oerwoud waren neergestort, probeerden de overlevenden zich te redden met het schaarse voedsel dat ... was.

13 Het heeft weinig zin om als regering strenge wetgeving rond alcoholgebruik af te kondigen als de politie niet in staat is de ... ervan af te dwingen.

14 De vrijheid van meningsuiting is een belangrijke ..., die in het Rusland van Vladimir Poetin echter steeds meer onder druk komt te staan.

15 Als Helga beelden ziet van slachterijen of varkenstransporten, voelt ze een sterke ... tegen alle mensen die door vlees te eten dierenmishandeling in stand houden.

Opdracht 11

Zoek de juiste betekenis a tot en met o bij de woord(groep)en 1 tot en met 15.
Tip: Je kunt ook eerst opdracht 12 maken; soms kun je de betekenis van een woord afleiden uit de zinnen van opdracht 12.

1	amper	a	beschermen; in stand houden
2	argeloos	b	bespeuren; zien
3	beter gesitueerden	c	enkel; alleen
4	conform	d	feitelijk; echt
5	daadwerkelijk	e	gebrek aan samenhang; innerlijke tegenstrijdigheid
6	evident	f	maatschappelijk geslaagden; welvarenden
7	gedwee	g	niets kwaads vermoedend; naïef
8	inconsistentie	h	overeenkomstig met
9	koesteren	i	sinds
10	louter	j	slaafs nazeggen; letterlijk herhalen
11	nabauwen	k	ternauwernood; nauwelijks; bijna niet
12	ontwaren	l	verslag; verhaal
13	precair	m	volgzaam; meegaand
14	relaas	n	zonneklaar; overduidelijk
15	sedert	o	zorgelijk; risicovol; onzeker

Opdracht 12

Vul de woord(groep)en 1 tot en met 15 van opdracht 11 in de zinnen in. Soms moet je de vorm van het woord enigszins aanpassen.

1 ... de in het telefoongesprek gemaakte afspraken zenden wij u de bestelde brochures over onze vakantiewoningen aan de Zuid-Hollandse kust.

2 Hoewel de hartoperatie volgens de artsen geslaagd is, noemen ze de toestand van de patiënt nog altijd ....

3 Doordat de slachtoffers van de aardbeving al het water en voedsel met elkaar moesten delen, hadden ze ... genoeg.

4 Na de schitterende vertolking van *The tempest* van Shakespeare waren er ... positieve reacties bij toeschouwers en recensenten.

5 Je kunt je wel voornemen om van Nederland naar Santiago de Compostella te wandelen, maar het valt nog niet mee om het ... te doen.

6 ... de toelating van Poolse vrachtwagenchauffeurs op de Nederlandse markt zijn de arbeidsomstandigheden voor Nederlandse truckers beetje bij beetje verslechterd.

7 Toen de ... toeristen in het gedrang van de Parijse metro terechtkwamen, werden ze bestolen door een gewiekste zakkenroller.

8 De gevangengenomen terroristen maakten een aangeslagen indruk en lieten zich ... meevoeren door de soldaten van het Malinese leger, die hen bijeenbrachten in een gevangenenkamp dat onder toezicht stond van het internationale Rode Kruis.

9   De minister van Infrastructuur en Milieu hield een vlammend betoog om extra geld voor de aanleg van wegen los te peuteren, maar de minister van Financiën legde feilloos de ... in haar pleidooi bloot en gaf haar geen extra middelen.
10 Anderhalf jaar lang reisde deze zeezeiler in zijn eentje over de oceanen en vanavond hoort u zijn ... in een extra lange uitzending van *Lonely Planet*.
11 Het is ... dat het kabinet snel iets moet doen om de investeringen in de bouwsector weer op peil te krijgen.
12 De meeste mensen die per trein naar hun werk gaan, zitten in de tweedeklascoupés, maar de ... reizen vaak eersteklas.
13 Staande op een duintop in de nabijheid van Katwijk ... ik in de verte een groot containerschip, dat wellicht op weg was naar IJmuiden.
14 De tweede man van deze splinterpartij komt vaak niet verder dan het ... van de uitspraken van zijn fractieleider: op eigen creatieve opvattingen heb ik hem nog nooit kunnen betrappen.
15 We moeten de verzorgingsstaat ..., want die biedt ons al decennialang bestaanszekerheid en een goede gezondheidszorg.

Opdracht 13

Zoek de juiste betekenis a tot en met o bij de woorden 1 tot en met 15. Tip: Je kunt ook eerst opdracht 14 maken; soms kun je de betekenis van een woord afleiden uit de zinnen van opdracht 14.

1	contemporain	a	alle kneepjes van het vak beheersend; zeer ervaren
2	doorgewinterd	b	beeldbepalende persoon; held (fig.)
3	expansie	c	denkend aan iets
4	grief	d	eigentijds; van de eigen tijd
5	(het) gros	e	ergernis; bezwaar
6	icoon	f	groei
7	indachtig	g	het niet op de juiste waarde schatten; geringschatting
8	intrinsiek	h	karakteriseren; typerend beschrijven
9	irrelevant	i	meerderheid; oorspronkelijk: 144 stuks
10	kenschetsen	j	niet mooier voorgesteld dan het is
11	luttel	k	niet ter zake doend
12	marktconform	l	overeenkomstig met de prijzen op de markt
13	miskenning	m	vlug; snel
14	onverbloemd	n	weinig
15	rap	o	wezenlijk

Opdracht 14

Vul de woorden 1 tot en met 15 van opdracht 13 in de zinnen in. Soms moet je de vorm van het woord enigszins aanpassen.

1 In het artikel dat naar aanleiding van zijn overlijden verscheen, werd de minister ... als een integer politicus, die veel voor het land heeft betekend.
2 Hans Wiegel en Frits Bolkestein worden tot de ... van de VVD gerekend en in belangrijke kwesties is iedereen benieuwd naar hun mening.
3 Veel Kamerleden waren het oneens met het hoge salaris van de nieuwe SNS-topman, maar de verantwoordelijke minister houdt vol dat het bedrag van 555.000 euro een ... beloning is voor deze positie.
4 In deze kunsthandel worden naast negentiende-eeuwse kunstwerken ook ... schilderijen en beelden verkocht.
5 Volgens de voorzitter van de hbo-raad zijn veel studenten tegenwoordig niet meer ... gemotiveerd voor hun studie, maar hebben ze die gekozen op basis van de kansen op de arbeidsmarkt of de geldelijke beloning.
6 Tijdens het vragenuur voorafgaand aan de raadsvergadering konden burgers hun ... betreffende de verloedering van hun buurt kenbaar maken.
7 In zijn boek beschrijft de auteur ... wat hij zoal aan ellende en narigheid is tegengekomen tijdens zijn reis door de landen van de voormalige Sovjet-Unie.

8 De rechter legde de geweldpleger een relatief zware sanctie op, want hij achtte de moeilijke jeugd van de dader ... voor de strafmaat.
9 Frans Timmermans is een ... politicus, die precies weet hoe je in de politiek anderen meekrijgt om iets te bereiken.
10 Dat sommige zorgverzekeraars bij depressie liever medicijnen vergoeden dan therapeutische gesprekken, beschouwen psychologen als een ... van hun beroep.
11 De adviezen van Wouter Bos ... zouden we niet moeten bezuinigen bij een krimpende economie, maar juist als het Nederland voor de wind gaat.
12 Het was de hele dag mooi weer geweest, maar het plotselinge noodweer veranderde het festivalterrein van Pukkelpop in ... minuten in een rampplek.
13 Doordat de SNS Bank te veel gericht was op ..., richtte het bedrijf zich ook op zaken waar het geen verstand van had, wat uiteindelijk tot problemen leidde.
14 Als het aan het kabinet ligt, volgen de hervormingen op onder andere de arbeidsmarkt en de woningmarkt elkaar in ... tempo op.
15 Er waren wel enkele Amsterdammers die vonden dat het tentenkamp van de asielzoekers verboden moest worden, maar ... sympathiseerde met deze mensen en vond dat de overheid hun onderdak diende te verschaffen.

Opdracht 15

Zoek de juiste betekenis a tot en met o bij de woord(groep)en 1 tot en met 15. Tip: Je kunt ook eerst opdracht 16 maken; soms kun je de betekenis van een woord afleiden uit de zinnen van opdracht 16.

1 jurisprudentie   a beschikbaar vermogen
2 oratie   b beslistheid
3 patstelling   c binnenkort
4 potentieel (zn)   d dwingend; bindend
5 repressie   e eerdere uitspraken over een juridische kwestie
6 slinken   f grondig; intens
7 stelligheid   g minder worden
8 stringent   h neiging; ontwikkeling
9 tendens   i onderdrukking
10 terdege   j ontaarden; bederven
11 toereikend   k situatie waarbij twee partijen geen mogelijkheid meer zien tot een oplossing; impasse
12 verkwanselen   l toespraak; redevoering
13 verworden   m voldoende
14 weldra   n wegdoen zonder op de waarde acht te slaan
15 zich committeren aan o zich verplichten tot; zich binden aan

Opdracht 16

Vul de woord(groep)en 1 tot en met 15 van opdracht 15 in de zinnen in. Soms moet je de vorm van het woord enigszins aanpassen.

1 De provinciale bestuurders beweerden met grote ... dat de samenvoeging van provincies, zoals de regering voorstaat, niet tot besparingen zal leiden.
2 We zullen ... moeten beseffen dat de welvaart van rond de eeuwwisseling de eerste tien, vijftien jaar nog niet zal terugkeren.
3 Nu de EU-grenzen zijn opengesteld voor werknemers, levert dat een enorm ... aan arbeiders op die Nederland in de toekomst wellicht hard nodig zal hebben.
4 Als PvdA-Kamerlid was hij fanatiek voor inkomensnivellering en gelijke kansen voor iedereen, maar hij heeft die idealen ... om met de VVD een regeringscoalitie te kunnen vormen.
5 Nederland zal op zoek moeten naar andere energiebronnen, want de aardgasvoorraad in Groningen begint aardig te ....
6 Als u voor dit bedrijf wilt werken, moet u ... de gedragscodes en de omgangsvormen zoals die bij ons gebruikelijk zijn.

Woordenschat > 2 Woordenschat eindexamen > 1 120 woorden uit de vwo-examens 2008-2012

7 Tijdens zijn ... presenteerde de psycholoog een nieuwe theorie, die beschrijft hoe mensen elkaar beïnvloeden met hun emoties en hoe dit van nut kan zijn om bijvoorbeeld leerprestaties te verbeteren.

8 'We moeten met elkaar vaststellen,' zei de CDA'er, 'dat in Nederland een bijstandsuitkering niet ... is om een beetje plezierig te leven.'

9 Er zijn nog altijd dictatoriale staten op de wereld, waar de bevolking lijdt onder ... en uitbuiting.

10 Om de opwarming van de aarde af te remmen is een ... internationaal klimaatbeleid een absolute voorwaarde.

11 Wat ooit een prachtige nieuwe stadswijk was, is in vijfentwintig jaar ... tot een achterbuurt met verkrotte woningen, die een troosteloze aanblik bieden.

12 Bij de gesprekken over de Europese begroting is een ... ontstaan: een aantal landen wil meer geld voor subsidies, maar onder andere Nederland en Engeland willen de groei van de uitgaven een halt toeroepen.

13 Jarenlang gingen veel leerlingen een jaar naar het buitenland alvorens met hun studie te beginnen, maar onder hbo-studenten is nu een ... waarneembaar om de internationale reis uit te stellen tot na de vervolgopleiding.

14 Er staan veel Oranjefans voor het Paleis op de Dam, waar volgens het protocol ... de koninklijke familie op het balkon zal verschijnen.

15 Op basis van de ... veronderstelde de advocaat van de gedupeerden dat de oplichter er met een vrij lichte straf vanaf zou komen.

Opdracht 17

Werk in tweetallen of drietallen.

Je hebt in dit hoofdstuk gewerkt aan acht rijtjes van vijftien woorden. De 120 woorden van de opdrachten 1 tot en met 16 worden aangeboden in losse zinnen zonder verband. Deze woorden waren namelijk niet gemakkelijk in te delen bij de thema's van hoofdstuk 1.

1 Zoek in de 120 woorden van opdracht 1 tot en met 16 drie groepjes van vijf woorden die volgens jullie wel bij elkaar passen.

2 Bedenk ook een label voor de woorden: onder welk begrip of welke categorie vallen ze?

3 Gebruik die woorden in een tekstje van 100 tot 150 woorden. Gebruik zo mogelijk ook nog enkele andere woorden uit paragraaf 1.

Voorbeeld:

1 **vijf woorden die bij elkaar passen**: *ideologie, heilstaat, zuil, propaganda, uitsluiting*
  andere woorden: *saboteren, daadwerkelijk, claimen*

2 **categorie**: *Samenleving/Politiek*

3 **tekstje:**
  De twintigste eeuw kende vele ideologieën, zoals het communisme, het socialisme en het liberalisme. De grote denkers van die stromingen claimden allemaal dat de wereld een soort heilstaat zou worden, waarin alle mensen gelukkig zijn, als de burgers maar leefden volgens de leefregels van hun ideologie. De samenleving zou niet langer verdeeld zijn in religieuze en politieke zuilen en uitsluiting van bepaalde bevolkingsgroepen was voorgoed van de baan. Alle ideologieën maakten dan ook uitgebreid propaganda voor hun ideeëngoed. Maar zou de maatschappij daadwerkelijk veranderen in een gelukzalig oord? Zouden er niet altijd mensen zijn die de prachtige leefregels van de ideologen saboteren en zo de heilstaat ondermijnen? Het communisme van Karl Marx heeft voor miljoenen mensen een hoop ellende opgeleverd.

Ik kan: 2E veelvoorkomende moeilijke woorden begrijpen en correct gebruiken.

Paragraaf 2

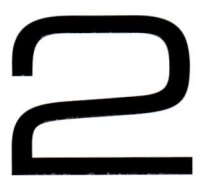

30 uitdrukkingen uit de vwo-examens 2008-2012

Behalve woorden komen er in examens ook uitdrukkingen voor die je misschien niet kent. Het kost veel tijd om die in het woordenboek op te zoeken. Hoe meer van die uitdrukkingen je kent, hoe groter je kansen op succes.

Opdracht 18

Zoek de juiste betekenis a tot en met o bij de uitdrukkingen 1 tot en met 15. Tip: Je kunt ook eerst opdracht 19 maken; soms kun je de betekenis van een uitdrukking afleiden uit de zinnen van opdracht 19.

1 boven alle twijfel verheven
2 de barricades op gaan
3 door de beugel kunnen
4 een broertje dood hebben aan
5 gepaard gaan met

6 het is schering en inslag
7 in diskrediet raken
8 inbreuk maken op

a aandacht vestigen op
b al zijn bezittingen
c belangrijk vinden; zorg besteden aan
d een hekel hebben aan
e genoegen nemen met; (iets vervelends) accepteren
f het gebeurt vaak
g het vertrouwen kwijtraken
h in verzet komen

9 met een korreltje zout nemen
10 op gespannen voet staan met
11 op hun merites beoordelen
12 ter harte gaan
13 voor het voetlicht brengen
14 voor lief nemen
15 zijn hele hebben en houden

i niet in overeenstemming zijn met
j niet helemaal serieus nemen
k op de juiste waarde bekijken
l samengaan met
m schenden
n toelaatbaar zijn; ethisch aanvaardbaar zijn
o volstrekt zeker

Opdracht 19

Vul de uitdrukkingen 1 tot en met 15 van opdracht 18 in de zinnen in. Soms moet je de uitdrukking enigszins aanpassen.

1 Door in te breken in digitale medische dossiers van dit ziekenhuis heeft de verzekeringsmaatschappij volgens de rechter ... de privacy van patiënten.
2 Als vereniging voor ouders met langdurig zieke kinderen willen wij het grote belang van medisch onderzoek ... en daarvoor geven we met uw steun brochures uit en plaatsen we advertenties in landelijke kranten.
3 Volgens de directie worden in het casino alleen mensen tewerkgesteld van wie de betrouwbaarheid .... is.
4 Toen Gerbrand Tuinstra op veertigjarige leeftijd weduwnaar was geworden, vertrok hij met ... naar Australië om daar een nieuw leven te beginnen.
5 Ondernemers in het midden- en kleinbedrijf zijn duizendpoten, maar ze ... de administratie van hun inkomsten en uitgaven.
6 De bezuinigingen in het onderwijs ... de ambitie van de regering om in het volgende PISA-onderzoek betere resultaten te halen voor rekenen en taal.
7 Het is logisch dat de leraren ..., nu ze voor het vierde opeenvolgende jaar geen loonsverhoging krijgen, terwijl in andere sectoren de lonen wel stijgen.
8 Door de ruzies tussen specialisten in het Ruwaard van Putten Ziekenhuis in Spijkenisse en het Academisch Ziekenhuis in Amsterdam is de gehele medische wereld ....
9 We zullen als oppositiepartijen de plannen van het kabinet ... en vervolgens beslissen of we ermee in kunnen stemmen of niet.
10 U zult begrijpen dat de maatschappelijke vorming van leerlingen ons als school zeer ... en we doen dan ook ons best om daarvoor een substantieel deel van de lestijd in te ruimen.
11 Economische recessie zal in veel gevallen ... een toename van de werkloosheid.
12 Die directeuren vinden het heel normaal dat ze ondanks slechte bedrijfsresultaten hun opties voor veel geld verzilveren, maar de publieke opinie is dat zulke praktijken niet ....
13 Weliswaar voorspellen sommige opiniepeilingen bijna dertig zetels voor de ouderen-partij 50PLUS, maar zulke uitslagen moeten we voorlopig maar ....
14 Wie een gelukkige relatie wil, moet niet om alle kleinigheden ruziemaken, maar van tijd tot tijd de hebbelijkheden van zijn partner ....
15 De inbraken in onbewoonde vakantiehuizen en winkelpanden zijn hier ... en de politie heeft onvoldoende menskracht om er iets tegen te doen.

Opdracht 20

Zoek de juiste betekenis a tot en met o bij de uitdrukkingen 1 tot en met 15. Tip: Je kunt ook eerst opdracht 21 maken; soms kun je de betekenis van een uitdrukking afleiden uit de zinnen van opdracht 21.

1. aanspraak maken op
2. de lier aan de wilgen hangen
3. er bekaaid afkomen
4. gespeend zijn van
5. het kind met het badwater weggooien
6. het over een andere boeg gooien
7. in de hand werken
8. in het geding komen/zijn
9. in zwang
10. lak hebben aan
11. ontvankelijk zijn
12. op de been brengen
13. op het schild heffen
14. op zijn schreden terugkeren
15. zich distantiëren van

a. afstand nemen van; niets te maken willen hebben met
b. bevorderen
c. de leiding geven
d. ergens mee stoppen; oorspronkelijk: stoppen met dichten
e. het bezit opeisen
f. in actie brengen; mobiliseren
g. in gebruik; in de mode
h. in het geheel niet bezitten
i. helemaal niet geven om
j. minder krijgen dan waarop men recht heeft
k. op een andere manier aanpakken
l. op zijn beslissing terugkomen
m. tegelijk met iets slechts ook iets goeds verwijderen; te ver gaan met maatregelen
n. vatbaar zijn
o. voorwerp van discussie zijn

Opdracht 21

Vul de uitdrukkingen 1 tot en met 15 van opdracht 20 in de zinnen in. Soms moet je de uitdrukking enigszins aanpassen.

1. Hangjongeren in de buurt van winkelcentrum Zwolle-Zuid vallen het winkelende publiek lastig en ... de waarschuwingen van de politie, die onvoldoende personeel heeft om hen steeds in de gaten te houden.
2. De gemiddelde Nederlander ... enige kennis over de historie van Nederland en ook zijn topografische kennis laat zeer te wensen over.
3. De vakbonden zullen morgen naar verwachting 50.000 mensen ... om te protesteren tegen de bevriezing van de ambtenarensalarissen.
4. Groot-Brittannië en Argentinië kunnen beide ... de Falklandeilanden, die op dit moment Engels grondgebied zijn, maar vlak voor de kust van Zuid-Amerika liggen.
5. Als het Westen een ontwikkelingsland steunt met veel geld, zal dat de inflatie in zo'n land ..., waardoor het land zijn producten minder makkelijk aan het buitenland kan verkopen.
6. De directeur van de school ... de kwetsende opmerkingen die enkele medewerkers hadden gemaakt tegen homoseksuele leerlingen.
7. Nu de subsidieregeling om jongeren te stimuleren ondernemer te worden niet aanslaat, wil de minister die meteen weer afschaffen, maar we moeten oppassen dat we niet ..., want elke jonge ondernemer is er één en op de arbeidsmarkt is ook niet genoeg plaats voor de jeugd.
8. Nu door de instabiliteit in diverse Noord-Afrikaanse staten islamitische rebellen steeds meer vrij spel krijgen, zal ook de veiligheid van Europa ....
9. Als jongeren net het ouderlijk huis hebben verlaten en in een vreemde stad studeren, zullen ze meer ... voor risicogedrag als drank- en drugsgebruik.
10. Toen de zanger tachtig jaar werd, vond hij dat het mooi was geweest en besloot hij ....
11. Nauwelijks was de fractieleider afgetreden of er werd een nieuwe voorman ..., die bij de verkiezingen de kar moest gaan trekken.

12 Omdat accijnsverhogingen op de benzine niet hielpen om mensen uit vervuilende benzineauto's te krijgen, besloot de overheid ...: ze stelde elektrische auto's vrij van elke vorm van belasting.

13 Waarschijnlijk zal dit aardolie verwerkende bedrijf ..., als het inziet dat de oliewinning uit deze teerzanden toch te kostbaar is.

14 Al jaren wordt gesuggereerd dat 'oude blanke mannen' ervoor zorgen dat minderheden, vrouwen en jongeren ... bij de verdeling van de Oscars.

15 De laatste jaren is de waterscooter steeds meer ... geraakt als reddingsvaartuig: langs de Zeeuwse kust wordt hij ingezet om mensen uit zee op te pikken.

Maak nu de Test op Nieuw Nederlands online.

Ik kan:	3E ook minder vaak voorkomende uitdrukkingen begrijpen en correct gebruiken.
Controle hoofdstuk 2	– Ken je de betekenis van de 120 woorden en de 30 uitdrukkingen uit de vwo-examens 2008-2012?

Cursus

Onderzoeksvaardigheden

Een wetenschapper
is een bijzondere vogel:
eerst broedt hij en
vervolgens legt hij zijn ei.

H. Ferwerda

Hoofdstuk 1

Onderzoeksdoel en onderzoeksvraag

Op school, en ook straks op de universiteit of het hbo, word je regelmatig geconfronteerd met onderzoeksopdrachten. Dat betekent: antwoord geven op een veelomvattende onderzoeksvraag.

Wie een geloofwaardig onderzoek wil doen, moet zich aan bepaalde regels houden. Andere mensen moeten erop kunnen vertrouwen dat de informatie die het onderzoek oplevert, zinvol en volledig is. Je moet daarom zorgvuldig werken en beginnen met een plan waarin je aangeeft wat het doel is van het onderzoek en welke vragen je gaat beantwoorden.

Studielast 5 slu

Paragrafen
1 **Wat is goed onderzoek?**
2 **Het onderzoeksdoel**
3 **De onderzoeksvraag**

Referentieniveaus
- **3F** Kan begrippen die centraal staan in een onderzoek duidelijk definiëren en afbakenen.
- **3E** Kan een onderzoeksvraag formuleren die helder is, niet te smal en niet te ruim.
- **3E** Kan een correcte hoofdvraag voor een onderzoek formuleren en opsplitsen in deelvragen.
- **4F** Kan de betrouwbaarheid van bronnen beoordelen.

NN online
- de cursus profielwerkstuk
- samenvatting van dit hoofdstuk
- overzicht Ik kan-stellingen van dit hoofdstuk

Paragraaf 1

Wat is goed onderzoek?

Iedereen onderzoekt wel eens iets. Je doet onderzoek als je informatie verzamelt om antwoord te geven op een vraag. Elk onderzoek begint dus met de constatering dat je iets niet weet wat je wel zou moeten of willen weten. Onderzoekers noemen dat een 'probleem'.

Als de vraag met bijvoorbeeld twee minuten zoeken op internet of één telefoontje naar een bekende te beantwoorden is, spreek je nog niet van onderzoek. Bij een goed onderzoek zet je informatie uit verschillende bronnen op een rijtje. Je hebt bijvoorbeeld meer informatie nodig om een belangrijke beslissing te nemen, zoals in welke stad je gaat studeren. Door informatie te verzamelen op internet, open dagen te bezoeken en te praten met familie en vrienden die de studiesteden kennen, kun je de voor- en nadelen van de verschillende steden op een rijtje zetten en een afweging maken.

Goed onderzoek heeft de volgende onderzoekskenmerken:
- een **systematische aanpak**: de aanpak moet duidelijk worden uitgelegd en verantwoord, zodat iemand anders het onderzoek opnieuw kan doen en kan controleren of de conclusies kloppen;
- een **neutrale opstelling** van de onderzoeker: het mag van tevoren niet duidelijk zijn wat de conclusie moet worden en de verzamelde informatie mag niet gekleurd zijn door de mening van de onderzoeker;
- een **kritische beoordeling** van de gevonden informatie: in hoeverre zijn de gebruikte bronnen neutraal?
- het **uitschakelen van toeval**: de uitkomsten van het onderzoek mogen niet afhankelijk zijn van het moment waarop het onderzoek wordt uitgevoerd.

Opdracht 1

Elk goed onderzoek geeft antwoord op een vraag. Bedenk welke informatie je moet verzamelen om antwoord te kunnen geven op de volgende vragen. Let op: je hoeft het onderzoek niet daadwerkelijk uit te voeren.
1. Welke smartphone kan ik het beste kopen?
2. Hoeveel geld kost het per jaar om een kat te hebben en te verzorgen?
3. Welke auto is het beste voor het milieu: een elektrische auto of een auto die op biogas rijdt?

Opdracht 2

De afgelopen jaren is er discussie geweest over de vraag of de lucht in vliegtuigcabines schadelijk is voor de gezondheid. Dit wordt het aerotoxisch syndroom genoemd. Zoek op internet informatie over dit onderwerp (bijvoorbeeld krantenartikelen).
1. Wat zijn de conclusies van het onderzoek door onderzoekers aan Cranfield University uit 2011 naar giftige stoffen in de cabinelucht?
2. In hoeverre komen de conclusies overeen met de conclusies van ander onderzoek?
3. Door wie zijn de andere onderzoeken uitgevoerd en betaald? Zijn dit neutrale partijen?
4. Wie staan er achter de conclusies van het onderzoek van Cranfield University?
5. Wat zijn volgens deze mensen de sterke punten?
6. Wie hebben er kritiek op het onderzoek van Cranfield University?
7. Wat zijn volgens die critici de kritiekpunten?
8. Welke conclusie trek je zelf: is de lucht in vliegtuigen wel of niet schadelijk voor de gezondheid?
9. Wat zijn je argumenten voor die conclusie?

Opdracht 3

Werk in tweetallen.

1 Maak onafhankelijk van elkaar een zo compleet mogelijke lijst van Nederlandse popartiesten die binnenkort in de buurt optreden.
   - Noteer vooraf voor jezelf hoe jij de begrippen 'popartiest', 'binnenkort' en 'in de buurt' hebt afgebakend.
   - Noteer op welke manier jij gezocht hebt om de lijst samen te stellen.
2 Vergelijk de twee lijsten en beantwoord samen de volgende vragen:
   a Welke verschillen zijn er tussen jullie lijsten?
   b Welke verschillen zijn toe te schrijven aan de afbakening van de begrippen 'popartiest', 'binnenkort' en 'in de buurt'?
   c Welke verschillen zijn toe te schrijven aan de zoekstrategie?

Ik kan:
→ **3E** begrippen die centraal staan in een onderzoek duidelijk definiëren en afbakenen.
→ **4F** de betrouwbaarheid van bronnen beoordelen.

Paragraaf 2

Het onderzoeksdoel

Als je onderzoek gaat doen, moet je altijd beginnen met het formuleren van een heldere onderzoeksdoelstelling. In de doelstelling geef je aan wat je wilt onderzoeken en waarom.

Onderzoek doe je altijd met een reden. Bedrijven en de overheid doen onderzoek (of laten dit doen door specialisten) omdat ze beslissingen moeten nemen. De informatie uit het onderzoek helpt ze een onderbouwde keuze te maken. Wetenschappers doen onderzoek uit nieuwsgierigheid of omdat ze een maatschappelijk probleem willen helpen oplossen. Om een doelstelling voor een onderzoek te formuleren moet je de volgende vragen kunnen beantwoorden:
- Welke informatie moet het onderzoek opleveren?
- Waarom is het interessant of belangrijk om dit uit te zoeken?
- Wie kan er iets met de informatie uit het onderzoek en wat dan?

Stel dat je je profielwerkstuk wilt schrijven over hartaandoeningen. Kortgeleden kreeg je oom een hartinfarct en je vraagt je af hoe het komt dat sommige mensen problemen krijgen met hun hart en anderen niet, en of dit misschien een familiekwaal kan zijn. De doelstelling van je onderzoek kan dan zijn: Inzicht geven in de rol van erfelijke factoren bij het ontstaan van hartinfarcten.

Een goede doelstelling is:
- niet te ruim; anders wordt het onderzoek te uitgebreid en kost het te veel tijd. Een voorbeeld van een te ruime doelstelling is: *Inzicht geven in de oorzaken van hartaandoeningen*. Je kijkt hier namelijk naar alle mogelijke oorzaken van alle mogelijke hartaandoeningen;
- niet te smal; anders wordt het te moeilijk om geschikte informatie te vinden. Een voorbeeld van een te smalle doelstelling is: *Inzicht geven in de rol van erfelijk verhoogd cholesterol bij het ontstaan van hartinfarcten bij mensen jonger dan 50 jaar*. Dit is zo beperkt dat je er waarschijnlijk snel over uitgepraat bent of te rade moet gaan bij moeilijk te begrijpen wetenschappelijke bronnen;
- helder geformuleerd: er mogen geen woorden in staan die verschillend geïnterpreteerd kunnen worden.

Bij een onderwerp voor bijvoorbeeld een profielwerkstuk zijn vaak heel wat verschillende doelstellingen te bedenken. Vaak is het doel van een onderzoek in het begin nog te vaag. Doe dan een vooronderzoek om de doelstelling verder aan te scherpen. Dit houdt in dat je je verder oriënteert op het onderwerp door erover te lezen of vragen te stellen aan iemand die er veel vanaf weet. Bij het voorbeeld van de (nog te ruime) doelstelling 'Inzicht geven in de oorzaken van hartaandoeningen' ontdek je als je de website van de Hartstichting bekijkt bijvoorbeeld dat er veel verschillende soorten hartaandoeningen zijn (zoals hartinfarcten, hartritmestoornissen, ontstekingen aan het hart) en veel verschillende soorten risicofactoren (zoals erfelijkheid, hoog cholesterol, roken). Op basis van deze informatie kies je een deelonderwerp, bijvoorbeeld erfelijke factoren en hartinfarcten, of roken en angina pectoris (pijn op de borst). Als de doelstelling wat preciezer is afgebakend, kun je veel gerichter informatie gaan verzamelen. Tijdens het vooronderzoek ontdek je ook over welke deelonderwerpen veel en over welke deelonderwerpen weinig informatie te vinden is.

Opdracht 4

Hieronder staan zes onderzoeksdoelstellingen.
1. Beoordeel de doelstellingen a tot en met f: vind je ze wel of niet goed? Waarom (niet)? Let op de eisen aan een goede doelstelling.
2. Geef per doelstelling aan hoe die verbeterd kan worden.

a het vinden van de beste manier om mensen te motiveren minder vlees te gaan eten
b informatie verzamelen over dyslexie
c informatie verzamelen over manieren waarop xtc-voorlichting plaatsvindt
d inzicht geven in de oorzaken van diabetes
e inzicht geven in de argumenten voor en tegen een bevolkingsonderzoek onder mannen voor het opsporen van prostaatkanker
f inzicht geven in de effectiviteit van BOB-campagnes bij jongeren tussen 18 en 25 jaar in Twente

Opdracht 5

Lees tekst 1.
Formuleer minstens drie doelstellingen voor onderzoeken naar aanleiding van dit artikel. Let op de eisen aan een goede doelstelling.

Tekst 1

Gewapende bewakers maken scholen juist onveiliger

1 Als alle Amerikaanse scholen zouden worden bewaakt door gewapend personeel, zouden ze een stuk onveiliger worden. Dat is in het kort de reactie van de criminologen Gordon en Angela Crews en Catherine Burton op een voorstel van die strekking van de National Rifle Association (NRA), de belangen- en lobbyvereniging van wapenbezitters (*American Journal of Criminal Justice*, april).

2 Vooruitlopend op het debat over het plan van president Obama om aspirant-kopers van wapens beter te screenen en de vuurkracht van verhandelde wapens te beperken, kwam de NRA vorige week met een 225 pagina's dik rapport, *The National School Shield*. Daarin pleit de vereniging voor gewapende politieagenten, particuliere beveiligers of schoolpersoneel in iedere onderwijsinstelling van de Verenigde Staten. Verder roept ze deelstaten op om het wettelijk mogelijk te maken dat docenten en ander personeel in werktijd wapens dragen. 'De aanwezigheid van gewapende beveiligers verkort de reactietijd in het geval van een schietpartij', aldus het rapport.

3 De auteurs schieten al meteen gaten in de stelling van het NRA-rapport dat geweld op school 'de belangrijkste doodsoorzaak' zou zijn onder Amerikaanse kinderen. 'Scholen',

schrijven de drie, 'zijn de veiligste plekken waar een scholier kan zijn'. Recente cijfers van het National Center of Injury Prevention & Control wijzen niet alleen uit dat het geweld op scholen de afgelopen tien jaar is afgenomen, maar ook dat sinds 1992 (toen dit voor het eerst werd gemeten) nog geen 2 procent van de sterfgevallen onder minderjarigen plaatsvond op scholen.

4 Het belangrijkste argument van de auteurs tegen het NRA-voorstel is dat gewapend personeel op scholen de kans op ongelukken vergroot. Zij halen een onderzoek uit 2011 aan dat een correlatie aantoont tussen de aanwezigheid van gewapende bewakers en meer geweld op scholen. Ze verklaren dit verband en extrapoleren het naar de VS als geheel.

5 Uitvoering van het NRA-plan zou het aantal beschikbare wapens enorm doen toenemen, ook op scholen die nu weten te voorkomen dat leerlingen wapens meenemen. Scholieren die kwaad in de zin hebben, hoeven geen vuurwapens naar binnen te smokkelen; die zijn er al.

6 Verder zouden veel meer bewapende personen toegang krijgen tot schoolkinderen. Wat dit voor gevolgen kan hebben, laten de auteurs zien aan de hand van een overzicht van 22 geweldsmisdrijven die in de eerste 44 dagen van 2013 zijn begaan door gewapende agenten en particuliere beveiligers in en om Amerikaanse scholen. In alle gevallen maakten deze lieden aantoonbaar misbruik van de macht die ze ontlenen aan hun wapen en uniform. Het ging meestal om aanranding van minderjarigen.

'Stelt u zich eens voor', schrijven de drie, 'hoe dit probleem exponentieel zou toenemen als er bewakingspersoneel zou worden geplaatst op alle scholen in de VS.'

7 Als zulke ontsporingen al te vermijden zouden zijn, zou plaatsing van gewapend personeel op alle scholen een ongekende inspanning vergen wat betreft selectie, antecedentenonderzoek, tests op vaardigheden en training. De NRA maakt niet duidelijk wie de kosten daarvan zou moeten dragen.

8 Schietpartijen op scholen, aldus de auteurs, worden aangericht door getroebleerde scholieren. Om dat te voorkomen moeten hun problemen tijdig worden gesignaleerd en moet hun de toegang tot wapens worden ontzegd.

Naar: Dirk Vlasblom, NRC Handelsblad, 13 april 2013

Ik kan: **3E** een onderzoeksvraag formuleren die helder is, niet te smal en niet te ruim.

Paragraaf 3

De onderzoeksvraag

Elk onderzoek heeft een onderzoeksvraag nodig. Als je een goede doelstelling hebt, is het niet meer zo moeilijk om een onderzoeksvraag te formuleren. De onderzoeksvraag is dan de doelstelling in vraagvorm. Bij de doelstelling 'Inzicht geven in de rol van erfelijke factoren bij het ontstaan van hartinfarcten' past bijvoorbeeld de vraagstelling: In hoeverre spelen erfelijke factoren een rol bij het ontstaan van hartinfarcten?

Voorbeelden van onderzoeksvragen zijn:
- Welke leefgewoonten vergroten de kans dat iemand een hartaanval krijgt?
- Welke invloed heeft de Franse film noir gehad op Amerikaanse misdaadfilms?
- Welke mogelijkheden zijn er om tornado's te voorspellen?

Met het beantwoorden van de vraagstelling moet de doelstelling van het onderzoek worden gehaald, anders is de vraagstelling niet goed of de doelstelling te ambitieus. Niet alle vragen zijn goede onderzoeksvragen. Een goede onderzoeksvraag begint niet met een persoonsvorm, maar bijvoorbeeld met 'welke', 'in hoeverre' of 'op welke manier' en is:
- één vraag, niet twee of meer;
- niet met ja of nee te beantwoorden.

Een paar soorten vragen moet je vermijden:
- Stel geen vragen die beginnen met 'hoe kunnen we' of 'hoe kan ik'; deze vragen zijn te veel gericht op een beslissing die je wilt nemen op basis van het onderzoek, in plaats van op het verzamelen van informatie.
- Stel geen vragen die gaan over goed of slecht (normatieve vragen); je kunt wel vragen wat mensen goed of slecht vinden, maar niet wat goed of slecht is.
- Stel geen vragen die gaan over mooi of lelijk (esthetische vragen); je kunt wel vragen wat mensen mooi vinden, maar niet wat mooi is.

De hoofdvraag van een onderzoek is vaak veelomvattend. Om hem te beantwoorden moet je hem splitsen in een aantal deelvragen die je dan een voor een kunt beantwoorden. Je krijgt dan eigenlijk verschillende deelonderzoekjes die relatief gemakkelijk uit te voeren zijn.

Regels voor het formuleren van deelvragen zijn:
- De deelvragen moeten samen de hoofdvraag beantwoorden.
- De deelvragen moeten zich richten op een definitie van begrippen in de hoofdvraag.
- Stel deelvragen die het antwoord op je hoofdvraag kunnen nuanceren.
- Formuleer ongeveer vijf deelvragen. Heb je er meer dan tien nodig, dan is je hoofdvraag nog niet specifiek genoeg.

Voorbeeld van een hoofdvraag met een aantal deelvragen:
Stel dat je een profielwerkstuk wilt maken over tornado's. Je hebt op Discovery Channel een interessante documentaire gezien over de verwoestende gevolgen van tornado's en wilt graag meer weten over de manier waarop onderzoekers bekijken waar en wanneer er tornado's zullen optreden. Je onderzoeksvraag is 'Welke mogelijkheden zijn er om tornado's te voorspellen?' De deelvragen kunnen dan zijn:
- *Wat is een tornado?*
- *Waar komen tornado's vooral voor?*
- *Hoe vaak komen tornado's voor?*
- *Wat zijn de oorzaken van tornado's?*

- *Welke instrumenten worden er op dit moment ingezet om de kans op een tornado te voorspellen?*
- *In hoeverre zijn er nieuwe instrumenten in ontwikkeling om de voorspelling van tornado's verder te verbeteren?*

Opdracht 6

Lees tekst 2.
1 In het artikel is sprake van een onderzoek dat door de staatssecretaris van Veiligheid en Justitie zou moeten worden uitgevoerd. Wat zou de hoofdvraag van dat onderzoek kunnen zijn?
2 Formuleer een hoofdvraag voor een opiniepeiling over opvang of verblijfsvergunningen voor uitgeprocedeerde asielzoekers die niet terug kunnen naar hun eigen land.

Tekst 2

Het kabinet geeft asielzoekers geen 'valse hoop'

1 Wat wil het kabinet met uitgeprocedeerde asielzoekers: onverbiddelijk zijn, of ze toch nog een kans geven? Het debat over het tentenkamp in Osdorp, in de Tweede Kamer bleek een voorproefje van hoe de afspraken die VVD en PvdA met elkaar maakten over asiel en immigratie knellen. Vooral voor de PvdA.

2 Want bij staatssecretaris Fred Teeven (Veiligheid en Justitie, VVD) was bepaald geen PvdA-geluid te beluisteren. De vertrekplicht moet onverkort gelden, zei hij. Voor elke afgewezen asielzoeker, dus ook voor degenen in een tentenkamp.

3 Teeven was ook helder over de opvang die de Amsterdamse burgemeester Van der Laan (PvdA) heeft geregeld voor de uitgeprocedeerde asielzoekers. Die opvang draagt niet bij aan de uitvoering van het vreemdelingenbeleid. En: We moeten voorkomen dat valse hoop wordt geboden. 'Maar,' zei Teeven, 'Van der Laan is nu eenmaal verantwoordelijk voor de openbare orde. Hij moest dit dus wel doen.' Maar met die vergoelijking is geen oplossing gevonden voor illegalen die niet terug kunnen naar hun eigen land.

4 De woordvoerder van de VVD beweerde meermalen het tegenovergestelde van de PvdA: We zetten het beleid van het vorige kabinet voort. We hebben één concessie gedaan, daar blijft het bij. Hij bedoelde het kinderpardon voor 'gewortelde' asielkinderen. Over opvang voor uitgeprocedeerden was hij onverbiddelijk: Die steunen we niet. Opvang werkt terugkeer niet in de hand.

5 De woordvoerder van coalitiegenoot PvdA zei juist: Er moet opvang zijn voor wie echt niet terug kan naar zijn eigen land. We willen geen mensen op straat. Maar toen de oppositie daarop doorvroeg, krabbelde ze terug: Ik kan hier niet zomaar roepen dat de mensen die zijn opgevangen, hier mogen blijven. Daar ga ik niet over.

6 De PvdA-woordvoerder vroeg staatssecretaris Teeven om uit te zoeken hoeveel mensen de afgelopen jaren gebruikmaakten van het zogeheten buitenschuldcriterium. Mensen die wel terug willen, maar dat niet kunnen, komen dan alsnog in aanmerking voor een verblijfsvergunning. Teeven zegde zo'n onderzoek toe, maar was ook hier weer strikt: Die regeling kan alleen gelden als mensen willen meewerken aan vertrek. En tot nu toe hebben zich nul personen gemeld.

Naar: Annemarie Kas, NRC Handelsblad, 22 november 2012

Opdracht 7

De hoofdvraag van een onderzoek luidt: 'Wat zijn de gevolgen geweest van de Arabische Lente voor het toerisme in Noord-Afrikaanse landen?'
Welke van de deelvragen 1 tot en met 10 zijn nodig om deze hoofdvraag te beantwoorden? Noteer de nummers.
1 Wat was de Arabische Lente?
2 Wie waren de initiatiefnemers van de Arabische Lente?
3 In welke landen vond de Arabische Lente plaats?
4 Hoe stond het met het toerisme in Noord-Afrikaanse landen voor de Arabische Lente?

Onderzoeksvaardigheden > 1 Onderzoeksdoel en onderzoeksvraag > 3 De onderzoeksvraag

5 Wat was de aanleiding voor de Arabische Lente?
6 Welke voorspellingen maakten journalisten, politici en economen over de mogelijke gevolgen?
7 Wat gebeurde er met het toerisme tijdens de Arabische Lente?
8 Hoe heeft het toerisme zich in de periode daarna ontwikkeld?
9 Welke veranderingen in de toeristensector zijn toe te schrijven aan de Arabische Lente en niet aan andere economische en maatschappelijke ontwikkelingen?
10 Hoe was het toerisme geweest als de Arabische Lente niet had plaatsgevonden?

Opdracht 8

Formuleer ten minste vier deelvragen bij de onderstaande hoofdvraag. Oriënteer je indien nodig op het onderwerp.
Hoofdvraag: 'Welke gevolgen heeft de opkomst van *social media* gehad voor de tijdsbesteding van Nederlanders?'

Praktijk P

- Kies A, B of C, of bedenk zelf een onderwerp.
- Oriënteer je op dit onderwerp door op internet of in de bibliotheek informatie te zoeken.
- Schrijf een kort onderzoeksplan bestaande uit een inleiding waarin je uitlegt wat je al te weten bent gekomen en een uitleg van wat je nog zou willen weten, inclusief een onderzoeksdoelstelling, onderzoeksvraag (hoofdvraag) en deelvragen.

A CO_2-opslag in Nederland
B Het homohuwelijk in de VS
C Vaccinatie tegen besmettelijke ziekten in Nederland

Ik kan:

3E een correcte hoofdvraag voor een onderzoek formuleren en opsplitsen in deelvragen.

Controle hoofdstuk 1

- Aan welke eisen moet een goed onderzoek voldoen?
- Wat zijn de doelen van een vooronderzoek?
- Aan welke eisen moet een onderzoeksdoelstelling voldoen?
- Aan welke eisen moet een onderzoeksvraag (hoofdvraag) voldoen?
- Aan welke eisen moeten deelvragen voldoen?

Hoofdstuk 2

Gegevens verzamelen

Er zijn verschillende manieren om gegevens te verzamelen. Soms is er bestaande informatie, soms moeten er nieuwe gegevens worden verzameld, bijvoorbeeld door interviews of enquêtes af te nemen. Hoe kan een onderzoeker ervoor zorgen dat de informatie die hij verzamelt, niet beïnvloed wordt door toeval of op een andere manier vertekend is?

Studielast	5 slu
Paragrafen	1 Betrouwbaarheid, validiteit en representativiteit 2 Interview 3 Enquête
Referentie-niveaus	**3E** Kan verschillende gesprekstechnieken gebruiken om betrouwbare informatie te verzamelen. **3E** Kan onderzoeksvragen vertalen in interviewvragen. **3E** Kan betrouwbare informatie verzamelen door verschillende enquêtevragen op te stellen en verschillende antwoordmogelijkheden te gebruiken. **4E** Kan de betrouwbaarheid en validiteit van onderzoeken en de representativiteit van doelgroepen beoordelen. → **4F** Kan de betrouwbaarheid van bronnen beoordelen. → **4F** Kan bronnen correct vermelden.
NN online	• samenvatting van dit hoofdstuk • overzicht Ik kan-stellingen van dit hoofdstuk

Paragraaf 1

Betrouwbaarheid, validiteit en representativiteit

Alleen als de gebruikte informatie van goede kwaliteit is, kun je op basis daarvan de juiste conclusies trekken. Kernbegrippen voor de kwaliteit van informatie zijn betrouwbaarheid, validiteit en representativiteit.

Betrouwbaarheid betekent:
- Bij herhaling van het onderzoek zouden dezelfde resultaten worden gevonden.
- De resultaten zijn niet beïnvloed door toeval.

Validiteit betekent:
- Er is gemeten wat men wilde meten.
- De verzamelde informatie is de juiste informatie om de onderzoeksvraag te kunnen beantwoorden.

Representativiteit is belangrijk als je interviews of enquêtes afneemt en betekent:
- De achtergrondkenmerken van de onderzoeksgroep (steekproef) mogen niet verschillen van de achtergrondkenmerken van de totale groep waarin je geïnteresseerd bent (de populatie).
- Denk bij achtergrondkenmerken aan geslacht, leeftijd, opleidingsniveau, inkomen etc.
- Denk ook aan andere eigenschappen die voor het onderzoek van belang kunnen zijn: bijvoorbeeld op welke politieke partij iemand heeft gestemd bij een onderzoek naar politiek gevoelige onderwerpen.

Als je gebruikmaakt van informatie die afkomstig is uit andere onderzoeken of als je zelf een onderzoek opzet, moet je de volgende vragen stellen om een beeld te krijgen van de kwaliteit van de informatie die het onderzoek oplevert:
- Is de informatie waarover conclusies worden getrokken, verzameld bij de juiste personen, organisaties of producenten?
- Is de gebruikte onderzoekstechniek (bijvoorbeeld observatie, interview, enquête) geschikt?
- Kunnen deelnemers aan het onderzoek de resultaten hebben beïnvloed door oneerlijk of ongemotiveerd te zijn?
- Kunnen de onderzoekers de resultaten hebben beïnvloed door bevooroordeeld of ongemotiveerd te zijn?
- Kan de omgeving waarin het onderzoek is uitgevoerd, de resultaten hebben beïnvloed?

Gebruik je bestaande informatie, noem dan altijd de bron en maak aan het eind van je verslag een volledige literatuurlijst (in alfabetische volgorde):
- Bij verwijzing naar een boek noem je in de tekst de achternaam van de auteur en het jaartal:
(Grit, 2011)
In de literatuurlijst noem je auteurs, jaartal, titel van het boek, plaats van uitgave en uitgever:
Grit, R. (2011). *Projectmanagement*. Groningen: Noordhoff Uitgevers.
- Bij verwijzing naar een (kranten)artikel noem je in de tekst de auteur of als die onbekend is de krant of het tijdschrift en de datum:
(Hogenstijn, 2013)

In de literatuurlijst noem je de auteur, titel van het artikel, tijdschrift of krant en datum:
Hogenstijn, M. (2013). *Vader wordt minder populair.* De Volkskrant, 20 april 2013.
– Bij verwijzing naar een internetbron noem je de website en de datum waarop die is geraadpleegd; je kunt dit eventueel ook in een voetnoot doen:
www.nibud.nl, geraadpleegd op 8 augustus 2013.
Er zijn allerlei verschillende literatuurverwijzingssystemen (een heel bekende is het APA-systeem); als je via Google zoekt op 'literatuurverwijzingen', vind je meer informatie over hoe je correct verwijst naar verschillende soorten bronnen.

Opdracht 1

Beoordeel (1) de betrouwbaarheid en (2) de validiteit van de volgende onderzoeken. Licht je antwoorden toe.

1 Er is een hittegolf in Nederland. Een marktonderzoeker wil de ijsconsumptie in verschillende Europese landen vergelijken, en vraagt of mensen de afgelopen week een ijsje hebben gegeten.
2 Een onderzoeker wil weten hoeveel uren slaap volwassenen per nacht nodig hebben. Hij vraagt een groot aantal mensen om een week lang in een dagboekje bij te houden hoe laat ze naar bed zijn gegaan en hoe laat ze weer zijn opgestaan.
3 Een gymleraar moet een team samenstellen dat de school kan vertegenwoordigen bij een voetbaltoernooi. Hij laat alle leerlingen uit de klas twee keer een penalty nemen, waarbij hij zelf in het doel gaat staan. Degenen die ten minste één keer een doelpunt maken, komen in het team.
4 De politie wil weten in hoeveel procent van de huishoudens er huiselijk geweld voorkomt en vraagt in interviews aan mensen of ze hun partner wel eens hebben geslagen.
5 Een gemeente wil de bevolkingsgroei voorspellen en vraagt alle vrouwelijke inwoners tussen 15 en 45 jaar of ze (meer) kinderen zouden willen en hoeveel.

Opdracht 2

Beoordeel de representativiteit van de volgende onderzoeksgroepen.

1 Een bierfabrikant wil weten hoe loyaal consumenten zijn aan zijn merk. Hij benadert deelnemers door op de website van het biermerk een link naar een internetenquête te zetten.
2 Een onderzoeker wil weten hoeveel geld jongeren uitgeven aan kleding en benadert daarvoor jongeren in winkelstraten in tien grote steden.
3 Een onderzoeker wil weten hoeveel procent van de bevolking van zijn dorp ten minste één keer per jaar het plaatselijke zwembad bezoekt en benadert mensen door in elke straat op drie adressen aan te bellen.

Opdracht 3

Lees tekst 1.

1 Zet op een rijtje welke gegevens en onderzoeken in de tekst worden genoemd en geef aan in hoeverre je denkt dat deze informatie een goed beeld geeft van de schuldenproblematiek bij jongeren.
2 Wat voor andere of aanvullende informatie over schulden van jongeren zou je kunnen verzamelen om een zo objectief mogelijk beeld te krijgen?

Tekst 1
Jongeren en schulden

1 Steeds meer jongeren tussen de 18 en 25 jaar doen een aanvraag voor schuldhulpverlening: van 7% in 2007 tot 12% in 2011. Vinden jongeren het moeilijker om met geld om te gaan? Wat zijn de oorzaken en hoe kunnen hun financiële problemen worden voorkomen en aangepakt?

2 Het Nibud doet regelmatig onderzoek naar het financieel gedrag van jongeren tussen de 12 en 25 jaar. Uit het Nibud Scholierenonderzoek 2012-2013 (online vragenlijstonderzoek onder 3.896 scholieren) blijkt dat 6 op de 10 scholieren nooit geld tekortkomen. Eén op de zes mbo'ers leent geld, met een gemiddelde schuld van € 1.256,- (Mbo'ers in geldzaken; online vragenlijstonderzoek uit 2010 onder 2.357 mbo-studenten). Van de studenten in het hoger onderwijs blijkt dat 38% in 2012 een rentedragende lening heeft; deze studenten lenen gemiddeld € 365,- per maand. 1 op de 10 studenten leent (daarnaast) geld van ouders, vrienden en/of een financiële instelling (Studentenonderzoek 2011-2012; online vragenlijstonderzoek onder 2.942 hbo- en wo-studenten).

3 Belangrijk is om onderscheid te maken tussen formele schulden en informele schulden. Formele schulden zijn schulden bij instanties zoals banken, DUO, zorgverzekering en mobiele providers. Studieleningen (bij DUO) en roodstand (bij de bank) zijn de belangrijkste vormen van formele schulden onder studenten. Onder informele schulden verstaan we schulden bij vrienden en familie. Scholieren lenen vooral van vrienden en ouders.

4 Uit Nibud-onderzoek ('Kans op financiële problemen') blijkt dat iemands houding en financiële vaardigheden van grote invloed zijn op het ontstaan van financiële problemen. Gebrekkig financieel beheer, financiële onwetendheid en geen behoefte hebben om te sparen en vooruit te plannen vergroten de kans op financiële problemen. Een impulsieve, verleidinggevoelige en statusgevoelige houding vergroot de kans dat iemand moeilijk met geld om kan gaan, niet kan rondkomen en schulden heeft. De invloed van reclame en het willen meedoen met rages en trends speelt hier een rol bij.

5 Daarnaast spelen mee bij het ontstaan van schulden:
– gebeurtenissen of veranderingen in de levensfase zoals op zichzelf gaan wonen;
– de psychosociale situatie: o.a. verslavingen, gebrek aan weerbaarheid en compensatiegedrag;
– verstandelijke beperkingen: algemene vaardigheden en capaciteiten van een persoon;
– financiële opvoeding die vanuit thuis is meegegeven;
– de mogelijkheden om schulden te maken;
– budgettaire redenen: inkomensterugval of uitgavenstijging, vaak gecombineerd met minder controle op de financiële situatie.

6 Schulden leveren stress op. Uit ervaringen van mbo-docenten blijkt dat studenten met schulden vaker afwezig zijn, moe zijn door veel werken, weinig aandacht aan school besteden of zelfs stoppen met school of hun school-/boekenkosten moeilijk kunnen betalen.

7 Daarnaast belemmeren schulden jongeren een toekomst op te bouwen. Men is meer bezig met het aflossen van de schulden dan met vooruit kijken naar de toekomst. Het verdiende inkomen wordt direct gebruikt voor het aflossen van schulden. Het is voor jongeren met schulden moeilijker om op zichzelf te gaan wonen gezien de afbetalingen en de beperkte financiële middelen die overblijven.

Naar: www.nibud.nl, op 8 augustus 2013

Ik kan:
- 4F de betrouwbaarheid van bronnen beoordelen.
- 4E de betrouwbaarheid en validiteit van onderzoeken en de representativiteit van doelgroepen beoordelen.
- 4F bronnen correct vermelden.

Paragraaf 2

Interview

Om nieuwe informatie te verzamelen, kunnen soms interviews nodig zijn. De kunst daarbij is de juiste vragen te stellen op de juiste manier.

Interviews zijn geschikt in de volgende situaties:
- Je wilt informatie verzamelen bij een klein aantal mensen (bijvoorbeeld experts).
- Je hebt nog geen goed beeld van het onderwerp.
- Je hebt nog geen goed beeld van de soorten antwoorden die je kunt verwachten.

De hoofdvraag en de deelvragen die je hebt geformuleerd, zijn vaak niet geschikt als interviewvragen. Ze moeten dus worden omgezet in vragen die geschikt zijn om aan de geïnterviewden te stellen.

Voorbeeld
Stel dat je onderzoek doet naar studiemotivatie met als onderzoeksvraag 'Welke verschillen zijn er tussen jongens en meisjes in 5 vwo wat betreft studiemotivatie?' Dit is geen vraag die je in een interview rechtstreeks kunt stellen. Je stelt dan bijvoorbeeld aan zowel jongens als meisjes vragen als:
- *Ga je meestal met plezier of met tegenzin naar school? Waarom?*
- *In hoeverre vind je het belangrijk om hoge cijfers te halen?*
- *Hoeveel tijd besteed je per dag aan het maken van huiswerk?*

Bij het voorbereiden van een interview begin je met het maken van een interviewschema of checklist. Denk daarbij aan de volgende dingen:
- Zorg voor een introductie: leg uit wie je bent, hoelang het gesprek ongeveer zal duren, waarover het zal gaan en wat je met de informatie uit het interview gaat doen.
- Bedenk bij het formuleren van de vragen goed met wat voor mensen je spreekt. Weten ze veel over het onderwerp of weinig? Vanuit welk perspectief kijken ze naar het onderwerp en welke verantwoordelijkheid hebben ze? Aan welke onderwerpen zul je veel tijd of aandacht moeten besteden?
- Denk goed na over de volgorde van de vragen. Begin met makkelijke vragen en stel daarna pas de lastiger of kritische vragen.
- Zorg ervoor dat je uit je hoofd ongeveer weet welke vragen je wilt stellen.
- Sluit af met de vraag of de geïnterviewde nog iets wil vertellen wat nog niet aan de orde is geweest.
- Vaak is het handig om geluidsopnames te maken of om iemand anders te vragen aantekeningen te maken. Zo kun je de antwoorden goed vastleggen zonder dat je als interviewer de hele tijd moet schrijven. Je hebt dan meer tijd om goed te luisteren naar wat de geïnterviewde zegt en daarover zo nodig door te vragen.

Om interviews te kunnen afnemen, moet je een aantal gesprekstechnieken beheersen. De volgende aanwijzingen kunnen daarbij helpen:
- Formuleer de vragen zo neutraal mogelijk:
  - Stel open vragen, bijvoorbeeld '*In hoeverre ...?*' of '*Hoe ...?*'
  - Geef voorbeelden, bijvoorbeeld '*Ik heb gehoord dat ...*', '*Hoe ligt dat hier / bij u?*'
  - Noem beide tegengestelde oordelen, bijvoorbeeld '*Vindt u dat positief of negatief?*'
- Vraag zo nodig door:
  - Als je meer wilt weten over de achtergrond van een antwoord, bijvoorbeeld '*Waarom vindt u dat?*'

- Als je niet weet of je het antwoord goed begrijpt, bijvoorbeeld '*Wat bedoelt u precies?*'
- Als je denkt dat het antwoord onvolledig is, bijvoorbeeld '*Kunt u daar nog meer over vertellen?*'
- Zorg ervoor dat je alle informatie boven tafel krijgt:
- Laat zo nu en dan stiltes vallen, respondenten zeggen dan vaak spontaan nog meer en hebben ook even tijd om na te denken.
- Moedig respondenten aan nog meer te vertellen, bijvoorbeeld '*U heeft al heel veel genoemd, zijn er nog meer redenen om ...*'
- Vat regelmatig samen:
  - Herhaal in het kort wat de geïnterviewde gezegd heeft. Zo controleer je ook of je het goed hebt begrepen.

Opdracht 4

De onderstaande vragen zijn gesloten en/of sturend. Maak er open, neutraal geformuleerde vragen van.
1. Vindt u het ook niet een goed idee om een fietshelm voor kinderen jonger dan 10 jaar verplicht te stellen?
2. Heeft u er een hekel aan als mensen op de snelweg links blijven rijden?
3. Bent u van mening dat de boetes voor te hard rijden in woonwijken verhoogd zouden moeten worden?
4. Kan de snelheidslimiet op autosnelwegen wat u betreft overal verhoogd worden naar 130 kilometer per uur?
5. Zou de beste manier om van sterk vervuilende auto's af te komen niet gewoon zijn om ze te verbieden in de binnensteden?

Opdracht 5

Lees tekst 2.
Stel dat je naar aanleiding van dit artikel onderzoek wilt doen. Je onderzoeksvraag is: 'Welke maatregelen kunnen er worden genomen om technische opleidingen voor jongeren aantrekkelijker te maken?'
1. In het artikel worden veel betrokken partijen genoemd. Welke zijn volgens jou relevant om te interviewen en waarom? Bedenk dat ministers en André Kuipers waarschijnlijk moeilijk te benaderen zijn voor een interview. Wat zouden alternatieve geïnterviewden kunnen zijn die je over de ideeën van overheid en politiek en de ideeën van Techniekpact kunnen vertellen?
2. Kies een van de te interviewen personen of organisaties en stel een interviewschema op met ten minste vijf interviewvragen.

Tekst 2

André Kuipers ambassadeur Techniekpact

¹ Op donderdag 28 februari is astronaut André Kuipers benoemd tot ambassadeur voor het Techniekpact. Dat hebben minister Bussemaker (OCW) en minister Kamp (EZ) vandaag bekendgemaakt tijdens een werkbezoek aan de Leidse instrumentmakers School (LiS). Kuipers, Bussemaker en Kamp gingen daar in gesprek met docenten, studenten en vertegenwoordigers uit het bedrijfsleven over betere samenwerking tussen onderwijs en bedrijfsleven. Met het Techniekpact wil het kabinet meer jongeren verleiden om een techniekopleiding te volgen.

² Met André Kuipers zet het kabinet een boegbeeld in dat zich al jaren inspant om jongeren enthousiast te maken voor techniek. 'Het is moeilijk te accepteren dat in tijden van oplopende werkloosheid de groei van bedrijven belemmerd wordt doordat ze kampen met een tekort aan mensen met een technische opleiding', aldus minister Kamp van Economische Zaken (EZ). 'André Kuipers kan als geen ander het belang van techniek illustreren en hopelijk weet hij meer jongeren te enthousiasmeren voor een technische opleiding en bedrijven ertoe te bewegen hun deuren verder te openen voor jongeren die praktijkervaring willen opdoen en in de techniek aan de slag willen.'

³ Voor het Techniekpact maakt Kuipers een ronde door het land om iedereen van jong tot oud te inspireren en te

interesseren voor de techniek. 'Er zijn volop kansen in de techniek, maar helaas bestaat er nog een verkeerd beeld over. Wat mij betreft mogen onderwijs en bedrijfsleven daarom meer inspelen op de belevingswereld van jongeren. Techniek is namelijk de toekomst', aldus André Kuipers.

4 Steeds minder afgestudeerden met een bètadiploma op zak kiezen voor een baan in de technieksector. Minister Bussemaker (OCW) wil dit voorkomen met een aantrekkelijker onderwijsaanbod op alle niveaus van beroeps- en techniekopleidingen. 'Het is niet alleen een kwestie van studenten naar een technische opleiding lokken. Het is vooral ook zaak om ze daar te houden. Met inspirerende docenten, interessante lessen en voldoende contacturen. Want dat is waar studenten op aanslaan: ze willen uitgedaagd worden', aldus Bussemaker. In het Techniekpact worden op regionaal niveau concrete afspraken gemaakt over het aanbod van techniekopleidingen.

5 De LiS is een mbo-vakschool voor precisietechnologie. De school werd onlangs aangewezen als Centrum voor innovatief vakmanschap, waar bedrijfsleven en onderwijs intensief samenwerken om jonge technische vakmensen op te leiden tot Research Instrumentmaker voor de machine- en apparatenbouw, research en development en voor medische instrumenten.

6 Dit voorjaar sluit het kabinet samen met werkgevers, het onderwijs en de werknemersorganisaties het Techniekpact. Namens het kabinet zullen de minister en de staatssecretaris van Onderwijs en de ministers van Economische Zaken en Sociale Zaken en Werkgelegenheid het Techniekpact ondertekenen.

Naar: www.rijksoverheid.nl, 28 februari 2013

Opdracht 6

Lees tekst 3.
Stel dat je een interview moet houden met de directeur van een tbs-kliniek over tbs-behandelingen in Nederland. De onderzoeksvraag is: 'Welke maatschappelijke ontwikkelingen hebben de instroom en de uitstroom van tbs-patiënten in Nederland de afgelopen tien jaar beïnvloed?'

1 Documenteer je door op internet informatie te zoeken over tbs (Wanneer kan het worden opgelegd, wat gebeurt er tijdens de behandeling, wanneer kan een tbs'er weer worden vrijgelaten?).
2 Vertaal de onderzoeksvraag naar interviewvragen (ten minste vijf) en denk daarbij aan een logische opbouw van het interview.

Tekst 3

Voormalig tbs'er pleegt minder vaak nieuw delict

1 Ex-tbs'ers gaan de laatste jaren minder vaak de fout in. Dat blijkt uit cijfers tot 2011. Het gaat daarbij om alle vormen van criminaliteit, van diefstal tot moord. Van de tbs'ers die tussen 2004 en 2008 werden vrijgelaten, kwam 20,9 procent binnen twee jaar opnieuw met justitie in aanraking. Bij tbs'ers die tussen 1999 en 2003 vrijkwamen, lag dat percentage nog op 23. Gedetineerden die in de gevangenis zijn opgesloten, recidiveren veel vaker. Binnen twee jaar gaat bijna de helft (49,3 procent) opnieuw in de fout.

2 De onderzoekers vermoeden dat bij de dalende recidive meespeelt dat tbs'ers minder snel worden vrijgelaten. Twintig jaar geleden verlieten zij gemiddeld na 5,5 jaar de kliniek, in 2008 was dat na 9 jaar. Zij stellen: 'Het zou kunnen dat alleen de patiënten met een relatief gunstige prognose in vrijheid werden gesteld.'

3 De toegenomen behandelduur is 'een punt van zorg', schrijven de onderzoekers. Het leidt tot een groter aantal verdachten dat probeert géén tbs te krijgen. Ze willen liever een vaststaand aantal jaren celstraf dan een onbekend aantal jaren in een tbs-kliniek, en weigeren daarom medewerking aan onderzoek naar hun psychische gesteldheid in het Pieter Baan Centrum (PBC). In die kliniek wordt onderzocht of iemand toerekeningsvatbaar was bij het delict.

Naar: Merel Thie, www.nrc.nl, 23 maart 2012

Ik kan:
- 3E verschillende gesprekstechnieken gebruiken om betrouwbare informatie te verzamelen.
- 3E onderzoeksvragen vertalen in interviewvragen.

Paragraaf 3

Enquête

Om informatie te krijgen kun je – in plaats van interviews – ook een enquête houden. Je neemt dan mondeling (telefonisch of persoonlijk) of schriftelijk (op papier of via e-mail) een vragenlijst af. Daarbij moet je zowel de vragen als de antwoordmogelijkheden heel zorgvuldig formuleren.

Een enquête gebruik je in de volgende situaties:
- Je wilt informatie verzamelen onder een groot aantal mensen.
- Je hebt al een goed beeld van het onderwerp.
- Je hebt al een goed beeld van de soorten antwoorden die je kunt verwachten.
- Je wilt de resultaten van je onderzoek in cijfers kunnen uitdrukken, bijvoorbeeld hoeveel mensen een bepaald gedrag vertonen of een bepaalde mening hebben.

Let bij het formuleren van de vragen op het volgende:
- Stel maar één vraag tegelijk.
- Stel de vraag zo kort mogelijk.
- Gebruik geen moeilijke of onduidelijke woorden.
- Maak de zin grammaticaal zo eenvoudig mogelijk, vermijd bijvoorbeeld (dubbele) ontkenningen.
- Zorg ervoor dat de vraag de deelnemer aan de enquête niet in de richting van een bepaald antwoord stuurt.
- Test de vragenlijst bij een aantal proefdeelnemers om te kijken of alle vragen duidelijk zijn.

Bij een enquête stel je meestal vooral gesloten vragen. Dit zijn vragen waarbij de geënquêteerde moet kiezen uit antwoorden die al zijn bedacht door jou als onderzoeker. Let daarbij op de volgende zaken:
- De antwoordmogelijkheden moeten zo zijn opgesteld dat iedere deelnemer er zijn antwoord in kwijt kan.
- De antwoordmogelijkheden moeten elkaar goed uitsluiten, zodat de deelnemer niet twee antwoorden tegelijk vindt passen bij zijn situatie.
- Bied ook antwoordmogelijkheden aan als 'anders, namelijk ...' of 'niet van toepassing'.
- Gebruik zo nodig antwoordschalen: een aantal antwoordmogelijkheden die variëren in gradatie, bijvoorbeeld een rapportcijfer of een stelling waarvan de deelnemer moet aangeven in hoeverre hij het ermee eens is (*helemaal mee eens* tot *helemaal mee oneens*, meestal vijf schaalpunten).
- Ga bij een aantal proefdeelnemers na of ze het antwoord dat ze zouden willen geven ook echt kwijt kunnen.

Opdracht 7

Bepaal voor de onderstaande situaties of een interview of een enquête het meest geschikt is voor het verzamelen van gegevens. Licht je antwoord toe.

1. Een onderzoeker wil de uitslag van de verkiezingen voor de Tweede Kamer voorspellen.
2. Een onderzoeker wil weten in hoeverre Nederlanders vertrouwen hebben in de politiek.
3. Een onderzoeker wil weten om welke redenen mensen bij de vorige verkiezingen op een bepaalde partij hebben gestemd.
4. Een onderzoeker wil weten wat de politieke voorkeur is van televisieverslaggevers die de berichtgeving over de verkiezingen verzorgen.
5. Een onderzoeker wil weten welke politici het bekendst zijn.

Opdracht 8

De onderstaande enquêtevragen zijn slecht geformuleerd. Maak er heldere, eenduidige vragen van die zo veel mogelijk informatie opleveren en bedenk er passende antwoordcategorieën bij.

1. Welke muzikale stroming prefereert u?
2. Hoe enthousiast bent u over jazz?
3. In hoeverre bent u van mening dat het bespelen van een muziekinstrument leuk en leerzaam is voor kinderen?
4. In hoeverre vindt u dat het leren bespelen van een muziekinstrument een niet onbelangrijk onderdeel van de opvoeding is?
5. Wat is uw indruk van de kwaliteit van het aanbod aan muziekoptredens in uw stad?

Praktijk P

– Kies een van de onderzoeksvragen A tot en met E. Let op: je hoeft het onderzoek niet daadwerkelijk uit te voeren.
– Bedenk of je deze vraag het beste met interviews of enquêtes kunt beantwoorden. Noteer je antwoord en licht je keuze toe.
– Bedenk waar en hoe je mensen kunt vinden die je kunt benaderen voor een interview of een enquête. Noteer je antwoord en licht het toe.
– Stel een interviewschema <zie blz. 285> of een enquête op met ten minste acht vragen.

   A Welke gevolgen heeft pensionering voor het sociale leven van ouderen?
   B Hoeveel bewegen leerlingen in 5 en 6 vwo?
   C Waarom doen Nederlanders aan vrijwilligerswerk?
   D Welke factoren spelen een rol bij de studiekeuze van jongeren?
   E In hoeverre zijn Nederlanders geïnteresseerd in lokale politiek?

Ik kan:

3F betrouwbare informatie verzamelen door verschillende soorten enquêtevragen op te stellen en verschillende antwoordmogelijkheden te gebruiken.

Controle hoofdstuk 2

– Wat betekent betrouwbaarheid?
– Wat betekent validiteit?
– Wat betekent representativiteit?
– Wanneer zijn interviews geschikt als manier om gegevens te verzamelen?
– Waaraan moet je denken bij het opstellen van een interviewschema?
– Welke gesprekstechnieken kun je toepassen bij het interviewen?
– Wanneer is een enquête geschikt als manier om gegevens te verzamelen?
– Aan welke eisen moeten enquêtevragen voldoen?
– Aan welke eisen moeten antwoordcategorieën in een enquête voldoen?

Hoofdstuk 3

Verslaglegging

Van een onderzoek wordt bijna altijd een verslag gemaakt. Dat kan een schriftelijke of een mondelinge rapportage zijn. In de rapportage geef je aan wat je hebt onderzocht, waarom en hoe je dat hebt gedaan, en wat de uitkomsten waren. Dit hoofdstuk gaat over de onderdelen die in een rapportage niet mogen ontbreken en over de manier waarop je verantwoorde conclusies trekt uit de verzamelde gegevens.

Studielast	10 slu
Paragrafen	1 Vorm en structuur 2 Beschrijven van de resultaten 3 Conclusies trekken
Referentie-niveaus	→ **3E** de vier onderdelen van de verslaglegging van een onderzoek adequaat vormgeven. → **3E** in een schriftelijk onderzoeksverslag mijn belangrijkste bevindingen samenvatten. → **3E** de respons op interviews en enquêtes in een tabel of grafiek verwerken en/of beschrijven. → **3E** conclusies trekken uit onderzoeksgegevens of literatuuronderzoek en deze helder beschrijven. → **3E** in een conclusie aanbevelingen, ideeën voor verder onderzoek en/of beperkingen van het onderzoek formuleren. **3E** bepalen of ik het beste mondeling of schriftelijk verslag (of beide) uit kan brengen van een onderzoek.
NN online	• samenvatting van dit hoofdstuk • overzicht Ik kan-stellingen van dit hoofdstuk

Onderzoeksvaardigheden > 3 Verslaglegging > 1 Vorm en structuur

Paragraaf 1

Vorm en structuur

Het verslag van een onderzoek is vaak voor anderen bedoeld. Je wilt je publiek informeren over je onderzoek. Hoe stem je de rapportage af op het publiek? En welke onderwerpen moet je in ieder geval aan de orde laten komen?

Er zijn twee manieren waarop je over een onderzoek kunt rapporteren:
- mondeling: een presentatie is voor veel mensen een prettige manier om snel de hoofdpunten te horen.
- schriftelijk: een geschreven verslag is een goede manier om alle details over de achtergrond, de opzet en de resultaten van een onderzoek te beschrijven.

Vaak worden de twee vormen gecombineerd. Je schrijft dan dus een verslag en je geeft een presentatie. De rapportage moet altijd zijn afgestemd op het publiek. Stel jezelf daarom de volgende vragen:
- Wat is de voorkennis van het publiek? Weten de lezers/luisteraars veel over het onderwerp en over het onderzoek of niet? Dit bepaalt hoe uitgebreid je verhaal moet zijn en op welke zaken je vooral moet ingaan.
- Hoeveel tijd heeft het publiek om naar een presentatie te luisteren of een verslag te lezen? Dit geeft je een maximumlengte van de presentatie of het verslag (of de samenvatting daarvan).
- Wat voor soort vragen zal het publiek hebben over het onderzoek? Probeer dit eens uit door vrienden of familie over je onderzoek te vertellen. Wat voor vragen stellen zij? Door deze vragen in de presentatie of het verslag alvast te beantwoorden ben je het publiek voor.

Zowel een presentatie als een geschreven verslag bestaat altijd uit ten minste vier onderdelen/ hoofdstukken:
- Inleiding: waarom je je onderzoek hebt gedaan, wat wist je al uit je vooronderzoek, wat wilde je nog weten, wat waren je onderzoeksdoelstelling, onderzoeksvraag en deelvragen;
- Methode: waar en hoe je informatie hebt verzameld (literatuur en internet, interviews, enquêtes) en waarom zo?;
- Resultaten: beschrijving en samenvatting van alle resultaten per deelvraag, zo nodig met grafieken en tabellen (elke deelvraag kan ook een apart hoofdstuk worden als het anders heel lang wordt);
- Conclusies: je antwoord op de onderzoeksvraag (hoofdvraag).

Bij een geschreven verslag schrijf je ook altijd een samenvatting:
- Schrijf de samenvatting als laatste, na alle andere hoofdstukken.
- Meestal wordt de samenvatting vooraan in het verslag gezet, omdat de lezer dan snel kan zien of het onderzoek voor hem relevant is.
- Geef kort weer wat er is onderzocht, hoe het is onderzocht en wat de resultaten en belangrijkste conclusies zijn (alle onderdelen van het verslag komen dus kort aan de orde).

Aan het eind van een geschreven verslag geef je ook nog een literatuurlijst, waarin je alle gebruikte bronnen (boeken, krantenartikelen, websites etc.) zet.

Opdracht 1

Lees de situatieschets:
In opdracht van de schooldirectie heb je een enquête gehouden over de veiligheid op school. Het doel van je onderzoek was om inzicht te geven in de mate waarin de school een veilige omgeving is voor de leerlingen. In de enquête is aandacht besteed aan het veiligheidsgevoel van leerlingen op school en op weg van en naar school, het

↓

↓ slachtoffer zijn van pesten, fysiek geweld, bedreigingen, diefstal en aan mogelijke spanningen tussen leerlingen van verschillende afkomst. De resultaten en conclusies van het onderzoek moeten aan verschillende doelgroepen (leerlingen, ouders, docenten en directie) worden bekendgemaakt.
Beantwoord voor elke doelgroep de volgende vragen:
1 Kies je voor een mondelinge rapportage (presentatie) of een schriftelijke rapportage (geschreven verslag) en waarom?
2 Hoeveel tijd denk je dat de doelgroep aan je rapportage kan en wil besteden?
3 Zijn er onderdelen waaraan je bij deze doelgroep extra aandacht moet besteden?

Opdracht 2

Lees tekst 1.
Een samenvatting van een onderzoek moet vaak heel kort zijn, maar toch alle belangrijke punten van dat onderzoek bevatten.
Schrijf een samenvatting van maximaal 150 woorden over het onderzoek dat in de tekst wordt beschreven.

Tekst 1

Vader wordt minder populair

1 Je kamer is een puinhoop en je zit te veel te gamen. Laten je ouders wel eens zo'n klaagzang op jou los? Hoogste tijd voor een vergelijking. 'Mijn vader is altijd met zijn telefoon bezig.'

2 Precies vijf jaar geleden deden we onderzoek naar hét recept voor de ideale ouder. Een goede traditie, besloten we. Dus stelden we dit voorjaar 509 middelbare scholieren ongeveer dezelfde vragen als toen. De belangrijkste uitkomsten lees je hier. Best een goed plan om ze met je vader of moeder te delen. Kunnen ze nog wat van leren.

3 Vraag je het jongeren, dan is de ideale ouder lief. 72 procent vindt dat moeder lief moet zijn, 60 procent vindt dat ook voor vaders een must. Het is ook nogal prettig als ze tijd hebben. De perfecte vader doet veel leuke dingen met zijn kinderen, zegt 62 procent van de jongeren. Met moeders willen middelbare scholieren nog liever praten over belangrijke dingen. 'Mijn moeder merkt het meteen aan mij als er iets is', aldus een meisje van 14. Stiekem hebben de meeste jongeren eigenlijk nog veel behoefte aan aandacht van hun ouders. En om het allemaal nog zoetsappiger te maken (hé, wij hebben die vragenlijst niet ingevuld!): hoe ouders eruitzien, of ze een mooie auto hebben en of ze hun kinderen verwennen, dat kan de meeste jongeren niks schelen.

4 Wordt het je te soft? Wacht, niet afhaken! Want je bent heus niet de enige die zich af en toe groen en geel ergert aan z'n ouders. 62 procent van de jongeren vindt zijn of haar vader wel eens irritant. Moeders komen perfecter uit de bus, maar toch stoort 54 procent van de ondervraagden zich ook aan hen wel eens. Vaders kunnen zich vooral tijdens het eten gruwelijk misdragen.

5 Een 14-jarige jongen: 'Hij kijkt aan tafel steeds op zijn mobiel.' Maar ook als er vrienden over de vloer zijn, kunnen vaders zich beter uit de voeten maken. Meisje (14): 'Mijn vader vertelt gênante dingen over mij.' En dan heb je nog zijn muzieksmaak en humor ...' 'Hij denkt leuk te zijn op de verkeerde momenten', vindt een 16-jarige jongen. Ook moeders moeten wegwezen als er vrienden langskomen. Meisje (14): 'Als mijn vrienden erbij zijn, praat ze altijd over seks.' En: moeders moeten niet raar gaan doen. Zingen en

dansen bijvoorbeeld. 'Ze danst door het huis op afschuwelijke muziek', walgt een meisje van 12. Nogal gênant.
6 De ruime meerderheid (69 procent) van de ondervraagden vindt dat hun vader wel een beetje mag veranderen. 26 procent vindt dat hij beter moet luisteren en 23 procent vindt dat hij te veel achter zijn computer zit en meer zou moeten bewegen (22 procent). 15 procent gaf zelfs aan dat zijn of haar vader te dik is. Ook hier weer zijn jongeren milder over hun moeder. Volgens 41 procent hoeft die niks te veranderen. De jongeren die wel verbeterpunten zien, noemen dezelfde top drie als bij de vaders. Beter luisteren, minder achter de computer en meer bewegen.
7 Eén ding staat als een paal boven water: ouders kunnen veel van hun kinderen leren. Bijna alle ondervraagden (93 procent) zeggen dat er wel iets is waarvan zij meer weten dan hun ouders. Vooral qua kennis van mobieltjes en *social media* lopen ouders hopeloos achter. Volgens 31 procent kunnen moeders moderne ontwikkelingen echt niet meer bijhouden. Eindelijk een lichtpuntje voor de vaders: die scoren iets beter. Verrassend genoeg maakt het de meeste jongeren (60 procent) trouwens niet uit of hun ouders op dezelfde *social media* zitten. Aan de andere kant: slechts 12 procent zit er echt op te wachten om zijn of haar ouders als vrienden of volgers te omarmen. 'Ik ben bang dat hun daden mij voor schut zetten', vindt een ondervraagde. 'Ik wil niet gestalkt worden', zegt een ander.
8 Goed, soms zou je ze het liefst met een knapzakje het bos in sturen, zo irritant en onaangepast kunnen ze zich gedragen. Maar blijkbaar doen ouders toch heel veel goed. En ergens is het misschien ook wel aandoenlijk dat ze zo op jou achterlopen, op onlinegebied? Ze krijgen namelijk een behoorlijk hoog rapportcijfer. De moeders komen als winnaars uit de bus, met een vette 8,6. En ook vaders slagen cum laude, met een 8,2. Toch moeten vooral die heren wel aan het werk. Vijf jaar geleden scoorden ze namelijk een 8,6. Ze leveren dus wat aan populariteit in. Misschien tijd om je vader mee naar buiten te nemen en hem een computer- en bellimiet op te leggen? Valt hij meteen een paar kilootjes af én kun jij genieten van zijn *quality time*. Reken maar dat hij dan over vijf jaar je moeder heeft ingehaald.

Naar: Maarten Hogenstijn, de Volkskrant, 20 april 2013

Ik kan:
- 3E bepalen of ik het beste mondeling of schriftelijk verslag (of beide) uit kan brengen van een onderzoek.
- → 3E de vier onderdelen van de verslaglegging van een onderzoek adequaat vormgeven.
- → 3E in een schriftelijk onderzoeksverslag mijn belangrijkste bevindingen samenvatten.

Paragraaf 2

Beschrijven van de resultaten

De gegevens die je hebt verzameld, worden 'ruwe data' genoemd. Je hebt bijvoorbeeld honderd ingevulde enquêteformulieren of tien opnames van interviews. Je moet ze nog bewerken en samenvatten om ze te kunnen weergeven in het verslag. Deze verwerkte gegevens zet je in het hoofdstuk of presentatieonderdeel 'resultaten'.

Een belangrijk gegeven bij enquêtes of interviews is de respons. In het verslag geef je aan:
- hoeveel mensen er zijn benaderd;
- hoeveel mensen hebben geantwoord als percentage van het aantal benaderde personen (de respons);
- wat de redenen zijn dat mensen niet meededen, voor zover bekend (als je mensen persoonlijk hebt benaderd, kun je redenen noteren waarom ze niet zijn bereikt of redenen die ze gaven om niet mee te doen);
- in hoeverre de groep die heeft meegedaan, representatief is voor de totale groep waarin je geïnteresseerd bent.

Als je rapporteert over antwoorden op gesloten vragen, ga je als volgt te werk:
- Bereken per vraag hoeveel procent van de deelnemers een bepaald antwoord heeft gegeven of (als je een getal hebt gevraagd, bijvoorbeeld leeftijd in jaren of een bedrag in euro's) wat het gemiddelde is.
- Zet de resultaten in een tabel of een grafiek.
- Splits de resultaten ook uit naar verschillende groepen als dat belangrijk is voor de onderzoeksvraag (bijvoorbeeld percentage 'ja' en 'nee' voor jongens en meisjes apart, of voor verschillende leeftijdsgroepen).
- Schrijf bij een grafiek of tabel een stukje tekst over wat er in de grafiek of tabel opvalt (bijvoorbeeld: *het percentage jongens dat wekelijks aan sport doet, is hoger dan het percentage meisjes*).

Rapporteer je over antwoorden op open vragen, dan doe je het volgende:
- Zorg ervoor dat je op papier de letterlijke antwoorden hebt (een opname van een interview moet je dus uitschrijven).
- Ga na of er overeenkomsten zijn tussen de antwoorden van verschillende deelnemers.
- Probeer eenvoudige, korte antwoorden in categorieën in te delen en bereken hoeveel procent van de deelnemers een bepaald antwoord heeft gegeven.
- Probeer complexe, uitgebreide antwoorden samen te vatten en zorg ervoor dat ook de antwoorden van kleine groepjes deelnemers aan de orde moeten komen.

Opdracht 3

Lees de situatieschets:
Een onderzoeker heeft een telefonische enquête afgenomen over vermoeidheid van ouders in gezinnen met jonge kinderen. Het onderzoek kwam voort uit de waarneming dat sommige ouders met jonge kinderen klagen over vermoeidheid, terwijl andere ouders nergens last van zeggen te hebben. Zijn onderzoeksvraag was: 'Welke factoren verklaren verschillen in vermoeidheid tussen ouders van jonge kinderen?' Een verloskundigenpraktijk heeft voor het onderzoek een adressenbestand beschikbaar gesteld met de gegevens van vrouwen die de afgelopen vijf jaar zijn bevallen van één of meer

kinderen. De onderzoeker heeft niet alle gezinnen die hij heeft geprobeerd te benaderen, ook werkelijk bereikt en kunnen interviewen.
1 Maak een lijstje met mogelijke redenen waarom mensen niet zijn bereikt.
2 Maak een lijstje met mogelijke redenen waarom mensen die wel zijn bereikt, toch niet zijn geïnterviewd (het gaat hier niet om een lijst van mogelijke smoezen).
3 Verwacht je dat deze redenen voor uitval invloed zullen hebben op de representativiteit van het onderzoek? Licht je antwoord toe.

Opdracht 4

Bekijk figuur 2.2, afkomstig uit het Jaarbericht 2011 van de Nationale Drug Monitor, uitgevoerd door het Trimbos-instituut en het Wetenschappelijk Onderzoek- en Documentatiecentrum van het ministerie van Veiligheid en Justitie.
Schrijf er een begeleidende tekst bij waarin je kort uitlegt wat er is onderzocht en wat er opvalt in de tabel.

Figuur 2.2 Gebruik van cannabis onder scholieren van het voortgezet onderwijs van 12 tot en met 18 jaar, vanaf 1988

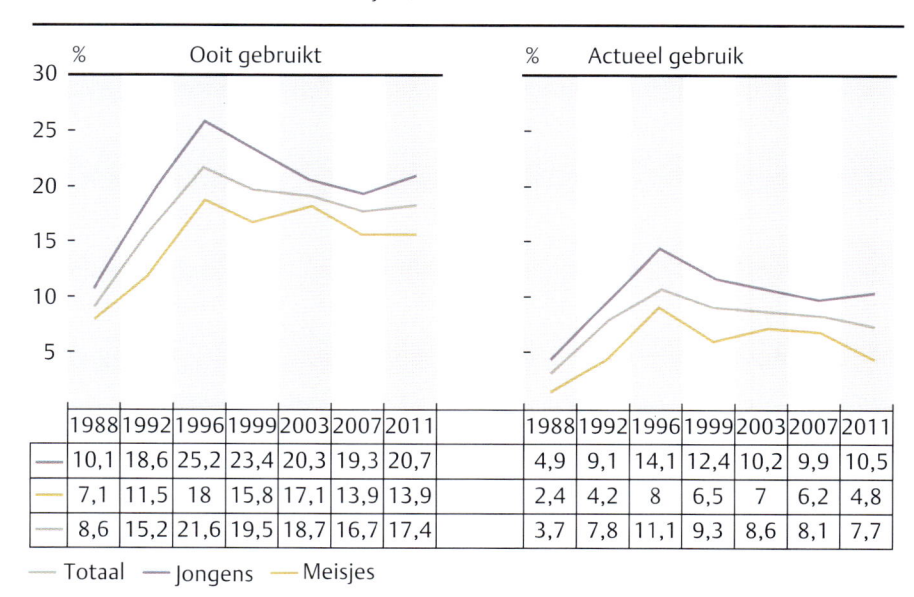

Ooit gebruikt

	1988	1992	1996	1999	2003	2007	2011
— Jongens	10,1	18,6	25,2	23,4	20,3	19,3	20,7
— Meisjes	7,1	11,5	18	15,8	17,1	13,9	13,9
— Totaal	8,6	15,2	21,6	19,5	18,7	16,7	17,4

Actueel gebruik

	1988	1992	1996	1999	2003	2007	2011
— Jongens	4,9	9,1	14,1	12,4	10,2	9,9	10,5
— Meisjes	2,4	4,2	8	6,5	7	6,2	4,8
— Totaal	3,7	7,8	11,1	9,3	8,6	8,1	7,7

— Totaal — Jongens — Meisjes

Percentage gebruikers ooit in het leven (links) en in de laatste maand (rechts). Bron: Peilstationsonderzoek, Trimbos-instituut.

Uit: M.W. van Laar, A.A.N. Cruts, M.M.J. van Ooyen-Houben, R.F. Meijer, E.A. Croes & A.P.M. Ketelaars (red.) (2012). Nationale Drug Monitor. Jaarbericht 2011. Utrecht: Trimbos-instituut.

Opdracht 5

Lees tekst 2.
1 Noteer welke onderwerpen in de interviews aan de orde komen en leid hieruit af wat de onderzoeksvraag van de interviewer is.
2 Vat de resultaten van de interviews samen.
3 Kijk nog eens naar de theorie over interviewen in hoofdstuk 2. In hoeverre houdt de interviewer zich aan de regels voor het stellen van goede interviewvragen? Licht je antwoord toe.

Tekst 2

Straatinterviews Cineac Noord over smartphones

Interview 1
I = Interviewer (Elmar)
G = Geïnterviewde (meisje)

I: We maken vandaag een reportage over de smartphone. Hartstikke handig natuurlijk, met al die *app'jes* erop. Maar nu zijn we eigenlijk wel benieuwd waar jullie de smartphone nou het meest voor gebruiken.
G: Ja, een beetje *appen* en een beetje *facebooken*, dat vooral.
I: En wat maakt de smartphone zo handig?
G: Het is goedkoper, dat vooral.
I: Gebruik je vaak mobiel internet?
G: Ja, elke dag wel.
I: En waarvoor gebruik je dan zoal mobiel internet? Want uit onderzoek is gebleken dat veel mensen het voor navigatie gebruiken, inderdaad voor *social media*, zoals Facebook, maar waarvoor gebruik jij eigenlijk het mobiele internet?
G: Om dingetjes op te zoeken, maar meestal gewoon voor het *appen*.
I: Handig voor je huiswerk …
G: Ja, ook wel ja.

Interview 2
I = Interviewer (Elmar)
G = Geïnterviewde (meisje)

(vraag niet in fragment)
G: Ja, voor *facebooken* en *Whatsapp*.
I: En nou blijkt ook uit een onderzoek dat veel jongeren dag en nacht online zitten. Denk je niet dat dat afleidend is voor leerprestaties bijvoorbeeld?
G: Ja, dat wel, want het is wel heel verslavend. Als je een *app'je* krijgt, ga je er wel gelijk naar kijken wat je binnen hebt.
I: Zit jij wel eens dag en nacht online?
G: Ja, soms. Vooral in het weekend, maar eh …
I: Soms.
G: Ja, soms.
I: Raak je daarvan niet oververmoeid van?
G: Nee (lacht), nee.

Interview 3
I = Interviewer (Elmar)
G = Geïnterviewde (jongen)

I: En wat vind jij dan van die smartphone?
G: Van die smartphone. Ja, ik vind het wel een leuk ding. Ik kan er al mijn roosters op kijken en het is goed voor school.
I: Gebruik je hem vaak?
G: Ja, de hele dag, ook in de lessen dus.
I: En wat voor dingen, zoals?
G: Aantekeningen opslaan. En connecties met mijn vrienden buiten school.
I: Handig voor school ook dus.
G: Ja, zeker.
I: En mobiel internet, gebruik je dat ook nog?
G: Ja, anders heb ik die telefoon niet nodig. Als er geen internet is, dan kan ik hem net zo goed thuislaten.

Weergave van straatinterviews Cineac Noord, YouTube, toegevoegd op 26 februari 2013

Ik kan: → 3E de respons op interviews en enquêtes in een tabel of grafiek verwerken en/of beschrijven.

Paragraaf 3

Conclusies trekken

Als alle resultaten op een rijtje staan, kun je het laatste deel van het onderzoeksverslag maken. Je geeft dan antwoord op de onderzoeksvraag die je in het begin hebt gesteld. Ook besteed je aandacht aan de sterke en zwakke punten van je onderzoek.

Als afsluiting van je verslag of presentatie geef je de conclusie. Dat doe je naar aanleiding van de onderzoeksvraag.
– Herhaal de onderzoeksvraag/hoofdvraag.
– Bespreek kort de resultaten waarmee je de onderzoeksvraag kunt beantwoorden.
– Bespreek of je op basis van de resultaten een duidelijk antwoord kunt geven op de onderzoeksvraag, of dat er tegenstrijdigheden zijn.

Behalve het antwoord op de onderzoeksvraag die je had gesteld, beschrijf je vaak ook:
– aanbevelingen op basis van het onderzoek (als iemand je heeft gevraagd onderzoek te doen, bijvoorbeeld om een betere beslissing te kunnen nemen);
– ideeën voor verder onderzoek (als je vraag niet helemaal is beantwoord);
– beperkingen van je onderzoek (als je denkt dat de resultaten alleen geldig zijn in bepaalde situaties of voor bepaalde groepen, bijvoorbeeld als je alleen meisjes tussen 15 en 19 hebt geïnterviewd en geen conclusies kunt trekken voor jongens of andere leeftijdsgroepen).

Opdracht 6

Lees tekst 3.
In de tekst worden de resultaten van een aantal onderzoeken onder scholieren en studenten samengevat. Het doel van die onderzoeken is inzicht te geven in hoe deze groepen met geld omgaan (hoeveel geld hebben ze te besteden, waar komt dat vandaan, hoeveel geven ze uit en waaraan?).

1 Het Nibud vindt dat scholen een actievere rol zouden kunnen spelen om scholieren te leren beter met geld om te gaan. Stel dat je hierover een advies moet uitbrengen aan de directeur van jouw school. Aan welke aspecten van het beheer van persoonlijke financiën zou vooral aandacht moeten worden besteed op school? Baseer je advies op de onderzoeksresultaten die in de tekst worden besproken.
2 Het advies moet nu nog verder worden uitgewerkt.
   – Hoe moet de extra aandacht voor budgetbeheer er precies gaan uitzien?
   – In welke klassen en lessen en op welke manier zou de school aandacht aan budgetbeheer kunnen besteden, zodanig dat alle leerlingen worden bereikt?
3 Aanbevelingen voor verder onderzoek.
   – Kun je aanbevelingen doen voor verder onderzoek op school, op basis waarvan de directeur nog beter kan bepalen hoe het lesprogramma over budgetbeheer eruit moet gaan zien?
   – Welke vragen zou je dan moeten stellen en aan wie?

Tekst 3

Conclusie Nibud Scholierenonderzoek 2012-2013

1 Scholieren doen het goed als het gaat om hun persoonlijke financiën. Gemiddeld houden ze geld over en een groot deel van de scholieren spaart. Het percentage scholieren dat geld leent loopt terug. Positief is dat veel scholieren die gebruikmaken van internetbankieren, dat op een veilige manier doen. Toch zien we ook nog verbeterpunten, want er is nog steeds een deel van de scholieren dat aangeeft geld tekort te komen en scholieren benoemen zelf ook dat ze zaken als overzicht houden en voorkomen dat ze te veel uitgeven als lastig ervaren.

2 Het is een positieve ontwikkeling dat ouders hun kinderen steeds meer verantwoordelijkheden geven, omdat scholieren zo in een veilige omgeving aan de slag kunnen met hun financiën. Als jongeren 18 jaar worden, zijn ze geheel zelf verantwoordelijk. Het is belangrijk dat ze in de jaren daarvoor de benodigde kennis en vaardigheden hebben opgedaan.

Financiële opvoeding

3 Het Nibud vindt het belangrijk dat kinderen leren hun uitgaven af te stemmen op een vast budget. Zo leren zij dat ze keuzes moeten maken en niet meer geld uitgeven dan zij hebben. Het is dan ook positief dat bijna 9 van de 10 kinderen zakgeld krijgen. Wel zouden meer ouders kleedgeld kunnen geven. Daarvan leren scholieren met een groter budget om te gaan. Met het toenemen van de leeftijd krijgen kinderen meer verantwoordelijkheid van ouders voor hun eigen uitgaven: zij moeten meer uitgaven dus zelf gaan betalen.

4 De helft van de 17- en 18-jarigen betaalt alle kosten van zijn mobiele telefoon zelf. Het Nibud merkt verder op dat een kwart van de scholieren extra geld vraagt van de ouders als zij geld te kort hebben en 17 procent geld leent van de ouders als ze geld tekortkomen. Als ouders hierop ingaan, leren kinderen niet dat op ook echt op betekent.

5 Ouders zijn de belangrijkste financiële opvoeders, maar ook de school kan een rol spelen. Op scholen wordt nog beperkt aandacht aan geldzaken besteed. Daar ligt nog een kans, binnen de school kunnen scholieren met hun klasgenoten uitwisselen hoe zij met geldzaken omgaan en elkaar stimuleren om op een betere manier met geld om te gaan. Scholieren zien vaker de valkuilen bij hun vrienden en klasgenoten dan bij zichzelf. Er zijn meer scholieren die over hun vrienden en klasgenoten zeggen dat ze gevoelig zijn voor merken en sociale druk, dan dat ze dat over zichzelf zeggen.

Online aankopen

6 Scholieren doen meer aankopen via internet dan twee jaar geleden. Het Nibud vindt het belangrijk dat scholieren hiermee leren omgaan. Een belangrijk aspect daarbij is dat scholieren grip houden op hun uitgaven. Doordat uitgaven 'ondoorzichtiger' worden, bestaat de kans dat het geld te gemakkelijk wordt uitgegeven. Scholieren vinden het nu al moeilijk om overzicht te houden over hun inkomsten en uitgaven; de digitalisering maakt dat alleen maar lastiger. Het Nibud vindt dat scholieren vanaf 15 jaar zelf hun bankzaken zouden moeten beheren en moeten kunnen internetbankieren. Zij hebben hier wel begeleiding van hun ouders bij nodig.

7 Nagenoeg alle 15-plussers hebben een bankrekening en 72 procent van de 15- en 16-jarigen en 90 procent van de 17- en 18-jarigen bankiert via internet. Belangrijk is dat scholieren hun bankzaken veilig regelen. De meeste scholieren letten goed op bij mailtjes van de bank, geven hun inlognaam niet af via e-mail en controleren de site van de bank voor ze inloggen. Slechts 3 procent van de scholieren heeft vrienden die hun pincode weten. Slechts een klein deel van de scholieren vergeet dat er bij online aankopen meestal extra kosten komen; dat is positief.

⁸ Belangrijk is ten slotte dat scholieren op de hoogte zijn van de werking van reclame en van groepsdruk. Hier is nog winst te behalen. Scholieren herkennen wel dat klasgenoten en vrienden gevoelig zijn voor merkkleding en spullen kopen die ze niet nodig hebben, maar denken daar zelf een stuk minder gevoelig voor te zijn. Het Nibud vindt het positief dat het merendeel van de scholieren die wel eens geld lenen, het geld ook zo snel mogelijk terugbetaalt. Er bestaat dus een besef dat het gaat om geld dat niet van hen is. Een kwart van de scholieren geeft aan dat zij ook vaak vergeten om terug te betalen. Nu gaat het nog om kleine bedragen, maar naarmate ze ouder worden kan dat een probleem worden.

Naar: A. van der Schors, T. Madern & M. van der Werf (2013). Nibud Scholierenonderzoek 2012-2013. Utrecht: Nibud.

Opdracht 7

Lees tekst 4.

Een van de resultaten van het onderzoek is dat een vijfde van de respondenten op het werk of bij het zoeken naar werk is gediscrimineerd.

1. In hoeverre vind je deze enquête geschikt om te kunnen concluderen of werkgevers homo's in sollicitatieprocedures discrimineren?
2. Uit wat voor ander soort onderzoek (dus zonder enquêtes) zou je kunnen concluderen of er sprake is van discriminatie van homo's bij sollicitaties?

Tekst 4

Homodiscriminatie wijdverbreid

¹ Discriminatie van homo's, lesbiennes en transseksuelen is in de Europese Unie wijdverbreid, zo blijkt uit een onderzoek van de EU. Het is het uitgebreidste onderzoek tot nu toe. Ongeveer de helft van alle respondenten voelde zich in het jaar voorafgaand aan de enquête persoonlijk gediscrimineerd of geïntimideerd op grond van hun seksuele geaardheid. Lesbiennes (55 procent), respondenten in de leeftijd van 18-24 jaar (57 procent) en mensen met de laagste inkomens (52 procent) hadden er het vaakst mee te maken. 90 procent heeft de discriminatie niet gemeld.

² Een op de vijf respondenten en een derde van de transseksuele respondenten is op het werk of bij het zoeken naar werk gediscrimineerd. Op school heeft twee derde van de respondenten geprobeerd om de geaardheid te verbergen. Een kwart van de 93.000 ondervraagde homoseksuelen heeft het afgelopen jaar te maken gehad met aanvallen of bedreigingen met geweld. Onder transseksuele respondenten ligt dat percentage zelfs op 35 procent.

³ Incidenten vonden meestal plaats op openbare plaatsen en werden gepleegd door meer dan één persoon. De daders waren meestal mannen die het slachtoffer niet kende. 7 procent van de incidenten werd gepleegd door een familielid of een lid van het huishouden van het slachtoffer. Meer dan de helft van de mensen die zijn aangevallen, meldde het incident niet.

⁴ Het onderzoek werd gehouden in alle EU-lidstaten en Kroatië (dat binnenkort lid wordt) onder mensen van 18 jaar en ouder die zichzelf als lesbisch, homoseksueel, biseksueel of transseksueel beschouwen. De resultaten worden vandaag op de Internationale Dag tegen Homofobie gepresenteerd. In Den Haag komen 300 politici en deskundigen bij elkaar om nieuw beleid voor het bestrijden van homofobie te bespreken. Het Sociaal en Cultureel Planbureau publiceerde gisteren een onderzoek waaruit bleek dat homoseksualiteit in Nederland juist meer wordt geaccepteerd.

Naar: www.nos.nl, 17 mei 2013

Onderzoeksvaardigheden > 3 Verslaglegging > 3 Conclusies trekken

Opdracht 8

Er bestaan verschillende internationale ranglijsten van universiteiten.
1. Zoek op internet ten minste drie internationale ranglijsten en ga na hoe deze lijsten worden samengesteld.
2. De beste universiteit van Nederland volgens de Nationale Studenten Enquête komt vaak niet overeen met de beste Nederlandse universiteiten in de internationale ranglijsten. Zoek hiervoor een verklaring.

Praktijk P

- Kies onderwerp A, B of C.
- Formuleer een onderzoeksdoelstelling en een onderzoeksvraag voor een onderzoek naar dit onderwerp.
- Zoek vijf krantenartikelen over dit onderwerp en lees ze. Denk hierbij aan de wetenschapspagina's; kies geen opiniestukken en ingezonden brieven.
- Schrijf een onderzoeksverslag over dit literatuuronderzoek, bestaande uit samenvatting, inleiding, methode, resultaten en conclusies.
  A   Dopinggebruik
  B   Dyslexie
  C   Prenatale diagnostiek

Ik kan:

→ **3E** conclusies trekken uit onderzoeksgegevens of literatuuronderzoek en deze helder beschrijven.
→ **3E** in een conclusie aanbevelingen, ideeën voor verder onderzoek en/of beperkingen van het onderzoek formuleren.

Controle hoofdstuk 3

- Wat zijn de voordelen van een mondelinge rapportage van een onderzoek (presentatie)?
- Wat zijn de voordelen van een schriftelijke rapportage van een onderzoek (verslag)?
- Welke onderdelen moeten er altijd aan de orde komen in een onderzoeksverslag?
- Hoe bepaal je de respons bij een enquête?
- Hoe rapporteer je de resultaten bij gesloten vragen?
- Hoe rapporteer je de resultaten bij open vragen?
- Wat moet er aan de orde komen in het hoofdstuk 'Conclusies' van een onderzoeksverslag?

Cursus

Taalbeschouwing

De taal is ons vaderland, waaruit we nooit kunnen emigreren.

Ir. Irina Grivnina, Sovjetdissidente, studeerde wiskunde en informatica in de Luchtvaart Universiteit Moskou en werkte daarna een aantal jaren als informaticus (computervertaling). In 1985 emigreerde ze naar Nederland.

Hoofdstuk 1

Onderwerpen voor het profielwerkstuk

Iedere leerling moet een profielwerkstuk (pws) maken met een studielast van 80 uur. Over de aanpak vind je een cursus op de website van Nieuw Nederlands. Je kunt je pws bij het vak Nederlands maken. In dit hoofdstuk wordt een aantal talige onderwerpen geschetst. Op de website staan literaire onderwerpen.

Studielast 2 slu

Paragrafen
1 **Talen leren**
2 **Taalproblemen**
3 **Variaties binnen een taal**
4 **Woorden**

NN online
- literaire onderwerpen voor een profielwerkstuk
- de cursus Profielwerkstuk
- meer tips en links

Paragraaf 1

Talen leren

Alle mensen leren als kind een taal, soms wel meerdere tegelijk. Velen leren er later nog een of meer andere talen bij. Hoe gaat het leren van een taal in zijn werk?

Taalverwerving

Voordat een kind zijn moedertaal spreekt, gebeurt er heel veel. Een baby begint met het maken van allerlei klanken, daarna komen er geluiden die ook een betekenis hebben. Een stapje verder is het aan elkaar plakken van woorden tot korte zinnen. Daarna leert het kind allerlei regels die op woorden en zinnen toegepast kunnen worden, zoals: hoe je een verkleinwoord maakt, hoe je werkwoorden vervoegt. Pas vanaf ongeveer vijf jaar kan een kind goed en effectief communiceren. In alle fasen worden er woorden bijgeleerd.

In een profielwerkstuk kun je deze ontwikkeling of een deel ervan onder de loep nemen. Het onderwerp is van meerdere kanten te benaderen: je kunt kijken naar de fysieke ontwikkeling van een kind: het spraakorgaan (tong, stembanden), de hersenen, maar ook naar de rol van de omgeving in de taalontwikkeling van kinderen.

Je kunt ook kijken naar wat er tijdens die ontwikkeling mis kan gaan en wat voor gevolgen dat heeft. Wat betekent het voor het leren van de moedertaal als het kind een stoornis heeft (doofheid bijvoorbeeld)? Als het aanleren van de moedertaal niet goed gegaan is, kun je kijken naar de gevolgen daarvan en wat er (nog) aan te doen is.

Tweedetaalverwerving

Tweedetaalverwerving is het leren van een vreemde taal op latere leeftijd. Er is een onderscheid tussen het leren van een nieuwe taal in de omgeving waar die taal ook gesproken wordt (Italiaans leren in Italië) en het leren van een andere taal in je eigen omgeving (in Nederland Italiaans leren).

Er zijn veel verschillen tussen het leren van je moedertaal en het leren van een andere taal. Zo gaat het leren van de eerste taal min of meer vanzelf en staat er geen enkele druk op. Bij een andere taal is dat niet zo: degene die hem leert, moet zich zien te redden in zijn nieuwe omgeving (een ander land), of moet een voldoende voor zijn proefwerk halen. Bij het leren van een tweede taal wordt gesproken óver die taal en het leren ervan. Tegen een peuter wordt niet gesproken over *onderwerp van de zin*, *bijvoeglijk naamwoord*, maar toch gaat het leren van een tweede taal makkelijker en dus sneller op jongere leeftijd dan op latere leeftijd.

In een profielwerkstuk kun je op een of meerdere aspecten van tweedetaalverwerving ingaan. Je kunt kijken naar de omgevingsfactoren die invloed op het proces kunnen hebben (dwang, docent). Er kan ook gekeken worden naar welk lesmateriaal er in Nederland gebruikt wordt om buitenlanders Nederlands te leren. Kun je als je wat ouder bent, nog een tweede taal zo leren dat je hem net zo goed beheerst als je moedertaal?

Twee- of meertaligheid

Meer dan de helft van de wereldbevolking is meertalig, dat wil zeggen dat men met meer dan één taal opgroeit. Tegenwoordig zijn er ook in Nederland veel mensen die tweetalig opgroeien. De meest voorkomende oorzaak is dat hun ouders niet uit Nederland komen en dat er daardoor thuis een andere taal wordt gesproken dan op straat en op school of op het werk. Wat ook voorkomt, is dat de moeder een andere taal spreekt dan de vader. Vaak spreken die ouders met elkaar in een derde taal. Kinderen die twee- of meertalig zijn, kunnen vaak moeiteloos switchen van de ene taal naar de andere, soms zelfs binnen één zin. Sommige mensen bespreken privéonderwerpen in een andere taal dan zakelijke onderwerpen, voor anderen maakt dat niets uit. Er zijn ook mensen die tweetalig zijn, maar voornamelijk in één taal denken (en dromen).

In een profielwerkstuk over tweetaligheid kun je kijken naar de gevolgen ervan: zijn tweetalige mensen beter in talen, of zijn ze in beide talen slechter dan mensen die alle tijd in het leren van één taal stoppen? Je kunt ook onderzoeken hoe ouders die 'ééntalig' zijn, omgaan met de tweetaligheid van hun kinderen. Maakt het uit of een kind twee talen tegelijk leert of eerst de ene taal en daarna de andere?

Leren lezen en schrijven

Hoe vreemd het ook lijkt, pas in de late middeleeuwen konden sommige mensen 'stil lezen', dat wil zeggen: lezen zonder geluid te maken. Daarvóór moesten de letters uitgesproken worden, en dan hoorde men wat er stond.

Dat is nu heel anders: we hebben het nauwelijks in de gaten, maar we lezen en schrijven de hele dag door. We doen het min of meer vanzelf. Toch is dat niet zo eenvoudig als het lijkt: voordat iemand kan lezen (en schrijven) heeft hij daar duizenden uren aan besteed, en pas dan kan hij 'stil lezen'.

In een profielwerkstuk zou je aandacht kunnen besteden aan hoe kinderen leren lezen. Welke verschillende theorieën zijn hierover en welke verschillende methodes worden er op basisscholen gebruikt? Je kunt ook kijken naar hoe de inzichten over het leren lezen en schrijven in de loop van de tijd veranderd zijn. Zo was linkshandigheid niet zo heel lang geleden nog uit den boze: linkshandige kinderen moesten met rechts schrijven, desnoods met de linkerarm op de rug gebonden.

Paragraaf 2

Taalproblemen

Dat iedereen een taal leert, wil niet zeggen dat dat altijd voor honderd procent goed gaat. Wat kan er misgaan?

Analfabetisme

Analfabetisme is niet alleen een probleem in de ontwikkelingslanden. In veel landen is het deel volwassenen dat niet of nauwelijks kan lezen en schrijven zo'n kwart van de totale bevolking. Er wordt onderscheid gemaakt tussen analfabeten, mensen die echt niet kunnen lezen en schrijven, en functioneel analfabeten (of: laaggeletterden), mensen die niet goed genoeg kunnen lezen en schrijven om te kunnen functioneren in de maatschappij. Deze mensen kunnen bijvoorbeeld wel hun naam schrijven, maar absoluut geen langere tekst zo lezen dat ze de tekst ook begrijpen.
Ook in Nederland komen beide vormen van analfabetisme voor: er zijn zo'n 250.000 analfabeten en 1,3 miljoen laaggeletterden. Zelfs onder jongeren komt het nog veel voor: tien procent van de vijftienjarigen behoort tot de groep zeer zwakke lezers. Een analfabeet kan eigenlijk niet of nauwelijks functioneren in de maatschappij. Het zal duidelijk zijn dat er van hogerhand van alles wordt gedaan om het aantal analfabeten terug te dringen.
Voor een profielwerkstuk kun je kijken naar de oorzaken van het analfabetisme. Hoe lastig is het om analfabeet te zijn? Welke gevolgen heeft het voor de persoon zelf, zijn nabije omgeving en de maatschappij? Je kunt ook kijken naar wat er momenteel tegen analfabetisme gedaan wordt, door welke organisaties en op welke manier.

Dyslexie

De meeste mensen lezen met bepaalde woordbeelden in hun hoofd. 'Tavel', 'taaffel', 'taffel', de meesten van ons 'zien' meteen dat hier rare woorden staan. Voor iemand die dyslectisch is, ligt dat niet zo eenvoudig.
Dyslexie betekent letterlijk 'beperkt lezen'. Iemand die dyslectisch is kan wel lezen, alleen niet zoals 'gewone' mensen. Dyslectische mensen hebben ook niet allemaal last van dezelfde verschijnselen. Sommigen lezen heel langzaam, anderen kunnen niet spellen als ze schrijven en de meeste mensen die last hebben van dyslexie hebben moeite met het verbinden van een letter met een bepaalde klank.
Vroeger was dyslexie onbekend en werden leerlingen met dyslexie voor dom versleten. Ze werden achter in de klas gezet of moesten zelfs naar speciaal of bijzonder onderwijs. Dat is nu gelukkig wel anders, maar dat wil niet zeggen dat daarmee de problemen verholpen zijn.
In een profielwerkstuk zou je kunnen onderzoeken hoe er in de loop van de tijd in het onderwijs met dyslexie is omgegaan. Hoe wordt 'ontdekt' dat iemand dyslectisch is en wat gebeurt er dan? Is alleen extra oefenen voldoende of moeten de kinderen speciale trainingen volgen? Je zou ook kunnen kijken naar de speciale hulpmiddelen die er voor dyslectici zijn ontwikkeld, zoals speciale lettertypes en daisyspelers. Helpen die en zo ja, hoe werken ze?

Stotteren

Stotteren is een spraakprobleem waarbij de spreker precies weet wat hij wil zeggen, maar de klanken niet op de juiste manier kan maken. Kenmerken zijn:
– her-her-her-her-herhalingen;
– vvvvvvvvverlengingen;
– b......b......blokkades.
Er zijn grofweg twee soorten stotteren: het beginstotteren en chronisch stotteren. Beginstotteren komt vooral voor bij jonge kinderen en veroorzaakt (nog) geen spreekangst of psychische problemen. Als dit soort stotteren niet vanzelf stopt, gaat het over in chronisch stotteren. Dit geeft spanning bij het spreken, waardoor het

stotteren verergert. Dit kan weer leiden tot spreekangst, tot vermijden van probleemwoorden en uiteindelijk zelfs tot sociale problemen. Veel mensen zijn zogenaamde verborgen stotteraars.

De exacte oorzaak van stotteren is nog steeds niet bekend. Men weet wel dat het een coördinatiestoornis in de hersenen is. Stotteren heeft ook een genetische component, want het komt veel in dezelfde families voor. Eén procent van de bevolking stottert en daarvan is tachtig procent man.

In een profielwerkstuk zou je kunnen kijken naar de gevolgen van het stotteren voor het dagelijkse leven van de stotteraars. Er zijn verschillende stottertherapieën: hoe effectief zijn die en hoe werken ze? Hoe groot is het probleem van het verborgen stotteren? Hoe komt het dat veel beginstotteraars 'eroverheen groeien' en anderen zich ontwikkelen tot chronische stotteraars?

Afasie

Een veelvoorkomend gevolg van hersenletsel is afasie. Afasie betekent letterlijk 'niet (kunnen) spreken'. Afasie is een ernstige taalstoornis die zich bij iedereen iets anders uit: geen twee afasiepatiënten hebben last van exact dezelfde klachten. Sommigen begrijpen alles, maar hebben problemen met het vinden van de juiste woorden; anderen spreken veel, maar zijn voor hun gesprekspartner niet of nauwelijks te begrijpen. Soms zijn er ook problemen met schrijven of met het maken van betekenisvolle gebaren.

Afasiepatiënten beschikken nog steeds over hun volledige intellectuele vermogens, maar omdat ze hun gedachten niet goed en duidelijk onder woorden kunnen brengen, worden ze soms niet voor vol aangezien en raken deze mensen enorm gefrustreerd. Gelukkig is er na het ontstaan vaak wel sprake van enig herstel. Dat kan ooit volledig zijn: door veel en langdurig te oefenen kunnen patiënten er (groten)deels weer bovenop komen.

In een profielwerkstuk kun je kijken naar de verschillende oorzaken van afasie, de verschillende soorten afasie en de verschillende therapieën die er zijn. Waar bestaan die precies uit en hoe komt het dat ze resultaat opleveren? Je kunt ook kijken naar de verschillen tussen een taal voor de eerste keer leren als klein kind en die taal voor de tweede keer leren op latere leeftijd.

Logopedie

Leentje leerde Lotje lopen langs de lange Lindelaan.
Zeven zwarte zwanen zwemmen in de Zuiderzee.

Dergelijke zinnen moeten sommige kinderen correct leren uitspreken van de logopedist, omdat ze bepaalde klanken niet goed kunnen uitspreken. Een logopedist doet echter veel meer dan dat.

Logopedisten behandelen mensen die last hebben van stotteren, van dyslexie, van slechthorendheid of doofheid, van afasie (een taalstoornis door hersenletsel), van problemen met slikken, of van een hazenlip. Logopedisten helpen ook mensen die veel en/of luid moeten spreken, zoals docenten en politici. Ze helpen zangers met het regelen van hun ademhaling en mensen die een andere taal moeten leren met het uitspreken van klanken die ze niet kunnen maken.

In een profielwerkstuk kun je kijken naar de verschillende werkterreinen van logopedisten. Een logopedist in een bejaardenhuis doet heel andere dingen dan een logopedist die met kinderen werkt of een die in een ziekenhuis werkt. Welke opleiding moet je volgen om logopedist te worden en wat leer je dan allemaal? Waarom gaan veel professionele zangers en acteurs naar logopedie en wat kunnen ze daar leren?

Paragraaf 3

Variaties binnen een taal

Binnen een taalgebied spreken niet alle mensen precies dezelfde taal. Naast de standaardtaal zijn er streektalen en dialecten. Bepaalde groepen jongeren onderscheiden zich van de volwassenen door een eigen taal te spreken. Bovendien verandert taal voortdurend.

Taalverandering

Het Nederlands verandert voortdurend. Als je daaraan twijfelt, lees dan maar eens een tekst uit de middeleeuwen of uit de zeventiende eeuw. Het Nederlands verandert op verschillende vlakken. De uitspraak verandert, de woordenschat verandert: bepaalde woorden verdwijnen (*nachtloopster* voor *prostituee*) en er komen nieuwe woorden bij (*veelpleger*, *tuigdorp*).

Veel nieuwe woorden zijn leenwoorden: woorden die rechtstreeks uit andere talen zijn overgenomen (*garage*, *computer*). Over het gebruik van leenwoorden lopen de meningen uiteen. De mensen die vinden dat het Nederlands zo min mogelijk moet veranderen, noemt men taalpuristen. Zij zijn niet gelukkig met de invloed van jongeren, andere culturen en andere talen op het Nederlands. Tegenstanders van de taalpuristen zien taalverandering als een natuurlijk proces dat niet is tegen te houden, en dat misschien juist wel een verrijking van het Nederlands is.

In een profielwerkstuk over taalverandering kun je ingaan op deze controverse: welke argumenten worden er allemaal in de strijd gegooid? Moeten we bang zijn dat het Nederlands gaat verdwijnen of loopt het wel los? Je kunt ook kijken naar de veranderingen van de laatste jaren. Wat is de invloed op het huidige Nederlands van het Engels, van het enorm toegenomen computergebruik, van immigranten etc.?

Streektaal/ABN

Streektalen en dialecten zijn varianten van de standaardtaal die in een bepaalde regio gesproken worden. Per stad of dorp kan een streektaal nog kleine verschillen vertonen. In Nederland worden drie streektalen gesproken die officieel erkend zijn: het Fries, het Nedersaksisch en het Limburgs. Het Fries is de officiële tweede taal in de provincie Friesland. De andere twee zijn verzamelnamen voor de streektalen in het oosten van Nederland en Limburg.

Lang heeft men streektalen als minderwaardig aan de standaardtaal beschouwd. Die standaardtaal kwam voor een groot deel overeen met het Hollands, de streektaal van het westen van Nederland. Dat komt doordat Holland in de zeventiende eeuw veruit de machtigste provincie was.

Voor een profielwerkstuk zou je een onderzoek kunnen doen naar de streektaal of het dialect uit jouw regio. Wie spreken het nog: zijn dat alleen ouderen of spreken jongeren het ook nog (thuis)? Het is interessant om te kijken naar de situaties waarin juist wel en juist niet het dialect wordt gebruikt. De verschillen met de standaardtaal kunnen zitten in de uitspraak, maar ook in geheel andere woorden, in de werkwoordvervoeging, en soms zelfs in afwijkende zinsconstructies. Vraag eens aan oudere mensen in je omgeving hoe er vroeger over het gebruik van dialect op school werd gedacht.

Jongerentaal/sms-taal

Jongerentaal is een verschijnsel dat ook al in de zeventiende eeuw in de literatuur opduikt. Een van de redenen om als jongere een 'andere taal' te spreken dan de taal die iedereen spreekt, is om je te onderscheiden van de oudere generatie. Daarbij komt misschien ook wel dat jongeren zich tegen die oudere generatie willen afzetten.

De woorden die gebruikt worden, zijn vaak na enkele jaren al verouderd en komen dan zelfs als vreemd over. In de jaren 50 was alles 'mieters', in de jaren 60 'tof', in de jaren

70 'te gek' et cetera. In jongerentaal worden woorden met een negatieve betekenis soms gebruikt om iets positief te benoemen: *wreed*, *vet*.

In een profielwerkstuk over jongerentaal kun je kijken naar de veranderingen van de laatste jaren. De grote hoeveelheid immigrantenkinderen heeft niet alleen invloed op de gebruikte woorden, maar zelfs op de uitspraak van het Nederlands. De toegenomen mogelijkheden die computers en mobieltjes bieden, hebben ook hun sporen nagelaten. We zien nieuwe woorden, nieuwe betekenissen, nieuwe afkortingen en nieuwe symbolen.

Groepstalen
Mensen die afkomstig zijn uit dezelfde streek, spreken vaak hetzelfde dialect. Mensen die afkomstig zijn uit een bepaalde groep, spreken ook vaak eenzelfde variant van de taal, alleen noemen we dat geen dialect, maar groepstaal, taalvariatie of sociolect. Met een sociolect wordt de taal aangeduid die iemand spreekt doordat hij tot een bepaalde sociale groepering behoort. Zo gebruiken hoogopgeleiden andere woorden en spreken ze die woorden misschien ook wel anders uit dan mensen die minder opleiding hebben gevolgd. Van taalvariatie is er bijvoorbeeld sprake als we kijken naar vrouwentaal en mannentaal. 'Ik heb een paar leuke sandaaltjes gezien' zal eerder door een vrouw dan door een man uitgesproken worden. Verder hebben allerlei beroepsgroepen of groepen mensen die dezelfde interesse delen, een gemeenschappelijke variant van het Nederlands die voor hen uitermate begrijpelijk is, maar voor anderen soms abacadabra lijkt. Denk maar aan het taalgebruik van gamers, politici, ambtenaren, turners of duivenmelkers.

In een profielwerkstuk zou je een van deze groepstalen als onderwerp kunnen nemen en proberen of je die groepstaal in kaart kunt brengen. Welke woorden en uitdrukkingen zijn specifiek voor deze groep mensen? Gebruiken ze bestaande woorden of uitdrukkingen met een geheel eigen betekenis? Gebruiken mensen van die groep de taal bewust of onbewust? Misschien sluit men bewust anderen uit van de groep, of heeft men echt die eigen taalvariant nodig om goed met elkaar te kunnen communiceren.

Paragraaf 4

Woorden

Hoe gewoon de meeste woorden ook voor ons zijn, veel woorden en hun betekenis hebben een lange geschiedenis.

Etymologie van geografische namen
Ooit was 'voord(e)' of 'voort' een heel gewoon woord. Het betekende 'doorwaadbare plaats in een rivier of beek'. Tegenwoordig vinden we het alleen nog maar terug in plaatsnamen: Bredevoort, Lichtenvoorde, Zandvoort, Coevorden. Oorspronkelijk waren dit dus doorwaadbare plaatsen: de eerste was breed, bij de tweede was het water helder (licht), de derde was van zand en de laatste was ook geschikt voor koeien.
(In Engeland: Oxford; in Duitsland: Ochsenfurt en Schweinfurt.)
Het blijkt dat heel veel geografische namen oorspronkelijk een gewone betekenis hadden. Namen die eindigen op -dam, -horst, -hil, -donk, -haar hebben allemaal iets met een verhoging in het landschap te maken. In veel plaatsnamen vind je bepaalde diersoorten terug: Beverwijk, Muggenbeet, Valkenswaard.
Je zou een profielwerkstuk kunnen maken over de geografische namen bij jou in de buurt. Het hoeft dan niet alleen te gaan over plaatsnamen, maar ook over de namen van straten, pleinen, bossen, polders, waters et cetera. Je kunt ook kijken naar bepaalde groepen namen: waar komen de namen van de Nederlandse polders vandaan? Waar komen de namen van de gebouwen in de Bijlmer vandaan?

Nederlands overzee
In New York City ligt ten zuidwesten van Manhattan Staten Island en ten zuidoosten ervan Brooklyn. Bekend op Manhattan zijn ook Wall Street en de wijk Harlem. Deze namen zijn allemaal afkomstig uit het Nederlands. De Amerikaanse munteenheid (dollar) is afgeleid van het Nederlandse woord 'daalder'. Nederlandse kolonisten in de zeventiende eeuw hebben heel wat taalsporen in het noordoosten van de Verenigde Staten achtergelaten.
Ondanks dat het Nederlands nu niet een heel grote taal is, heeft het op veel plaatsen op de wereld invloed gehad. Dat kwam doordat Nederland een tijdje een van de grootste zeevarende naties van de wereld was. Bovendien had Nederland koloniën in Azië en in beide Amerika's. Ook toen Nederland minder macht kreeg, gingen er nog veel Nederlanders naar andere, verre landen. Zo spreekt nog een groot deel van de Zuid-Afrikaanse bevolking een variant van het Nederlands.
In een profielwerkstuk hierover zou je kunnen kijken naar de invloed van het Nederlands op het Engels of naar de sporen van het Nederlands in New York en omgeving.
Een heel ander onderwerp is 'Nederlandse termen uit de scheepvaart die in andere talen (en met name het Russisch) ook gebruikt worden'. Er zijn voorbeelden van 'anker' tot 'zwabber'.
Je kunt ook het Zuid-Afrikaans vergelijken met het Nederlands. Wat zijn de verschillen in zinsbouw en in woordgebruik?

Opdracht 1

Kies een onderwerp uit paragraaf 1 tot en met 4 dat jou interesseert.
1. Formuleer over dat onderwerp een hoofdvraag die je in een profielwerkstuk zou willen beantwoorden. Denk eraan dat je er tachtig uur werk in moet stoppen.
2. Formuleer minstens vier deelvragen die je in het profielwerkstuk moet beantwoorden om de hoofdvraag te kunnen beantwoorden.
3. Welke informatie heb je nodig om die vragen te beantwoorden?
4. Waar kun je die informatie vinden? Als je op internet gaat zoeken: geef aan wat je zoektermen zullen zijn.
5. Geef in ongeveer vijftig woorden aan hoe je het resultaat van je onderzoek gaat presenteren.

Cursus

Voorbereiding op het hoger onderwijs

Leren zonder te denken is ijdel. Denken zonder te leren is gevaarlijk.

Confucius, Chinees filosoof
551 - 479 v.Chr.

Hoofdstuk 1

Samenvatten

Een samenvatting is een verkorte weergave van de inhoud van een tekst. Vrijwel iedereen die studeert – op de middelbare school, in het hoger beroepsonderwijs of op de universiteit – maakt samenvattingen om de informatie uit (studie)teksten beter te begrijpen en beter te onthouden.

Studielast   4 slu

Paragrafen   1 Samenvatten: herhaling 4vwo

Referentie-niveaus

- **4F** Kan een grote variatie aan teksten lezen over tal van onderwerpen uit de (beroeps)opleiding en van maatschappelijke aard en kan die in detail begrijpen.
- **4F** Kan *informatieve* teksten met een hoge informatiedichtheid lezen, zoals lange en ingewikkelde rapporten en gecondenseerde artikelen.
- **4F** Kan *betogende* teksten lezen waaronder teksten met een ingewikkelde argumentatie, of artikelen waarin de schrijver (impliciet) een standpunt inneemt of beschouwing geeft.
- **3F** Kan de hoofdgedachte in eigen woorden weergeven.
- **3F** Maakt onderscheid tussen hoofd- en bijzaken, meningen en feiten.
- **3F** Begrijpt en herkent relaties als oorzaak-gevolg, middel-doel, opsomming e.d.
- **4F** Kan van een tekst een goed geformuleerde samenvatting maken die los van de uitgangstekst te begrijpen valt.
- **4F** Geeft een complexe gedachtegang goed en helder weer.

NN online
- meer oefeningen
- alle teksten bij de opdrachten 1 en 2
- alle teksten in Leeshulp
- samenvatting van dit hoofdstuk

Paragraaf 1

Samenvatten: herhaling 4vwo

Hier volgt de beknopte theorie Samenvatten uit vwo 4.

Om een tekst samen te vatten, moet je vaststellen wat de hoofdzaken en de bijzaken zijn in die tekst. In je samenvatting zet je vervolgens de hoofdzaken bij elkaar.

Een samenvatting maak je in drie stappen, volgens het stappenplan samenvatten:

Stap 1: De tekst verkennen
– Kijk naar de titel.
– Lees de eerste alinea's.
– Bepaal het onderwerp.
– Lees de laatste alinea's.
– Bepaal de hoofdgedachte.

Stap 2: De hoofdzaken vaststellen
– Lees het middenstuk intensief.
– Onderstreep van elke alinea de kernzin.
– Markeer de signaalwoorden.
– Bepaal de deelonderwerpen (welke alinea's vormen samen één deelonderwerp?).
– Noteer van elk deelonderwerp de hoofdgedachte.

Als een deelonderwerp uit meerdere alinea's bestaat, kijk dan of je een van de aangestreepte kernzinnen kunt gebruiken als hoofdgedachte van het hele deelonderwerp. Als dat niet kan, ga dan na of er een andere zin is die de hoofdgedachte van het deelonderwerp weergeeft. Meestal staat zo'n zin op een voorkeursplaats: aan het begin of aan het eind van het deelonderwerp. Vind je zo'n zin niet, formuleer dan zelf de hoofdgedachte van het deelonderwerp, op basis van de kernzinnen van de verschillende alinea's.

Stap 3: De samenvatting uitschrijven
– Noteer boven je samenvatting de titel, de schrijver en de bron.
– Blijf met je formuleringen zo dicht mogelijk bij de oorspronkelijke tekst.
– Formuleer zo kort mogelijk, maar zorg er wel voor dat de zinnen correcte, 'hele' zinnen zijn. Maak er geen telegramstijl van, dan lijkt het net of je krantenkoppen aan elkaar plakt.
– Vermijd het gebruik van het woord 'ik', omdat dan onduidelijk wordt wie ermee bedoeld is: de schrijver van de samengevatte tekst of jijzelf.

Opdracht 1

Maak een samenvatting van tekst 1 volgens het stappenplan. Gebruik niet meer dan 250 woorden.

Tekst 1

Een kind is geen pup

1. Dat minister Plasterk na de trappartij in Eindhoven* een moreel appel deed op ouders om beter op te voeden, ligt volledig in lijn met de strenge wind die waait. Pedagoog Bas Levering constateerde eerder in pedagogisch magazine *PIP* dat er een strengheidstrend lijkt te zijn. Journaliste Iris Pronk schreef er zelfs een boek over, *Waarom ik geen strenge moeder ben (maar het wel zou willen zijn)*, waarover ze in tal van programma's mocht komen vertellen. In dit boek schuift Pronk het echtpaar Sjoerd en Ludeke naar voren als voorbeeld van strenge, duidelijke opvoeders: als hun zoontje voor de tweede keer van tafel loopt, kiepert vader Sjoerd zonder omhaal een bord pasta met zalm in de vuilnisbak, tot schrik en verdriet van zijn kinderen. En in *Viva Mama* vat acteur Waldemar Torenstra zijn boerenverstandopvoeding samen door te stellen dat kinderen kleine zoogdiertjes zijn die je als ouder goed moet africhten.

2. Als ouder kun je niet zonder een goed stel oordoppen. Niet vanwege je schreeuwende kleuter, eigenwijze tiener of onstuimige puber, maar vanwege alle strengheidsnonsens die je als opvoeder te horen krijgt. Zeker als er geweld in het spel is, neem Eindhoven, Haren of Almere*, zijn de reacties voorspelbaar: ouders moeten hun kroost eerst en vooral beter opvoeden. En daarmee wordt bedoeld: strenger.

3. Streng zijn (eufemistisch aangeduid als 'duidelijk'), grenzen stellen, negatief gedrag strikt corrigeren, nee-is-nee-retoriek: we horen en lezen bijna niet anders. Als kinderen maar doen wat ouders zeggen, dan komt het met het morele kompas van de kinderen wel goed, is het idee. Omdat de meeste ouders niet snel bij buren of familie aankloppen met opvoedvragen (stel je voor, je bemoeien met de opvoeding van een ander!), is er een hele opvoedindustrie ontstaan, die garen spint bij de onzekerheid waarmee veel ouders kampen. Er wordt goed geld verdiend met tal van boeken, cursussen, kindercoaches en opvoedmethodes.

4. Maar werkt het ook? Dat valt vies tegen, blijkt uit recent promotieonderzoek van pedagoge Rianne Kok van de Universiteit Leiden. Haar conclusie: door uitleg en afleiding leren kinderen beter hun emoties en gedrag te beheersen dan door een autoritaire en afstraffende opvoedstijl. Ja, met macht kun je op korte termijn veel gedaan krijgen, zeker bij kleine kinderen. Je pakt ze op, zet ze op hun *naughty spot* en negeert het gebrul. Vroeg of laat houdt het op en past een kind zich aan. Maar léért het er ook wat van? Nee, zegt pedagoog Joop Berding, van de Hogeschool Rotterdam. 'Onherroepelijk komt er een moment dat streng zijn en straffen niet meer werken. Kinderen groeien op en zijn niet meer bang voor je of afhankelijk van je. Dan sta je als ouder met lege handen én is de relatie met je kind beschadigd.' Volgens hem moeten kinderen flink kunnen oefenen met gedrag zonder ver- en beoordeeld te worden door hun ouders.

5. Toch blijft het idee van 'het slechte kind', dat er primair op uit is om het zijn ouders zo moeilijk mogelijk te maken, hardnekkig. Veel gangbare opvoedmethodes, zoals het door de Centra voor Jeugd en Gezin (CJG) gehanteerde Triple P (beter bekend als Positief Opvoeden), gaan uit van het maakbaarheidsprincipe, waarin je het kind als het ware kneedt tot het gewenste eindresultaat. Hoogleraar pedagogie Micha de Winter noemt dit de 'technocratisering van opvoeding': je laat er wat opvoedtechnieken op los en dan komt er een goed geslaagd kind uit rollen.

6. Was het maar zo eenvoudig. Waar een aantal jaren geleden gedragstechnieken alleen ingezet werden voor de echt moeilijke gevallen, zit nu een hele generatie peuters en kleuters op het strafstoeltje. De Winter: 'Opvoeden is zoveel méér dan gedragsregulatie: het gaat om kinderen perspectief bieden, ze een positief wereldbeeld aandragen, voorleven hoe ze hun leven kunnen inrichten, het gaat over de vorming van hun identiteit. Door bij bijna alle kinderen problemen te zien, zijn we vergeten hoe leuk opvoeden kan zijn.'

7. Socioloog Henk de Vos is ervan overtuigd dat kinderen alleen sociaal en moreel gedrag leren door ermee in aanraking te komen. Dit 'voorleven' werkt vooral in een rijke sociale omgeving, waar het kind dagelijks in aanraking komt met veel verschillende mensen die op een redelijke manier met elkaar omgaan en conflicten oplossen. Daar is een sterke buurt voor nodig, waar mensen elkaar een beetje kennen.

8. In onze seculiere, geliberaliseerde samenleving is dat grote sociale netwerk dat zo belangrijk is voor de opvoeding nou juist gesneuveld. We hebben ons teruggetrokken achter de veilige muren van het gezin, met het bordje 'Niet mee bemoeien' op de voordeur. Het kerngezin leeft geïsoleerder dan vijftig jaar terug. Kinderen leven in hokjes: van school, naar de opvang, naar huis, maar van een gemeenschap is nog amper sprake. Ouders worden meer dan voorheen aangesproken op en verantwoordelijk gehouden voor

het gedrag van hun kinderen, terwijl diezelfde kinderen in die schrale omgeving dus helemaal niet genoeg kúnnen leren over sociaal gedrag.

9 Er is meer aan de hand. 'Laat niet over je heenlopen, hoor', zeggen ouders tegen elkaar in de speeltuin, of: 'Mijn kind weet dondersgoed wat wel en niet mag.' Gedrag zien ze vaak niet als normaal en onderzoekend, maar als irritant en opzettelijk stout. En daar moeten we als ouders wat aan doen, anders nemen ze een loopje met je, is de teneur. Dat terwijl er een subtiel maar zeer dwingend verschil zit tussen je sociaal gedragen en sociaal zijn. Door goed gedrag af te dwingen, leg je niet meer dan een laagje fineer over het kind, dat weinig zegt over of een kind een goed mens is.

10 Natuurlijk zijn bijvoorbeeld beleefdheid en vriendelijkheid nuttige vaardigheden in het sociale verkeer, maar daar zou de focus niet op moeten liggen. Op korte termijn lijkt dat prettig – een gedresseerd aapje dat ja-en-amen zegt – maar hoe leert een kind dan zelf de goede, morele beslissingen te nemen?

11 Juist in de openbare ruimte zijn problemen. Onze kinderen doen het over de gehele linie genomen best goed, maar de heftigheid van schijnbaar willekeurige geweldsuitbarstingen neemt toe. Uit onderzoek blijkt dan weer dat het juist die jonge daders zijn die thuis weinig in te brengen hebben. Wanneer de dwingende morele stem van ouders wegvalt in de puberleeftijd, is het voor deze jongeren enorm moeilijk om zichzelf te reguleren. Hoe moet je je leren gedragen in die openbare ruimte als alle controle die je jarenlang gewend was, wegvalt? Welk innerlijk mechanisme moeten deze kinderen aanspreken? Sta je dan, met je strenge opvoeding.

12 Er zijn ook ouders die tegen al die strengheid ingaan. Caroline Verlee, docent op een middelbare school en moeder van een kleuter en een dreumes, eist geen gehoorzaamheid, en consequent zijn vindt ze schromelijk overschat. Een laat-maar-waaien-ouder is ze niet. 'Ik ben en blijf hun moeder en zeker nu ze klein zijn, zal ik keuzes voor hen maken. Toch behandel ik ze niet anders dan ik zelf behandeld wil worden. Ik gruw van iemand die zegt wat ik moet doen, dus ik leg mijn dochter ook niet op dat ze "dank u wel" moet zeggen. Lang zei ik het namens haar, nu doet ze het steeds vaker uit zichzelf. Ze groeien echt niet snel op voor galg en rad.'

13 Grenzen kun je ook aangeven zonder dat je een kind als puppy probeert te trainen. Met goed voorleven geef je kinderen de boodschap mee dat hun behoeften en emoties er net zo goed toe doen als die van anderen. Dat is niet hetzelfde als alles maar goed vinden.
Streng zijn creëert juist wat we willen voorkomen: kinderen die zich niet om anderen bekommeren, omdat er amper naar hén geluisterd is en ze amper hebben geoefend met sociaal gedrag. En het haalt wel alle lol en liefde uit het opvoeden. Willen we dat de maatschappij er een is van samenhang en begrip, dan zullen we onze kinderen vanaf het allereerste moment met mededogen en liefde moeten bezien. Kinderen doen wat jij doet en niet wat je zegt.

Naar: Gabriëlle Jurriaans en Annemiek Verbeek, de Volkskrant, 22 juni 2013

*In Eindhoven hebben acht jongens een voorbijganger het ziekenhuis in geschopt; in Haren zijn rellen uitgebroken na een oproep op Facebook om daar te gaan feesten; in Almere is een grensrechter door jonge voetballers zo geschopt dat hij enige uren later is overleden.

Opdracht 2

Maak een samenvatting van tekst 2 volgens het stappenplan. Gebruik niet meer dan 200 woorden.

Tekst 2

Koester uw klokkenluider

1 'De onthullingen door klokkenluider Edward Snowden* moeten worden gezien als een daad van een gek, van een ontheemde narcist. Snowden weet niet wat het is om zorg te dragen voor een ander en voor het algemeen belang. Zo onderhield hij nauwelijks contact met zijn moeder en de buren en was hij niet ingebed in enige sociale structuur. Met een betere achtergrond en een gezondere levenshouding zou Snowden niet tot deze ondankbare en zelfgenoegzame actie zijn gekomen. Individualisten zoals Snowden zijn niet alleen een bedreiging voor de NSA, maar voor de Amerikaanse samenleving als geheel.'

2 Deze profielschets van de hand van columnist David Brooks in de *New York Times* – ook verschenen op de opiniepagina van deze krant – is geheel volgens het boekje. Klokkenluiders worden door hun tegenstanders eventueel met behulp van psychiaters en andere 'deskundigen' in de regel voor gek verklaard. Maar anders dan Brooks ons wil doen geloven, vertelt de (vermeende)

'gekte' van klokkenluiders ons vooral iets over hun professionele omgeving. Iedere organisatie krijgt de klokkenluider die ze verdient.

3 Een gezonde organisatie heeft geen helden nodig om ethisch en rechtstatelijk op koers te blijven. In een organisatie met voldoende zelfreinigend vermogen hoeft een werknemer geen immense obstakels te overwinnen om legitieme zorgen te uiten. In zo'n organisatie kunnen gewone mensen op gewone wijze belangrijke kwesties intern aan de orde stellen.

4 Zo beschouwd zijn gezonde organisaties schaars, want iedereen met een baan weet hoe lastig het is om op de werkvloer kritiek te uiten op een baas of collega. Laat staan om de klok te luiden.

5 Ook al volgen ze 'keurig' de interne procedures voor het melden van misstanden, klokkenluiders riskeren alles wat een 'normale' burger koestert: werk, familie en sociale status. Klokkenluiders worden gestraft omdat zij het 'buitenperspectief' – dat van het geweten, de samenleving, of het recht – binnen de organisatie brengen. Zij laten daarmee te duidelijk zien dat zij niet restloos samenvallen met hun organisatie. Dat maakt hen vogelvrij. De ooit zo gewaardeerde, getrouwde en goed verdienende ingenieur eindigt als eenzame, alleenstaande pizzabezorger op een flatje driehoog achter. Soms zijn de represailles zodanig dat de klokkenluider er ernstige psychologische en emotionele schade door oploopt.

6 Dit patroon hebben we bijvoorbeeld kunnen zien bij de klokkenluiders Fred Spijkers, Ad Bos en Hester van der Wal. Spijkers weigerde als maatschappelijk werker bij Defensie een weduwe te vertellen dat haar man was omgekomen door eigen schuld. Zijn dood werd veroorzaakt door ondeugdelijke landmijnen. Spijkers bracht dat uiteindelijk naar buiten en belandde in een meer dan twee decennia durende nachtmerrie met de overheid als opponent.

7 Bos onthulde de bouwfraude en leverde daarmee de staat een flinke som geld op. Hij wordt tot op de dag van vandaag als enige van de betrokkenen in de bouwfraude nog steeds vervolgd. 'Het Openbaar Ministerie lijkt zich meer te concentreren op klokkenluider Bos dan op de bouwbedrijven die de misstanden hebben begaan', aldus een FNV-jurist.

8 Van der Wal, ten slotte, bracht misstanden naar buiten in een gesloten ggz-kliniek. Een megalomane psychiater voerde daar jarenlang een schrikbewind met ernstig leed voor zijn patiënten tot gevolg. Zij verloor daarop haar baan.

9 Natuurlijk, niet alle werknemers die gevoelige gegevens naar buiten brengen verdienen bescherming. Bedrijven en zeker inlichtingendiensten moeten bepaalde informatie geheim kunnen houden, om commerciële redenen of vanwege staatsveiligheid. Maar ook een werknemer bij een geheime dienst kan klokkenluider zijn, want zelfs een geheime dienst is geen morele en rechtstatelijke vrijplaats. *Values are the foundation of our business* staat in de ethische leidraad van Booz Allen, het bedrijf waar Snowden werkte toen hij de klok luidde. Het is ook het bedrijf dat hem direct daarop ontsloeg. De vijftig pagina's tellende leidraad staat vol foto's met glimlachende werknemers en bijpassende citaten die suggereren dat bij Booz Allen het ethisch juiste doen vooral plezierig is. Geen spoor van het 'bloed, zweet en tranen' dat ethiek op de werkvloer is. Het laat de tweeslachtigheid zien die het integriteitsbeleid van een organisatie vaak kenmerkt: naar buiten hoogstaand, maar naar binnen weinig meer dan een disciplinerende tucht in een gemoraliseerd jasje en een gereglementeerde doofpot. Dat de directeur van de ethiekafdeling van Booz Allen zijn sporen vooral heeft verdiend (als kolonel) in het leger is in dit verband wellicht illustratief.

10 In Nederland ligt momenteel een wetsvoorstel bij de Tweede Kamer voor de oprichting van een 'Huis voor Klokkenluiders'. Het idee achter deze wet is grof gezegd dat klokkenluiders zoals Spijkers, Bos en Van der Wal vanwege hun recht op vrijheid van meningsuiting en hun belangrijke maatschappelijke en rechtstatelijke functie speciale bescherming verdienen. De wet voorziet in interne en externe meldingsprocedures en garandeert zorgvuldig onderzoek naar de juistheid van deze meldingen. Ook beoogt de wet klokkenluiders te beschermen tegen represailles van de werkgever en de overheid.

11 Dit laatste punt is de achilleshiel van elke klokkenluidersregeling. Organisaties, waaronder de overheid – denk aan Spijkers – kunnen klokkenluiders op zeer geraffineerde manieren het leven zuur maken, manieren die het recht moeilijk detecteert en beïnvloedt. Daarbij, de waarde van een klokkenluidersregeling hangt mede af van degene die haar toepast. Als die toepassing toegeeflijk is naar de werkgever die van zijn niet-loyale werknemer af wil – geef hem eens ongelijk – dan komt er van bescherming op de werkvloer weinig terecht.

12 Een klokkenluider als goed werknemer is geen contradictio in terminis. Een goed werknemer kan klokkenluider zijn. Werkgevers willen dat echter maar niet ter harte nemen. Hier ligt een taak voor journalisten, vakbonden en ngo's. Zij kunnen werkgevers onder druk zetten en zo nodig (publiekelijk) bekritiseren, steeds wanneer klokkenluiders oneigenlijk worden behandeld. Zonder een mentaliteitsverandering bij werkgevers en bij de overheid blijft de klokkenluider (in elk geval op de werkvloer) de zondebok.

13 Tot die tijd kan een klokkenluider in een enkel geval maatschappelijk gerehabiliteerd worden en zelfs worden beloond en bewonderd vanwege zijn morele heldendom. Op zijn werk blijft hij persona non grata. De klokkenluider

eindigt in een sociaal isolement, met WW of bijstand en wellicht een lintje. Dit is niet alleen kwalijk voor de klokkenluider in kwestie, het is een verkeerd signaal naar werknemers in het algemeen. Zij worden aangemoedigd om zich slapende te houden, ook als het vanuit rechtstatelijk en maatschappelijk oogpunt meer in de rede ligt klaarwakker te zijn. De klokkenluiders moeten gesteund worden, want als het aan werkgevers en overheid ligt, eindigen deze eenlingen in een isolement.

Naar: Iris van Donselaar, de Volkskrant, 22 juni 2013

*Edward Snowden werkte voor de CIA en heeft talloze geheimen onthuld, onder andere dat de VS ook in Europa op grote schaal e-mails 'meeleest' en alle telefoongesprekken afluistert.

Ik kan:
- **3F** de hoofdgedachte in eigen woorden weergeven.
- **3F** onderscheid maken tussen hoofd- en bijzaken, meningen en feiten.
- **3F** relaties als oorzaak-gevolg, middel-doel, opsomming e.d. herkennen en begrijpen.
- **4F** van een tekst een goed geformuleerde samenvatting maken die los van de uitgangstekst te begrijpen valt.
- **4F** een complexe gedachtegang goed en helder weergeven.

Controle hoofdstuk 1
- Hoe stel je snel het onderwerp van een tekst vast?
- Hoe stel je snel de hoofdgedachte van een tekst vast?
- Waar vind je de kernzinnen?
- Waarop moet je letten bij het uitschrijven van de samenvatting?

Hoofdstuk 2

Aantekeningen maken bij lessen en colleges

In het hoger onderwijs zul je geregeld colleges en presentaties bijwonen. De belangrijkste zaken die daar genoemd worden, moet je dan noteren.

Studielast	6 slu
Paragrafen	**1 Schrijven tijdens het luisteren**
	4F Kan van de gesproken tekst een goed geformuleerde samenvatting maken die los van de uitgangstekst te begrijpen valt.
	4F Kan tijdens een les of voordracht over een onderwerp op zijn interessegebied gedetailleerde aantekeningen maken en de informatie zo nauwkeurig en waarheidsgetrouw vastleggen dat de informatie ook door anderen gebruikt kan worden.
NN online	• de samenvatting van dit hoofdstuk
	• audiofragmenten

Paragraaf 1

Schrijven tijdens het luisteren

Je zult in het hbo en op de universiteit bij colleges en presentaties aantekeningen moeten maken van wat er gezegd wordt. Je moet dan tegelijkertijd luisteren, schrijven en beslissen wat hoofd- en bijzaken zijn.

Voorbereiding op een college
Zorg ervoor dat je niet geheel blanco de collegezaal instapt: weet wat er gaat komen. Bedenk van tevoren wat je al over het onderwerp weet en wat je verwacht te gaan horen. Als je antwoord op bepaalde vragen verwacht, kun je die vragen alvast opschrijven.
Voorbeeld:
Je gaat naar een hoorcollege over taak- en gevangenisstraffen. Je kunt antwoorden op de volgende vragen verwachten:
- *In welke gevallen wordt er een gevangenisstraf gegeven?*
- *In welke gevallen wordt er een taakstraf gegeven?*
- *Welke taakstraffen zijn er zoal?*
- *Wat zijn de voordelen van gevangenisstraffen?*
- *Wat zijn de nadelen van gevangenisstraffen?*
- *Wat zijn de voordelen van taakstraffen?*
- *Wat zijn de nadelen van taakstraffen?*

Voor begrippen waarvan je weet dat ze tijdens het college veel gebruikt zullen worden, kun je van tevoren afkortingen bedenken.
Voorbeeld:
gs = gevangenisstraf
ts = taakstraf

In de collegezaal
Twee vaste momenten om bijzonder goed op te letten zijn het begin en het slot van een hoorcollege. Aan het begin zal de spreker aangeven wat er de vorige keer besproken is en hoe datgene waarover hij het nu gaat hebben daarbij aansluit. Verder zal hij aangeven in welke volgorde hij in dit college een en ander zal bespreken. In zijn slot zal hij de hoofdzaken van zijn college herhalen (en misschien ook meedelen wat er de volgende keer besproken wordt).

Sprekers geven meestal aan dat er iets belangrijks komt. Ze zeggen dat expliciet of je kunt het aan de manier van spreken merken: nadrukkelijker, langzamer. De belangrijkste zaken zullen worden herhaald, dus als jij iets niet genoteerd hebt en je hoort het voor de tweede keer, dan is het waarschijnlijk toch wel belangrijk.
Veel sprekers geven ook met intonatie en handgebaren aan of ze iets belangrijk aan het vertellen zijn, of alleen maar iets toelichten.

Aantekeningen maken
Wanneer je aantekeningen maakt, schrijf dan geen hele zinnen op, maar formuleer zo kernachtig mogelijk, desnoods met losse woorden, begrippen en signaalwoorden en gebruik behalve afkortingen ook pijlen, dots, getallen, symbolen etc.
Maak een eigen systeem voor een aantal afkortingen; dat systeem kan voor iedereen anders zijn.
Voorbeelden:
def = definitie
+ = voordeel
− = nadeel
≠ = is niet hetzelfde als

Je kunt ook met de lay-out van je aantekeningen dingen duidelijk maken. Je kunt bijvoorbeeld alle definities, hoofdzaken et cetera tegen de linkerkantlijn zetten en inspringen bij de toelichting daarbij.

Aantekeningen uitwerken
Het is van groot belang je aantekeningen snel uit te werken. Kort na het college weet je er nog het meeste van en het is dan makkelijker om je aantekeningen aan te vullen met zaken die je je nog herinnert. Het kan handig zijn om het uitwerken samen te doen met iemand anders die ook aantekeningen heeft gemaakt. Twee weten meer dan één.

Aantekeningen controleren
Je kunt je aantekeningen controleren door toetsvragen over de stof te bedenken, en vervolgens te kijken of je aantekeningen de antwoorden op die vragen bevatten.

Opdracht 1

Je gaat luisteren naar (een deel van) een hoorcollege van Bas Haring.
Het fragment duurt ongeveer twintig minuten en gaat over de vraag of dieren en computers ook bewustzijn (kunnen) hebben. Om antwoord te kunnen geven op de vraag of dieren bewustzijn hebben, gaat Bas Haring eerst in op de verschillen tussen mensen en dieren. Als hij de vraag over dieren en bewustzijn beantwoord heeft, geeft hij een bepaalde omschrijving van bewustzijn die hij gebruikt om de vraag te beantwoorden of machines ook een vorm van bewustzijn kunnen hebben.
1 Luister naar het hoorcollege en maak aantekeningen.
2 Werk je aantekeningen uit. Een volgende les krijg je vragen over dit college.

Opdracht 2

Je krijgt van je docent een aantal vragen over het hoorcollege van Bas Haring. Beantwoord ze met behulp van je uitgewerkte aantekeningen.
1 Kon je aan de hand van je uitgewerkte aantekeningen alle vragen (juist) beantwoorden?
2 Als je een of meerdere vragen niet kon beantwoorden, waar lag dat dan aan: had je over de betreffende deelonderwerpen géén aantekeningen gemaakt, te weinig aantekeningen gemaakt of onduidelijke aantekeningen gemaakt?
3 Heb je ook veel aantekeningen gemaakt over zaken waarover geen vragen gesteld werden? Zo ja, vind je nog steeds dat die aantekeningen belangrijke informatie bevatten?

Opdracht 3

Je gaat luisteren naar (een deel van) een hoorcollege van Maarten van Rossem.
Het fragment duurt ongeveer twintig minuten en gaat over het gevaar dat er nu, na de Koude Oorlog, nog een atoomwapen gebruikt wordt. Van Rossem gaat eerst in op de vraag of, en zo ja, in hoeverre de wereld na de Koude Oorlog veiliger is geworden. Daarna behandelt hij de verschillende manieren waarop terroristen aan een atoomwapen zouden kunnen komen. Vervolgens bespreekt Van Rossem de mogelijkheid om zelf een atoomwapen te bouwen. Hij besluit zijn hoorcollege met de vraag of een wereld zonder atoomwapens wenselijk en mogelijk is.
1   Luister naar het hoorcollege en maak aantekeningen.
2   Werk je aantekeningen uit. Een volgende les krijg je vragen over dit college.

Opdracht 4

Je krijgt van je docent een aantal vragen over het hoorcollege van Maarten van Rossem. Beantwoord ze met behulp van je uitgewerkte aantekeningen.
1   Kon je aan de hand van je uitgewerkte aantekeningen alle vragen (juist) beantwoorden?
2   Als je een of meerdere vragen niet kon beantwoorden, waar lag dat dan aan: had je over de betreffende deelonderwerpen géén aantekeningen gemaakt, te weinig aantekeningen gemaakt of onduidelijke aantekeningen gemaakt?
3   Heb je ook veel aantekeningen gemaakt over zaken waarover geen vragen gesteld werden? Zo ja, vind je nog steeds dat die aantekeningen belangrijke informatie bevatten?

Opdracht 5

Je gaat luisteren naar (een deel van) een hoorcollege van Marius van Leeuwen.
Het fragment duurt ongeveer vijftien minuten en gaat over de oorsprong van onze feestdagen. De eerste vraag die Van Leeuwen bespreekt, is waarom we feesten vieren. Hij onderscheidt daarbij vier verschillende soorten tijd, die hij 'dimensies van tijd' noemt. De plaats van feesten in de tijd hebben veel te maken met de zon, de maan en de oogst. Hij legt uit dat in de feesten van het jodendom en het christendom sporen zijn terug te vinden van veel oudere feesten. Zijn conclusie is dat Kerstmis ook tegenwoordig niet uitsluitend een commerciële achtergrond heeft.
1   Luister naar het hoorcollege en maak aantekeningen.
2   Werk je aantekeningen uit. Een volgende les krijg je vragen over dit college.

Opdracht 6

Je krijgt van je docent een aantal vragen over het hoorcollege van Marius van Leeuwen. Beantwoord ze met behulp van je uitgewerkte aantekeningen.
1   Kon je aan de hand van je uitgewerkte aantekeningen alle vragen (juist) beantwoorden?
2   Als je een of meerdere vragen niet kon beantwoorden, waar lag dat dan aan: had je over de betreffende deelonderwerpen géén aantekeningen gemaakt, te weinig aantekeningen gemaakt of onduidelijke aantekeningen gemaakt?
3   Heb je ook veel aantekeningen gemaakt over zaken waarover geen vragen gesteld werden? Zo ja, vind je nog steeds dat die aantekeningen belangrijke informatie bevatten?

Ik kan:
- (4F) me op een hoorcollege voorbereiden en aantekeningen maken, uitwerken en controleren

Controle hoofdstuk 2
- Hoe kun je je voorbereiden op een hoorcollege?
- Wat zijn de belangrijke, vaste elementen van een hoorcollege?
- Waarom is het van belang je aantekeningen (snel) uit te werken?

Hoofdstuk 3

Nederlands in het universitaire onderwijs

In alle opleidingen in het universitaire onderwijs speelt Nederlands een belangrijke rol. In sommige opleidingen is een goede beheersing van de Nederlandse taal zelfs zo belangrijk dat je er tijdens je studie geregeld en intensief bij stilstaat.

Studielast	2 slu
Paragrafen	1 Algemene vaardigheden voor het universitaire onderwijs
	2 Letteren
	3 Rechtsgeleerdheid
	4 Bètaopleidingen
	5 Geneeskunde
NN online	• meer tips en links

Paragraaf 1

Algemene vaardigheden voor het universitaire onderwijs

In iedere universitaire studie wordt van je verwacht dat je verzorgde teksten schrijft en heldere presentaties geeft. Het zijn vaak complexe opdrachten, waarbij de docenten vooral inhoudelijk een sterke uitwerking verwachten. Een inhoudelijk sterke tekst of presentatie betekent ook een heldere structuur, een strakke redeneerlijn, een goede onderbouwing, correct brongebruik, en een genuanceerde, academische stijl, die past bij de gewoontes en afspraken binnen het vakgebied.

Schriftelijke vaardigheden

De gewoontes en afspraken verschillen nogal per vakgebied en dus ook per opleiding, vooral als het om schriftelijke teksten gaat. Als student zul je te maken krijgen met deze verschillen (bijvoorbeeld bij je keuze- en minorvakken). Houd er dus rekening mee dat docenten verschillende eisen stellen aan bijvoorbeeld een paper, een essay, een literatuurreview of een onderzoeksrapport.

Het onderzoeksrapport

De basis voor het schrijven van langere teksten, zoals een onderzoeksrapport, heb je geleerd in de cursus Schrijfvaardigheid. Veel opleidingen beginnen meteen in het eerste jaar met het oefenen van deze tekstsoort. Alternatieve benamingen voor het onderzoeksrapport zijn: onderzoeksartikel, wetenschappelijk artikel, paper. Ook je bachelor- en masterscriptie hebben de vorm van een onderzoeksrapport. Let op: niet iedere opleiding biedt evenveel begeleiding bij deze schrijftaken. Vaak zul je voor een deel zelf het wiel moeten uitvinden. Kom je er niet helemaal uit, vraag dan je docent wat de bedoeling is. Zoek voorbeelden van vergelijkbare teksten en vraag studiegenoten om feedback <zie Onderzoeksvaardigheden blz. 273>.

Het opzetten en uitvoeren van een onderzoek lijkt wel een beetje op het maken van een profielwerkstuk. Het bestaat – simpel gezegd – uit het stellen van een onderzoeksvraag en het op een systematische manier beantwoorden van die vraag. Daarbij beschrijf je zo precies mogelijk hoe je van de vraag naar het antwoord bent gekomen.

Onderdelen van het onderzoeksrapport

De structuur van het onderzoeksrapport kan op punten per vakgebied verschillen. Meestal bevat het onderzoeksrapport de volgende vaste onderdelen/hoofdstukken:

Inleiding – Hier beschrijf je de relevantie van je onderzoek en presenteer je de probleemstelling: een nauwkeurige formulering van de doel- en vraagstelling van je onderzoek. De probleemstelling moet helder, zinvol en relevant zijn.

Theoretisch kader – In dit hoofdstuk beschrijf je wat er uit eerdere wetenschappelijke studies al bekend is over jouw onderwerp. Je geeft ook aan wat nog niet bekend is, en hoe jouw studie een (noodzakelijke) aanvulling biedt op het bestaande onderzoek. Je moet hiervoor op zoek gaan naar wetenschappelijke bronnen. Zorgvuldige bronverwijzingen zijn daarbij van groot belang. De verschillende vakgebieden (en opleidingen) gebruiken daarvoor verschillende verwijssystemen (bijvoorbeeld: Chicago, MLA, APA). <zie Onderzoeksvaardigheden blz. 291> Verder leer je in de opleiding hoe je in databases kunt zoeken naar geschikte wetenschappelijke bronnen: knippen en plakken van het internet is niet de bedoeling.

Onderzoeksmethode – Hier beschrijf je hoe je je onderzoek hebt opgezet en uitgevoerd. Zorgvuldigheid en controleerbaarheid zijn daarbij noodzakelijk. Heb je een enquête ontworpen, mensen geïnterviewd, een laboratoriumexperiment uitgevoerd? Welke steekproeven, instrumenten, procedures heb je gebruikt? Waar, wanneer, in welke setting en onder welke omstandigheden is het onderzoek uitgevoerd? Zo geef je de lezer houvast voor de interpretatie van de resultaten en bied je hem de mogelijkheid een vergelijkbaar onderzoek te doen.

Resultaten – In dit hoofdstuk beschrijf je in een logische volgorde alle uitkomsten van je onderzoek. Vaak neem je hier ook tabellen, grafieken of andere figuren op in de tekst.

Conclusie – In de conclusie herhaal je eerst de onderzoeksvraag uit de inleiding. Vervolgens beschrijf je met behulp van de resultaten uit je onderzoek het antwoord op die hoofdvraag. Vaak behandel je de conclusies per deelvraag.

Discussie – In de discussie bespreek je wat jouw resultaten betekenen voor het onderwerp waar je onderzoek naar hebt gedaan. Ook vertel je wat er nog meer onderzocht zou kunnen worden over het onderwerp en hoe je je onderzoek nog beter had kunnen uitvoeren.

Meer weten?
Op de website 'Handboek Academische Communicatieve Vaardigheden' (zie de bron van Tekst 1) van het Talencentrum van de Rijksuniversiteit Groningen vind je nog veel meer tips, bijvoorbeeld over het schrijfproces. Ook onderstaande passage is te vinden op deze website.

Tekst 1

Het schrijfproces

Het schrijfproces is ingewikkeld. Dat geldt zeker voor de academische teksten die je schrijft tijdens je universitaire opleiding. Schrijven omvat namelijk niet alleen het formuleren en het op papier of beeldscherm zetten van woorden en zinnen. Het omvat ook:

- bepalen van je doelgroep
- het creatieve en zich herhalende proces van het vaststellen van een doelstelling
- brainstormen over je onderwerp
- inventariseren en (her)ordenen van informatie
- afbakenen
- schrijven in concept
- bespreken van je ideeën en concepten met anderen
- schrappen van tekst
- invoegen van nieuwe tekstgedeelten
- schrijven van een volgend concept
- proeflezen
- en uiteindelijk het redigeren

Schrijven, denken en inhoud zitten dus dicht tegen elkaar aan; geen wonder dat het schrijven op academisch niveau niet eenvoudig is!

Naar: www.rug.nl/education/other-study-opportunities/hcv/schriftelijke-vaardigheden/voor-studenten/

Mondelinge vaardigheden
Tijdens je studie geef je presentaties die helder, informatief en overtuigend moeten zijn. Je besteedt daarbij aandacht aan structuur, argumentatie, houding, het gebruik van audiovisuele middelen. Maar je zult je ook moeten verdiepen in gesprekstechnieken voor bijvoorbeeld interviews, discussies, vergaderingen. In de cursus Mondelinge vaardigheden zijn veel van deze vaardigheden al aan bod gekomen. In de paragrafen die volgen, lees je over specifieke vaardigheden per studierichting.

Paragraaf 2

Letteren

Meer nog dan bij andere studies wordt in een letterenstudie van je verwacht dat je informatie op heldere wijze kunt overbrengen op een publiek. Daarom is er in de letterenopleidingen veel aandacht voor taal- en communicatieve vaardigheden. Dat geldt in het bijzonder voor opleidingen als Nederlands en Communicatiewetenschappen.

Schriftelijke vaardigheden

In de opleiding Nederlands leer je niet alleen om zelf doel(groep)- en kwaliteitsbewust teksten te schrijven. Je leert ook om teksten van anderen te analyseren en gemotiveerde adviezen te geven voor verbetering. Daarbij leer je bijvoorbeeld wat de effecten zijn van verschillende stilistische keuzes en je oefent in het (her)schrijven van teksten voor verschillende doelgroepen.

Stijloefening

In stijloefeningen werk je – door het analyseren van specifieke stijlkenmerken – aan de ontwikkeling van analytische en stilistische vaardigheden. Je verdiept je bijvoorbeeld in theorie over de effecten van de naamwoordstijl, van werkwoordstijden, of van manieren waarop informatie in een zin kan worden georganiseerd. Je schrijft een kort rapport, waarin je die theorie samenvat en een tekst analyseert. Daarna herschrijf je de tekst in een andere stijl en beschrijf je tot slot de effecten van beide varianten.

Mondelinge vaardigheden

In de opleiding Communicatiewetenschappen leer je om een communicatieprobleem van een bedrijf of organisatie op te lossen. Je voert in een groepje onderzoek uit (bijvoorbeeld een imago-onderzoek onder externe doelgroepen van zo'n organisatie). Daarna werk je adviezen uit in een adviesrapport en communicatieplan voor de opdrachtgever. Gedurende zo'n project oefen je ook in verschillende mondelinge vaardigheden.

Zo organiseer je vergaderingen met je team, je houdt een 'briefing' en 'debriefing' met de opdrachtgever, en op verschillende momenten presenteer je je werk aan de opdrachtgever. Aan het begin van het project presenteer je je projectvoorstel in een *pitch*, waarin je op een overtuigende en creatieve manier aan de opdrachtgever laat zien hoe jouw team van plan is de opdracht te gaan uitvoeren. Aan het eind van het project presenteer je de uitkomsten en adviezen weer op overtuigende wijze aan de opdrachtgever in een eindpresentatie.

Pitch

In de communicatieadvieswereld vraagt een opdrachtgever vaak meerdere bureaus om een projectvoorstel. Dit wordt een *pitch* genoemd: een competitie tussen de bureaus die meedingen naar de opdracht. Alle bureaus verzorgen een presentatie en dienen hun voorstel in. De opdrachtgever gaat uiteindelijk in zee met het bureau dat zichzelf het meest overtuigend presenteert en het beste en aantrekkelijkste projectvoorstel schrijft.

Ook de opleiding kan bij dit soort adviesprojecten een *pitch* organiseren. De opdrachtgever gaat dan verder met alle bureaus waarvan het projectvoorstel (door de docenten) goedgekeurd is.

De presentatie tijdens de *pitch* wordt beoordeeld op onder meer de presentatie, overtuigingskracht, originaliteit en doel- en doelgroepgerichtheid.

Paragraaf 3

Rechtsgeleerdheid

In de opleiding Rechtsgeleerdheid oefen je mondelinge en schriftelijke vaardigheden in hele specifieke juridische vormen. Tijdens een oefenrechtbank en in juridische practica werk je aan de hand van concrete casussen in het schrijven van gedingstukken, het presenteren van een requisitoir, een pleidooi of een uitspraak. Je oefent in de rol van rechter, advocaat en officier van justitie.

Schriftelijke vaardigheden

Een requisitoir, pleidooi en uitspraak worden mondeling gepresenteerd. Deze presentaties moet je natuurlijk heel goed voorbereiden. Dat doe je door je presentaties uit te schrijven. Een uitgeschreven pleidooi heet een pleitnota.
Verder schrijf je tijdens je studie essays en juridische scripties, waarin je een strafrechtelijk probleem analyseert aan de hand van literatuur en rechtspraak over dat probleem. Je formuleert een eigen standpunt en geeft argumenten om de lezer te winnen voor je standpunt en om je oplossing aanvaard te krijgen. Argumentatievaardigheden spelen tijdens de studie Rechtsgeleerdheid een belangrijke rol.

Mondelinge vaardigheden

Het requisitoir
Speel je in de oefenrechtbank de rol van officier van justitie, dan houd je bij aanvang van het strafrechtelijk proces een requisitoir. Een requisitoir is een voordracht waarin je als officier van justitie je mening geeft over de feiten en de bewijsvoering in een strafrechtelijke zaak. Je eist een veroordeling of vrijspraak, waarna de advocaat van de verdachte zijn of haar pleidooi houdt. Onderdelen van het requisitoir in de oefenrechtbank:
- de tenlastelegging;
- opmerkingen over feiten die verband houden met het bewijs in de tenlastelegging;
- vordering: eis ten aanzien van de te op leggen straf of maatregel.

Het pleidooi
Ben je advocaat, dan verdedig je als één van twee tegenover elkaar staande partijen je standpunt in de vorm van een pleidooi, waarin je de standpunten uit de 'gedingstukken' mondeling toelicht.
Vier klassieke onderdelen van het pleidooi zijn: inleiding, feitelijke uiteenzetting, juridisch betoog en slotwoord. De feitelijke uiteenzetting is een overzicht van het verloop van feitelijke gebeurtenissen. Dat overzicht moet je zo objectief mogelijk presenteren. In het juridisch betoog is argumentatie juist heel belangrijk. Daar moet je goed nadenken over de volgorde van de argumenten die je naar voren wilt brengen. Aan het slot presenteer je het hoofdargument, dat de doorslag moet geven. Bij het houden van een betoog moet je heel zorgvuldig te werk gaan: fouten in argumentatie worden onmiddellijk afgestraft. *<zie ook de cursus Argumentatieve vaardigheden blz. 153>*

Enkele aanwijzingen voor de presentatie van het pleidooi:
- Spreek niet te snel: de toehoorders moeten de structuur van het betoog kunnen volgen.
- Pleit eenvoudig: ingewikkeld jargon is niet nodig.
- Lees niet voor: gebruik een pleitschema waarop alleen de belangrijkste punten staan.

Het vonnis
Als rechter oefen je in de oefenrechtbank in het opstellen en uitspreken van een vonnis of uitspraak. De belangrijkste onderdelen van de uitspraak zijn: de feitelijke overwegingen, de rechtsovertuigingen (samen de 'motivering') en het dictum (de eigenlijke uitspraak).

Paragraaf 4

Bètaopleidingen

Een veelgehoord misverstand is dat communicatieve vaardigheden in de bèta-opleidingen niet zo belangrijk zijn. Het tegendeel is waar. In de bètaopleidingen wordt veel geschreven en gepresenteerd. Je schrijft laboratoriumrapporten, technische specificaties, onderzoeksverslagen, populairwetenschappelijke artikelen, managementsamenvattingen, adviesrapporten en instructieteksten. Je voert discussies, houdt adviesgesprekken en interviews, en je geeft presentaties over de uitkomsten van je onderzoek.

Schriftelijke vaardigheden

Vergeleken met andere disciplines zijn de eisen die aan wetenschappelijke teksten worden gesteld in de bètaopleidingen behoorlijk strikt. De opbouw van het onderzoeksverslag kent standaard de onderdelen die je al tegenkwam in paragraaf 1 *Algemene vaardigheden*.

Verder is een objectieve en heldere schrijfstijl heel belangrijk. Je moet bijvoorbeeld heel nauwkeurig zijn in het gebruik van woorden die een hoeveelheid aanduiden (Wat is bijvoorbeeld 'lang'? Over hoeveel milliseconden heb je het dan?). Ook de interpretaties van meetwaarden en berekeningen moet je zorgvuldig presenteren. Verder werken tabellen en illustraties heel verhelderend. Daarbij moet je de belangrijkste informatie uit die tabellen en illustraties ook altijd in de lopende tekst verwerken en de tabellen van een duidelijk onderschrift voorzien. Voor de notatie en het gebruik van wiskundige symbolen bestaan speciale afspraken.

Documentatie bij software
In de opleiding Informatica ontwikkel en toets je software. Bij die software horen verschillende documenten:
- Technische specificatie: dit is de technische documentatie over de software die je hebt ontwikkeld. Je beschrijft het *programma*, de *technische specificatie* die eraan ten grondslag ligt, je geeft een korte *ontwerprapportage* en ook een *installatie- en onderhoudshandleiding,* bedoeld voor technici. Deze tekst wordt beoordeeld op volledigheid, efficiëntie en nauwkeurigheid.
- Gebruikersinformatie: dit is informatie over de bediening en het gebruik van de software door de (vaak niet-technische) eindgebruikers. Dit onderdeel omvat een heldere en toegankelijke *handleiding.* Deze wordt beoordeeld op gebruikersvriendelijkheid.
- Consumenteninformatie: soms wordt ook van je verwacht dat je een korte pr-tekst schrijft voor de communicatieafdeling van het bedrijf waarvoor je de software hebt ontwikkeld. Je levert bijvoorbeeld kopij aan voor een nieuwsbrief. Deze tekst wordt dan door de redactie beoordeeld op geschiktheid.
- Verder schrijf je reviews over het werk van studiegenoten en maak je een werkverslag voor je docent.

Mondelinge vaardigheden

Ook mondelinge vaardigheden zijn bij de bètaopleidingen belangrijk. In veel gevallen houd je je bezig met zaken die voor veel mensen te specialistisch en te complex zijn. Je oefent bijvoorbeeld in adviesvaardigheden om (toekomstige) opdrachtgevers en collega's te helpen bij beslissingen die zij moeten nemen over deze onderwerpen.

Paragraaf 5

Geneeskunde

In de opleiding Geneeskunde wordt aandacht besteed aan communicatieve vaardigheden in de bacheloropleiding, in de opleiding tot basisarts (masteropleiding) en in de specialistenopleidingen. Communicatieve vaardigheden vormen een belangrijk onderdeel van de beroepsvoorbereiding van een toekomstig arts.

Schriftelijke vaardigheden
In cursussen 'Professionele ontwikkeling' werk je bijvoorbeeld aan een portfolio waarin je alle verslagen, patiëntoverdrachtdocumenten en verwijsbrieven verzamelt die je in de loop van het studiejaar hebt geschreven. Daardoor krijg je zicht op je professionele voorbereiding en op de vorderingen die je daarin maakt. Je krijgt feedback in coachgroepen en ontvangt aan het eind van het studiejaar een beoordeling van je portfolio.

Kies je voor een opleiding tot arts-onderzoeker, dan oefen je in wetenschappelijk onderzoek en in de verslaglegging daarvan. Je oefent in het beschrijven van 'evidence-based medicine'. Dat houdt in dat elke klinische handeling gebaseerd moet zijn op 'the best available evidence'. Je oefent in het schrijven van onderzoeksaanvragen, wetenschappelijke artikelen en 'posters' en 'abstracts' voor wetenschappelijke conferenties.

Mondelinge vaardigheden
Je wordt opgeleid tot een communicatief vaardige arts die goed kan uitleggen en luisteren en goed gesprekken kan voeren. Je oefent in het voeren van consultgesprekken en het plegen van intervisie over medische handelingen. Daarbij leer je dat niet alleen verbale, maar ook non-verbale handelingen (houding, gezichtsuitdrukking, kijkrichting) een rol spelen in de communicatie tussen arts en patiënt.

De anamnese
Zo krijg je training in de anamnese: het gesprek dat je met een patiënt voert om erachter te komen wat de klachten zijn en wat daarvan de oorzaken zijn. Je leert onderscheid maken tussen verschillende manieren van gespreksvoering en daaraan gekoppelde gespreksdoelen en gesprekstechnieken:

	Doel	*Referentiekader*	*Gesprekstechnieken*
Arts-gerichte stijl:	Je bent op zoek naar feiten over de klacht van de patiënt.	Je stelt vragen vanuit je eigen medisch referentiekader.	– veel praten – gesloten vragen stellen
Patiënt-gerichte stijl:	Je stelt de patiënt in de gelegenheid te vertellen over zijn zorgen, problemen, angsten en verwachtingen.	Je stelt het referentiekader van de patiënt centraal.	– veel luisteren – open vragen stellen

Het consultgesprek
In de trainingen wordt bijvoorbeeld stilgestaan bij verschillende vormen van stimulerend of juist belemmerend gedrag tijdens het consultgesprek.

Voorbeelden van stimulerend gedrag:
- oplettend reageren: het volgen van het verhaal van de patiënt, ingaan op opmerkingen van de patiënt, het laten blijken van medeleven;
- gezamenlijk een probleem oplossen;
- contextualiseren: rekening houden met de gevoelens en verwachtingen van de patiënt; duidelijk zijn over wat er verder gaat gebeuren.

Voorbeelden van belemmerend gedrag:
- ongepast reageren;
- de voortgang van het gesprek door schema's laten bepalen, snel overstappen naar een ander onderwerp;
- onoplettend gedrag: het niet goed oppikken van informatie van de patiënt die impliciet, of eerder in het gesprek, aan de orde is gekomen;
- geen rekening houden met het begripsniveau van de patiënt; gebruik van jargon.

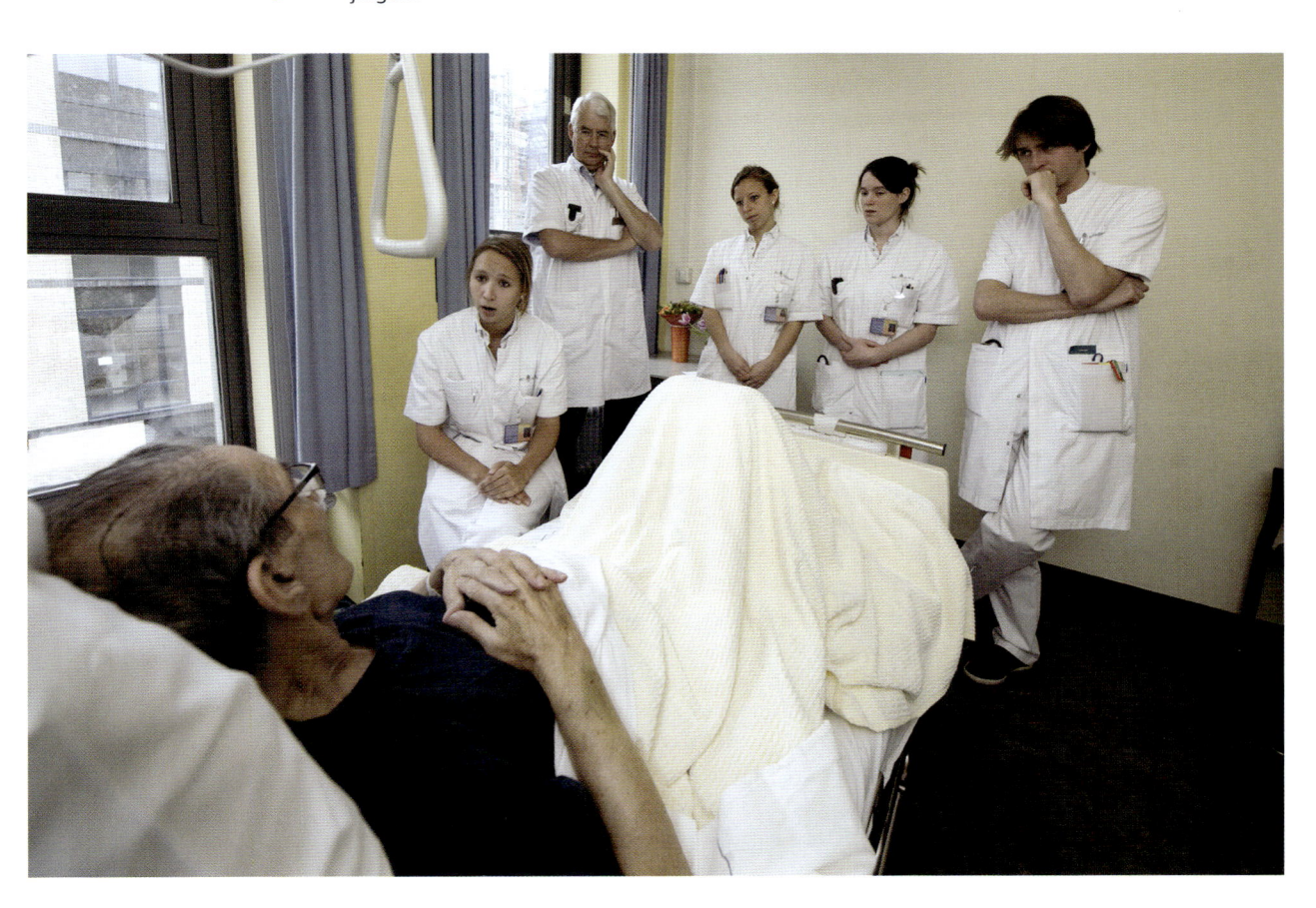

Hoofdstuk 4

De taaltoets

Met dit hoofdstuk bereid je je voor op een taaltoets van de universiteit of het hbo. Je vindt hier diverse soorten opdrachten die in taaltoetsen voorkomen. De opdrachtvormen zijn afkomstig van verschillende Nederlandse opleidingen.

Afgerond
- Cursus Leesvaardigheid
- Cursus Formuleren
- Cursus Spelling
- Cursus Woordenschat

Studielast 3 slu

Paragrafen
1. **Algemene taalvaardigheid**
2. **Woordenschat**
3. **Formuleren**
4. **Spelling en interpunctie**
5. **Basisgrammatica**

Referentieniveaus
- (3F) Kan een tekst beknopt samenvatten voor anderen.
- (3F) Kan uiteenzettende, beschouwende en betogende teksten schrijven.
- (3F) Woordkeuze is meestal adequaat.
- (3F) Verband tussen zinnen en zinsdelen in samengestelde zinnen is over het algemeen goed aangegeven door het gebruik van juiste verwijs- en verbindingswoorden.

NN online
- meer oefeningen
- samenvatting van dit hoofdstuk
- overzicht Ik kan-stellingen van dit hoofdstuk

Paragraaf 1

Algemene taalvaardigheid

De onderdelen 'algemene taalvaardigheid' richten zich vooral op tekstbegrip. Ook moet je teksten kunnen samenvatten.

Opdracht 1

Tekstindeling: Lees tekst 1, een artikel over studentenhuisvesting.
Na de vetgedrukte inleiding bestaat de tekst uit zes alinea's. Geef aan waar elke alinea begint.

Tekst 1

Loveboat voor studentenhuisvesting

Tekort aan woonruimte voor studenten is een groot probleem in veel grote steden. Alleen Amsterdam heeft al een tekort van duizenden woningen. Amsterdam-Noord heeft het initiatief genomen om tijdelijke huisvesting te ontwikkelen op de voormalige NDSM-werf. Projecten volop, met voormalige asielzoekersunits, containerwoningen en … een loveboat.

Er is veel veranderd sinds twee jongemannen in 2002 voorstelden woningen voor studenten op een oud vrachtschip te realiseren. Ze kregen van de betrokken woningbouwcorporaties een zak geld mee als beloning voor hun idee, maar het werd niet uitgevoerd. Het beoogde schip werd te groot bevonden voor de Amsterdamse haven. Een jaar later was daar plotseling DUWO. De van oorsprong Delftse corporatie ging aan de haal met de opdracht van Amsterdam-Noord voor tijdelijke huisvesting van studenten. De *Rochedal One* is er op initiatief van DUWO gekomen. Amsterdamse corporaties belijden openlijk dat ze hun hand niet willen ophouden bij rijke branchegenoten in het land, maar voor DUWO is collegiale financiering de gewoonste zaak van de wereld. 'Die financiering kan variëren van goedkope leningen tot het eigendom van complexen die wij vervolgens gaan beheren', aldus DUWO-directeur Benschop. 'Dat maakt ons niet uit, als er maar woningen komen.' In de zomer van 2004 arriveerde het cruiseschip *Rochedal One* in Amsterdam. Het werd 27 jaar geleden onder de naam *Ayvazovsky* gebouwd in Frankrijk. In de navolgende jaren vervoerde het toeristen over de wereldzeeën. Na verbouwing heeft de *Rochedal One* 194 studentenkamers van ruim 13 vierkante meter. De meeste beschikken over eigen toilet en douche. Veertig bewoners delen de sanitaire voorzieningen met anderen. Koken gebeurt in gemeenschappelijke keukens, één per twaalf bewoners. Er is een restaurant en zelfs een bar. Voor buitenlucht kunnen de bewoners terecht op het zonnedek. Alle kamers zijn voorzien van een aansluiting voor internet en digitale televisie. De kale huur bedraagt ongeveer 200 euro. Innovatieve oplossingen brengen ook problemen met zich mee. Over de brandveiligheid van de *Rochedal One* is onenigheid ontstaan. De afdeling preventie van de gemeente heeft het schip brandveilig verklaard. Maar de brandweer constateert een aantal belangrijke knelpunten. Zo zouden verlaagde plafonds voor een brandgevoelige situatie zorgen en blijken er geen bedrijfshulpverleners te zijn. Tot de tekortkomingen zijn aangepakt, kunnen alleen de 34 studenten met kamers bovendeks hun nieuwe huisvesting betrekken. Een andere domper is dat de studenten geen huursubsidie krijgen. Woningen op het water komen hier naar de mening van het ministerie van VROM niet voor in aanmerking. Het prachtige uitzicht vergoedt hopelijk veel.

Naar: http://www.beleidsimpuls.nl/loveboat.php

Opdracht 2

Samenvatten: Je krijgt een kopie van de tekst *Wanhopige studenten betalen grof geld voor 'valse' scripties* of je downloadt de tekst van NN online. Lees de tekst.
Schrijf daarna een korte samenvatting (maximaal 100 woorden) van het artikel waarin je de hoofdzaken op een overzichtelijke wijze weergeeft. Formuleer je eigen zinnen: het is niet de bedoeling dat je zinnen uit het artikel letterlijk overschrijft. Besteed niet meer dan 30 minuten aan dit onderdeel.

Opdracht 3

Schrijven: Lees tekst 2, een pleidooi voor de vervanging van de basisbeurs door een sociaal leenstelsel.
Schrijf een korte reactie (ca. 200 woorden) naar aanleiding van dit stuk, waarin je argumenten geeft tegen dit voorstel.
Besteed niet meer dan 20 minuten aan dit onderdeel.

Tekst 2

Weg met de basisbeurs

Nu het kabinet opnieuw moet bezuinigen, komt het idee om de basisbeurs voor studenten af te schaffen weer om de hoek kijken. Waarom moeten de bakker en de slager meebetalen aan de studie van een toekomstige arts of notaris? Onzin! Een studie in het hoger onderwijs is in de eerste plaats een investering in jezelf – betaal die investering dan ook maar zelf. Dat kan door het geld tegen een lage rente te lenen van de overheid: een sociaal leenstelsel. Want geld voor studiefinanciering, het is er gewoon niet. Alle departementen moeten fors bezuinigen en korten op het lager of het middelbaar onderwijs ligt politiek gezien heel gevoelig. Een leenstelsel verbetert bovendien het studierendement. Je denkt beter na over je studiekeuze en blijft niet hangen in een opleiding die niet bij je past. Bovendien zul je je tijd op het hbo niet verlummelen, want elk jaar studieverlies betekent dat je straks een bedrag van zo'n tienduizend euro extra moet terugbetalen.

Verder valt de impact van een studieschuld mee. Bij de invoering van een leenstelsel zal de gemiddelde studieschuld rond de 40.000 euro bedragen. Het Nibud becijferde dat twee mensen die samenwonen met ieder een nettosalaris van 20.000 euro iets meer dan 27.000 euro per jaar kwijt zijn aan hun huishouden. Hou je met z'n tweeën dus bijna 13.000 euro over om af te betalen.

Naar: www.uk.rug.nl

Ik kan:

- **3F** een tekst in alinea's verdelen.
- **3F** een tekst beknopt samenvatten.
- **3F** een beknopte reactie formuleren op een betogende tekst.

Voorbereiding op het hoger onderwijs > 4 De taaltoets > 2 Woordenschat

Paragraaf

2

Woordenschat

Met woordenschatopdrachten wordt vastgesteld of je voldoende (moeilijke) woorden kent om een bepaalde studie te volgen. Het gaat om algemene woorden, die je een beeld geven van jouw 'passieve' woordenschat: dat betekent dat je de woorden begrijpt als je ze ziet.

Opdracht

4

Woorden aanvullen: Bekijk tekst 3.
De tekst begint met een volledig weergegeven zin. Vanaf de tweede zin is de tweede helft van ieder tweede woord weggelaten. Op de plaats van iedere weggelaten letter staat een streepje. Vul die tweede helft in. Besteed er niet meer dan 5 minuten aan.
Voorbeeld: *Vanaf d_ tweede z_ _ is d_ tweede hel_ _ van ie _ _ _ tweede wo_ _ _ weggelaten.*
Vanaf de tweede zin is de tweede helft van ieder tweede woord weggelaten.

Let op: de letter *ij* geldt als één letter. In de teksten staat op de plaats van een *ij* dus één streepje. Voorbeeld: *z _ _ = zijn*

Tekst 3

Studenten en hun geld

Het is weer vakantie! De sch_ _ _ _ zijn di_ _ _ en schol_ _ _ _ _ zijn a_ _

het we_ _ of geni_ _ _ _ van h_ _ vrije we_ _ _. He_ veel jong_ _ _ _

beginnen n_ de zo_ _ _ direct a_ _ een nie_ _ _ opleiding. O_ _ op

finan_ _ _ _ _ gebied vera_ _ _ _ _ er d_ _ van al_ _ _. Denk

bijvo_ _ _ _ _ _ _ aan h_ _ betalen v_ _ collegegeld, kam_ _ hu_ _ en

d_ kosten v_ boeken e_ van verzek_ _ _ _ _ _ _. Studenten st_ _ _ niet

bek_ _ _ om h_ _ dikke porte_ _ _ _ _ _, maar w_ _ om d_ vele

crea_ _ _ _ _ manieren o_ met e_ _ klein bud_ _ _ goed ro_ _ te ko_ _ _.

Toch bl_ _ _ er a_ _ het ei_ _ van h_ _ geld soms w_ _ een stu_ _ _ maand

ov_ _. Het Nibud (het Nationaal Inst_ _ _ _ _ voor Bud_ _ _ voorli_ _ _ _ _ _)

vindt h_ _ heel bela_ _ _ _ _ dat stud_ _ _ _ _ goed le_ _ _ omgaan m_ _

hun ge_ _ en gr_ _ houden o_ hun fina_ _ _ _ _. Het i_ daarom vo_ _ alle

aanko_ _ _ _ _ studenten sl_ _ om zi_ _ goed vo_ _ te bere_ _ _ _ op h_ _

nieuwe finan_ _ _ _ _ situatie. D_ _ volgen hi_ _ enkele ti_ _ voor d_ nieuwe

lich_ _ _ _ studenten.

335

Opdracht 5

Woordbetekenissen: Geef de juiste betekenis van de volgende woorden.

NB De antwoorden staan in alfabetische volgorde.

1. absolutisme
   - A afwezigheid
   - B alleenheerschappij
   - C doortastendheid
   - D zelfvertrouwen
2. badinerend
   - A rijk aan voedingsstoffen
   - B spottend
   - C transpirerend
   - D zwemmend
3. benepen
   - A ademloos
   - B bekrompen
   - C bewonderend
   - D nog maar net zwanger
4. deceptie
   - A afdaling
   - B ontvangstruimte
   - C teleurstelling
   - D voorschrift (bijvoorbeeld van een arts of advocaat)
5. fiducie
   - A achteruitgang, vermindering
   - B familieruzie
   - C geldelijke transactie bij een bank
   - D vertrouwen
6. hegemonie
   - A heerschappij
   - B ondergewicht
   - C zangstuk voor één zanger(es)
   - D Engels geld (meer algemeen: buitenlands geld)
7. narcisme
   - A autoriteit; gezag
   - B bloemstuk met voorjaarsbloemen
   - C haat tegen mensen van een ander ras
   - D overdreven liefde voor de eigen (uiterlijke) persoonlijkheid
8. rehabilitatie
   - A herstel van iemands goede reputatie
   - B moderne woonvorm, commune
   - C opnieuw intreden in een klooster
   - D vaste gewoonte

Ik kan:

- (3E) woorden aanvullen op basis van mijn passieve woordenschat.
- (2F) de betekenis van minder frequente woorden afleiden.

Paragraaf 3

Formuleren

Opdrachten over formuleren zijn bedoeld om vast te stellen of je correcte zinnen kunt maken. Met deze opdrachten kun je in elk geval vaststellen of je fouten in zinnen kunt herkennen. Dat garandeert overigens niet voor honderd procent dat je die fouten nooit maakt, als je zelf een tekst schrijft.

Opdracht 6

Zinsbouw: Achter elk nummer staat een zin. Bepaal of deze zin goed (correct en duidelijk) of fout geformuleerd is.
Let op: het gaat niet om spelling of interpunctie (leestekens).

1 Alvorens de uitnodigingen te verzenden zijn alle in de brief genoemde data en tijdstippen gecheckt.
   goed / fout
2 In de nachtelijke uren over de studieboeken gebogen werden de ogen van de student steeds zwaarder, zodat hij aan zijn bureau in slaap viel.
   goed / fout
3 Noch de strenge vader noch de toegeeflijke moeder bleek in staat de ongehoorzame jongste zoon op het rechte pad te houden.
   goed / fout
4 Om vervuiling van de zee en de stranden te voorkomen legden de reddingswerkers een drijvende ring om de lekkende tanker en de reeds uit het schip gestroomde olie.
   goed / fout
5 Op de persconferentie werd duidelijk dat de minister zich mateloos irriteert aan de laksheid van de schoolbesturen, omdat die het regeringsbeleid slecht of helemaal niet uitvoeren.
   goed / fout
6 Uit recente cijfers blijkt dat het merendeel van de Nederlandse studenten bij de IB-Groep een schuld hebben van rond de vijftienduizend euro.
   goed / fout
7 Volgend jaar verwacht het Centraal Planbureau dat de werkloosheid met drie procent zal toenemen.
   goed / fout
8 Voordat het bestuur van de club een besluit nam over de contributieverhoging, wilde ze eerst haar leden raadplegen.
   goed / fout

Opdracht 7

Verwijs- en verbindingswoorden: Noteer het woord dat je moet invullen op de plaats van de puntjes.

1 Doorzettingsvermogen is iets ... in het hoger beroepsonderwijs goed van pas komt.
   A dat
   B wat
   C beide correct
2 Ik wil wel met je mee naar het strand, ... het morgen niet regent.
   A mits
   B tenzij
   C beide correct
3 Rolinde kan nog altijd veel beter zingen ...
   A als ik
   B als mij
   C dan ik
   D dan mij

4 Daar lopen Jitze en Aline; nu kun je ... mooi even de boeken teruggeven die je van ... hebt geleend.
   A hen; hen
   B hen; hun
   C hun; hen
   D hun; hun

5 ... het de hele nacht flink gesneeuwd had, waren de meeste binnenwegen onbegaanbaar.
   A Doordat
   B Omdat
   C Vanwege
   D Wegens

6 Wij zijn nu al drie keer kampioen geworden, maar ... hebben nog nooit een toernooi gewonnen.
   A hun
   B zij
   C beide correct

7 De studieleider adviseerde mij minder te werken en meer te studeren, ... ik in de toekomst betere resultaten zou boeken.
   A indien
   B opdat
   C wanneer
   D zodat

8 Hoewel de overheid het beste voor heeft met ... werknemers, zal ... de lonen in de komende jaren bevriezen vanwege de slechte economische situatie.
   A haar; ze
   B haar; hij
   C zijn; het
   D zijn; hij

Ik kan:
- taalfouten in een tekst herkennen.
- veelvoorkomende verwijs- en verbindingswoorden correct gebruiken.

Paragraaf 4

Spelling en interpunctie

Op de universiteit of in het hbo zul je veel teksten moeten schrijven. Die moeten foutloos gespeld zijn. Als je zelf niet foutloos kunt spellen, laat dan het werk dat je inlevert controleren door iemand die dat wel kan.

Opdracht 8

Werkwoordspelling: Vul op de puntjes de correct gespelde werkwoordsvorm in.
1 Uit de … (stranden) olietanker is al heel wat ruwe olie in zee … (stromen).
2 Of het gestaakte promotieduel nog wordt … (uitspelen), … (bepalen) de wedstrijdcommissie volgende week.
3 Het is belangrijk dat de aanmaakhoutjes eerst worden … (kloven), omdat dat … (besparen) zal werken.
4 … (worden) niet boos als ik u zeg dat het mij … (verheugen) dat u de prijs niet hebt gewonnen.
5 De rechter raakte zichtbaar … (irriteren), omdat de verdachten gistermiddag zijn vragen steeds maar niet … (beantwoorden).
6 Vlak voor de politie het pand binnenviel, … (deleten) de malafide directeur alle administratieve gegevens.
7 Zelfs op de … (vergroten) foto konden we de gezichten van de studenten niet goed … (onderscheiden).
8 De bestelling … (worden) tijdig … (bezorgen); tenminste, dat … (vermoeden) ik wel.

Opdracht 9

Regelkennis: Bepaal of het woord goed of fout gespeld is.
1 café's
2 gedachtesprong
3 genieën
4 hoger- en middelbaar onderwijs
5 kolonieën
6 mevrouw Van den Berg
7 nek-aan-nekrace
8 Noordhollandse
9 radio-antenne
10 reuzengezellig
11 s' avonds
12 VVD-er

Opdracht 10

Interpunctie: Achter elk nummer staat één zin. In die zin zijn leestekens geplaatst: punten, komma's, puntkomma's, dubbele punten, gedachtestreepjes, haakjes, aanhalingstekens, uitroeptekens en vraagtekens.
Let op: aanhalingstekens zijn in deze zinnen altijd enkel en ze staan altijd 'hoog', zowel voor als achter het citaat.
Bepaal voor elk leesteken of het goed of fout gebruikt is. Omcirkel de leestekens die volgens jou onjuist gebruikt zijn.
1 Toen Jaap de skinheads zag naderen, dacht hij: 'ik kan maar beter een straatje omlopen.'
2 Op het campingterrein konden we van alles doen; voetballen, volleyballen, zwemmen, en basketballen.
3 'Omdat we maar weinig tijd hebben,' merkte Joshua op, 'zullen we ons moeten beperken tot de hoogtepunten!'
4 Ik ga het liefst naar Italië op vakantie; niettemin zal ik dit jaar Frankrijk bezoeken.
5 'Kun je me even assisteren:' vroeg de serveerster vriendelijk, terwijl ze het dienblad met de glazen op tafel zette?

Ik kan:
- (3F) werkwoorden correct spellen.
- (3F) veelvoorkomende spellingregels toepassen.
- (3F) alle leestekens gebruiken.

Paragraaf 5

Basisgrammatica

Als je een taal gaat studeren of voor de pabo kiest, krijg je in je opleiding te maken met grammaticale begrippen.

Grammaticale begrippen zijn nodig om de opbouw, de structuur van een taal te beschrijven. Je kunt een zin redekundig ontleden; daarbij gaat het om het begrenzen en benoemen van zinsdelen. Je kunt een zin ook taalkundig ontleden: daarbij bepaal je van elk woord de woordsoort.

Opdracht 11

Redekundig ontleden (zinsdelen): Bepaal van het onderstreepte gedeelte welk zinsdeel het is. Als er twee stukjes onderstreept zijn, vormen die samen één zinsdeel.

1. Het beoogde schip <u>bleek veel te groot</u> voor de Amsterdamse haven.
   - A bijwoordelijke bepaling
   - B lijdend voorwerp
   - C naamwoordelijk gezegde
   - D onderwerp

2. Amsterdamse corporaties belijden openlijk <u>dat ze hun hand niet willen ophouden bij rijke branchegenoten in het land</u>.
   - A bijwoordelijke bepaling
   - B lijdend voorwerp
   - C onderwerp
   - D voorzetselvoorwerp

3. Men heeft alle kamers voorzien <u>van een aansluiting voor internet en digitale televisie</u>.
   - A bijvoeglijke bepaling
   - B bijwoordelijke bepaling
   - C lijdend voorwerp
   - D voorzetselvoorwerp

4. Het is jammer dat <u>de studenten</u> hun nieuwe onderkomen nog niet kunnen betrekken.
   - A bijwoordelijke bepaling
   - B lijdend voorwerp
   - C onderwerp
   - D voorzetselvoorwerp

5. Voor tweeduizend euro kan Simone <u>wanhopige studenten van diverse studierichtingen</u> een complete scriptie leveren.
   - A lijdend voorwerp
   - B meewerkend voorwerp
   - C onderwerp
   - D voorzetselvoorwerp

6. Heeft Monique haar scriptie door een ander laten schrijven <u>om een boete voor langstudeerders te ontlopen</u>?
   - A bijvoeglijke bepaling
   - B bijwoordelijke bepaling
   - C meewerkend voorwerp
   - D voorzetselvoorwerp

7. Studenten <u>die betrapt worden</u>, riskeren van de universiteit te worden gestuurd.
   - A bijvoeglijke bepaling
   - B lijdend voorwerp
   - C onderwerp
   - D werkwoordelijk gezegde

8 Als euro wordt afgeschaft, <u>schijnen</u> studenten nog goedkoper geld van de overheien.
   A naamzegde
   B naamdeel van het naamwoordelijk gezegde
   C werkwoordelijk gezegde
   D werkwoordelijk gezegde

Opdracht 12

Taalkundig ontleden (woordsoorten): Geef van de onderstreepte woorden aan wat de woordsoort is.

(1) <u>Waarom</u> moeten de bakker en de slager meebetalen aan de studie van een (2) <u>toekomstige</u> arts of notaris?

1 Waarom
   A bijwoord
   B voegwoord
   C voorzetsel
   D vragend voornaamwoord

2 toekomstige
   A bijvoeglijk naamwoord
   B bijwoord
   C voorzetsel
   D zelfstandig naamwoord

Een studie in het hoger onderwijs (3) <u>is</u> in de eerste plaats een investering in jezelf – betaal (4) <u>die</u> investering dan ook maar zelf.

3 is
   A hulpwerkwoord
   B koppelwerkwoord
   C zelfstandig werkwoord

4 die
   A aanwijzend voornaamwoord
   B betrekkelijk voornaamwoord
   C onbepaald voornaamwoord
   D vragend voornaamwoord

Want geld voor studiefinanciering, (5) <u>het</u> is er gewoon niet.

5 het
   A aanwijzend voornaamwoord
   B bepaald lidwoord
   C onbepaald voornaamwoord
   D persoonlijk voornaamwoord

Je denkt beter na over je studiekeuze en (6) <u>blijft</u> niet hangen in een opleiding die niet bij je past.

6 blijft
   A hulpwerkwoord
   B koppelwerkwoord
   C zelfstandig werkwoord

Ik kan:
- redekundig ontleden.
- taalkundig ontleden.

Cursus

Eindexamen

Juni-juli is de tijd dat de ene helft van Nederland de andere helft examineert.

Adrianus Dingeman de Groot, psycholoog en grondlegger van de Cito-toets 1914-2006

Hoofdstuk 1

Het eindexamen: de vaardigheden analyseren, interpreteren, argumenteren en beoordelen

Op het examen moet je zo'n veertig vragen beantwoorden over een viertal teksten: één lange tekst van ongeveer 1500 woorden, drie kortere teksten van 500 tot 900 woorden. Vaak zijn aan die teksten nog een of twee kleinere tekstfragmenten van andere schrijvers gekoppeld. In deze zogenaamde satellietteksten komt een andere visie op het onderwerp van de examentekst tot uiting. Ook over deze satellietteksten worden vragen gesteld.

Afgerond	• Cursus Leesvaardigheid • Cursus Argumentatieve vaardigheden • Cursus Woordenschat
Studielast	🕐 10 slu
Paragrafen	1 Het Centraal Eindexamen Nederlands 2 Stappenplan Eindexamen 3 Woorden of zinnen uit de tekst citeren 4 Iets uitleggen / Iets met eigen woorden zeggen 5 Vragen over argumentatie beantwoorden 6 Het taalgebruik in een tekst beoordelen 7 De functie van een tekstgedeelte bepalen 8 Een vraag over de titel van de tekst beantwoorden 9 De tekst indelen 10 De hoofdgedachte van de tekst bepalen 11 Het schrijfdoel of de tekstsoort vaststellen 12 Een tekstfragment vergelijken met de hoofdtekst 13 Strategie meerkeuzevragen beantwoorden
Referentie- niveaus	**3F** Kan *informatieve* teksten met een hoge informatiedichtheid lezen, zoals lange en ingewikkelde rapporten en gecondenseerde artikelen. **4F** Kan *betogende* teksten lezen waaronder teksten met een ingewikkelde argumentatie, of artikelen waarin de schrijver (impliciet) een standpunt inneemt of beschouwing geeft. **4F** Maakt onderscheid tussen uiteenzettende, beschouwende of betogende teksten. → **3F** Kan de hoofdgedachte in eigen woorden weergeven. **3F** Kan de tekst opdelen in betekenisvolle eenheden en kan de functie van deze eenheden benoemen. **3F** Trekt conclusies naar aanleiding van (een deel van) de tekst. **4F** Kan een vergelijking maken met andere teksten en tussen tekstdelen. **4F** Herkent argumentatieschema's. **4F** Maakt onderscheid tussen argumenten: objectieve versus subjectieve argumenten, en onderscheidt drogreden van argument. **3F** Trekt conclusies over de intenties, opvattingen en gevoelens van de schrijver. **4F** Herkent persoonlijke waardeoordelen en interpreteert deze als zodanig.
NN online	• meer oefeningen • de complete eindexamenteksten in Leeshulp • samenvatting van dit hoofdstuk • overzicht Ik kan-stellingen van dit hoofdstuk

Paragraaf 1

Het Centraal Eindexamen Nederlands

Het examen Nederlands bestaat uit een Schoolexamen (SE) en een Centraal Eindexamen (CE). Beide examens bepalen de helft van je eindcijfer voor Nederlands. De inhoud van het schoolexamen mag elke school – binnen zekere grenzen – zelf bepalen. Het Centraal Eindexamen is voor alle vwo-leerlingen hetzelfde. Iedereen maakt het op hetzelfde tijdstip.

Voor het Centraal Eindexamen Nederlands heb je drie uur de tijd. Op dat examen krijg je zo'n vier teksten voorgelegd: één lange tekst van ongeveer 1500 woorden en drie kortere teksten van 500 tot 900 woorden. Over die teksten moet je een kleine veertig vragen beantwoorden. Die gaan over (1) het analyseren, interpreteren en beoordelen van (de argumentatie in) een tekst en (2) het samenvatten van een tekst(gedeelte). Bij dat samenvatten is een grens gesteld aan het aantal woorden dat je mag gebruiken.

Puntentelling
De vragen bij de vier teksten leveren zo'n 60 tot 65 punten op. Je krijgt geen punten vooraf, maar je krijgt minimaal een 1, zelfs als je geen enkel punt scoort.
Er worden zowel meerkeuzevragen als open vragen gesteld. Meerkeuzevragen worden altijd gewaardeerd met 1 punt, open vragen soms met meer. Vóór elke vraag staat steeds aangegeven hoeveel punten die vraag oplevert.

Vragen beantwoorden
De antwoorden op meerkeuzevragen staan in alfabetische volgorde; de volgorde zegt dus niets over het juiste antwoord. Als je het antwoord op een meerkeuzevraag niet weet, vul dan gewoon een letter in. Je hebt (bij vier mogelijkheden) immers 25 procent kans dat je goed gokt.
Schrijf ook bij open vragen (die soms meer dan 1 punt waard zijn) altijd iets op. Misschien is je antwoord gedeeltelijk goed en krijg je een deel van de punten. Als je niets opschrijft, kan je docent je geen enkel punt toekennen.
Geef niet meer antwoorden dan er gevraagd worden: dat kost alleen maar tijd. Als je dat toch doet, kijkt de corrector alleen de eerst gegeven antwoorden na, tot aan het gevraagde aantal. Als je bijvoorbeeld drie antwoorden geeft terwijl er maar twee gevraagd worden, wordt het derde antwoord niet beoordeeld. Dat levert dus geen punten op.

Woordenboek
Bij het examen mag je een woordenboek gebruiken. Daarin kun je de betekenis van woorden opzoeken, maar dat kost wel tijd. Vaak kun je de betekenis sneller uit de tekst afleiden door een woordraadstrategie te gebruiken. *<zie Woordenschat blz. 240>*

Tijdverdeling
Je krijgt voor het hele examen drie uur de tijd; dyslectici krijgen een halfuur extra. Die tijd moet je verdelen over de veertig vragen. Bij sommige vragen moet je het aantal woorden tellen. Heel belangrijk: gebruik nooit meer woorden dan is aangegeven, want dat kost punten.

Spelling en formulering
Als je in de antwoorden op de vragen fouten maakt in de spelling of de formulering, kost dat geen punten. Alleen als door de formulering het antwoord inhoudelijk onduidelijk is, wordt dat antwoord fout gerekend.
Bij het examen heb je sowieso een 1. De overige (maximaal) 9 punten van je eindcijfer verdien je met de 60 à 65 scorepunten. Elk scorepunt levert dus 0,14 à 0,15 punt van je eindcijfer op.

Paragraaf 2

Stappenplan Eindexamen

Het is verstandig om een vaste aanpak te volgen bij het beantwoorden van de vragen bij de examentekst. Hoe pak je het beantwoorden van vragen bij een eindexamentekst aan? Volg dit stappenplan:

Stap 1
- Lees de tekst oriënterend: de titel, de eerste paar alinea's en de laatste alinea's. Kijk wie de tekst geschreven heeft en waar de tekst gepubliceerd is.
- Bepaal het onderwerp van de tekst.
- Stel zo mogelijk (voorlopig) de hoofdgedachte vast.

Stap 2
- Bekijk de vragen en ga na of er een vraag is over de indeling van de tekst, waarin tussenkopjes (deelonderwerpen) genoemd worden.
- Lees (met die deelonderwerpen in je achterhoofd) de hele tekst globaal door.

Stap 3
- Beantwoord de vragen. Werk in principe in de aangegeven volgorde, want soms maakt het antwoord op een eerdere vraag de beantwoording van een latere vraag eenvoudiger.
- Let op: blijf niet te lang nadenken over een vraag waarop je het antwoord niet meteen weet. Soms kun je in een latere vraag een aanwijzing vinden die je helpt bij de beantwoording van een eerdere vraag.

Stap 4
Controleer je antwoorden:
- Heb je alle vragen beantwoord?
- Sluit elk antwoord goed aan op de gestelde vraag? Lees vraag en antwoord 'hardop in gedachten' achter elkaar voor.

Bij de teksten van het examen worden diverse vragen gesteld, vragen die je bij vrijwel alle teksten kunt stellen:

Vragen waarvoor je maar een klein tekstgedeelte hoeft te lezen:
1. Woorden of zinnen uit de tekst citeren (§ 3)
2. Iets uitleggen / iets met eigen woorden zeggen (§ 4)
3. Vragen over argumentatie beantwoorden (§ 5):
    - een standpunt vaststellen
    - een argument herkennen
    - typen redeneringen herkennen
    - de aanvaardbaarheid van een argumentatie beoordelen
    - argumentatiefouten (drogredenen) herkennen
4. Het taalgebruik in een tekst beoordelen (§ 6)

Vragen over grotere tekstdelen: één of meer alinea's:
5. Functies van tekstgedeelten bepalen, waaronder de functie van de inleiding van een tekst (§ 7)

Vragen waarvoor je de hele tekst moet lezen:
6. Een vraag over de titel van de tekst beantwoorden (§ 8)
7. Een tekst indelen (§ 9)
8. De hoofdgedachte van de tekst bepalen (§ 10)
9. Het schrijfdoel van de auteur of de tekstsoort vaststellen (§ 11)

Paragraaf 3

Woorden of zinnen uit de tekst citeren

In het eindexamen tekstbegrip krijg je soms de opdracht (uit een bepaalde alinea) een stukje tekst te citeren.

Citeren betekent: iets letterlijk overnemen. Als je een lang stuk tekst moet citeren, mag je de eerste twee woorden en de laatste twee woorden plus de regelnummers noteren. Zet citaten altijd tussen aanhalingstekens.

Bij citeervragen zijn er een paar mogelijkheden. Vaak komt voor:
- **Citeer een zin:** In dit geval moet je één hele zin (van hoofdletter tot punt!) citeren.
- **Citeer een woord:** Bij deze opdracht gaat het altijd om slechts één woord. Schrijf je meer woorden op, dan krijg je geen (of minder) punten.

Minder vaak kom je tegen:
- **Citeer een zinsgedeelte:** In dit geval moet je een stuk van een zin citeren. Het is altijd kleiner dan de hele zin. Citeer je toch de hele zin, dan krijg je meestal geen of minder punten.
- **Citeer een woordgroep:** Bij deze opdracht moet je een (klein) aantal bij elkaar horende woorden citeren. Die woorden vormen samen een woordgroep. Vaak vormt een woordgroep een zinsdeel: onderwerp, lijdend voorwerp, meewerkend voorwerp, bijwoordelijke bepaling.

Opdracht 1

Lees tekst 1, een fragment uit *Wie de beschaving terug wil, moet weer leren balanceren*.

Het verlangen naar 'een collectieve identiteit' (regels 61-62) heeft een problematische kant:

> Een ander probleem is dat we niet graag met andere inzichten worden geconfronteerd. We willen blijkbaar maar al te graag een samenleving die
> 60 uniform is – met als gevolg een doorgeschoten verlangen naar een collectieve identiteit, waarbij alles wat afwijkt van de norm als bedreigend wordt gezien.

Citeer uit alinea 12 een zinsgedeelte waarin de maatschappelijke verschijnselen worden aangeduid waarmee deze problematische kant direct verband houdt.

Tekst 1 Wie de beschaving terug wil, moet weer leren balanceren.

185 **(12)** Burgerschap doet een beroep op het redelijke deel van de mens, op een politiek ethos, op het besef dat een publiek domein essentieel is voor onze democratie. Juist door een aantal
190 actuele ontwikkelingen zoals de multiculturele uitdijing van de samenleving en de maatschappelijke emancipatie van allerlei zichzelf profilerende minderheden, blijkt meer dan ooit hoe
195 belangrijk een gezonde publieke ruimte eigenlijk is. De huidige maatschappij vraagt dan ook om een moderne herinterpretatie van de klassieke deugdenleer. Zo'n herinterpretatie is niet het-
200 zelfde als verlangen naar de collectieve identiteit van weleer, maar biedt juist de gelegenheid moedig en verstandig om te gaan met de pluriformiteit van vandaag. De eerste moedige daad ↓

205 moet dan ook komen van politici die niet halfhartig hun oren laten hangen naar een simplistisch verlangen naar een gemakkelijk standpunt voor de korte termijn, maar die daadwerkelijk 210 opkomen voor het behoud van de publieke ruimte, waar verschil van opvattingen mogelijk is.

naar: Sebastien Valkenberg.
uit: NRC Handelsblad, Opinie & Debat, 24 maart 2007
Examen 2008, tijdvak 2 (regel 56 t/m 64 en 185 t/m 212)

Opdracht 2

Lees tekst 2, een fragment uit *Zappen naar een volgend opwindingsmoment*.
In de regels 249-250 wordt gesproken over 'economische dwingelandij':

Citeer uit alinea 13 de twee woordgroepen die het bedoelde dwingende karakter onmiskenbaar versterkt tot uitdrukking brengen.

Tekst 2   Zappen naar een volgend opwindingsmoment

(13) Het regime van de economische
215 kloktijd heeft de vervreemding van de mens ten opzichte van zichzelf en zelfs het verlies van zijn vrijheid tot gevolg gehad. Een pleidooi houden voor onthaasting of consuminderen zonder een
220 fundamentele herziening van onze omgang met de tijd heeft dan ook niet zo veel zin. Het gaat erom onze intuïtie voor die andere tijd weer wakker te roepen. Het gaat dus niet zozeer om
225 een keuze voor de ene of andere tijd. Het gaat erom het precaire evenwicht tussen beide te herstellen, zodat de mens af en toe kan uitrusten en zich niet langer hoeft te blijven overgeven
230 aan de eisen die de economische tijd stelt.

(14) De klok en het hele raderwerk van kapitalisme en economie is een realiteit die niemand kan ontkennen of af-
235 schaffen. Maar op het moment dat deze tijdservaring de boventoon gaat voeren en de innerlijke tijd van reflectie en bezinning binnendringt en als het ware van binnenuit opblaast, wordt het
240 gevaarlijk. Dan staat onze vrijheid van denken op het spel. De uitspraak dat 'de ware tijd pas tot leven komt, als de klokken zwijgen', zouden we weer nieuw leven moeten inblazen. We
245 moeten kortom weer leren de tijd te stillen, door bewuster met onze tijd om te gaan, onze agenda's niet vol te plannen en ons niet langer te laten opjagen door economische dwinge-
250 landij.

naar: Joke Hermsen
uit: De Groene Amsterdammer, 4 november 2009
Examen 2012, tijdvak 1 (regel 214 t/m 231 en 232 t/m 250)

Ik kan: 3E specifieke informatie uit een tekst citeren

Eindexamen > 1 Het eindexamen: de vaardigheden ... > 4 Iets uitleggen / Iets met eigen woorden zeggen

Paragraaf 4

Iets uitleggen / Iets met eigen woorden zeggen

Bij het examen moet je soms tekstgedeelten in je eigen woorden uitleggen. Daarmee laat je zien dat je begrepen hebt wat er staat.

Bij 'leg uit'-vragen moet je een stukje tekst uitleggen, een genoemd begrip toelichten, een verklaring die de schrijver geeft in eenvoudiger taal weergeven of een vraag formuleren. Soms staat bij zo'n vraag expliciet vermeld dat je iets *met eigen woorden* moet zeggen. In dat geval mag je belangrijke woorden uit de tekst overnemen, maar geen grote stukken tekst citeren.
Bij 'leg uit'- en 'met eigen woorden'-vragen staat vaak aangegeven hoeveel woorden je mag gebruiken. Als je de vraag geheel correct beantwoordt en bovendien het aangegeven maximum aantal woorden niet overschrijdt (ook niet met één woord!), krijg je één punt extra voor je antwoord.

Opdracht 3

Lees tekst 3, een fragment uit *Pleidooi voor onzekerheid*.
1 Welke verandering van het debat heeft plaatsgevonden in de periode van het cultuurrelativisme en postmodernisme? Zie alinea 4. Gebruik niet meer dan 15 woorden.
2 Welk gesignaleerd verwijt aan het adres van het cultuurrelativisme leidde tot een andere houding in het debat? Zie alinea 4. Gebruik niet meer dan 15 woorden.

Tekst 3 Pleidooi voor onzekerheid

55 **(4)** Toen enkele jaren geleden de aanval werd geopend op het cultuurrelativisme en het postmodernisme, raakte 'onzekerheid' pas goed in diskrediet. Onzekerheid, het zoeken naar
60 nuance, het aftasten van de verschillende morele argumenten, moest het afleggen tegen 'duidelijkheid', 'rechtlijnigheid' en 'onwankelbare principes'. Een in het oog springende aanval op
65 het cultuurrelativisme kwam van de Italiaanse premier Berlusconi, die zonder omhaal stelde dat de westerse cultuur superieur is aan de islamitische. Velen voelen zich ongemakkelijk bij dit
70 soort uitspraken en velen haastten zich dan ook om er afstand van te nemen, maar bij anderen vielen ze juist in vruchtbare aarde. Immers, het mislukken van het integratiebeleid – 'het
75 doodknuffelen van de allochtonen' – was aan dat cultuurrelativisme te wijten. Veel politici hebben een broertje dood aan onzekerheid en relativisme, zij gaan voor duidelijkheid en rechtlijnig-
80 heid, hoe ongenuanceerd ook.

*naar: Chris van der Meulen, winnaar van de Banning-essayprijs 2008
uit: Socialisme & Democratie, nummer 6, 2008
Examen 2011, tijdvak 1 (regel 55 t/m 80)*

Opdracht 4

Lees tekst 4, een fragment uit *Zappen naar een volgend opwindingsmoment*.
In alinea 4 en 5 staat het verband tussen vrije tijd en gebrek aan tijd centraal.
Leg uit waarom volgens de tekst tussen beide een paradoxaal verband bestaat.
Gebruik niet meer dan 20 woorden. Geef geen voorbeelden.

Tekst 4 Zappen naar een volgend opwindingsmoment

(4) Het is waar dat tegenover die drukte in de loop van de twintigste eeuw de zwaarbevochten 'vrije tijd' is komen te staan. Maar opmerkelijk genoeg wordt ook deze arbeidsloze tijd in toenemende mate aan een activiteit besteed: verre reizen, survivaltochten of andere 'doe-vakanties' zijn erg populair. Ook de vrije tijd dient blijkbaar maximaal 'gevuld' te worden. Als er ook maar een moment van verveling dreigt, zappen we snel door naar een volgend opwindingsmoment, alsof 'lege tijd' ons alleen nog angst inboezemt.

(5) Tegelijkertijd ervaren we tijd als iets waarvan we voortdurend te weinig hebben. Hoe meer tijdbesparende machines er komen, hoe minder tijd we voor rust en ontspanning overhebben. Hoe sneller we ons kunnen verplaatsen, hoe minder tijd er is om ergens te verblijven. Hoe groter onze beschikbaarheid via mobiele telefoons, e-mail en internet wordt, hoe minder tijd we voor elkaar hebben. Dat alles geeft mensen de indruk dat tijd een schaarsteproduct is.

naar: Joke Hermsen
uit: De Groene Amsterdammer, 4 november 2009
Examen 2012, tijdvak 1 (regel 52 t/m 78)

Ik kan: 4F begrippen, verklaringen, redeneringen e.d. in eigen woorden uitleggen, ook als deze niet expliciet zijn geformuleerd.

Eindexamen > 1 Het eindexamen: de vaardigheden ...> 5 Vragen over argumentatie beantwoorden

Paragraaf 5

Vragen over argumentatie beantwoorden

Bij het examen wordt ook je kennis van argumentatie getoetst. Welk soort vragen over argumentatie kun je verwachten?

1 Je kunt een standpunt/stelling in de tekst herkennen. <zie Argumentatieve vaardigheden blz. 153>
2 Je kunt de (objectieve en subjectieve) argumenten voor een standpunt vinden in de tekst. <zie Argumentatieve vaardigheden blz. 153>
3 Je kunt de volgende argumentatieschema's herkennen <zie Argumentatieve vaardigheden blz. 156>:
   – oorzaak/gevolg
   – overeenkomst en vergelijking
   – voorbeelden
   – voor- en nadelen
   – kenmerk of eigenschap
4 Je kunt een betoog op aanvaardbaarheid beoordelen op basis van:
   – consistentie van gebruikte argumenten
   – controleerbaarheid van feiten en argumenten
   – correct gebruik van argumentatieschema's en discussieregels
   <zie Argumentatieve vaardigheden blz. 168>
5 Je kunt de volgende drogredenen in de argumentatie herkennen <zie Argumentatieve vaardigheden blz. 163>:
   – onjuist beroep op causaliteit
   – het maken van een verkeerde vergelijking
   – de overhaaste generalisatie
   – de cirkelredenering
   – de persoonlijke aanval
   – het ontduiken van de bewijslast
   – het vertekenen van een standpunt
   – het bespelen van publiek
   – het autoriteitsargument

Hierna vind je bij elk van deze vijf onderdelen een of meer voorbeeldvragen.

Opdracht 5

Lees tekst 5, een fragment uit *Red de ambtenaar!*
'Desondanks zijn de meeste politieke partijen erop uit het ambtenarenbestand van provincies, waterschappen en landelijke overheden drastisch in te perken.' (regels 34-38)
Welke twee opvattingen liggen daar, gelet op alinea 1 en 2, aan ten grondslag?

Tekst 5   Red de ambtenaar!

(1) De opvatting dat ambtenaren nutteloos zijn, wordt tegenwoordig breed gedeeld. Ambtenaren worden bijkans beschouwd als pissebedden: als je een
5 baksteen optilt, zie je er opeens heel veel. De grijze beestjes voeren schijnbaar nutteloze activiteiten uit. Omdat ze volgens de heersende mening nauwelijks waarde toevoegen, is het geoor-
10 loofd dit ongedierte zonder pardon te vernietigen door de steen te laten vallen of de schoenzool er draaiend op

te zetten.
(2) Geschat wordt dat Nederland 954.000 ambtenaren telt. Ongeveer 123.000 van hen werken voor de rijksoverheid, een half miljoen in het onderwijs en 171.000 voor de gemeenten. De rest is verdeeld over defensie, politie, provincies en wetenschappen. Samen vormen zij 11 procent van de beroepsbevolking. Ter vergelijking: in België lopen de schattingen uiteen van bijna 800.000 tot ruim een miljoen ambtenaren, terwijl ons buurland maar 10,6 miljoen inwoners heeft. In België vormen ambtenaren dus meer dan 16 procent van de beroepsbevolking en in de Scandinavische landen loopt dat percentage op tot ver boven de 20. Hoe onnauwkeurig de cijfers ook zijn, de Nederlandse bureaucratie is dus beslist niet groter dan in vergelijkbare landen – kleiner zelfs. Desondanks zijn de meeste politieke partijen erop uit het ambtenarenbestand van provincies, waterschappen en landelijke overheden drastisch in te perken. Hoe zijn die negatieve oordelen bij politiek en burger over ambtenaren eigenlijk ontstaan?

naar: Jouke de Vries, hoogleraar bestuurskunde aan de Universiteit Leiden
uit: Maarten!, juni/juli 2010
Examen 2011, tijdvak 2 (regel 1 t/m 40)

Opdracht 6

Lees tekst 6, een fragment uit Zappen naar een volgend opwindingsmoment.
In alinea 11 wordt onder andere beweerd 'dat we op een andere manier over tijd en over tijdbeleving moeten nadenken'. (regels 175-177)

1 Met welk argument uit het tekstgedeelte van alinea 8 en 9 kan deze bewering worden ondersteund?
   A Tijd als economische factor leidt tot ongelijkheid tussen mensen en landen.
   B We beseffen niet dat tijd alleen nog een politiek-economische constructie is.
   C Wezenlijke zaken ontwikkelen zich buiten het economische tijdsbesef om.
   D Zonder noodzakelijke rust verdwijnt het fundament onder onze beschaving.
2 Welke twee argumenten uit alinea 11 kunnen de bewering 'dat we op een andere manier over tijd en over tijdbeleving moeten nadenken' ondersteunen?

Tekst 6 Zappen naar een volgend opwindingsmoment

(8) We zijn al met al behoorlijk ver verwijderd geraakt van de klassieke gedachte dat rust en nietsdoen de grondslagen van een beschaving zijn. Pas in rusttoestand kunnen we tot bezinning en reflectie komen. Pas als we niets doen, opent zich de ruimte van het denken en de creativiteit, verschijnselen die zich door geen vooropgesteld doel of economisch nut laten sturen of opjagen.
(9) De ontwikkeling dat tijd een politiek-economische constructie is geworden, heeft volgens de Franse filosoof Alain Badiou ook geleid tot een extreme vorm van individualisme. Hoezeer de welvaart voor de westerse samenlevingen de afgelopen eeuw per hoofd van de bevolking ook is toegenomen, de duistere keerzijde hiervan is ons allen ook bekend: een ongelijke verdeling van de rijkdom en uitputting van de energiebronnen. Op meer existentieel niveau heeft dit individualisme volgens Badiou geleid tot het wegvallen van gemeenschapszin en solidariteit met

anderen en hiermee tot een toenemende ervaring van fundamentele eenzaamheid.
(10) Zo meldde het Sociaal en Cultureel Planbureau dat we steeds meer tijd kwijt zijn aan werk en verplichtingen en steeds minder tijd overhouden voor vriendschappen en sociale contacten. Veel jongeren in Amerika hebben alleen nog digitale, al dan niet anonieme contacten op internet. Wat de medische gevolgen hiervan zijn, komt in diverse onderzoeken naar voren: een verontrustende stijging van het aantal depressies, burn-outs, gevallen van ADHD en andere autistische aandoeningen, alsook het massale gebruik van antidepressiva en slaapmiddelen – alleen in Nederland al goed voor ruim twee miljoen recepten per jaar.
(11) Inmiddels groeit bij velen het besef dat we het over een andere boeg moeten gooien. We zullen ons persoonlijke leven en de economie anders moeten inrichten als we willen voorkomen dat we over vijftig jaar geregeerd worden door de economische tijdsdruk.
Dat betekent ook dat we op een andere manier over tijd en over tijdbeleving moeten nadenken. De economie is weinig geïnteresseerd in welk pleidooi voor vertraging of onthaasting dan ook. Vertraging en onthaasting zouden ons er maar toe aanzetten om uit de tredmolen van de productie te stappen. Toch is het noodzakelijk dat we aandacht vragen voor een tijd die zich niets aantrekt van verlies- en winstrekeningen om zodoende ruimte te bieden aan rust en reflectie. We zouden onze intuïtie voor 'de tijd als duur' of onze 'innerlijke tijd' opnieuw moeten ontwikkelen.

naar: Joke Hermsen
uit: De Groene Amsterdammer, 4 november 2009
Examen 2012, tijdvak 1 (regel 122 t/m 190)

Opdracht 7

Lees tekst 7, een fragment uit *Grenzeloze literatuur*.
Een schrijver kan gebruikmaken van verschillende typen argument, zoals een argument op basis van:
algemene normen en waarden, autoriteit, een emotie, een gevolg, een vergelijking, een voorbeeld, of ervaring.

1 Welk van bovengenoemde typen argument wordt gehanteerd in de zin: 'Zo noemde hij het verkeerd als een schrijver die zich voor belediging moet verantwoorden in een rechtszaak, zich verdedigt door te stellen: Dat heb ik niet gezegd, maar een van mijn personages.'? (alinea 7)
2 Welk van bovengenoemde typen argument wordt gehanteerd in de zin: 'De schrijver zou wel heel erg in zijn vrijheid beknot worden als hij zich bij iedere uiting van zijn romanfiguren moest afvragen: Kan ik dat wel helemaal voor mijn verantwoording nemen?'? (alinea 8)
3 Welk van bovengenoemde typen argument wordt gehanteerd in de zin: 'Op dit soort vragen is al zo'n 2400 jaar geleden door Aristoteles afdoend antwoord gegeven.'? (alinea 11)

Tekst 7 Grenzeloze literatuur

(6) Tot en met de jaren zeventig gold aan de universiteiten als criterium voor 'literatuur' dat een tekst 'fictioneel + waardevol' dient te zijn. Dus geen Geert Mak[1] (want echt gebeurd) en geen Dan Brown[2] (want puur vermaak).

Inmiddels houden literatuurwetenschappers er heel andere ideeën op na.
(7) Wat zijn die ideeën en wat valt er tegenin te brengen? De jonge Amsterdamse hoogleraar letterkunde Thomas Vaessens betoogde op 7 april in *nrc.next* dat schrijvers zich niet moeten verschuilen achter hun personages. De literatuur stelt zich veel te vrijblijvend op, vond hij. Zo noemde hij het verkeerd als een schrijver die zich voor belediging moet verantwoorden in een rechtszaak, zich verdedigt door te stellen: "Dat heb ik niet gezegd, maar een van mijn personages."
(8) Dat is een onzinnige eis van professor Vaessens. De schrijver zou wel heel erg in zijn vrijheid beknot worden als hij zich bij iedere uiting van zijn romanfiguren moest afvragen: "Kan ik dat wel helemaal voor mijn verantwoording nemen?" In uiterste consequentie zou dan ook de auteur van een misdaadroman vervolgd kunnen worden voor de moorden die hij laat plegen.
(9) Het is duidelijk dat Vaessens het slachtoffer is van het vervagen van de grens tussen een literaire roman en een journalistiek boek. In dat laatste werk kan de auteur inderdaad niet straffeloos bestaande personen beledigen of aanklagen. Maar een werk van fictie vertelt gewoonlijk over verzonnen figuren, die dan ook de vrijheid moeten hebben om te zeggen wat hun maar invalt. Dat betekent niet dat de schrijver zich aan alle verantwoordelijkheid onttrekt. De totale strekking van zijn roman zal hij altijd wel degelijk voor zijn verantwoording nemen.
(10) In april is, onder meer in *NRC Handelsblad*, ook verbale strijd gevoerd over de vraag of literatuur überhaupt zinvolle uitspraken over de werkelijkheid kan doen. Als romans toch maar verzonnen verhalen zijn, waarom zouden we dan al die moeite doen om daar kennis van te nemen? Kunnen we dan niet met meer winst filosofische of historische boeken lezen?
(11) Op dit soort vragen is al zo'n 2400 jaar geleden door Aristoteles afdoend antwoord gegeven. In zijn *Poetika* schrijft hij, als hij historische werken met tragedies vergelijkt, dat die laatste meer waarheid over het leven in het algemeen bevatten, omdat de geschiedschrijver zich met alle mogelijke onbenullige details en toevalligheden moet bezighouden, terwijl het drama algemene eigenschappen van de werkelijkheid laat zien, juist omdat de schrijver zich níét hoeft bezig te houden met wat er zich bij een bepaalde historische gebeurtenis heeft voorgedaan.

naar: Hans van den Bergh
uit: HP/De Tijd, 12 mei 2006
Examen 2009, tijdvak 1 (regel 72 t/m 144)
noot 1 Geert Mak: Nederlands auteur van historische werken zoals *De eeuw van mijn vader* en *In Europa*
noot 2 Dan Brown: Amerikaans auteur van de bestseller *De Da Vinci Code*

Opdracht 8

Lees tekst 8, een fragment uit *Overheid en kunst*.
'Wanneer het de landbouw of de scheepvaart had betroffen, waren er ongetwijfeld stemmen opgegaan om meer geld in deze sector te pompen, maar hier is het omgekeerde het geval.' (regels 10-14)
Wat is dit voor een type redenering?
Een redenering op basis van
A autoriteit.
B een of meer voorbeelden.
C een vergelijking.
D oorzaak en gevolg.

Tekst 8 Overheid en kunst

(1) De kunst in Nederland heeft een flink imagoprobleem. Kunstenaars, beleidsmakers en beschouwers proberen elkaar in een estafette van
5 publicaties af te troeven in somberheid. De Nederlandse kunst verkeert in een diepe innerlijke crisis, is provinciaals en wordt in de internationale kunstwereld nauwelijks serieus genomen.
10 (2) Wanneer het de landbouw of de scheepvaart had betroffen, waren er ongetwijfeld stemmen opgegaan om meer geld in deze sector te pompen, maar hier is het omgekeerde het geval.
15 Terwijl de kunst schijnbaar in een crisis verkeert en haar internationale concurrentiepositie wordt bedreigd, schiet de overheid niet te hulp, maar geeft ze juist een extra duwtje naar de afgrond
20 door fors op de uitgaven voor kunst te bezuinigen. Een argeloze beschouwer kan bijna niet anders dan concluderen dat de Nederlandse overheid en de oppositie kunst van zeer gering belang
25 vinden.

naar: Dick Tuinder
uit: De Groene Amsterdammer, 10 september 2005
Examen 2008, tijdvak 1 (regel 1 t/m 25)

Opdracht 9

Lees tekst 9, een fragment uit *Red de ambtenaar!*
Welk argumentatief bezwaar zou een kritische lezer kunnen inbrengen tegen de wijze waarop in de laatste twee alinea's van de tekst 'Red de ambtenaar!' een beeld wordt geschetst van politici? Licht je antwoord toe.

Tekst 9 Red de ambtenaar!

(10) Om een einde te maken aan deze
220 manco's zullen politici ideeën moeten ontwikkelen, leiding moeten geven aan het land en besluiten moeten nemen over publieke organisaties waarbinnen ambtenaren beter kunnen functioneren.
225 Als je op de lange termijn de kenniseconomie wilt stimuleren of het watervraagstuk wilt oplossen, zul je een ministerie van Kennis of Water moeten instellen. Dat is veel intelligenter dan
230 alleen op basis van bezuinigingsbedragen mensen overbodig verklaren. Reorganisaties en bezuinigingen kosten enorm veel energie, terwijl die juist nodig zijn om toekomstige maat-
235 schappijvisies te doordenken en het daaruit volgende beleid daadwerkelijk uit te voeren.

(11) Het is heel goed mogelijk ambtenaren anders te laten werken, maar dan
240 zal er een begin moeten worden gemaakt met een maatschappelijke analyse die aangeeft welke problemen op ons land afkomen en welke zaken wij willen oplossen. Politici formuleren
245 echter nauwelijks een langetermijnvisie, hebben geen tijd om na te denken, maken geen analyses, redeneren niet en geven geen prioriteiten aan. Vooraanstaande politici twitteren zich
250 suf, maar het probleem van Twitter is dat gedachten van meer dan 140 karakters verboden zijn. De politiek verwordt daarmee tot een haiku, zonder de poëtische schoonheid daarvan te
255 bezitten. De politiek denkt niet na, maar zoekt wel haar slachtoffers uit. Het

↓ klakkeloos bezuinigen op ambtenaren zal op termijn onjuist blijken te zijn.

Ambtenaren hebben nut, politici steeds
260 minder.

naar: Jouke de Vries, hoogleraar bestuurskunde aan de Universiteit Leiden
uit: Maarten!, juni/juli 2010
Examen 2011, tijdvak 2 (regel 219 t/m 260)

Opdracht 10

Lees tekst 10, een fragment uit *Zappen naar een volgend opwindingsmoment*.
In alinea 6 staat dat de economie de tijd regeert en vervolgens wordt de vraag gesteld 'wat daarvan de gevolgen zijn voor (...) de maatschappij'. (regels 88-90)
In alinea 7 wordt een aantal negatieve maatschappelijke ontwikkelingen geschetst (regels 91-106). Een kritische lezer zou de relatie tussen beide alinea's ter discussie kunnen stellen.
Hoe zou een kritische lezer de gesuggereerde relatie tussen alinea 6 en alinea 7 karakteriseren?
A als een cirkelredenering
B als een onjuist oorzakelijk verband
C als een overhaaste generalisatie
D als een verkeerde vergelijking

Tekst 10   Zappen naar een volgend opwindingsmoment

(6) Al met al is het kenmerkend voor de
80 moderne samenleving dat de tijd van buitenaf wordt gereguleerd en dat de persoonlijke levenssfeer zich volledig naar die van buitenaf opgelegde tijd gevoegd heeft. Het is niet overdreven
85 te stellen dat de economie de tijd regeert en daarmee ook ieders persoonlijke tijdservaring. De vraag is wat daarvan de gevolgen zijn voor zowel mensen persoonlijk als voor de
90 maatschappij.
(7) Wie de vele toekomstscenario's die rond de millenniumwisseling geschreven zijn daarop naleest, krijgt niet bepaald een vrolijk beeld van wat ons
95 de komende vijftig jaar te wachten staat. De verwachting is dat de tweedeling in de samenleving zich zal verdiepen, dat de dreiging van terreur zal toenemen en dat de gevolgen van de
100 klimaatverandering steeds drastischer zullen zijn. Onder de bevolking zal de onrust en onzekerheid groeien, omdat de samenleving steeds ingewikkelder wordt en de technologische verande-
105 ringen elkaar in steeds hoger tempo opvolgen. Kortom, de algemene ervaring die ons te wachten staat en die we eigenlijk nu al zien, is dat de tijd dringt. Aan de ene kant moeten we snel
110 handelen, willen we de gevolgen van de klimaatveranderingen binnen de perken houden. Aan de andere kant neemt de dwang om meer te produceren en sneller te innoveren om de economie weer
115 vlot te trekken alleen maar toe. Het lijkt alsof we ons aan het begin van de 21ste eeuw in een patstelling bevinden: het klimaat vraagt om minder, de economie om meer. De mens vraagt om
120 vertraging, de samenleving om versnelling.

naar: Joke Hermsen
uit: De Groene Amsterdammer, 4 november 2009
Examen 2012, tijdvak 1 (regel 79 t/m 121)

Opdracht 11

Lees tekst 11, een tekstfragment bij de tekst *Dieren zijn geen burgers – hooguit hamburgers*.

In tekstfragment 1 wordt stelling genomen tegen de redenering uit de tekst 'Dieren zijn geen burgers – hooguit hamburgers'.

1 Welke twee van onderstaande beweringen geven de beste typering van de bezwaren die in alinea 1 van tekstfragment 1 tegen die redenering gemaakt worden?
   1 In de tekst 'Dieren zijn geen burgers – hooguit hamburgers' wordt de bewijslast ontdoken.
   2 In de tekst 'Dieren zijn geen burgers – hooguit hamburgers' wordt een onjuist beroep op een autoriteit gedaan.
   3 In de tekst 'Dieren zijn geen burgers – hooguit hamburgers' wordt een onjuiste gevolgtrekking gemaakt.
   4 In de tekst 'Dieren zijn geen burgers – hooguit hamburgers' wordt een standpunt vertekend.

2 Welke bewering geeft de beste typering van de bezwaren die in alinea 2 van tekstfragment 1 tegen die redenering gemaakt worden?
   1 In de tekst 'Dieren zijn geen burgers – hooguit hamburgers' wordt de bewijslast ontdoken.
   2 In de tekst 'Dieren zijn geen burgers – hooguit hamburgers' wordt een onjuist beroep op een autoriteit gedaan.
   3 In de tekst 'Dieren zijn geen burgers – hooguit hamburgers' wordt een onjuiste gevolgtrekking gemaakt.
   4 In de tekst 'Dieren zijn geen burgers – hooguit hamburgers' wordt een standpunt vertekend.

Tekst 11 Dieren zijn geen burgers – hooguit hamburgers

tekstfragment 1

(1) Het is lastig het relaas van Coen Simon te weerleggen: of je met een hamer een rubberen muur wilt slopen. Maar ik doe toch een poging, want er zitten wel degelijk inconsistenties in die te opvallend zijn om ze ongemerkt te laten passeren. Zo schrijft hij dat dierenrechten ertoe leiden dat we in een oneindige wirwar van regels verstrikt raken. Waarom dat zo is, blijft in het vage. Hoezo een wirwar? Waarom zou dat wel zo zijn met dierenrechten en niet met mensenrechten? Duidelijk omschreven, aan dieren toegekende rechten beschermen het dier tegen de exploitatie en mishandeling door de mens. En ook al weet het dier dat zelf niet en ook al kan het niet zelf naar de rechter stappen of een stem in het stemhokje uitbrengen, dan kan dat nog wel worden gedaan námens het dier, door mensen inderdaad. Net zoals dat bij zuigelingen, kinderen, verstandelijk gehandicapten en dementerenden gebeurt als die worden mishandeld. Zij kunnen net zo min voor zichzelf opkomen als dieren en hebben toch – en terecht – rechten. Dat vinden we toch ook de normaalste zaak van de wereld?

(2) Dan de intrinsieke waarde van het dier, in de ogen van Simon een ethisch goochelbegrip. Een waarde kan volgens hem nooit intrinsiek zijn, omdat de waarde van dingen, dieren en mensen wordt bepaald door ons, mensen. Nou en? Kunnen wij mensen – en dan met name het diervriendelijke deel der mensheid – niet vinden dat dieren een waarde op zichzelf hebben? Die hébben ze, al was het alleen maar omdat wij mensen niet zonder dieren kunnen, maar dieren héél goed zonder mensen. Neem de bij. Zonder bijen geen bestuiving van allerlei gewassen, met als gevolg: hongersnood. Een aarde zonder flora en fauna is in allerlei opzichten een volstrekt onleefbare

↓

aarde. Het is juist de mens met zijn ongebreidelde hebzucht en vernietigings-drang die de oorzaak is van de huidige krediet-, voedsel-, water- en dierziekten- crises. De dieren kúnnen dergelijke crises niet eens veroorzaken, als ze dat al zouden willen.

naar: een ingezonden reactie van M. v.d. Kamp
op de NRC-site, maart 2009
Examen 2010, tijdvak 2 (tekstfragment)

Ik kan:
- (4F) onderscheid maken tussen argumenten: objectieve versus subjectieve argumenten en drogreden onderscheiden van argument.
- (4F) argumentatie analyseren en beoordelen.
- (4F) argumentatieschema's herkennen.

Paragraaf 6

Het taalgebruik in een tekst beoordelen

Bij het examen worden soms vragen gesteld over het taalgebruik in een tekst. Dat taalgebruik zegt namelijk vaak iets over de manier waarop de auteur tegen zijn onderwerp aankijkt of over zijn mening over het onderwerp.

Soms is de auteur emotioneel bij een probleem betrokken. Dan kan zijn teleurstelling of zijn blijdschap over de zaak blijken uit zijn woordkeus. Ook als een schrijver zich boos maakt over iets, zie je dat soms aan woorden waaruit zijn verontwaardiging blijkt. In het voorbeeld lees je de *verontwaardiging* over een handeling van de Surinaamse president Bouterse:

Met het Suriname Comité GMAP, Geen Moordenaar Als President, vind ik de onthulling van het Vlaggenplein te Paramaribo op 25 februari 2012 een <u>schaamteloos misbruik</u> van de vlaggen van bevriende naties en internationale organisaties <u>ten bate van politieke geweldsverheerlijking</u>. Het zonder expliciete toestemming van de betrokken staten en internationale organisaties gebruiken van de vlaggen is het zoveelste bewijs van de <u>smoezelige kunstgrepen</u> die de in strijd met de grondwet indirect gekozen president Bouterse nodig heeft om zijn <u>onherstelbaar geschonden blazoen</u> op te poetsen.
Naar: www.waterkant.net/suriname, 2 februari 2012

Een andere houding ten opzichte van een kwestie is *ironie*. De schrijver laat dan in zijn taalgebruik merken dat hij een zaak niet al te serieus neemt. Hij bespreekt zijn onderwerp in dat geval enigszins spottend. Als die spot scherp wordt aangezet (bijtend en gemeen), is er sprake van *sarcasme*.
Voorbeeld:
In de vwo-examentekst van 2010 - tijdvak 2 over dierenleed beargumenteert de auteur dat het geen goed idee is om dieren burgerrechten te geven. Hij bespot daarbij het voorstel dat dieren wel burgerrechten zouden moeten krijgen. Om te beginnen in de titel *Dieren zijn geen burgers – hooguit hamburgers*. En vervolgens in zinnen als deze:

In beginsel zouden alle dieren vanaf hun geboorte burger kunnen zijn. Het dier als burger. Ik zou zeggen, dat is nu juist het probleem van grote groepen dieren in een moderne samenleving, <u>dat ze worden geboren als burger, met het rund als ongekroonde burgerking</u>.

Bij examenvragen over taalgebruik wordt soms de emotie of de houding van de auteur aangegeven. Jij moet vervolgens vaststellen in welke taaluitingen je die emotie/houding tegenkomt. Het kan ook andersom: jij moet uit het taalgebruik (de stijl) van de tekst de emotie of de houding van de auteur afleiden.
Bijvoorbeeld:
Hoe kan de stijl van *Red de ambtenaar* het treffendst getypeerd worden?
A als afstandelijk en emotieloos
B als kritisch en licht ironisch
C als onpersoonlijk en sarcastisch
D als verbitterd en verwijtend
(Examen 2011, tijdvak 2, vraag 17)

Opdracht 12

Lees tekst 12, een fragment uit *De vloek van het feminisme*.
In alinea 4 van de tekst wordt beweerd dat er niet kritisch wordt nagedacht over het feminisme.
Citeer nog twee afzonderlijke woorden of woordgroepen uit het tekstgedeelte van alinea 5 tot en met 10 waaruit blijkt dat de auteur meent dat er niet kritisch wordt nagedacht over het feminisme.

Tekst 12   De vloek van het feminisme

(5) Vrouwen hebben massaal het roer omgegooid. Zij zijn gaan studeren en gaan werken en hebben hun huiselijke taken terzijde geschoven. Mannen hebben dat eigenlijk zonder tegensputteren geaccepteerd. Er is inmiddels weinig of geen verschil meer tussen vrouwen en mannen wat opleiding en carrière betreft.

(6) Het stichten van een gezin en het krijgen van kinderen is op het tweede plan geraakt. Dat is het voortvloeisel van de nieuwe oriëntatie van vrouwen op werk en carrière, in plaats van op man en kinderen. Eerst werken, geld verdienen, carrière maken, zo is de wijdverbreide gedachte. Later komen er dan nog wel eens kinderen. Mannen raakten snel gewend aan het extra inkomen van hun partner en hadden er geen moeite mee zich bij de nieuwe situatie neer te leggen. Integendeel! Het kwam hun wel goed uit.

(7) Zo is er, dankzij het feminisme, onbedoeld een geheel nieuwe sociale groep ontstaan. Die van de werkende stellen zonder kinderen, allemaal tussen de twintig en de vijfendertig. Ze hebben behoorlijk wat koopkracht en alleen zichzelf om het geld aan uit te geven. Ze zijn zo vrij als een vogeltje en kunnen precies doen wat ze willen.

(8) Rond het dertigste levensjaar van de vrouw beginnen de meeste vrouwen echter onrustig te worden, omdat ze wel weten dat de biologische klok doortikt en ze nog maar luttele jaren hebben om kinderen te krijgen. Een moeilijk proces begint. Wel kinderen, geen kinderen? Indien wel, hoeveel? En volledig blijven werken of een paar dagen minder?

(9) Dikwijls is de vrouw al rond de vijfendertig als zij daadwerkelijk kinderen probeert te krijgen. Als alles goed gaat, worden er gezien de leeftijd van de vrouw ten hoogste drie kinderen geboren. Maar vaak gaat het niet allemaal goed. De vruchtbaarheid van de vrouw is dermate teruggelopen dat zwanger worden een lijdensweg is. Veel stellen kloppen ten einde raad bij een arts aan. Maar ook de vruchtbaarheidsbehandelingen leiden niet altijd tot het gewenste resultaat. Veel vrouwen blijven ongewenst kinderloos.

(10) Vrouwen die het wel lukt om nog kinderen te krijgen, hebben ook een probleem. Hoe moeten zij werk combineren met het moederschap? Het feminisme pleit voor meer professionele kinderopvang in de vorm van crèches voor de allerkleinsten en buitenschoolse opvang voor de wat ouderen. Ook deze oplossing is inmiddels een geloofsartikel geworden, dat klakkeloos omarmd en nagebauwd wordt. Het is een schande, roept nu iedereen, dat de kinderopvang in Nederland nog steeds niet goed is geregeld. Immers, als die wel goed geregeld is, nemen vrouwen wel meer kinderen.

(11) Toch klopt het verhaal niet. En ergens voelen veel vrouwen (en mannen) dit donders goed aan, al zouden ze het niet onder woorden durven brengen. Want dwars tegen de feministische doctrine in en tot grote verontrusting van de feministen besluiten veel vrouwen, als ze eenmaal kinderen hebben, hun werk en carrière op een lager pitje te zetten en parttime

130 te gaan werken of er zelfs helemaal mee op te houden, om meer bij de kinderen te kunnen zijn. Weliswaar met een slecht geweten, want ze gaan in tegen een algemeen gedeeld geloof.

135 Deze vrouwen voelen echter een paar wezenlijke waarheden aan die feministen en iedereen die achter hen aan holt maar niet kunnen of willen begrijpen.

naar: Andreas Kinneging
uit: Opinio van 7-13 maart 2008 (jaargang 2, nummer 10)
Examen 2009, tijdvak 2 (regel 49 t/m 139)

Ik kan:

4F de houding, intenties, opvattingen en gevoelens van de auteur afleiden uit zijn taalgebruik.

Paragraaf 7

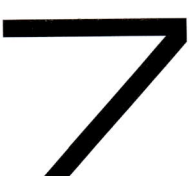

De functie van een tekstgedeelte bepalen

In het examen worden vaak vragen gesteld over de functie die een tekstgedeelte heeft binnen een groter geheel.

Een tekstgedeelte (één of meer alinea's) heeft binnen het geheel (of een deel) van de tekst een bepaalde functie, die kan worden weergegeven met behulp van functiewoorden als *conclusie, oplossing, stelling* en *verklaring*. Op het examen krijg je een rijtje van acht à tien functiewoorden, in alfabetische volgorde. Jij moet het juiste woord bij een tekstgedeelte zoeken. Dat kan ook een vraag zijn naar de functie van de inleiding van een tekst.
Vaak wordt de vraag naar functiewoorden als meerkeuzevraag gesteld. Ook in dat geval staan de mogelijke antwoorden – net als bij alle andere meerkeuzevragen in het examen – in alfabetische volgorde.

Functiewoorden

Hierna volgen alle 59 functiewoorden die voorkwamen in de vwo-examens van 2001 tot en met 2012. Bij minder bekende begrippen wordt een korte toelichting gegeven. Soms worden er signaalwoorden genoemd, waaraan je de functie van een tekstgedeelte kunt herkennen.
Het is niet de bedoeling dat je de uitleg bij elk functiewoord uit je hoofd leert. Gebruik de reeks als hulpmiddel bij het maken van tekstvragen. Als je op het examen een functiewoord ziet staan waarvan je de betekenis niet (meer) weet, kijk dan in het woordenboek.
Achter elk functiewoord staan tussen haakjes twee cijfers. Het eerste cijfer geeft aan hoe vaak het functiewoord tussen 2001 en 2012 als keuzemogelijkheid is aangeboden. Het tweede cijfer geeft aan hoe vaak dat functiewoord het juiste antwoord was. Achter *Constatering* staat (4/2). Dat betekent dat *Constatering* vier keer als mogelijk antwoord werd aangeboden en dat het twee keer het juiste antwoord was (50%). *Argument(en)* (9/0) werd negen keer als mogelijk antwoord aangeboden, maar was nog nooit het juiste antwoord.

- *Aanbeveling/Advies (3/1)*
  Een aanbeveling is een goede raad. De schrijver doet een suggestie voor de oplossing van een probleem. Enkele signaalwoorden voor aanbeveling: mijn advies is ...; een zinvolle maatregel zou kunnen zijn ...; het lijkt mij het beste dat ...
- *Aanleiding (11/1)*
- *Aanval (1/0)*
- *Afweging (2/0)*
- *Analyse (4/2)*
  De schrijver analyseert een verschijnsel: hij noemt bepaalde aspecten, geeft bijvoorbeeld verklaringen of oorzaken, bekijkt voor- en nadelen. Kortom, hij beschrijft hoe het verschijnsel in elkaar zit.
- *Anekdote (3/0)*
  De schrijver vertelt een (waargebeurd) verhaaltje als illustratie (voorbeeld) bij het onderwerp van de tekst. Anekdotes komen nogal eens voor in de inleiding van een tekst.
- *Argument(en) (9/0)*
- *Bewering (2/1)*
  De schrijver 'beweert' iets. 'Beweren' betekent: zeggen dat het waar is, stellen. Je kunt beweren dat het meer tijd kost om het Kanaal over te zwemmen dan om de Eiffeltoren langs de buitenkant te beklimmen. Om te kijken of die bewering juist is, kun je onderzoek doen.

- *Bewijs (3/0)*
- *Commentaar (1/1)*
  De schrijver geeft zijn commentaar op een gebeurtenis of een verschijnsel. Hij geeft zijn mening erover of zijn kritiek erop.
- *Conclusie (19/4)*
- *Constatering (4/2)*
  De schrijver stelt een feit of verschijnsel vast, hij doet een bepaalde waarneming. (Soms beschrijft hij het verschijnsel ook.)
- *Definitie (1/0)*
- *Doel (1/1)*
- *Effect (1/0)*
- *Gevolg(en) (19/2)*
- *Historisch overzicht (1/1)*
- *Historische achtergrond (1/0)*
  De schrijver legt uit in welke historische omgeving een bepaald (historisch) verschijnsel zich heeft voorgedaan. Hij geeft achtergronden bij dat verschijnsel: oorzaken, aanleidingen, verklaringen, gevolgen.
- *Hoofdgedachte (1/0)*
- *Hypothese (2/0)*
  Een hypothese is een veronderstelling, een aanname: het zal wel zo in elkaar zitten. In de rest van zijn verhaal onderzoekt de schrijver bijvoorbeeld of die veronderstelling juist is. Misschien probeert hij de juistheid ervan te bewijzen.
- *Inleiding (1/0)*
- *Kritiek (3/0)*
  De schrijver noemt de kritiek die anderen en/of hijzelf ergens op hebben: hij geeft aan waar ze het niet mee eens zijn.
- *Middel (1/0)*
- *Nuancering (4/2)*
  Een nuancering is een verfijning of een kleine aanpassing van een bewering of stelling. De schrijver geeft bijvoorbeeld in de voorafgaande alinea zijn mening over iets en formuleert die in de aansluitende alinea iets preciezer of maakt die mening wat minder scherp.
- *Onderbouwing (1/1)*
  Onderbouwen betekent 'bewijzen', 'aantonen', 'hardmaken'. Een onderbouwing volgt meestal op een bewering, een stelling. Het is een vorm van argumentatie. Als de schrijver in een voorafgaande alinea een bewering doet, kan hij die in een volgende alinea met feiten of voorbeelden onderbouwen.
- *Onderwerp (aankondigen) (1/1)*
- *Oordeel (1/0)*
- *Oorzaak (9/0)*
- *Oplossing(en) (3/0)*
- *(Deel van een) Opsomming (8/4)*
  Opsomming geeft strikt genomen niet de functie van een tekstgedeelte aan, maar het onderlinge verband tussen tekstgedeelten, bijvoorbeeld alinea's die samen in een opsommend verband staan en dus een opsomming vormen.
  Ook wanneer binnen een alinea zelf heel duidelijk een opsomming wordt gegeven, wordt aan zo'n alinea wel eens het functiewoord 'opsomming' gekoppeld. Vaak heeft zo'n alinea dan een uiteenzettend karakter.
  Als de opsomming over de grens/grenzen van de alinea heen loopt, vormt de alinea een 'deel van een opsomming'.
- *Opvatting (1/1)*
- *Probleemschets (3/1); probleemstelling (7/1)*
  De schrijver geeft aan over welk probleem (een deel van) zijn tekst gaat, hij omschrijft dat probleem. Bij een probleemschets kan de schrijver voorbeelden van het probleem geven.

↓

- *Reden (1/0)*
- *Relativering (6/1)*
  De schrijver maakt een eerder gedane uitspraak minder sterk of trekt de ernst van een bepaalde situatie enigszins in twijfel: hij laat de betrekkelijkheid ervan zien.
- *Samenvatting (14/0)*
- *Situatieschets (2/1)*
  De schrijver beschrijft een bepaalde toestand, een situatie. Een situatieschets is een uitgebreidere beschrijving van een constatering (vaststelling dat iets zo is).
- *Standpunt(en) (2/0)*
- *Stelling (4/4)*
  Een stelling is een bewering, van de schrijver of van iemand anders. Iemand beweert iets, omdat hij dat vindt en moet dan door middel van feiten, voorbeelden, argumenten zijn stelling bewijzen. Een stelling staat meestal aan het begin van een tekstgedeelte.
- *Tegenargument(en) (2/1)*
- *Tegenstelling (13/0)*
- *Tegenwerping (5/2)*
  Een tegenwerping is een reactie op een bepaalde mening of stelling. De ene persoon vindt iets, de ander stelt daar een andere beargumenteerde opvatting tegenover. Een tegenwerping kan ook een argument zijn tegen een eerder gegeven argument.
- *Theorie (1/0)*
- *Toegeving (1/1)*
  De schrijver zwakt de situatie enigszins af. Signaalwoorden voor toegeving zijn: weliswaar, ook al, hoewel, ofschoon.
- *Toelichting (3/2)*
  De schrijver geeft uitleg bij een bepaald verschijnsel. Hij probeert de lezer iets duidelijk te maken, iets te laten begrijpen. Let op: een toelichting is niet hetzelfde als een voorbeeld.
- *Toepassing (2/0)*
  De schrijver geeft aan wat je aan iets hebt, hoe je het (nuttig) kunt gebruiken. Met kennis of met een uitvinding kun je iets nuttigs doen: je kunt die kennis gebruiken, die uitvinding toepassen. Het praktische nut van iets noem je de toepassing.
- *Uitleg (1/0)*
- *Uitspraak (1/1)*
  De schrijver spreekt zich uit over een bepaalde situatie, doet een – persoonlijke – constatering, of geeft zijn mening erover. Het kan ook om een uitspraak van een ander dan de schrijver gaan.
- *Uitwerking (13/8)*
  De schrijver geeft extra, vaak meer gedetailleerde informatie over hetzelfde (deel)onderwerp. Een stelling of verschijnsel wordt nauwkeuriger of uitgebreider omschreven.
- *Vaststelling (2/0)*
  De schrijver constateert dat iets zo is: hij stelt een verschijnsel of een ontwikkeling vast.
- *Vergelijking (1/0)*
  De schrijver vergelijkt twee zaken met elkaar en wijst op overeenkomsten en/of verschillen.
- *Verklaring (9/2)*
- *Versterking (1/0)*
  De schrijver dikt een verschijnsel aan, maakt het zwaarwegender, ernstiger.
- *Voorbeeld (13/2)*
  De schrijver gebruikt een concreet geval om een algemeen verschijnsel, een bewering, een stelling of een mening te illustreren, te verduidelijken.

- *Voorbehoud (2/1)*
  De schrijver noemt een beperking, een voorwaarde, een 'slag om de arm'. Hij doet een uitspraak, maar geeft aan dat er nog iets kan veranderen, waardoor die uitspraak niet meer (helemaal) klopt, of hij geeft aan dat de uitspraak niet letterlijk geïnterpreteerd dient te worden, omdat ieder weldenkend mens kan weten dat er dan dingen niet goed gaan.
- *Voorstel (1/0)*
- *Voorwaarde (2/0)*
  De schrijver geeft aan dat iets pas kan, wanneer aan iets anders is voldaan. Dat laatste is dan de voorwaarde. Je herkent een voorwaarde aan signaalwoorden zoals: als, indien, wanneer ... (voorwaarde) ..., dan pas ...
- *Vraagstelling (4/2)*
- *Waarschuwing (1/0)*
- *Weerlegging (8/4)*
  Een weerlegging is een sterke ontkrachting van een argumentatie. De schrijver toont aan dat een (aantal) argument(en) niet klopt.

De functie van de inleiding van de tekst
Soms gaat het bij de vraag naar de functie van een tekstgedeelte om een specifiek tekstgedeelte, vaak de inleiding en (heel soms) het slot. Functies van de inleiding zijn bijvoorbeeld:
- het onderwerp van de tekst aanduiden
- een probleemstelling formuleren
- de hoofdvraag van de tekst stellen
- een anekdote vertellen over het onderwerp
- een constatering doen over het onderwerp
- een historisch overzicht geven van het tekstonderwerp
- een samenvatting vooraf geven van de rest van de tekst

Opdracht 13

Beantwoord de volgende vragen over de lijst met functiewoorden.
1. Wat betekent het als het eerste cijfer achter een functiewoord een 1 is: (1/)?
2. Hoeveel functiewoorden staan er in de lijst met de aantallen (1/1) erachter?
3. Hoeveel functiewoorden staan er in de lijst met de aantallen (1/0) erachter?
4. Vergelijk je antwoorden op vraag 2 en 3. Hoe groot is op basis van die antwoorden de kans dat een functiewoord dat in een examen voor de eerste keer wordt gebruikt, het goede antwoord is?
5. Welke conclusie kun je trekken uit de aantallen achter de functiewoorden *aanleiding (11/1)*, *argumenten (9/0)*, *gevolg(en) (19/2)*, *oorzaak (9/0)*, *samenvatting (14/0)*, *tegenstelling (13/0)* en *voorbeeld (13/2)*?

Opdracht 14

Lees tekst 13, een fragment uit *De vloek van het feminisme*.
Wat is de functie van alinea 5 ten opzichte van alinea 4?
Alinea 5 vormt ten opzichte van alinea 4 een
A bewijs.
B gevolg.
C toepassing.
D voorbeeld.

Tekst 13 De vloek van het feminisme

... Kortom, het traditionele denken stond de zelfontplooiing van de vrouw in de weg.
30 **(3)** Daar moest volgens het feminisme een eind aan komen. De vrouw is even getalenteerd als de man en ze moet dus, net als hij, kunnen studeren en daarna haar eigen boterham kunnen
35 verdienen in een betaalde baan. Ze moet net als de man carrière kunnen maken en de top kunnen bereiken. Dan pas is ze gelijk aan de man en kan ze zichzelf volledig ontplooien.
40 **(4)** Deze feministische benadering is indertijd enorm aangeslagen en werd in de loop van de jaren door steeds meer mensen onderschreven. Tegenwoordig gelooft bijna iedereen erin. Ik zeg
45 'gelooft', omdat het om een echt geloof gaat: een vaste overtuiging waaraan niet valt te tornen en waarover ook niet kritisch wordt nagedacht.
(5) Vrouwen hebben massaal het roer
50 omgegooid. Zij zijn gaan studeren en gaan werken en hebben hun huiselijke taken terzijde geschoven. Mannen hebben dat eigenlijk zonder tegensputteren geaccepteerd. Er is inmiddels
55 weinig of geen verschil meer tussen vrouwen en mannen wat opleiding en carrière betreft.

naar: Andreas Kinneging
uit: Opinio van 7-13 maart 2008 (jaargang 2, nummer 10)
Examen 2009, tijdvak 2 (regel 27 t/m 57)

Opdracht 15

Lees tekst 12 op blz. 360-361, een fragment uit *De vloek van het feminisme*.
Wat is de functie van alinea 11 ten opzichte van de alinea's 6 tot en met 10?
Alinea 11 vormt ten opzichte van alinea's 6 tot en met 10 een
- **A** afweging.
- **B** gevolg.
- **C** relativering.
- **D** weerlegging.

Opdracht 16

Lees tekst 14, een fragment uit de tekst *Dieren zijn geen burgers – hooguit hamburgers*.
1 Welke tekstuele functie vervult alinea 7 ten opzichte van alinea 6? Kies één van de volgende functiewoorden: *conclusie, deel van een opsomming, gevolg, samenvatting, tegenstelling, uitwerking*.
2 Welke tekstuele functie vervult alinea 8 ten opzichte van alinea 7? Kies één van de volgende functiewoorden: *conclusie, deel van een opsomming, gevolg, samenvatting, tegenstelling, uitwerking*.

Tekst 14 Dieren zijn geen burgers – hooguit hamburgers

(6) Al vind ik het licht mensonterend om een dier van mijn eigen soort te moeten uitleggen waarom het dierenrecht een juridisch perpetuum mobile is, ik zie me
135 gezien de stijgende populariteit ervan gedwongen het toch te doen. Waarom bestaat op dit moment zo'n breed gedragen steun voor dierenrechten? Allereerst natuurlijk omdat het sympathiek is
140 om vóór dierenrechten te zijn – je bent

dan immers een dierenvriend én tegen diermartelingen, wat kan daar nu tegen zijn? Een andere verklaring voor de gestaag groeiende steun voor
145 dierenrechten is de even gestaag toenemende bewustwording van de grootschalige wijze waarop we dieren gruwelijk behandelen. De derde verklaring stipte ik al aan, die ligt in het vernuft
150 van de voorstanders. Het gegoochel met juridische en rechtsfilosofische begrippen maakt al gauw een weloverwogen indruk, maar feitelijk draaien ze daarmee de argeloze dierenvriend een
155 rad voor ogen.
(7) Maar de belangrijkste en veel omvangrijker oorzaak van deze moderne utopie is het geloof in de wetenschap. Niet iets van gisteren dus, maar een
160 verschuiving die haar oorsprong in de zeventiende-eeuwse verlichting heeft. Het vreemde en allesoverheersende debat tussen gelovigen en darwinisten is een symptoom van deze ontwikke-
165 ling. Schepping of evolutie vind ik echter een vals dilemma, omdat geen enkele evolutie een schepping uitsluit en vice versa. Waarom, kun je je afvragen, vliegen gelovigen en weten-
170 schappers elkaar dan hierover in de haren? Omdat er wél iets anders op het spel staat, namelijk wie de morele richting van de menselijke samenleving bepaalt: de theologie of de biologie. De
175 laatste wint duidelijk terrein.
(8) Wanneer de bioloog of de wetenschapper, die precies zouden moeten kunnen bepalen wat nodig is voor het welzijn van dieren, het laatste woord
180 krijgt over de rechten van dieren, kunnen de burger en de politicus heel gemakkelijk hun eigen verantwoordelijkheid afschuiven. Wat de wetenschappelijke blik op dierenrechten bovendien
185 dreigt te verhullen, is de wijze waarop het recht normaal gesproken tot stand komt. Waar mensen mishandeld worden, hoeft de wetenschap er niet aan te pas te komen. Ons eigen voor-
190 stellingsvermogen en onze eigen afkeur zijn doorslaggevend in de strafmaat. Die menselijke maat zit ons echter vaak niet lekker. Die vinden we dan te beperkt. Blijkbaar hebben mensen be-
195 hoefte aan een autoriteit als het om morele kwesties gaat. De mens is op zoek naar een richtlijn over hoe om te gaan met zijn wereld. Deze kan hij halen uit geloofsovertuigingen of de
200 wetenschap, maar bovenal toch uit de eigen, menselijke ervaring.

naar: Coen Simon
uit: NRC Handelsblad, 20 maart 2009
Coen Simon is filosoof en publicist; hij schrijft voor NRC, Trouw en Filosofie Magazine.
Examen 2010, tijdvak 2 (regel 131 t/m 201)

Opdracht 17

Lees tekst 15, een fragment uit *Zappen naar een volgend opwindingsmoment*.
Elke alinea heeft in de tekst een bepaalde functie die kan worden aangeduid met woorden als: *aanleiding, afweging, conclusie, constatering, hypothese, kritiek, oplossing, relativering, theorie, toelichting.*
Binnen het tekstdeel van alinea 2 tot en met 6 heeft elke alinea haar eigen functie.
1 Welke functie heeft alinea 2 ten opzichte van het tekstdeel dat bestaat uit de alinea's 3 tot en met 6?
Kies een van de genoemde functieaanduidende woorden als antwoord.
2 Welke functie heeft het tekstdeel dat bestaat uit de alinea's 3 tot en met 5 ten opzichte van alinea 2?
Kies een van de genoemde functieaanduidende woorden als antwoord.
3 Welke functie heeft alinea 6 ten opzichte van het tekstdeel dat bestaat uit de alinea's 2 tot en met 5?
Kies een van de genoemde functieaanduidende woorden als antwoord.

Tekst 15 Zappen naar een volgend opwindingsmoment

(1) Druk bezig zijn en een volle agenda hebben, is synoniem aan een succesvol bestaan. Als er op een ochtend nauwelijks mails of telefoontjes binnenkomen, slaat de vertwijfeling toe. Rust en nietsdoen zijn geen inspiratiebronnen, maar de angstaanjagende voorboden van een tot mislukking gedoemd bestaan in de marges van de maatschappij. De hang naar activiteit en de snelheid waarmee technologische ontwikkelingen elkaar opvolgen, geven velen het gevoel de tijd niet bij te kunnen benen.

(2) 'Geen tijd hebben' is een fundamentele ervaring van deze tijd. Het lijkt erop dat we aan het begin van de 21ste eeuw de tijd definitief aan iets buiten onszelf uitbesteed hebben: aan de carrière, het geld, de samenleving en de economische tredmolen van productie en consumptie. We ervaren tijd als iets wat steeds sneller lijkt te gaan en waarvan we steeds minder lijken te hebben. Onze beleving van de tijd is de afgelopen honderd jaar op tamelijk ingrijpende wijze veranderd.

(3) Eeuwenlang bepaalden lokale, meestal op astronomische waarnemingen gebaseerde tijdmetingen ons dagritme. Die leverden een tijdsindeling op die was gebaseerd op zowel de gewoonten van een gemeenschap als de wisseling van de seizoenen en de daaraan verbonden periodisering van zaaien en oogsten. Met het vastleggen van het internationale ijkpunt voor tijdmeting in Greenwich in 1884 werd de nieuwe, internationale kloktijd als het ware over die lokale tijdsindelingen heen gelegd. De industrialisering van de samenleving en de introductie van fabrieksfluiten en prikklokken versterkten die tendens nog meer. In plaats van in zekere harmonie met de tijd te leven, werden de mensen voortaan geleefd door de klok. Daardoor raakten zij in de loop van de twintigste eeuw verwikkeld in een gevecht met de tijd. Sinds de jaren dertig is de werkdruk alleen maar toegenomen.

(4) Het is waar dat tegenover die drukte in de loop van de twintigste eeuw de zwaarbevochten 'vrije tijd' is komen te staan. Maar opmerkelijk genoeg wordt ook deze arbeidsloze tijd in toenemende mate aan een activiteit besteed: verre reizen, survivaltochten of andere 'doe-vakanties' zijn erg populair. Ook de vrije tijd dient blijkbaar maximaal 'gevuld' te worden. Als er ook maar een moment van verveling dreigt, zappen we snel door naar een volgend opwindingsmoment, alsof 'lege tijd' ons alleen nog angst inboezemt.

(5) Tegelijkertijd ervaren we tijd als iets waarvan we voortdurend te weinig hebben. Hoe meer tijdbesparende machines er komen, hoe minder tijd we voor rust en ontspanning overhebben. Hoe sneller we ons kunnen verplaatsen, hoe minder tijd er is om ergens te verblijven. Hoe groter onze beschikbaarheid via mobiele telefoons, e-mail en internet wordt, hoe minder tijd we voor elkaar hebben. Dat alles geeft mensen de indruk dat tijd een schaarsteproduct is.

(6) Al met al is het kenmerkend voor de moderne samenleving dat de tijd van buitenaf wordt gereguleerd en dat de persoonlijke levenssfeer zich volledig naar die van buitenaf opgelegde tijd gevoegd heeft. Het is niet overdreven te stellen dat de economie de tijd regeert en daarmee ook ieders persoonlijke tijdservaring. De vraag is wat daarvan de gevolgen zijn voor zowel mensen persoonlijk als voor de maatschappij.

naar: Joke Hermsen
uit: De Groene Amsterdammer, 4 november 2009
Examen 2012, tijdvak 1 (regel 1 t/m 90)

Opdracht 18

Lees tekst 16, een fragment uit *Dieren zijn geen burgers – hooguit hamburgers*.
Hoe zouden we het karakter van de inleiding van de tekst 'Dieren zijn geen burgers – hooguit hamburgers' het beste kunnen typeren?

A anekdotisch en het onderwerp aankondigend
B de directe aanleiding voor het schrijven vermeldend en samenvattend
C de probleemstelling gevend en concluderend
D samenvattend en concluderend

Tekst 16 Dieren zijn geen burgers – hooguit hamburgers

(1) Enkele jaren geleden hadden mijn vrouw en ik een caravan op een vaste kampeerplek op Kampeervereniging Mooi Zeegse aan de Drentse Aa. Daar brachten we de warme dagen van het jaar door, bij gebrek aan tuin of balkon in onze bovenwoning in Groningen. Op het weggetje van ons stekje naar het gemeenschappelijk sanitair had een echtpaar met een hond een zelfgebouwd huisje, waar ze ook de koude dagen van het jaar doorbrachten. Ze keken vanaf een strategisch punt uit over het terrein van de vereniging en volgden samen met de hond de langslopende kampeergenoten. Steevast op tien passen van hun hekje zette de hond het op een blaffen, zonder ooit over het kniehoge hekje te springen. De Pavlov in mij wist op een gegeven moment welke boom ik passeerde als het zinloze geblaf begon. Maar het kabaal kwam niet alleen van deze bullebak. Want op de eerste beweging van de trouwe viervoeter volgde een streng: hier! Daarop blafte de hond en riep het baasje: koest! Gedurende de halve minuut die ik nodig had om hun territorium te overbruggen hoorde ik dan dus: HIER! WOEF! KOEST! WOEF! HIER! WOEF! KOEST! WOEF! U begrijpt dat het onderscheid tussen man en hond niet hoorbaar meer aanwezig was. En misschien was dat onderscheid er bij dit éénhondgezin ook nauwelijks, dat zou kunnen. Maar gelukkig bleef hun gedrag beperkt tot de privésfeer van het fel bewaakte kampeerplekje.

(2) Dat is niet het geval met de roep om dierenrechten, die steeds luider door de publieke ruimte galmt. Met enkele politici voorop probeert een groeiende groep burgers het intuïtieve onderscheid tussen mens en dier op te heffen, niet alleen op het juridische, ook op het emotionele vlak – denk aan de recente kranslegging voor een doodgeschoten Terschellinger edelhert.

naar: Coen Simon
uit: NRC Handelsblad, 20 maart 2009
Coen Simon is filosoof en publicist; hij schrijft voor NRC, Trouw en Filosofie Magazine.
Examen 2010, tijdvak 2 (regel 1 t/m 48)

Ik kan: **4F** de functie van een tekstdeel (ten opzichte van andere tekstdelen) benoemen aan de hand van veelvoorkomende functiewoorden.

Paragraaf 8

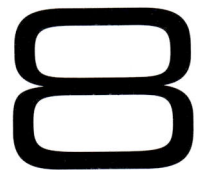

Een vraag over de titel van de tekst beantwoorden

Een tekst heeft een informerende of een motiverende titel. Soms wordt over een motiverende titel een vraag gesteld. Vragen over (de betekenis van) de titel van de tekst worden in het examen meestal als meerkeuzevraag gesteld.

Voorbeeld van een vraag over de titel van de tekst
Hoe kan de titel *Zappen naar een volgend opwindingsmoment* geïnterpreteerd worden in relatie tot de tekst?
A   De schaarse vrije tijd moet voortaan gevuld worden met gedwongen rust.
B   Door de toenemende economische druk lijkt de tijd steeds sneller te gaan.
C   Kiezen voor rust en reflectie lukt de moderne mens niet of nauwelijks meer.
D   Velen verlangen tegenwoordig naar meer momenten van leegte en saaiheid.
(Examen 2012, tijdvak 1)

Over de titel van een tekst maak je een vraag bij opdracht 20 op blz. 382.

Ik kan:

4F een relatie leggen tussen de betekenis en functie van de titel en de tekst.

Paragraaf 9

De tekst indelen

Een tekst bestaat uit deelonderwerpen. Die moet je in de tekst kunnen herkennen. Daarom bevat vrijwel elk examen de opdracht om de tekst te verdelen in deelonderwerpen.

Een enkele keer krijg je de alinea's van de diverse deelonderwerpen gegeven en moet je zelf bij elk deelonderwerp een inhoudelijk tussenkopje bedenken. Maar bijna altijd ziet de vraag er zo uit:

Voorbeeld van een vraag naar de indeling van de tekst
Het is mogelijk de tekst *Wie de beschaving terug wil, moet weer leren balanceren* na de inleidende alinea in vier delen te verdelen, waarboven achtereenvolgens de volgende kopjes kunnen worden geplaatst:
1 Wat is vrijheid?
2 De publieke ruimte als maatschappelijke verworvenheid
3 Teloorgang van het oude beschavingsideaal
4 Terug naar de beginselen van weleer
2 Boven welke alinea past het beste kopje 2, 'De publieke ruimte als maatschappelijke verworvenheid'?
3 Boven welke alinea past het beste kopje 3, 'Teloorgang van het oude beschavingsideaal'?
4 Boven welke alinea past het beste kopje 4, 'Terug naar de beginselen van weleer'?
(Examen 2008, tijdvak 2)

De volgende zaken zijn van belang:
- Waar deel 1 begint, wordt niet gevraagd, want uit de vraag kun je afleiden dat deel 1 bij alinea 2 begint.
- De tekstgedeelten sluiten altijd op elkaar aan; de tekstgedeelten zijn dus bijvoorbeeld:
    - deel 1: alinea 2 t/m 4
    - deel 2: alinea 5 t/m 7
    - deel 3: alinea 8 t/m 11
    - deel 4: alinea 12 t/m 14
- De tussenkopjes (de deelonderwerpen) zijn in de juiste volgorde gegeven; in het voorbeeld hierboven geldt dan:
    - het antwoord op vraag 2 is: alinea 5
    - het antwoord op vraag 3 is: alinea 8
    - het antwoord op vraag 4 is: alinea 12
- Let op: de tekstdelen zijn niet altijd even lang; soms zijn er behoorlijke verschillen in omvang tussen de delen.

Zo stel je vast waar een volgend tekstgedeelte begint:
- Een nieuw deelonderwerp wordt vaak aangekondigd in de eerste zin(nen). Ook wordt een deelonderwerp soms afgerond met een slotzin. Zoek dus naar *structurerende* zinnen en zinsgedeelten. Die vind je op de *voorkeursplaatsen*, het begin en het eind van de alinea's. *<zie Leesvaardigheid blz. 11>*
- Kijk ook altijd even naar het eind van een tekstgedeelte. In het voorbeeld *Wie de beschaving terug wil, moet weer leren balanceren* moet je dan kunnen vaststellen dat het in alinea 11 nog over 'teloorgang van het oude beschavingsideaal' gaat en nog niet over 'terug naar de beginselen van weleer'? Daarover gaat het wel in alinea 12 (zie regel 194-199).

Twee tips:
- Kijk ook eens naar de andere vragen bij de tekst. Die gaan soms over een deelonderwerp. Aansluitende alinea's die in één vraag genoemd worden, vormen vaak zo'n deelonderwerp. Soms heb je daar wat aan bij de vraag naar de indeling van de tekst.
- Kies bij twijfel de alinea met het laagste alineanummer. Een te hoog gekozen alinea veroorzaakt soms nog meer fouten. Als je in het voorbeeld *Wie de beschaving terug wil, moet weer leren balanceren* de fout maakt tekstgedeelte 2 bij alinea 8 te laten beginnen, geef je als antwoord op vraag 2: *alinea 8*. Dan heb je automatisch ook vraag 3 over tekstdeel 3 fout. Dat tekstdeel kun je dan pas bij alinea 9 of nog verderop laten beginnen, terwijl het juiste antwoord alinea 8 is.

Soms wordt de vraag naar de indeling van de tekst anders gesteld: je krijgt dan de tekstdelen gegeven en moet bij elk deel een kopje kiezen dat het deelonderwerp van dat deel het beste weergeeft.

Voorbeeld
De tekst *Red de ambtenaar!* kan in kleinere teksteenheden verdeeld worden, bijvoorbeeld als volgt:
deel 1: alinea 1 tot en met 3
deel 2: alinea 4 tot en met 6
deel 3: alinea 7 tot en met 9
deel 4: alinea 10 en 11
Boven deze tekstdelen kunnen 'tussenkopjes' geplaatst worden, die de inhoud van het betreffende tekstdeel samenvatten.

3   Welk tussenkopje past het beste boven deel 1, alinea 1 tot en met 3?
    A   Cijfers ambtenarij in internationaal perspectief
    B   Feiten en beeldvorming rond de ambtenaar
    C   Literaire opvattingen over overheidsdiensten
    D   Ontstaansgeschiedenis nutteloze ambtenarij

4   Welk tussenkopje past het beste boven deel 2, alinea 4 tot en met 6?
    A   Afhankelijkheid positie ambtenaar van wisselende rol overheid
    B   Ambtenarenapparaat in relatie tot toenemende politieke bemoeizucht
    C   Groeiende morele druk op ambtenaren binnen welvaartsstaat
    D   Slinkend economisch belang van ambtenaren op de vrije markt

5   Welk tussenkopje past het beste boven deel 3, alinea 7 tot en met 9?
    A   Aanzwellende discrepantie tussen hogere en lagere ambtenaren
    B   Groeiende onkunde van politici aangaande de publieke zaak
    C   Precieze verkenning maatschappelijke nutteloosheid ambtenaar
    D   Uiteenlopende en tegengestelde strategieën ambtenaren en politici

6   Welk tussenkopje past het beste boven deel 4, alinea 10 en 11?
    A   Brede voortschrijdende verloedering van politieke betrokkenheid
    B   Gewenste strategie ten aanzien van verbeterde inzet overheidsdienaren
    C   Noodzakelijke prikkels ter stimulering van kenniseconomie
    D   Verdringing langetermijnvisie door veranderingen in communicatie overheid

(Examen 2011, tijdvak 2)

Over de indeling van een tekst maak je een vraag bij opdracht 20 op blz. 379.

Ik kan: **3F** deelonderwerpen in een tekst herkennen en benoemen.

Paragraaf 10

De hoofdgedachte van de tekst bepalen

Het is belangrijk dat je kunt vaststellen wat de hoofdgedachte van de tekst is. In het eindexamen tekstbegrip wordt de vraag naar de hoofdgedachte altijd als meerkeuzevraag gesteld.

Voorbeeld van een vraag naar de hoofdgedachte van de tekst
Welke van onderstaande zinnen geeft het beste de hoofdgedachte van de tekst *Red de ambtenaar!* weer?
- **A** Ambtenaren verrichten beslist zinvol werk, maar zij kunnen hun taak nog beter vervullen als de politiek een duidelijke visie ontwikkelt voor de lange termijn.
- **B** Dat het aanzien van ambtenaren nooit een behoorlijk peil heeft bereikt, moet vooral worden toegeschreven aan bepaalde, inmiddels achterhaalde economische theorieën.
- **C** Het aanzien van ambtenaren moet met grote spoed worden opgevijzeld: zij zijn het slachtoffer van politici die lijden aan een gebrek aan bestuurlijke wijsheid.
- **D** Zowel de hogere als de lagere ambtenaren dienen zich beter in te spannen voor de publieke zaak, zij lopen anders binnen de kortste keren nog verder achter bij innovaties.

(Examen 2011, tijdvak 2)

Je moet vervolgens kiezen uit vier of vijf mogelijkheden. Onthoud daarbij het volgende:
- Het gaat om '... geeft het béste weer'. De foute antwoorden zijn meestal geen onzinnige beweringen, maar er is maar één antwoord het beste.
- Het gaat om de héle tekst, dus niet een gedeelte van de tekst. Een onjuist antwoord is vaak de hoofdgedachte van een alinea, van enkele alinea's of van een deelonderwerp van de tekst.
- Je vindt de hoofdgedachte vaak in het slot van de tekst.
- Het juiste antwoord is vaak een microsamenvatting van de tekst; de correcte hoofdgedachte is vaak opgebouwd uit enkele aan elkaar geplakte zinsgedeelten uit de hele tekst.
- Kijk voordat je de hoofdgedachte kiest, altijd nog even naar de indelingsvraag. Daar worden de deelonderwerpen genoemd. Door op de deelonderwerpen te letten kun je soms een of meer foute antwoorden wegstrepen: zinnen die wel de hoofdgedachte van een deelonderwerp weergeven, maar niet van de hele tekst.
- Lees voordat je de vraag beantwoordt, nog even de titel van de tekst. Aan een motiverende titel heb je niets, maar een informerende titel geeft soms aanwijzingen over de hoofdgedachte van de tekst.
- Er is vaak een relatie tussen de hoofdgedachte van de tekst en het schrijfdoel van de auteur (of de tekstsoort). Informerende teksten hebben een constatering als hoofdgedachte, overtuigende teksten een standpunt.

Er zijn twee manieren om de hoofdgedachte te vinden. Probeer ze tijdens het oefenen met (examen)teksten allebei. Beslis daarna welke aanpak voor jou het beste werkt.
1. Formuleer zelf een hoofdgedachte zonder naar de keuzemogelijkheden van het vragenblad te kijken. Vergelijk jouw hoofdgedachte met de mogelijkheden die de opgave biedt. Kies als antwoord de mogelijkheid die het meest op jouw hoofdgedachte lijkt.

2 Lees eerst alle mogelijkheden. Lees dus ook verder wanneer je denkt dat je het goede antwoord gevonden hebt: misschien is er nog een beter antwoord. Ga vervolgens elimineren: verwerp de minder goede antwoorden tot het beste antwoord overblijft.

Over de hoofdgedachte van een tekst maak je een vraag bij opdracht 20 op blz. 382.

| Ik kan: | **3F** de hoofdgedachte van een tekst bepalen. |

Paragraaf 11

Het schrijfdoel of de tekstsoort vaststellen

In het eindexamen tekstbegrip wordt je vaak gevraagd de tekstsoort van de tekst vast te stellen of het schrijfdoel van de auteur te bepalen. De vwo-examens spreken vaak van tekstdoel in plaats van schrijfdoel. De vraag naar het schrijfdoel of de tekstsoort is meestal een meerkeuzevraag.

Voorbeeld van een vraag naar het schrijfdoel
Hoe kunnen we het belangrijkste tekstdoel van de tekst 'Dieren zijn geen burgers – hooguit hamburgers' het beste typeren?
Het belangrijkste tekstdoel is
A de lezers amuseren met een relaas over fouten in de denkwijzen van dierenactivisten en laten nadenken over de tekorten van de dierenwetenschap.
B de lezers laten nadenken over de grens tussen mens en dier en het geven van een historisch overzicht van de ideeën met betrekking tot dierenrechten.
C de lezers oproepen tot het maken van een juiste afweging met betrekking tot dierenleed en ze overtuigen van het gelijk van de tegenstanders van dierenactivisme.
D de lezers overtuigen van een verkeerde zienswijze van dierenactivisten en het propageren van een doeltreffender aanpak inzake het dierenleed.
(Examen 2010, tijdvak 2)

Er zijn vijf schrijfdoelen:
1 amuseren: lezers vermaken door iets leuks of ontroerends te vertellen;
2 informeren/uiteenzetten: lezers uitleggen hoe iets in elkaar zit;
3 opiniëren/beschouwen: lezers de gelegenheid geven zich een mening te vormen over een onderwerp;
4 overtuigen/betogen: lezers met argumenten overhalen tot een bepaalde mening, een standpunt;
5 activeren: lezers aanzetten om iets te gaan doen.
Natuurlijk zijn er ook teksten met meer dan één schrijfdoel, de zogenoemde *mengvormen*. <zie Leesvaardigheid blz. 18>

Om het schrijfdoel van de auteur vast te stellen, vraag je je af: wat wil de auteur met deze tekst bereiken bij de lezers? Geef eerst jouw antwoord (als lezer) op die vraag.
Kijk vervolgens naar de hoofdgedachte van de tekst. Er is immers een verband tussen hoofdgedachte en tekstdoel/tekstsoort. Zo zal een betoog altijd een mening (standpunt) als hoofdgedachte hebben; bij een uiteenzetting kom je eerder een constatering tegen. Kijk dus altijd naar de aangeboden antwoorden bij de meerkeuzevraag over de hoofdgedachte. Als de aangeboden antwoorden bijvoorbeeld vooral meningen zijn, dan zal het schrijfdoel wel overtuigen zijn en de tekstsoort betoog. Als de lezers ook nog iets moeten gaan doen (of nalaten), is het schrijfdoel activeren.
Soms geeft de (informerende) titel van de tekst al een aanwijzing. Zeker wanneer de titel een mening is, is dat een aanwijzing voor een overtuigende tekst.

Over schrijfdoel/tekstsoort van een tekst maak je een vraag bij opdracht 20 op blz. 379.

Ik kan:
- **3F** het schrijfdoel en/of tekstsoort uit de tekst afleiden.
- **4F** onderscheid maken tussen uiteenzettende, betogende en beschouwende teksten.

Paragraaf 12

Een tekstfragment vergelijken met de hoofdtekst

In vrijwel ieder eindexamen komt behalve de hoofdtekst ook een fragment van een andere tekst over hetzelfde onderwerp aan de orde.

Als twee teksten over hetzelfde onderwerp gaan, kun je ze met elkaar vergelijken. Er zijn dan immers altijd overeenkomsten en verschillen. Die kunnen te maken hebben met de gegeven informatie, met de verschillende verklaringen of oplossingen voor een probleem, of met de opvattingen en de argumenten van de auteurs. Op basis van de examens van de afgelopen jaren kun je twee soorten vragen onderscheiden:
1 vragen die gaan over het tekstfragment en de hele hoofdtekst
2 vragen die gaan over het tekstfragment en een (klein) deel van de hoofdtekst, dat soms al in de vraag geciteerd wordt

Voor vragen van het type 1 moet je eigenlijk de hoofdtekst helemaal gelezen hebben of opnieuw lezen. Dat kost veel tijd. Als je op het examen in tijdnood raakt, kun je vragen van het type 1 misschien voorlopig overslaan. Blijkt later dat je toch tijd genoeg hebt, dan maak je de vraag alsnog, want zo'n vraag levert vaak wel 2 of 3 punten op. Hieronder zie je twee voorbeelden van vraagtype 1.

Voorbeeld 1
Zowel in de tekst *Red de ambtenaar!* als in tekstfragment 1 wordt een oplossing gegeven voor matig functionerende overheidsdiensten.
2p **19** Welke oplossing stelt tekst 1 voor en welke oplossing stelt tekstfragment 1 voor?
(Examen 2011, tijdvak 2)

Voorbeeld 2
Tussen de zoekende spreker uit de tekst *Pleidooi voor onzekerheid* en de hakkelende spreker uit het fragment zijn verschillen en overeenkomsten aan te wijzen aangaande hun gedrag in het debat.
3p **18** Noem eerst één belangrijke overeenkomst, en noem dan één belangrijk verschil tussen deze twee sprekers.
(Examen 2011, tijdvak 1)

Voor vragen van type 2 hoef je alleen het tekstfragment te lezen (en soms nog een klein stukje van de hoofdtekst dat in de vraag aangegeven wordt). Het verschil met type 1 zie je duidelijk in het voorbeeld hieronder. Voor de beantwoording van vraag 17 (type 2) hoef je slechts het tekstfragment te lezen, maar voor het antwoord op vraag 18 (type 1) moet je de hele hoofdtekst doorlezen.

Voorbeeld

tekstfragment 1

'De kunst kan niet om de markt heen. Een zichzelf respecterende kunstenaar leert daarom met die markt om te gaan. Het zou mooi zijn als kunstwerken voor zichzelf spraken, als de creatie van iets moois of iets totaal anders zonder meer erkend wordt, en als de kunstenaar zich geen zorgen behoefde te maken over de financiële beloning van zijn werk. Vergeet het maar. Talloze kunstenaars dingen mee naar aandacht, erkenning en financiële beloning. Laten we er maar van uitgaan dat ze zelf overtuigd zijn van de waarde van hun werk. Misschien ↓

↓ zijn ze onder elkaar het daar ook over eens. Het probleem ligt aan de andere zijde van de kunstwereld, oftewel de niet-kunstenaars die om kunst geven. (...) Kunstenaars dienen te weten hoe de mensen voor hun kunst te interesseren, hoe in te spelen op de latente belangstelling en hoe enthousiasme los te weken. Kunst verdient de aandacht, maar die aandacht moet verdiend worden.'

naar: Arjo Klamer (professor in de economie van Kunst en Cultuur, Erasmus Universiteit)
uit: het Business Art Stage Plan, toelichting jaarverslag 1997-1998

1p **17** De slotzin van de hoofdtekst luidt: 'Dus hou toch op met dat armoedige gedoe over vijftig miljoen meer of minder, stop er miljarden in!'
Citeer uit tekstfragment 1 de hele zin waaruit blijkt dat Arjo Klamer het eens zou kunnen zijn met deze uitspraak.

2p **18** Aan welk aspect met betrekking tot de financiering van kunst wordt in het tekstfragment wel, maar in de hoofdtekst geen aandacht besteed?
Gebruik voor je antwoord niet meer dan 20 woorden.
(Examen 2008, tijdvak 1)

Opdracht 19

Beantwoord vraag 17 bij tekstfragment 1 hierboven.
Je maakt een vraag van type 1 bij opdracht 20 op blz. 383.

Ik kan: **4F** een vergelijking maken tussen een tekst en (delen van) andere teksten.

Paragraaf 13

Strategie meerkeuzevragen beantwoorden

Op het examen worden veel vragen gesteld als meerkeuzevragen: vragen waarbij je het juiste antwoord uit drie of vier mogelijkheden moet kiezen. Die verschillende mogelijkheden kunnen je makkelijk op een dwaalspoor brengen. Om dit te voorkomen kun je het beste de volgende strategie hanteren.

Stappenplan meerkeuzevragen
Uitgangspunt: je hebt de tekst al gelezen.

Stap 1   Lees alleen de meerkeuzevraag en *nog niet* de antwoorden.

Stap 2   Bepaal in welk tekstgedeelte je het antwoord moet zoeken.

Stap 3   Lees het betreffende tekstgedeelte nauwkeurig door. Probeer in gedachten eerst zelf een antwoord op de vraag te formuleren (net zoals je gedaan zou hebben als het een open vraag zou zijn geweest).

Stap 4   Lees *nu pas* alle antwoorden nauwkeurig door. Vergelijk ze met het door jou bedachte antwoord.

Stap 5   Zoek in de tekst naar aanwijzingen die belangrijk kunnen zijn voor je keuze. Onderstreep die aanwijzingen in de tekst.

Stap 6   Kies nu op basis van de aanwijzingen het antwoord op de vraag. Als je dat nog niet kunt, gebruik je de eliminatiemethode. Je probeert dan tot een keuze te komen door antwoorden die volgens jou zeker fout zijn, weg te strepen.

Let op. De mogelijke antwoorden op meerkeuzevragen staan altijd in alfabetische volgorde. Uit de volgorde van de antwoorden kun je dus niets afleiden over het juiste antwoord.

Opdracht 20

Maak de examenvragen 1-20 bij tekst 1 *Maatwerk contra kuddegeest* (examen vwo 2010, tijdvak 1).
Je krijgt deze tekst ook van je docent of downloadt hem van NN online.

1p **1**   Wat is de belangrijkste functie van de eerste alinea van de tekst 'Maatwerk contra kuddegeest'?
De eerste alinea
  A   bevat de centrale vraagstelling van de tekst.
  B   geeft de hoofdgedachte van de tekst.
  C   geeft een korte samenvatting van het vervolg van de tekst.
  D   noemt de directe aanleiding voor het schrijven van de tekst.

De tekst kan door middel van onderstaande kopjes in vier achtereenvolgende delen worden onderverdeeld:
  1   Idealisme onder huidige twintigers: historische achtergrond
  2   Een aantal kenmerken van dit idealisme
  3   Beoordeling van dit idealisme
  4   Conclusie

1p **2**   Bij welke alinea begint deel 2, 'Een aantal kenmerken van dit idealisme'?

1p 3 Bij welke alinea begint deel 3, 'Beoordeling van dit idealisme'?
"Het idealisme van hun ouders hebben ze, naar het lijkt, niet meegekregen." (regels 22-24)

1p 4 Wat is de belangrijkste functie van deze zin binnen alinea 2?
Binnen alinea 2 vervult deze zin vooral de functie van een
- A argument.
- B conclusie.
- C gevolg.
- D verklaring.
- E voorbeeld.

"Fundamentalisme, xenofobie, werkloosheid en politiek getinte moordaanslagen: het nieuws was opeens op de hoek van de straat te vinden en eiste van iedereen, jong of oud, een standpunt. De jonge generatie van, inmiddels, twintigers moest een inhaalslag maken." (regels 69-76)

1p 5 Van welk type redenering is in deze passage sprake?
Van een redenering op basis van
- A nut.
- B oorzaak en gevolg.
- C overeenkomst of vergelijking.
- D voorbeeld.
- E voor- en nadelen.

"Dat is heel begrijpelijk, want de laatste jaren is duidelijk geworden dat sommige idealen – zoals complete vrijheid van meningsuiting en een vreedzame multiculturele samenleving – moeilijk verenigbaar zijn." (regels 146-151)

1p 6 Van welk type argument wordt hier gebruikgemaakt?
- A een emotie
- B een ervaring
- C een gevolg
- D een nadeel
- E een vergelijking

"Ze gaat naar een hip feest Dance4life (Start dancing, Stop aids), vraagt op 3FM plaatjes aan tegen landmijnen en organiseert – zonder enige ironie – een Diner tegen Honger." (regels 161-165)

1p 7 Waarom is de toevoeging "zonder enige ironie" kennelijk vermeldenswaard?
- A Omdat twintigers blijkbaar bang zijn dat anderen dergelijke acties niet helemaal serieus zullen nemen.
- B Omdat twintigers blijkbaar minder gevoel voor spot hebben wanneer het om activiteiten voor het goede doel gaat.
- C Omdat twintigers blijkbaar willen onderstrepen dat het onderwerp van hun actie de wereldhongersnood is.
- D Omdat twintigers het blijkbaar niet ongepast vinden om uitgebreid te gaan eten met als doel andermans honger te bestrijden.

Van het idealisme van de huidige twintigers wordt een aantal kenmerken genoemd die tot drie hoofdkenmerken zijn terug te voeren:
1 individualisme
2 pragmatisme
3 consumentisme

1p 8 Welk kenmerk wordt benadrukt in alinea 6?

1p 9   Welke van onderstaande alinea's bevat verwijzingen naar zowel individualisme, pragmatisme als consumentisme?
A alinea 5
B alinea 8
C alinea 9
D alinea 13

1p 10 Citeer de zin uit alinea 8 die het duidelijkst het pragmatisme tot uitdrukking brengt.
In de tekst wordt het inzicht in de toestand van de wereld van de huidige twintigers vergeleken met het inzicht in de toestand van de wereld van de vorige generatie.

1p 11 Welke van onderstaande uitspraken drukt het beste uit wat de tekst over het inzicht van beide generaties zegt?
A Beide generaties zijn min of meer dezelfde politieke en maatschappelijke opvattingen toegedaan en delen hetzelfde idealisme.
B De huidige twintigers hebben te laat goed inzicht in maatschappelijke problemen verworven, en hun denkbeelden zijn diffuus.
C Het is niet vast te stellen dat de huidige twintigers minder inzicht in maatschappelijke kwesties hebben dan de vorige generatie.
D Het ontbreekt beide generaties aan voldoende inzicht in maatschappelijke problemen om deze doeltreffend op te kunnen lossen.

Het idealisme van de oudere generatie en het idealisme van de huidige twintigers verschillen van elkaar.

3p 12 Noem drie typische kenmerken van het idealisme van de oudere generatie zoals in de tekst beschreven.

Alinea's kunnen verschillende functies ten opzichte van elkaar hebben, zoals: aanleiding, argument, conclusie, gevolg, nuancering, tegenstelling, uitwerking, verklaring, voorbeeld, weerlegging.

2p 13 Welke twee functies heeft alinea 12 ten opzichte van alinea 11?

1p 14 Welke houding ten opzichte van de vorige generatie idealisten spreekt in de context van dit artikel het meest uit woorden als 'kuddegeest' (titel), 'de hanenkam' of 'geitenwollen sokken van de toenmalige wereldverbeteraars' (regels 211-213) en 'kuddedieren' (regel 254)?
A geringschatting
B medelijden
C vertedering
D walging

1p 15 Welke van onderstaande beweringen zijn juist, gelet op de inhoud van de alinea's 10 tot en met 12?
In dit tekstdeel
1 wordt begrip getoond voor de eis van huidige twintigers dat verantwoorde producten ook aantrekkelijk moeten zijn.
2 wordt gesteld dat alternatieve kleding niets met idealisme te maken heeft.
3 wordt gesteld dat individualisme en pragmatisme werkelijk idealisme uitsluiten.
4 wordt tegengesproken dat consumerend weldoen zonder persoonlijke offers te mager is.
A 1 en 2 zijn juist
B 1 en 4 zijn juist
C 2 en 3 zijn juist
D 3 en 4 zijn juist

1p **16** Hoe kan de tekst 'Maatwerk contra kuddegeest' qua tekstsoort het beste worden getypeerd?
- A als een combinatie van een activerende tekst en een beschouwing
- B als een combinatie van een beschouwing en een betoog
- C als een combinatie van een betoog en een activerende tekst
- D als een combinatie van een uiteenzetting en een betoog

1p **17** Welke van onderstaande zinnen geeft het best de hoofdgedachte van de tekst 'Maatwerk contra kuddegeest' weer?
- A De huidige twintigers doen meestal pas aan liefdadigheid wanneer ze daar zelf veel voordeel bij hebben; ze zijn dan ook minder idealistisch dan de vorige generatie.
- B Doordat de twintigers van nu in de jaren 90 zijn opgegroeid in zorgeloze welstand, zijn ze minder ingesteld om persoonlijke offers te brengen voor het goede doel.
- C Het apolitieke 'consumerend weldoen' van de netwerkgeneratie levert in de praktijk soms meer op dan het idealisme van de vroegere wereldverbeteraars.
- D Het op maat gesneden idealisme van de huidige twintigers is anders, maar doet niet per se onder voor het groepsgebonden idealisme van vorige generaties.

1p **18** Wat is, gelet op de strekking van de gehele tekst, de beste uitleg van de titel 'Maatwerk contra kuddegeest'?
- A De twintigers van nu bepalen zelf welk goed doel ze van belang vinden; de vorige generatie volgde de gedachtegang van de grote groep.
- B De twintigers van nu formuleren hun idealen heel precies; voor de vorige generatie was idealisme niet verbonden aan specifieke, concrete idealen.
- C De twintigers van nu vinden dat idealisme behoort tot ieders privéterrein; de vorige generatie vond dat je je idealisme tijdens demonstraties moest uitdragen.
- D De twintigers van nu vinden dat idealisme goed verenigbaar is met een dure levensstijl; de vorige generatie vond een sobere levensstijl beter bij idealisme passen.

---

tekstfragment 1

(1) Het engagement is terug van weggeweest – vraag alleen niet hoe. Het nieuwe engagement lijkt verdacht veel op de ouderwetse liefdadigheid: je doet het om jezelf beter te voelen – met het verschil dat je er nu niet eens meer je portemonnee voor hoeft te trekken! Jij bent er niet voor de wereld, de wereld is er voor jou. En daar moet de wereld beter van worden.

(2) Het zou onzinnig zijn te beweren dat idealisme vroeger helemaal niet egocentrisch was. Maar het idealisme van tegenwoordig is van het nieuwe soort, het soort dat iedere inhoudelijkheid overboord zet in naam van de klantvriendelijkheid. Dat de boodschap wel eens verloren zou kunnen gaan en uiteindelijk alleen maar dient om het ego van de welvarende burger te strelen, is echt heel achterlijk gedacht. Er is sprake van een nieuwe zelfgenoegzaamheid: denken dat je de wereld verbetert als je er zelf beter van wordt.

naar: Bas Heijne, De burger als potentaat
uit: NRC Handelsblad, sept./okt. 2005

In de tekst 'Maatwerk contra kuddegeest' staat in alinea 11 dat idealisme vraagt om persoonlijke offers. (regels 197-198)

3p **19** Waaruit blijkt dat Heijne (zie tekstfragment 1) dit standpunt deelt? Gebruik voor je antwoord maximaal 30 woorden.

2p **20** Wat is het oordeel van Heijne (zie tekstfragment 1) over het hedendaagse idealisme? Gebruik voor je antwoord maximaal 15 woorden.

Tekst 1 Maatwerk contra kuddegeest

(1) Politiek is iets voor mensen met idealen. De Wiardi Beckman Stichting, het wetenschappelijk bureau van de PvdA, was benieuwd naar de idealen
5 van de generatie jonge mensen die nu tussen de twintig en dertig jaar oud zijn, en liet er onderzoek naar verrichten.
(2) De uitkomsten van dit onderzoek zijn verrassend. Het lijkt wel of de
10 huidige twintigers zich nergens druk om maken. Ze consumeren en communiceren erop los, maar organiseren zich nauwelijks en al helemaal niet voor 'de Goede Zaak'. Ze kunnen maar moeilijk
15 begrijpen wat hun ouders tijdens de studentenprotesten van de roerige jaren zestig bezielde en wanneer ze ergens nog een oude sticker met de tekst 'Kernenergie? Nee bedankt!' tegen-
20 komen, hebben ze geen idee van het fanatisme dat achter deze protestkreet schuilging. Het idealisme van hun ouders hebben ze, naar het lijkt, niet meegekregen.
25 (3) Dat dit idealisme hun vreemd lijkt te zijn, zou wel eens kunnen komen doordat ze zijn opgegroeid in de zorgeloze jaren 90. Die jaren vormden de kroon op een lange periode waarin de maat-
30 schappij met forse stappen vooruitging. In de tweede helft van de vorige eeuw werd de verzorgingsstaat opgebouwd, werden instituties gedemocratiseerd en nam de vrouwenemancipatie een hoge
35 vlucht. De Verenigde Naties werden opgericht, het verschijnsel 'ontwikkelingssamenwerking' kreeg vorm en in 1989 kwam er met de val van de Berlijnse Muur een definitief
40 einde aan de Koude Oorlog. De maatschappij leek af. In de jaren 90 kreeg je de indruk dat zo ongeveer iedereen een eigen huis bezat, er was genoeg te eten en er was werk, veel
45 werk. Het gemakkelijk verdiende geld werd in het weekend met handen vol weer uitgegeven. Het was de tijd van de houseparty's, de drankfestijnen, van coke en pillen. Natuurlijk gebeurde er
50 wel eens wat in de wereld, maar aan de jongeren die in deze tijd opgroeiden ging dat grotendeels voorbij. De Golfoorlog, de moordaanslag op de Israëlische premier Rabin en het dodelijke
55 ongeluk van prinses Diana: het waren berichten uit een andere werkelijkheid.
(4) Aan dit zorgeloze tijdperk kwam tegen het eind van de jaren 90 plotseling een eind. Investeerders in internet-
60 bedrijven bleken uit te gaan van veel te rooskleurige verwachtingen en nogal wat kleine beleggers verloren in één klap hun kapitaal. De terroristische aanslagen op New York van 9/11
65 zorgden wereldwijd voor een schokeffect. In korte tijd maakten de jongeren van toen alsnog kennis met het fenomeen 'maatschappelijk vraagstuk'. Fundamentalisme, xenofobie, werk-
70 loosheid en politiek getinte moordaanslagen: het nieuws was opeens op de hoek van de straat te vinden en eiste van iedereen, jong of oud, een standpunt.

(5) De jonge generatie van, inmiddels, twintigers moest een inhaalslag maken. Maar dat betekende niet dat idealisme meteen haar grootste hobby werd, laat staan het soort idealisme van vorige generaties. Deze twintigers gaan maar voor weinig de straat op en compromisloze wereldverbeteraars zul je er zelden onder aantreffen. Hun houding lijkt ongeïnspireerd, maar misschien gaat daar wel juist het optimisme achter schuil waarmee ze als jongeren zijn opgegroeid. Juist omdat stabiliteit en overvloed voor hen altijd zo normaal waren, zien ze recessies en conflicten als tijdelijke akkefietjes. Problemen zijn er om op te lossen, niet om er, zoals vorige generaties, vanuit een bepaalde ideologie een leven lang mee bezig te zijn.

(6) Heeft het 'klassieke' idealisme dan helemaal afgedaan? Nee, de huidige twintigers zetten zich wel degelijk in om de maatschappij te verbeteren. Maar ze doen dat zonder zich langdurig te binden aan één stroming of instituut. Neem de leegloop van de vakbonden: alleen wie een concreet probleem met zijn werkgever moet oplossen, wordt nog lid. Kranten, omroepen en verenigingen merken allemaal dat de twintigers van nu zich niet meer willen binden: ze leven van proefabonnement naar proefabonnement. Onvoorwaardelijke saamhorigheid is hun vreemd.

(7) Daarmee is het verschijnsel 'groep' nog geen verleden tijd. In zijn boek *Kiezen voor de kudde* signaleert Menno Hurenkamp het ontstaan van nieuwe maatschappelijke verbanden in zogenaamde 'lichte gemeenschappen'. Lichte gemeenschappen worden gekenmerkt door vormen van sociaal contact met een informeel en tijdelijk karakter, die veelal ad hoc tot stand komen. Ze zijn in de plaats gekomen van organisaties, clubs en verbanden die de deelnemers een alomvattende leefstijl opdringen. De twintigers van nu onderhouden met behulp van Hyves, Skype, msn, e-mail en sms liever een uitgebreid maar flexibel netwerk van losse contacten en worden daarom ook wel de 'netwerkgeneratie' genoemd.

(8) Zo groot en diffuus als het adressenbestand van de netwerkgeneratie is, zo groot en diffuus is ook haar beeld van een 'betere wereld'. In dat beeld is geen plaats voor uitgesproken politieke of ideologische overtuigingen. Vorige generaties koesterden het streven naar een betere wereld nog als een helder, overzichtelijk en alles overkoepelend ideaal. Je kon best demonstreren vóór democratie en vrouwenrechten, en tegelijkertijd tégen woningnood en kernenergie, want je streed altijd voor 'de goede zaak'. Maar de huidige generatie twintigers kan niets met dit containerbegrip. Zij lost de problemen liever één voor één op. Dat is heel begrijpelijk, want de laatste jaren is duidelijk geworden dat sommige idealen – zoals complete vrijheid van meningsuiting en een vreedzame multiculturele samenleving – moeilijk verenigbaar zijn. Voor de twintigers is idealisme geen totaalpakket maar iets persoonlijks. Het is maatwerk.

(9) De netwerkgeneratie brengt geen grote groepen meer op de been met een beroep op loyaliteit aan de kudde. Daar is meer voor nodig. Ze verwacht er iets voor terug: een handige werkervaring, een nieuw netwerk of een goed feest. Ze gaat naar een hip feest Dance4life (Start dancing, Stop aids), vraagt op 3FM plaatjes aan tegen landmijnen en organiseert – zonder enige ironie – een Diner tegen Honger. Vaak leveren dit soort activiteiten meer geld op dan de inzamelacties van officiële instanties en stichtingen.

(10) Typerend voor deze groep jongeren is het 'consumerend weldoen'. Als ze een bijdrage kunnen leveren aan de verbetering van de wereld door Max Havelaarkoffie te drinken, zullen ze dat niet laten, maar zij eisen dan wel, terecht, dat die koffie te drinken is. Ook willen ze best milieuvriendelijke kleding kopen, maar daarmee moeten ze er dan wel goed uitzien. Natuurlijk juichen ze toe dat de firma Ben & Jerry's nauw

180 samenwerkt met organisaties die begaan zijn met het welzijn van natuur, dier en mens, maar het belangrijkste is toch dat ijs van dit merk zo lekker is.
(11) Publicist Evert Nieuwenhuis toonde 185 zich erg enthousiast over dit verschijnsel, dat hij benoemde als 'Nieuw Idealisme'. Maar niet iedereen heeft zo'n positieve kijk op de manier waarop de huidige twintigers zich inzetten voor 190 het goede doel. Idealisten van de oude stempel wijzen erop dat idealisme méér moet zijn dan een onvergetelijke ervaring die past in de reeks bungeejumpen en backpacken door Australië 195 en wel wat meer moet inhouden dan het eten van een verantwoord ijsje. Idealisme, zo stellen ze, vraagt om persoonlijke offers. Daar zit misschien wat in.

200 **(12)** Deze kritiek wordt vooral in de hand gewerkt door het feit dat de idealen van de twintigers van nu lang niet zo duidelijk herkenbaar zijn als die van een vorige generatie. Ze worden 205 aan het zicht onttrokken door individualisme en pragmatisme. Maar is dat erg? Het is toch onzin dat individualisme en pragmatisme per definitie haaks zouden staan op het streven om de 210 wereld te verbeteren? Idealisme kan het heel goed stellen zonder de hanenkam of geitenwollen sokken van de toenmalige wereldverbeteraars.

(13) Een voorbeeld van een thema dat, 215 losgeweekt uit een kluwen hooggestemde idealen, ook de twintigers van nu volop aanspreekt, is het energievraagstuk. Van oudsher was het de milieulobby die het thema 'energie' 220 claimde en inbedde in haar bekende verhaal over de waarde van de natuur en de zorg voor onze planeet. Maar juist doordat het om een georganiseerde beweging ging, bleef het onderwerp 225 buiten het blikveld van degenen die geen zin hebben zich bij wat voor beweging dan ook aan te sluiten. Klimaatverandering is voor de twintigers niet langer een puur 'groen' thema. Wie niet 230 geïnteresseerd is in het beschermen van diersoorten en natuurgebieden, mag zich tóch zorgen maken over het klimaat. Iedereen die geen zonnepanelen op zijn dak heeft, mag tóch 235 meedenken over milieuvriendelijke energie. Wie energiebesparing bepleit, hoeft dat niet uitsluitend te doen omdat hij de natuur wil sparen, maar kan ook puur eigenbelang voor ogen hebben.

240 **(14)** De huidige generatie twintigers staat op een andere manier in de maatschappij dan vorige generaties. Feit is dat er geen massa's krakers, provo's en studenten meer zijn die als 245 één man de barricades opgaan. Maar daarmee zijn de idealen nog niet verdwenen. Zoals sinds de iPod ieder voor zich bepaalt welke nummers 'Alle Dertien Goed' zijn, zo heeft ieder nu 250 zijn eigen beeld van de goede zaak. Misschien weten de twintigers van nu wel beter hoe de samenleving kan worden verbeterd dan die idealistische kuddedieren van vroeger.

naar: Gustaaf Haan
uit: de Volkskrant, 24 februari 2007
Gustaaf Haan is neerlandicus. Hij is lid van de WBS Werkplaats. Deze werkplaats is bedoeld om nieuwe ideeën voor sociaaldemocratische en progressieve politiek te ontwikkelen.
Examen 2010, tijdvak 1, tekst 1

Praktijk

P

– Van je docent krijg je tekst 1 van een recent vwo-examen Nederlands. Lees de tekst en maak de vragen.

Ik weet:	3E verschillende strategieën hanteren om meerkeuzevragen te beantwoorden.

Controle hoofdstuk 1	– Welke twee onderdelen bevat het eindexamen tekstbegrip? – Hoeveel tijd heb je voor het examen? – Hoe pak je de beantwoording van vragen bij een examentekst aan? – Wat betekent 'citeren'? – Waarop moet je letten als je moet citeren? – Waarop moet je letten als je een vraag in eigen woorden moet beantwoorden? – Welke typen redeneringen/argumentatieschema's ken je? – Welke drogredenen ken je? – Op welke zaken moet je letten bij de beoordeling van de aanvaardbaarheid van argumentatie? – Wat is een 'functiewoord'? – Welke functiewoorden ken je? – Hoe kun je in een tekst zien dat er een nieuw deelonderwerp begint? – Waarop moet je letten bij het vaststellen van de hoofdgedachte van een tekst? – Welke tekstsoorten ken je en wat zijn de kenmerken van elk van die soorten?

Hoofdstuk 2

Het eindexamen: de vaardigheid samenvatten

Op het examen moet je opdrachten kunnen maken die betrekking hebben op het samenvatten van een tekstgedeelte of een korte tekst.

Afgerond	• Cursus Leesvaardigheid • Cursus Samenvatten
Studielast	8 slu
Paragrafen	1 **Een tekst reduceren tot hoofduitspraken** 2 **Informatie in een tekst ordenen** 3 **Een samenvatting beoordelen**
Referentie- niveaus	**4F** Kan *betogende teksten* lezen waaronder teksten met een ingewikkelde argumentatie, of artikelen waarin de schrijver (impliciet) een standpunt inneemt of beschouwing geeft. **3F** Maakt onderscheid tussen hoofd- en bijzaken, meningen en feiten. **3F** Maakt onderscheid tussen standpunt en argument. **3F** Kan de hoofdgedachte in eigen woorden weergeven. **4F** Kan lange complexe teksten samenvatten. **4F** Kan van een tekst een goed geformuleerde samenvatting maken die los van de uitgangstekst te begrijpen valt. **4F** Herkent argumentatieschema's. **4F** Kan argumentatie analyseren en beoordelen. **4F** Kan ook impliciete relaties tussen tekstdelen aangeven.
NN online	• meer opdrachten over samenvatten • alle teksten in Leeshulp

Paragraaf 1

Een tekst reduceren tot hoofduitspraken

Elke tekst bevat een hoofdgedachte, het belangrijkste wat de auteur over zijn onderwerp wil meedelen. Dat onderwerp valt altijd uiteen in deelonderwerpen. Ook die deelonderwerpen hebben meestal een hoofdgedachte, die je kunt achterhalen door de kernzinnen te lezen van de alinea's waaruit het deelonderwerp is opgebouwd.

Je moet een tekst kunnen terugbrengen tot een hoofdgedachte en ondersteunende uitspraken. Over die vaardigheid worden op het examen verschillende soorten vragen gesteld:
1 Wat is de hoofdgedachte van tekstdeel x?
2 Vat het standpunt samen dat de auteur inneemt in alinea x tot en met y.
3 Wat is de hoofdgedachte van tekst x?
4 Wat is de hoofdvraag waarop tekst x een antwoord probeert te geven?
   A
   B
   C
   D
5 Maak een samenvatting van alinea x.
6 Maak een samenvatting van de tekst (of een tekstgedeelte) in maximaal X woorden, waarin duidelijk wordt (de aandachtspunten hieronder zijn slechts een voorbeeld)
   – wat de directe aanleiding is voor het schrijven van de tekst;
   – welke zorg wordt uitgesproken;
   – welke conclusie wordt getrokken.
7 Maak een beknopte samenvatting van maximaal X woorden van de tekst.

Van elk type opdracht volgt hieronder een voorbeeld.

1 Wat is de hoofdgedachte van tekstdeel x?
In een alinea staat de hoofdgedachte in de kernzin. Die vind je op een voorkeursplaats: meestal de eerste of de laatste zin van de alinea. Als de eerste zin een aaneenschakelende zin is die de alinea met de vorige verbindt, is vaak de tweede zin de kernzin. *<zie Leesvaardigheid blz. 11>*

Ook als het om een groter tekstdeel gaat, bijvoorbeeld een deelonderwerp, moet je de hoofdgedachte eerst zoeken op de voorkeursplaatsen: aan het begin en het eind van het tekstgedeelte. Dat de hoofdgedachte ergens in het midden van een tekstgedeelte te vinden is, ligt minder voor de hand.
Soms kun je een zin citeren die de hoofdgedachte weergeeft. Als zo'n zin er niet is, moet je de hoofdgedachte weergeven in eigen woorden.

Wanneer de vraag naar de hoofdgedachte van een tekstdeel gesteld is als meerkeuzevraag, vergelijk je vervolgens de door jou geformuleerde hoofdgedachte met de keuzemogelijkheden. Let op: De mogelijke antwoorden op meerkeuzevragen staan in alfabetische volgorde.

Opdracht 1

Lees het tekstfragment uit *Zelfkastijding op vier wielen*.
Wat is de hoofdgedachte van alinea 4?

Tekst 1 Zelfkastijding op vier wielen

(3) De Nota Mobiliteit, die de minister van Verkeer in 2005 zonder rumoer
40 door de Tweede Kamer wist te loodsen, is weinig hoopgevend voor de toekomst. De verwachting is dat het wegverkeer tot 2020 nog met 40 procent zal groeien. Het huidige
45 wegennet kan die groei echter niet aan, iets wat niemand zal verbazen. En aangezien de investeringen in nieuwe en bredere wegen het fileprobleem tot nu toe niet hebben
50 kunnen oplossen, valt niet te verwachten dat ze dat in de toekomst wel zullen doen.
(4) De minister van Verkeer moet dus weten dat filebestrijding op de lange
55 termijn nauwelijks resultaat zal hebben. Toch gaat ze koppig door met geldverslindende werkzaamheden aan het Nederlandse wegennet. En waarom? Waarom miljarden uitgeven als
60 het uiteindelijk niet meer betekent dan uitstel van executie? Waarom biedt ze geen weerstand aan al die belastingbetalende autoliefhebbers en lobbyende belangenverenigingen die in een
65 collectieve verdwazing vasthouden aan de illusie in de toekomst te kunnen blijven doorrijden als de wegen maar breed genoeg worden en er nog wat extra snelwegen worden aangelegd?
70 Wordt het niet de hoogste tijd dat waanidee maar eens los te laten, verdere investeringen achterwege te laten, simpelweg te leren leven met de files of gewoon de auto maar te laten
75 staan?

naar: Willem de Bruin
uit: de Volkskrant, januari 2006
Examen havo 2007, tijdvak 2 (regel 38 t/m 75)

2 Vat het standpunt samen dat de auteur inneemt in alinea x tot en met y.
Als je het standpunt van de auteur in een tekstgedeelte moet vinden, kun je zoeken naar signaalwoorden voor standpunt/mening: *ik vind*, *volgens mij*.
<zie Argumentatieve vaardigheden blz. 153>
Als een tekst niet in de ik-vorm geschreven is, zul je die signaalwoorden niet vaak tegenkomen. Dan kun je zoeken naar zinnen die duidelijk geen feit zijn, maar een mening bevatten.
Voorbeeld:
Het is onverstandig om de studiefinanciering en de ov-jaarkaart voor studenten af te schaffen.

Opdracht 2

Lees de tekst *Grenzeloze literatuur*.
Vat het genuanceerde standpunt samen dat Van den Bergh, blijkens alinea 8 en 9, inneemt inzake de verantwoordelijkheid van de schrijver voor zijn literaire scheppingen. Gebruik voor je antwoord maximaal 25 woorden.

Tekst 2   Grenzeloze literatuur

Inmiddels houden literatuurwetenschappers er heel andere ideeën op na.

(7) Wat zijn die ideeën en wat valt er tegenin te brengen? De jonge Amsterdamse hoogleraar letterkunde Thomas Vaessens betoogde op 7 april in *nrc.next* dat schrijvers zich niet moeten verschuilen achter hun personages. De literatuur stelt zich veel te vrijblijvend op, vond hij. Zo noemde hij het verkeerd als een schrijver die zich voor belediging moet verantwoorden in een rechtszaak, zich verdedigt door te stellen: "Dat heb ik niet gezegd, maar een van mijn personages."

(8) Dat is een onzinnige eis van professor Vaessens. De schrijver zou wel heel erg in zijn vrijheid beknot worden als hij zich bij iedere uiting van zijn romanfiguren moest afvragen: "Kan ik dat wel helemaal voor mijn verantwoording nemen?" In uiterste consequentie zou dan ook de auteur van een misdaadroman vervolgd kunnen worden voor de moorden die hij laat plegen.

(9) Het is duidelijk dat Vaessens het slachtoffer is van het vervagen van de grens tussen een literaire roman en een journalistiek boek. In dat laatste werk kan de auteur inderdaad niet straffeloos bestaande personen beledigen of aanklagen. Maar een werk van fictie vertelt gewoonlijk over verzonnen figuren, die dan ook de vrijheid moeten hebben om te zeggen wat hun maar invalt. Dat betekent niet dat de schrijver zich aan alle verantwoordelijkheid onttrekt. De totale strekking van zijn roman zal hij altijd wel degelijk voor zijn verantwoording nemen.

naar: Hans van den Bergh
uit: HP/De Tijd, 12 mei 2006
Examen vwo 2009, tijdvak 1 (regel 84 t/m 125)

3   Wat is de hoofdgedachte van tekst x?

De hoofdgedachte van een tekst vind je meestal in het slot van de tekst. Bij een informerende tekst is die hoofdgedachte een constatering, bij een overtuigende tekst is de hoofdgedachte het standpunt van de auteur.
Soms bevat de tekst een zin die de hoofdgedachte weergeeft. Als zo'n zin er niet is, moet je zelf de hoofdgedachte van de tekst formuleren.

Over de hoofdgedachte van een tekst maak je een vraag bij Praktijk op blz. 400.

4   Wat is de hoofdvraag waarop tekst x een antwoord probeert te geven?

Een tekst geeft antwoord op een vraag. Soms wordt die vraag letterlijk in de inleiding gesteld, maar meestal niet. Dan is die vraag 'impliciet'. De impliciete hoofdvraag is de vraag waarop de tekst antwoord geeft, die in de inleiding gesteld zou kunnen worden.

Over de impliciete hoofdvraag van een tekst maak je een vraag bij Praktijk op blz. 400.

5   Maak een samenvatting van alinea x.

Om een samenvatting van een alinea te maken, zoek je eerst de kernzin. Vervolgens zoek je de belangrijkste zinnen die de kernzin ondersteunen of verduidelijken.
Bij deze samenvattingsopdracht is altijd een maximum aantal woorden gegeven. Gebruik nooit meer woorden dan is toegestaan, want dat kost meer punten dan je met goede

informatie-elementen in je samenvatting kunt scoren. De opdracht hieronder bijvoorbeeld levert 2 punten op. Je krijgt 1 punt aftrek als je 31 tot 35 woorden gebruikt en 2 punten aftrek als je meer dan 35 woorden gebruikt.

Opdracht 3

Lees de tekst *Tevredenen of legen*.
Geef een samenvatting van alinea 4 'van de tekst *Tevredenen of legen* in maximaal 30 woorden.

Tekst 3 Tevredenen of legen

(4) Omgekeerd neemt de mens ook een taak op zich. De mens zweert de natuur te beschermen en te behouden. Soms doet de mens dat door ergens een hek omheen te zetten en de boel de boel te laten. Soms doet de mens dat door te beheren en dus in te grijpen met het doel de natuur te houden zoals de mens denkt dat ze gehouden moet worden. Daar willen nog weleens conflicten over ontstaan.

Er moeten wilde runderen in de Oostvaardersplassen, ze moeten bijgevoerd, nee, ze moeten niet bijgevoerd. De Oosterscheldedam moet open, de Oosterscheldedam moet dicht. Al dat gekletst illustreert alleen maar dat Nederland geen natuur meer heeft. Alles is cultuur. Alles is een kiekje, een postzegeltje schoonheid, een vierkantje geschilderde ongereptheid. Is dat erg? Nee, maar laten we niet net doen of het natuur is.

*naar: een voorgelezen column van Nelleke Noordervliet
in: het radioprogramma Vroege Vogels, september 2012*

---

6 Maak een samenvatting van de tekst (of een tekstgedeelte) in maximaal x woorden, waarin duidelijk wordt
   – wat de directe aanleiding is voor het schrijven van de tekst;
   – welke zorg wordt uitgesproken;
   – welke conclusie wordt getrokken.

De drie aandachtspunten hierboven zijn slechts voorbeelden. Die kunnen ook anders zijn. Maar er zijn bij deze opdracht altijd aandachtspunten gegeven die je op weg helpen.

Als je een aantal aandachtspunten krijgt over wat je in je samenvatting moet opnemen, maak je een zogenaamde geleide samenvatting.

Hoe vind je in de tekst de zinnen die je in je samenvatting moet opnemen? In de aandachtspunten (in het voorbeeld hieronder genummerd: 1, 2, 3) staan vaak 'kernwoorden' die je ook in de tekst tegenkomt. Soms staan niet de letterlijke woorden uit het aandachtspunt in de tekst, maar synoniemen of omschrijvingen daarvan. Die kernwoorden, synoniemen of omschrijvingen uit de vragen ga je opzoeken in de tekst, want in de buurt van die woorden is de informatie voor de samenvatting te vinden.

↓ **Voorbeeld**

Maak een goedlopende samenvatting van maximaal 140 woorden van alinea 4 tot en met 8 van de tekst 'De liefde tot zijn land is ieder aangeboren ...'.
Uit je samenvatting moet duidelijk worden:
1 welke <u>overeenkomsten</u> er zijn tussen de identiteit van het <u>gezin</u> en de <u>natie</u>;
2 welk <u>gevaar</u> zich voordoet op het <u>niveau</u> van de identiteit van de <u>natie</u>;
3 welke <u>factoren dit gevaar beperken</u> en <u>waardoor</u> deze factoren <u>remmend</u> werken.

In de drie aandachtspunten hierboven zijn de kernwoorden waarnaar je in de tekst gaat zoeken, onderstreept. In de tekst zijn de kernwoorden van aandachtspunt 1 opnieuw onderstreept. In de buurt van deze kernwoorden moeten de zinnen gezocht worden die belangrijk zijn voor de samenvatting. De betreffende zin is in alinea 4 gecursiveerd.

Tekst 4   De liefde tot zijn land is ieder aangeboren ...

...
(4) In dit verband is het opvallend dat het <u>gezin</u> en de <u>nationale staat</u> in grote lijnen werken volgens <u>hetzelfde principe</u>: *er is fysieke nabijheid, men geeft elkaar een voorkeursbehandeling ten opzichte van mensen die er niet bij horen en men vormt een front tegen externe bedreigingen*. Dat is de waarde, het gevoel en de betekenis tot een gezin te behoren. Hetzelfde geldt mutatis mutandis voor het bezit van een nationale identiteit: bij een land te behoren, de taal te spreken en de cultuur te kennen. Het creëert de mogelijkheid je op nationaal niveau ergens thuis te voelen. In beide gevallen gaat het om een natuurlijke behoefte. Uiteraard is de dichtbijheid en verwantschap tussen landgenoten minder krachtig dan tussen gezinsleden, maar ook tussen landgenoten bestaat zoiets onmiskenbaar, zie alleen al de manier waarop mensen hun landgenoten bejubelen tijdens internationale sportwedstrijden en naar wie de sportieve voorkeur uitgaat, als men bijvoorbeeld naar de Olympische Spelen kijkt. Op zo'n moment gaat het niet alleen om liefde voor het eigen vaderland, maar ook om gevoelens van trots, om beter, sterker en succesvoller te willen zijn dan de ander. Schuilt daar niet een groot gevaar in?
(5) Vaak schiet de trots door en roept gekoketteer met identiteit alleen maar irritaties op. Iemand is Nederlander of Iraniër, homo, vrouw, boer, zwart, blank, hetero of vegetariër – wat is dat voor kinderachtige reden om trots op te zijn? Schermen met het begrip 'trots' vestigt er de aandacht op dat de club, het land of het volk waartoe jij behoort zich voordelig onderscheidt van mensen die er niet bij horen. Zo'n distinctiedrift heeft iets onuitstaanbaar zelfgenoegzaams.
(6) Hoe dan ook: liefde en trots liggen doorgaans in elkaars verlengde. Toch wordt het één veelal als onschuldig en als nastrevenswaardig gezien, terwijl het andere in beginsel als gevaarlijk en als afkeurenswaardig wordt beschouwd. Trots houdt immers een vergelijking met anderen in. Wie trots is op zijn land, op zijn volk en cultuur vindt zijn eigen land en volk beter dan andere landen. Dit soort gevoelens van superioriteit hebben in de vorm van nazisme, racisme en andere vormen van militant etnocentrisme in het verleden tot gruwelijk onrecht en tot gigantische slachtpartijen geleid.
(7) Sinds de Tweede Wereldoorlog staat de westerse ideologie gelukkig in het teken van de universele mensenrechten, waardoor het incorrect is om je nog langer voor te laten staan op een willekeurig aspect als geslacht, ras of geloofsovertuiging. Een veel sterkere dempende factor voor nationale trots is het individualisme, dat zich de laatste decennia in de westerse wereld sterk

ontwikkeld heeft. In de individualistische wereldbeschouwing, waarin de mens verantwoordelijk is voor zijn eigen daden en zijn eigen keuzen maakt, komt niets meer in aanmerking voor zoiets als trots, behalve de eigen prestaties.
(8) Het individualisme gaat voorbij aan heroïsche of anderszins gedenkwaardige figuren uit het verleden, vindt alles wat met genealogie en afkomst te maken heeft onzin en distantieert zich ten slotte ook van trots op prestaties van contemporaine aard. Waarom zou iemand trots zijn op het Nederlands elftal als hij zelf niet heeft mee gevoetbald? Voor de individualist zou het daarom wel handig zijn als trots niet zou figureren in het complex van gevoelens die met identiteit te maken hebben. Want voor de autonome individualist is het eigenlijk niet van belang tot welke nationaliteit hij behoort. Hij houdt zich sowieso het liefst verre van nationale trots, zeker als deze voortkomt uit gevoelens die naar nationalisme rieken.
(9) …

naar: Beatrijs Ritsema
uit: HP/DeTijd, 16 november 2007
Examen vwo 2010, tijdvak 1 (alinea 4 tot en met 8)

Opdracht 4

Lees alinea 4 tot en met 8 van tekst 4 *De liefde tot zijn land is ieder aangeboren ….*
1 Zoek in de tekst (synoniemen van) de onderstreepte woorden in aandachtspunt 2 en 3:
2 welk gevaar zich voordoet op het niveau van de identiteit van de natie;
3 welke factoren dit gevaar beperken en waardoor deze factoren remmend werken.
2 Zoek in de tekst de zinnen die voor aandachtspunt 2 en 3 in de samenvatting moeten worden opgenomen.
3 Schrijf op basis van de gecursiveerde zin in alinea 4 en de zinnen die je gevonden hebt, een samenvatting van alinea 4 tot en met 8 van maximaal 140 woorden.

Opdracht 5

Lees de tekst *Vermeende rampen*.
Geef een samenvatting van alinea 2 in maximaal 40 woorden, waaruit in ieder geval blijkt waarom een ramp fascineert en wat de functies zijn van de publieke aandacht voor en het gezamenlijke beleven van een ramp.

Tekst 5   Vermeende rampen

(2) Een ramp fascineert. Wij worden aangetrokken door wat ook ons had kunnen overkomen, als we er waren geweest, net daar op dat moment. Vanuit de veiligheid van onze verwarmde huizen, onze magen gevuld, huiveren wij maar al te graag over het noodlot en leven mee met de slachtoffers en nabestaanden. Het is een vorm van griezelen zonder gevaar te lopen, als bij een enge film. Het is ook een manier van het gevaar bezweren. Stel je het ergste voor, dan vallen de risico's van het dagelijkse leven weer mee. De publieke aandacht voor en gezamenlijke beleving van een ramp is niet alleen ingegeven door sensatiezucht, maar heeft een functie, we voelen er ons veiliger door, het versterkt de samenhorigheid en we leren ervan voor de volgende keer. Bouw- en veiligheidsvoorschriften aangepast, personeel gedrild, onze zegeningen geteld.

naar: een column van Louise Fresco
uit: NRC Handelsblad, 11 april 2012

↓ 7 **Maak een beknopte samenvatting van maximaal x woorden van de tekst.**
Een samenvatting kan uitgebreid zijn of beknopt. In het laatste geval noteer je alleen de hoofdgedachte en de belangrijkste ondersteunende uitspraken.
De hoofdgedachte vind je meestal in het slot en de belangrijkste ondersteunende uitspraken staan op de voorkeursplaatsen: aan het begin (of het eind) van de deelonderwerpen of alinea's. Let daarbij op signaalwoorden die de verbanden in de tekst aangeven.

Hier volgt een vereenvoudigd stappenplan voor het maken van een (beknopte) examensamenvatting:

Stap 1: – Lees de tekst en bepaal het onderwerp en de hoofdgedachte.
Stap 2: – Onderstreep van elke alinea de kernzin.
         – Markeer de signaalwoorden die verbanden aangeven.
Stap 3: – Schrijf je samenvatting uit. Gebruik alleen de belangrijkste kernzinnen.
         – Tel het aantal woorden.

Opdracht 6

Lees de column *Breinmythes*.
Vat de column samen in maximaal 50 woorden, in het licht van het genoemde onderzoek.

Tekst 6 Breinmythes

(1) Het brein blijft een mysterieus ding. Alleen al het idee dat er een orgaan bestaat dat over zichzelf kan nadenken, vervult me met verwondering – en soms met hoofdpijn. Want wie denkt er na: dat brein, of ik? Is er eigenlijk wel een onderscheid? En hoe zou ik dat te weten kunnen komen?
(2) Om dit hoofdpijndossier behapbaar te houden, praten veel mensen over hersenen alsof het een soort autonome eenheid in de hersenpan is. 'Mijn brein is verliefd' of 'Het kinderbrein is nog volop in ontwikkeling'. Alsof niet het kind zélf aan het leren en opgroeien is, maar alleen de grijze massa in de bovenkamer. De reden is wellicht dat de hersenen, vergeleken met de psyche, zo lekker tastbaar zijn: je kunt ze vastpakken, scannen, opereren.
(3) Deze tastbaarheid geeft het brein een soort gratis geloofwaardigheid. Zo zijn mensen veel sneller geneigd een uitspraak te accepteren die betrekking heeft op het brein dan op de psyche. Een stelling als 'we gebruiken slechts 10 procent van onze psyche' zal vrijwel iedereens lariekoekalarm onmiddellijk laten afgaan. Maar 'we gebruiken slechts 10 procent van ons brein' is een van de hardnekkigste mythes in hersenland.
(4) Die mythe was vorige week even in het nieuws. Een groep wetenschappers van de Vrije Universiteit had onderzocht in hoeverre leraren in het basis- en voortgezet onderwijs geloofden in enkele van de meer wijdverbreide hersensprookjes. Maar liefst 47 procent van hen geloofde het tienprocentsverhaal.
(5) Andere neuromythen konden zelfs op nog meer steun rekenen. Het idee dat een extra rijke, stimulerende omgeving beter is voor het peuterbrein dan zomaar een gemiddelde omgeving bijvoorbeeld. Meer dan driekwart van de meesters en juffen denkt dat dit correct is. Toch is er geen bewijs voor deze gedachte. Weliswaar is het zo dat de hersenen van rattenkindertjes ervan opknappen als ze speelgoed in hun gewoonlijk volstrekt lege kooi hebben, maar, zoals een journalist van *The Wall Street Journal* terecht opmerkte, dat zegt niet per se iets over mensenkinderen.
(6) En zelfs als je het rattenonderzoek door zou willen trekken naar de mens, dan nog kun je alleen vaststellen dat het niet zo'n goed idee is om kinderen in een kaal hok te laten opgroeien. En tot die conclusie waren we ook zonder hersenwetenschappelijk inzicht al gekomen.

(7) De meest wijdverbreide hersenmythe was deze: 94 procent van de docenten denkt dat kinderen beter leren als ze de stof aangeboden krijgen in een leerstijl die bij hun brein past. De gedachte is dat sommige kinderhersenen bijvoorbeeld meer visueel ingesteld zijn, en andere meer op gehoor of gevoel. Experimenten laten zien dat dit klopt, maar ook dat het voor de leerprestaties geen sikkepit uitmaakt of een docent zich iets van die hersenleerstijl aantrekt of niet.

(8) Het opvallende is dat juist leraren met een grote interesse in het brein ook het vaakst de flauwekulverhalen geloofden. Dat is extra verontrustend, omdat binnen het onderwijs een kleine 'neuro-industrie' is ontstaan waarin de mythes welig tieren. Die industrie maakt handig gebruik van het feit dat mensen een verhaal gemakkelijker voor waar aannemen als er een snufje brein in zit. Het zou beter zijn als de mysterieuze hersenen met wat meer scepsis benaderd zouden worden.

naar: Asha ten Broeke, wetenschapsjournaliste & schrijfster
uit: Trouw, 27 november 2012

Ik kan:
- (3F) de hoofdgedachte van een tekst(deel) in eigen woorden weergeven.
- (4F) de impliciete hoofdvraag van een tekst formuleren.
- (4F) van een tekst of tekstdeel een goed geformuleerde samenvatting maken die los van de uitgangstekst te begrijpen valt.

Paragraaf 2

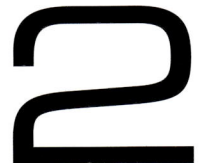

De informatie in een tekst ordenen

Elke tekst heeft een bepaalde opbouw. Soms is een tekst zelf opgebouwd volgens een standaardstructuur.

Een betoog kan bijvoorbeeld zijn opgebouwd volgens de argumentatiestructuur of de voor- en nadelenstructuur. Bij beschouwingen komt de probleem-oplossingstructuur geregeld voor. <zie Leesvaardigheid blz. 12>

Ook delen (deelonderwerpen) van een tekst zijn volgens ordeningsprincipes opgebouwd. Het deelonderwerp 'voordelen van een tekst' met de voor- en nadelen bestaat vaak uit een opsomming van een aantal voordelen. In een betoog kom je vaak na het standpunt argumenten, ondersteunende argumenten, tegenargumenten en weerleggingen tegen. Als je zulke elementen kunt herkennen, begrijp je beter hoe de auteur de informatie in zijn tekst heeft geordend.
Bij het examen moet je voor de opdracht 'informatie ordenen' informatie-elementen uit (een deel van) de tekst invullen in een gegeven schema. In de opdracht hieronder is dat een argumentatieschema, maar bij andere opdrachten kan het ook gaan om een ander schema bijvoorbeeld een schema met oorzaken en gevolgen.

Opdracht 7

In de tekst *Stemmen voor de Tweede Kamer* wordt een duidelijk standpunt ingenomen ten aanzien van het uitbrengen van een stem bij de verkiezingen voor de Tweede Kamer.
Vat de bijbehorende argumentatie in alinea 3 en 4 samen door het onderstaande schema aan te vullen.

| hoofdstandpunt: stemmen zonder zeggenschap over coalitievorming is zinloos/niet goed |

| argument: |

| tegenargument: |

| weerlegging: |
want
| onderbouwing: |

| onderbouwing 1: |

| onderbouwing 2: |

Tekst 7 Stemmen voor de Tweede Kamer

Pionnen

(3) Enfin. Om de zoveel jaar zetten we een kruisje. Wat er verder met onze stem gebeurt, daar gaan wij niet over. We mogen de pionnen op het bord zetten, maar ons niet met het spel bemoeien. Er schijnen nogal wat mensen 'strategisch' te gaan stemmen. Daarmee zouden ze bepaalde samenwerkingsverbanden tussen de politieke partijen na de verkiezingen beter mogelijk maken of juist blokkeren. Dat is een farce, want onze politici vinden het de normaalste zaak van de wereld dat ze onze stemmen ophalen en dan zelf uitmaken wat ze ermee gaan doen: "We houden alle mogelijkheden open." Dat is een andere manier om te zeggen: "Wat u wilt, interesseert ons in de grond van de zaak geen bal."

(4) Die houding kunnen ze zich permitteren, omdat onduidelijk is welke strategie de strategische stemmer volgt. Er zijn mensen die op de VVD stemmen en de PvdA er voor geen goud bij willen. Er zijn mensen die op de PvdA stemmen die heel hard hopen op een linkse regering met de SP. Er zijn mensen die op de VVD of de PvdA stemmen die dromen van een nieuw paars kabinet van PvdA en VVD. Jolande Sap stelt voor dat we op GroenLinks gaan stemmen om zo paars-plus te kunnen realiseren. En ga zo maar door. Waarom zou een politicus zich eigenlijk gebonden voelen aan de veronderstellingen van de strategische stemmers?

naar: Malou van Hintum
uit: de Volkskrant, 11 september 2012

Ik kan: 4F het argumentatieschema van een tekst reconstrueren.

Paragraaf 3

Een samenvatting beoordelen

Bij het beoordelen van een samenvatting moet je vaststellen welke inhoudselementen wel of juist niet in een samenvatting moeten worden opgenomen.

Voor deze vaardigheid bestaan twee soorten opdrachten:
1. Welke van de onderstaande beweringen hoort (niet) in een samenvatting van tekst x thuis?
   Of:
   Welke zinnen zouden (niet) opgenomen moeten worden in een samenvatting van tekst x?
2. Welke van de onderstaande samenvattingen geeft de hoofdgedachte/gedachtegang/inhoud van de tekst het beste weer?
   A
   B
   C
   D

Bij opdracht 1 krijg je een aantal zinnen (meestal 4) die deel kunnen uitmaken van een samenvatting. Je moet de zinnen herkennen die wél of juist niet in de samenvatting thuishoren. Die eerste, de kernzinnen, vind je meestal op voorkeursplaatsen in de tekst.
Het kan ook zijn dat je gevraagd wordt om vast te stellen welke vragen die in een tekst staan, wél of juist niet beantwoord moeten worden in een goede samenvatting. Op die manier stel je vast welke deelonderwerpen belangrijker en minder belangrijk zijn in een tekst.

Bij opdracht 2 krijg je vier complete samenvattinkjes van een tekst(gedeelte) te zien. Jij moet bepalen welke van die vier de beste is. Dat doe je door vast te stellen of een samenvatting de hoofdgedachte van de tekst en de belangrijkste ondersteunende beweringen bevat. De hoofdgedachte vind je vaak aan het eind van een tekst (en soms aan het begin). De belangrijkste ondersteunende uitspraken staan in een goede tekst op de voorkeursplaatsen.

Opdracht 8

Welke van onderstaande samenvattingen geeft het beste de gedachtegang weer van de tekst *Tevredenen of legen*?

A Er wordt tegenwoordig zowel in ons land als in het buitenland van alles in de natuur georganiseerd. Daardoor is bijna nergens nog lege natuur te vinden. Kennelijk heeft de mens daar geen behoefte meer aan. Toch gaan steeds meer mensen in de natuur mediteren, om op die manier rust te vinden. Als we niet uitkijken is het binnenkort alleen in het buitenland nog mogelijk om echte natuur te vinden.

B Mensen in ons land kunnen niet meer gewoon genieten van de natuur, maar willen allerlei activiteiten in de natuur ondernemen, om te voorkomen dat het saai wordt. Omdat Nederland geen echte natuur meer heeft, gaan ze op avontuur in het buitenland en dit levert soms onverantwoorde, gevaarlijke situaties op. Beter is het om de natuur de natuur te laten zijn en haar rustig te ondergaan.

C Mensen proberen in de natuur tot rust te komen, maar doordat daar steeds meer activiteiten worden aangeboden, lukt dat bijna niemand meer. Alleen wie zich aan het kajakken, bungeejumpen e.a. onttrekt door zich in de natuur over te geven aan yoga, heeft een kans er nog van te kunnen genieten. Helaas moet de natuur tegenwoordig vooral 'uitdagend' zijn, dus je kunt eigenlijk wel stellen dat er in Nederland geen echte natuur meer is.

D   Vroeger was in ons land de natuur nog leeg. Ondanks allerlei pogingen om haar te beschermen, is het niet gelukt de mens tegen te houden bij het cultiveren van de natuur. Daardoor zijn er nu in binnen- en buitenland zoveel activiteiten in de natuur dat het vrijwel niet meer mogelijk is er tot rust te komen. Wie nog rust in de natuur wil vinden, moet naar het buitenland gaan.

Tekst 8   Tevredenen of legen

(1) Ik mag graag en met instemming het wonderschone gedicht[1] van J.C. Bloem citeren dat als volgt begint: "Natuur is voor tevredenen of legen. /
5 En dan: wat is natuur nog in dit land? / Een stukje bos, ter grootte van een krant, / een heuvel met wat villaatjes ertegen."
(2) Hoewel ik het met hem eens ben, 10 vraag ik me wel af wat Bloem bedoelde met 'tevredenen' en 'legen'. De Nederlandse natuurliefhebber is allesbehalve tevreden en leeg is hij nu juist niet. Leegte is precies wat men 15 in de natuur zoekt. 'Het hoofd leeg maken' is de uitdrukking die door gehaaste stedelingen wordt gebruikt om het doel van een weekend in het groen te omschrijven. Vervolgens 20 worden dan in de geduldige natuur allerlei activiteiten ontplooid en evenementen georganiseerd, opdat het maar niet SAAI wordt.
(3) De grootste bedreiging voor het 25 verblijf in de natuur is juist de noodzaak de natuur enerverend te maken. Er moet gekajakt, wildwatergevaren, wadgelopen, berg beklommen en gehouthakt worden. Parkoersen worden 30 uitgezet, stormbanen geformeerd, wedstrijden georganiseerd. Er wordt gepicknickt en gebarbecued op daartoe aangewezen plekken tot de hamburgerwalm het bos een voorportaal 35 van de hel maakt. Toegegeven: er wordt ook heel wat afgemediteerd en geyogaad of getaichied, maar hoe dan ook: doodgewoon leeg aanwezig zijn omringd door de volmaakt onver-
40 schillige natuur is er niet bij. De natuur moet iets bewerkstelligen. Ze moet genezen, helen, ruimte maken, verstrooien, kalmeren. De mens geeft haar een taak.

45 (4) Omgekeerd neemt de mens ook een taak op zich. De mens zweert de natuur te beschermen en te behouden. Soms doet de mens dat door ergens een hek omheen te zetten en 50 de boel de boel te laten. Soms doet de mens dat door te beheren en dus in te grijpen met het doel de natuur te houden zoals de mens denkt dat ze gehouden moet worden. Daar willen 55 nog weleens conflicten over ontstaan. Er moeten wilde runderen in de Oostvaardersplassen, ze moeten bijgevoerd, nee, ze moeten niet bijgevoerd. De Oosterscheldedam moet 60 open, de Oosterscheldedam moet dicht. Al dat geklets illustreert alleen maar dat Nederland geen natuur meer heeft. Alles is cultuur. Alles is een kiekje, een postzegeltje schoon-65 heid, een vierkantje geschilderde ongereptheid. Is dat erg? Nee, maar laten we niet net doen of het natuur is.
(5) De natuur zelf heeft in dit alles 70 uiteraard geen stem, omdat ze niet kan praten. Ze neemt op haar manier wraak voor wanbegrip en menselijke hoogmoed. Niet dat ze dat bewust doet, want de natuur heeft geen 75 bewustzijn. De natuur is wat ze is en zoals ze is en altijd is geweest. Het zit in de inmiddels totaal geperverteerde natuur van de mens tot extreem gedrag over te gaan in de natuur. Ze 80 noemen het uitdaging of zoiets. Daarvoor moeten natuurliefhebbers uiteraard Nederland verlaten. Met of vaak zonder kennis van zaken doet men totaal onverantwoorde dingen. 85 De steile noordwand van de Eiger beklimmen zonder touwen, buiten de piste skiën als er lawinegevaar niveau vier dreigt, in de krater van een vulkaan afdalen, met een kano de

↓

90 Atlantische Oceaan oversteken. Dat heet dan 'moed', of: 'je grenzen opzoeken'. Dwaasheid is het. Vervolgens moeten de mensen van de hulpdiensten hun eigen leven wagen.
95 **(6)** Was de natuur maar voor tevredenen en legen. Die zitten, net als ik, deze zomer in de Franse Alpen met een boek buiten, de blik af en toe gericht op de roerloze bergtoppen
100 aan de overkant. Zij daar. Ik in mijn stoel. Domweg gelukkig in Gemillon.

naar: een voorgelezen column van Nelleke Noordervliet
in: het radioprogramma Vroege Vogels, september 2012
noot 1 Het bedoelde gedicht heet 'De Dapperstraat', waarvan hier de eerste strofe wordt geciteerd. De laatste regel van het gedicht luidt: 'Domweg gelukkig, in de Dapperstraat'.

Praktijk

– Van je docent krijg je een recente examentekst met een aantal opdrachten die de vaardigheid samenvatten betreffen.

Ik kan:

- **3F** onderscheid maken tussen hoofd- en bijzaken.
- **4F** een samenvatting van een tekst of tekstdeel beoordelen.

Controle hoofdstuk 2

– Op welke plaats in een tekst vind je meestal de hoofdgedachte?
– Hoe herken je in een tekstgedeelte het standpunt van de auteur?
– Op welke plaats in een deelonderwerp vind je meestal de hoofdgedachte?
– Op welke plaatsen in een alinea vind je meestal de kernzin?
– Wat is de impliciete hoofdvraag van een tekst?
– Hoe maak je een geleide samenvatting van een tekst(deel)?
– Welke stappen zet je als je een samenvatting maakt van een korte tekst?

Register

A
aanhalingstekens *220*
actieve zin zi *190*
allegorie *200*
allusie *208*
anafoor *206*
anticipatie *206*
argumentatie beoordelen *168*
argumentatie 153
argumentatiestructuur *12*
aspectenstructuur *12*
asyndetische vergelijking *199*

B
bedrijvende vorm *190*
beeldspraak *199*
beknopte samenvatting *394*
beletselteken *221*
beoordelen van een samenvatting *398*
beschouwing *73*
bespelen van het publiek *164*
betoog *64, 351*
betrouwbaarheid *282*
bouwplan *53*

C
chiasme *207*
cirkelredenering *163*
citeren *353*
climax *207*
contaminatie *175*
curriculum vitae *97*

D
dat/als-constructie *175*
debat *127*
debatstelling *128*
deelvragen *278*
discussiedeelnemers *119*
drieslag *207*
drogredenen *163, 357*
dubbele ontkenning *175*
dubbele punt *220*
dubbelop *175*

E
enkelvoudige argumentatie *159*
enumeratie *206*
essay *71, 78*
eufemisme *205*

F
figuurlijk taalgebruik *199*
formele woorden *185*
foutieve beknopte bijzin *175*
foutieve samentrekking *175*
functiewoord *362*

G
geen symmetrie *175*
geleide samenvatting *391*
geloof of (levensbeschouwelijke) overtuiging *153*
gesloten vragen *142*
gezag of autoriteit *153*

H
haakjes *221*
hoofdgedachte *12, 53, 374*
hoofdletters *220*
hoofdvraag *278*
hyperbool *205*

I
impliciete hoofdvraag *390*
incongruentie *175*
inleiding *12, 53*
interview *285*
interviewschema *285*
ironie *205, 359*

K
kernzin *396*
klachtenbrief *90*
komma *220*

L
leesstrategieën *11*
lijdende vorm *190*
litotes *205*
losstaand zinsgedeelte *175*

M
meerkeuzevragen *379*
meervoudige argumentatie *159*
mengvormen van tekstsoorten *18*
metafoor *199*
metonymia *201*
middenstuk *12, 93*
motivatiebrief *101*

N
namen *220*
negatief standpunt *127*
nevenschikkende argumentatie *159*
normen en waarden *153*
notulist *121*
nut *153*

O
objectief argument *153*
omgekeerde climax *207*
onderhandelingsgesprek *143*
onderschikkende argumentatie *159*
onderzoek of wetenschap *153*
onderzoeksdoelstelling *275*
onderzoekskenmerken *273*
onderzoeksverslag *325*
onderzoeksvraag *278*
onduidelijk verwijzen *175*
onjuist beroep op autoriteit *164*
onjuiste herhaling *175*
onjuiste inversie *175*
onjuiste oorzaak-gevolgrelatie *163*
onjuist verwijswoord *175*
ontduiken van de bewijslast *163*
open vragen *142*
opiniërende presentatie *111*
opsomming in drieën *207*
overhaaste generalisatie *163*
oxymoron *208*

P
paradox *208*
parlementair debat *136*
pars pro toto *201*
passieve zin *190*
personificatie *200*
persoonlijke aanval *163*
pleonasme *175, 206*
positief standpunt *127*
probleemoplossende discussie *119*
probleem/oplossingstructuur *12*
prolepsis *206*
punt *220*
puntkomma *220*

R
redekundig ontleden *340*
redenering *156*
repetitio *206*

representativiteit *282*
respons *294*
retorische vraag *208*

S
sarcasme *246*
satellietteksten *344*
schooldebat *131*
schrijfdoel *376*
slot *12, 54*
sollicitatiegesprek *144*
speech *113*
standpunt *351*
standpunt van twijfel *64*
stijlfiguur *205*
subjectief argument *153*
synoniemen *186*

T
taalgebruik *369*
taalkundig ontleden *340*
tautologie *175, 206*

tekstdoel *376*
teksten beoordelen *24*
tekststructuren *12*
titel *370*
totum pro parte *201*

U
uitdrukking *195*
uiteenzetting *61*
uitroepteken *221*
understatement *205*

V
validiteit *282*
vergelijking *199*
verkeerde vergelijking *163*
verklaringsstructuur *12*
verleden/heden(/toekomst)structuur *12*
vertekenen van het standpunt *163*
verwijswoorden *186*
voor- en nadelenstructuur *13*
voorkeursplaatsen *372*

voorzitter *121*
vraag/antwoordstructuur *13*
vraagteken *221*

W
woordgroep *347*
woordherhaling *186*
woordsoort *340*
woordspeling *208*

Z
zakelijke brieven *82*
zakelijke e-mail *82*
zinnen 'aan elkaar plakken' *175*
zinnen onjuist begrenzen *175*
zinsdelen *340*
zinsgedeelte *347*
zinslengte *189*
zinsopbouw *189*

Bronvermelding

Beeldresearch: Novum Foto, Amsterdam

iStock, Calgary: pag. 8/9, 292
Mirjam Vissers, Huizen: pag. 15
Shutterstock, New York: pag. 21
Sabine Joosten / Hollandse Hoogte, Amsterdam: pag. 26
Getty Images, Amsterdam: pag. 34, 50/51, 160, 172/173, 238/239
Bert Beelen / Hollandse Hoogte, Amsterdam: pag. 38
Nationale Beeldbank, Amsterdam: pag. 42, 55
Wikimedia: pag. 47
U.S. Air Force Photo / Staff Sgt.: pag. 61
Bert Verhoeff / Hollandse Hoogte, Amsterdam: pag. 68
Anouk Bouten / Novum, Amsterdam: pag. 74
Pim Ras/Hollandse Hoogte, Amsterdam: pag. 78
Flip Franssen / Hollandse Hoogte, Amsterdam: pag. 93
Peter Hilz / Hollandse Hoogte, Amsteredam: pag. 104/105
Corbis/Hollandse Hoogte, Amsterdam: pag. 115, 270/271
Amrah Schotanus, Den Haag: pag. 127
Roger Dohmen / Hollandse Hoogte, Amsterdam: pag. 138
Imageselect, Wassenaar: pag. 144, 188, 212/213, 266
Jan de Groen / Hollandse Hoogte, Amsterdam: pag. 150/151
Reuters/Reinhard Krause, Berlijn: pag. 166
Juan Barreto / AFP/ANP, Rijswijk: pag. 183
Rein van Zanen / Novum, Amsterdam: pag. 231
Robin Utrecht / ANP, Rijswijk: pag. 244
Arie Kievit / Hollandse Hoogte, Amsterdam: pag. 253
Alex Wong / ANP, Rijswijk: pag. 276
Willemijn Muggen, Groningen: pag. 305
Kees van de Veen / Hollandse Hoogte, Amsterdam: pag. 312/313
Sake Rijpkema / Hollandse Hoogte, Amsterdam: pag. 322
Zorg in Beeld / Hollandse Hoogte, Amsterdam: pag. 331
Muller/ Hollandse Hoogte, Amsterdam: pag. 342/243
Hollandse Hoogte, Amsterdam: pag. 302/303, 371

Met betrekking tot sommige teksten en/of illustratiemateriaal is het de uitgever, ondanks zorgvuldige inspanningen daartoe, niet gelukt eventuele rechthebbende(n) te achterhalen. Mocht u van mening zijn (auteurs)rechten te kunnen doen gelden op teksten en/of illustratiemateriaal in deze uitgave dan verzoeken wij u contact op te nemen met de uitgever.

We have done our utmost to find the addresses of copyright holders from whose work we have borrowed extracts. Despite our efforts we do not always succeed. We kindly invite all those concerned to contact us.